Cases in Corporate Finance

公司金融案例

张翼 周玮／主编

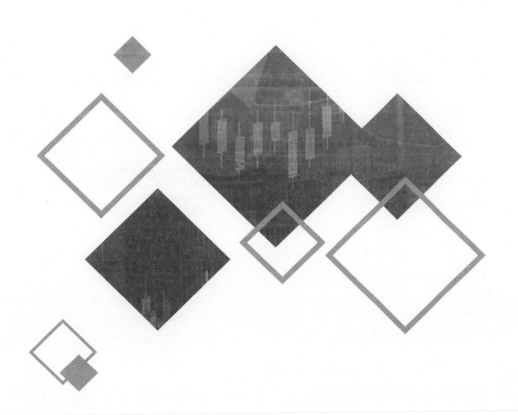

西南财经大学出版社

中国·成都

图书在版编目(CIP)数据

公司金融案例/张翼,周玮主编.--成都:西南
财经大学出版社,2024.12.--ISBN 978-7-5504-6545-9

Ⅰ.F276.6

中国国家版本馆 CIP 数据核字第 2024MN5399 号

公司金融案例
GONGSI JINRONG ANLI

张 翼 周 玮 主编

责任编辑:孙　婧

助理编辑:徐可一

责任校对:李思嘉

封面设计:墨创文化

责任印制:朱曼丽

出版发行	西南财经大学出版社(四川省成都市光华村街 55 号)
网　址	http://cbs.swufe.edu.cn
电子邮件	bookcj@swufe.edu.cn
邮政编码	610074
电　话	028-87353785
照　排	四川胜翔数码印务设计有限公司
印　刷	郫县犀浦印刷厂
成品尺寸	185 mm×260 mm
印　张	21.625
字　数	513 千字
版　次	2024 年 12 月第 1 版
印　次	2024 年 12 月第 1 次印刷
书　号	ISBN 978-7-5504-6545-9
定　价	58.00 元

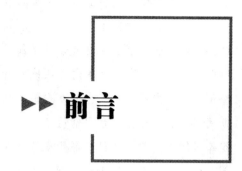

▶▶ 前言

在公司金融（财务）和公司金融（财务）案例课程的长期教学实践中，我们曾经较多地使用了哈佛商学院的案例，并从中学到了很多经验，但学生们往往希望能学习到更多的以中国商业为背景的企业案例。然而，目前国内还缺乏相关的公司金融案例教材，因此我们感到非常有必要编写以中国企业和金融市场为主的案例教材。基于多年积累的案例材料，我们尝试编写了一些教学案例，并在教学中试用，收到了良好的反馈。于是，我们进一步完善了这些案例，并将其编撰成书。

本教材以现代中国企业的公司金融案例为主要研究对象，分析讨论公司金融管理活动，内容包括股权融资、资本结构与财务困境、公司重组、国内收购、海外收购五个方面的案例及其分析。本教材着重应用性，旨在帮助学生了解企业家如何通过公司金融决策为公司创造价值，学习如何运用公司金融中的基本理论和基本方法来分析公司金融与投资实践中的问题，掌握公司价值评估、资本成本、资本结构等金融基础原理在金融与投资实践中的应用。教材内容为学生进入金融领域提供了基础准备，使其能够运用所学理论和方法，分析和研究中国特色社会主义经济发展中公司金融的重要问题。本教材适合金融专业硕士研究生、金融 MBA 学生以及本科高年级学生的课程教学使用，同时也便于具备一定公司金融基础的读者自学。

党的二十大报告指出，要"深化金融体制改革，建设现代中央银行制度，加强和完善现代金融监管，强化金融稳定保障体系，依法将各类金融活动全部纳入监管，守住不发生系统性风险底线。健全资本市场功能，提高直接融资比重。"因此，本教材特别关注了金融监管和资本市场功能建设的重大意义，涵盖科创板、去杠杆、流动性风险、债务危机处置、杠杆收购等方面的企业和资本市场发展案例。同时，教材中也包括战略性行业的公司金融案例，如新能源和材料相关企业，反映了我国当前经济发展的战略方向。本教材在案例材料的选取上注重时效性，体现了最近十年中国企业和资本市场的最新进展，使得学生能学习到最新的公司金融实践。虽然对公司金融案例的研究并不一定能使我们复制企业的成功，但有助于避免蹈其覆辙。本教材注重分析企业决策失败的教训，期望引发读者深入思考。

本教材着眼于引导学生学习和掌握金融学理论在实践中的应用。案例可读性较强，数据丰富，有利于学生运用金融学原理进行公司金融决策的价值评估和分析练习，还有助于培养和提高学生在商业实践中应用理论分析问题的能力。价值创造是公司金融决策的核心内容，估值是决策的基本依据。在实践中，估值的重要程度不言而喻。阿斯瓦斯·达莫达兰认为"估值是一切投资决策的灵魂"。本教材在企业上市、收购和重组等案例中，着重强调了企业或资产的估值，以供学生阅读和练习。需要指出的是案例分析并没有唯一的正确解答，本教材编写的目的不是让读者寻求唯一的标准答案，而是提高其分析和解决问题的能力。

感谢西南财经大学金融学院的林靖和唐廷凤老师参加了部分案例的编写，倪健和陈康老师审阅了本教材。感谢多名研究生同学参加了案例的编写，包括杨雨晨、谢宇洁、杜诗琪、岳靖博、杜天益、龚稳然、严愿、赵霞、章陈怡、周宇昕、许偲澜、冯怡然、肖紫怡、李晓慧、张浩珊、郭雯、向小霞、甘馨怡和李小红。感谢田若男、李瑜、石佳欣、刘文清和陈钰同学帮助修改了部分案例。特别感谢西南财经大学出版社的徐可一编辑对书稿的细致审校。

本教材编写受到西南财经大学 2023 年度"中央高校教育教学改革专项"项目（项目批准号：2023YJG031）资助。同时，也感谢西南财经大学金融学院和中国金融研究院领导对本教材的支持。

尽管我们在编写过程中付出了大量的时间和精力，但由于水平所限，书中可能仍存在一些不足，诚恳欢迎读者指正，共同探讨和进步。文责由编者自负。

编者

2024 年 5 月

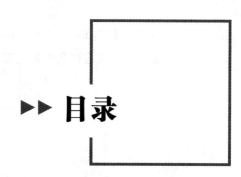

▶▶ 目录

第一部分 股权融资

第二部分 资本结构与财务困境

第三部分 公司重组

第四部分 国内收购

第五部分　海外收购

第一部分
股权融资

案例一

华兴源创首次公开发行上市[①]

摘要： 科创型企业的发展，既能突破国外对顶尖技术的垄断，也能带动国内经济实现高质量的增长。相较于传统型企业，科创型企业具有前期投入大、项目风险高、研发周期长、市场不确定性大、企业核心价值来源于技术等无形资产的特点，这导致其经营风险较高，企业在利用资本市场融资时难度较大。因此，科创型企业在经营过程中，如何利用财务战略解决上述问题是当下研究的重点。华兴源创是一家中小型科创型企业。在上市前，华兴源创股权持有者皆为创始人夫妇和公司内部员工，并没有除此以外的资金方支持。公司在债务融资方面的能力也极其有限，这也是中小科创型企业普遍面临的问题。在这一背景下，公司凭借具有技术背景出身的创始人夫妇带领的团队，在高端制造领域中，针对我国"卡脖子"的技术环节实现了自研突破，并且通过合理地实施财务战略，为研发创新保驾护航。华兴源创是首批科创板上市公司之一，其所在行业属于"卡脖子"技术领域。本案例以华兴源创上市进程为"明线"，以公司财务战略支撑技术创新为"暗线"，通过一明一暗两条主线进行阐述和分析。运用收益法和可比公司法对华兴源创上市过程中的股票定价进行估值。然后从市场表现、财务战略支撑技术创新以及财务指标三个维度对华兴源创上市后的情况进行分析。

关键词： 科创板；上市；财务战略；技术创新

1 引言

改革开放以来，中国通过学习、引进世界其他国家领先的技术、产品和产业，使得生产力取得了突破性发展。引进、模仿的技术使中国经济高速增长，但各产业中世界前沿的技术，是无法仅仅通过引进和模仿获得的。中国正处于通过自主技术创新带动经济增长的新阶段。

---

① 本案例由西南财经大学张翼、岳靖博和向小霞编写，仅供案例谈论和学习时作为参考，并不用以说明企业某一管理决策的处理是否有效。

企业的技术创新具有双面性，一方面，企业在前期需要投入大量的资本，且整个研发过程都面临较高的风险；另一方面，企业一旦取得技术创新，并且将其顺利应用于产品和服务，便可以利用技术优势获得市场定价权，迅速抢占市场份额。当今社会的高度分工使得技术创新不再是个体的单打独斗，而是依靠团队的力量，尤其是我国想要实现大规模的技术创新，更需要大批专注于技术创新类型的企业。技术创新并不是无源之水、无本之木，企业只有合理地调配财务资源，才能助推技术创新发展，进而为自身带来价值提升，因此企业应根据自身情况合理制定财务战略。财务战略是指企业在生产经营过程中，通过分析经营模式、现有规模、长期目标、市场环境等，对企业现有的财务资源、融资渠道进行合理调度，以确保企业能够最大限度地利用现有资源来支撑其发展。

对于科创型企业而言，技术创新是其生产经营过程中赖以生存的根本，也是科创型企业持续发展壮大的力量源泉。成功的技术创新，需要企业内部各个战略尤其是财务战略的配合与支持；而财务战略过于激进会使企业的经营风险过大。因此科创型企业不宜负担过高的债务，其在技术创新活动中所需要的资金应具备使用范围更宽松、风险承受度更高的特点。在融资选择方面，债务融资由于条款更严格，往往会限制资金使用范围；而企业利用股权融资并不需要还本付息，其使用范围更广，因此比债权融资更适用。另外，由于不同国家资本市场发展水平的不同，股权市场和债权市场的成熟度也会影响企业的融资选择。

为助推科创型企业在资本市场融资，实现我国科技强国战略，2018 年 11 月 5 日，国家主席习近平在首届中国国际进口博览会开幕式演讲中正式宣布设立科创板。科创板针对技术创新研发投入大、周期长、风险高的特点，制定了全新的上市标准和管理制度。

华兴源创作为科创板第一股，是一家依赖技术创新生存的公司。2016—2018 年，公司凭借自有技术展开生产经营销售而形成的收入占营业收入的比例分别为 88.37%、95.80% 和 89.56%，占比较高。自创立以来，华兴源创的技术创新和积累均来源于自有团队的研发。公司不断加强研发投入，2016—2019 年的研发费用均值达 1.18 亿元，复合年均增长率（Compound Annual Growth Rate，CAGR）高达 59.32%，研发费用占营业收入的比例均值（11.30%）高于专用设备制造业行业均值（6.27%），公司对于研发的重视和投入力度为其建立了深厚的技术壁垒。华兴源创在资本结构和融资选择上，符合稳健型财务战略的特征，2016—2020 年的资产负债率均值为 18.28%，远低于同行业均值（58.11%）。华兴源创通过优化人员结构和员工持股计划来激励技术创新，实现了收入的大幅增长，其收入水平处于行业领先地位。

从财务战略的角度来看，科创型企业的持续发展，一方面来自企业内部良好的财务战略规划，另一方面来自外部市场所提供的有利的融资环境。企业内部的财务战略如何助力企业的技术创新，进而让企业经营得更好，提高企业的价值？企业在上市时，应作何选择，考虑选科创板还是其他板块？科创型企业在上市后是否坚持其原有的财务战略，持续投入研发和技术创新？本案例将通过分析具有代表性的华兴源创，以期为更多中国高精尖技术领域的企业提供参考和借鉴。

2 行业背景与企业概况

2.1 平板显示检测行业分析

华兴源创所在的行业为平板显示检测行业和半导体专用设备行业，但公司的主营业务收入 95% 以上来自平板显示检测行业，因此行业分析重点分析平板显示检测行业。平板显示检测，即在 LCD 和 OLED 等平板显示器制造过程中，检测各个制作步骤设备是否合格。其下游客户为平板显示厂商，如三星、京东方等。平板显示厂商的客户是手机、电脑、穿戴设备等终端电子产品厂商。因此，本案例将从当前平板显示产业的情况来进行分析。

2.1.1 全球平板显示产业发展概况

（1）当前，韩国、中国大陆、中国台湾地区的平板显示面板产能总量占全球总产能的 80%。如图 1 所示，2011 年以来，中国大陆的面板厂商开始加大投资力度，LCD面板产能持续提升。2017 年中国大陆 LCD 面板产能为 3.6 亿片，占全球总产能的 46.4%，位居全球第一。而韩国的 LCD 面板产能近年来持续下降，2017 年产能占比仅为 25.9%。随着 LCD 面板产能的扩大，对于面板设备的需求也会随之增加，这对于上游面板设备企业来说正是实现国产替代的好时机。

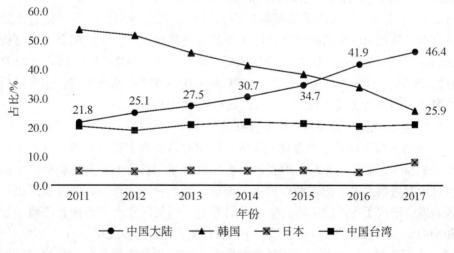

图 1　2011—2017 年全球 LCD 面板产能占比

（数据来源：WitsView，《华兴源创招股说明书》）

（2）全球 OLED 产业保持高速增长态势，其产能和收入两方面的增速均显著高于平板显示产业。如图 2 所示，2017 年全球平板显示面板产量为 37 亿片，同比上升 1.5%，全球平板显示产业产值为 1 272 亿美元，同比上升 21.2%。其中，2017 年全球 OLED 面板产量为 4.64 亿片，同比上升 11.8%，其营业收入达到 252 亿美元，同比上升 63.6%。

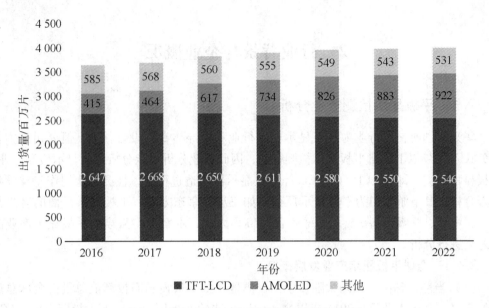

图 2　2016—2022 年全球平板显示面板出货量

[数据来源：IHS（2018—2022 年出货量为预测数据），《华兴源创招股说明书》]

IHS 曾预计，2018—2022 年 OLED 面板的产量超过 9 亿片，复合年均增长率（CAGR）为 14.2%；OLED 面板的营业收入将达到 421 亿美元，CAGR 为 18%，未来 OLED 面板将成为带动整个平板显示产业增长的重要驱动力。

自 2016 年以来，终端的手机品牌厂商为了在市场竞争中提供差异化的产品和服务，在高端产品系列中采用曲面屏设计成为其主要战略之一，并且配套设计可折叠的应用，而曲面屏只能采用柔性 AMOLED 面板。2018 年柔性 AMOLED 面板占 OLED 面板总产量的 38.9%，IHS 预测这一占比将在 2020 年达到 52%。由此可知，未来可折叠的 AMOLED 面板将成为推动手机终端设备市场增长的重要动力之一。

2.1.2　中国大陆平板显示产业发展概况

（1）中国大陆平板显示产业蓬勃发展，技术逐渐追赶上世界前沿。虽然中国大陆企业在平板显示行业起步较晚，但在经历多年的技术模仿、研发和创新后，中国大陆的平板显示制造技术水平正逐渐迈向世界前沿，其产量不断增加，并且通过创造收入再投入研发，形成了良性的循环，全球影响力不断增强。在产能方面，有赖于较低的人力和物力成本，已经和日本、韩国、中国台湾地区形成鼎立之势。

（2）中国大陆 OLED 面板产线密集投资，为测试设备提供了广阔的发展空间。近年来，国内平板显示产业正加速提升 OLED 面板的产量，2018—2020 年各平板生产厂商已披露的投产规划，包括面板类别、投入时间、计划产能及规划投资额如表 1 所示。2018—2020 年，中国大陆有 14 个平板显示公司进入投产阶段，总计划产能 99.6 万片，总计规划投资额 5 150 亿元。

2.1.3　平板显示检测行业发展概况

自 2010 年以来，全球消费电子产业经历了高速发展，带动了平板显示产业的产量增长，进而促进了对检测设备的需求。表 1 所统计的 2018—2020 年各平板厂商投产规划，也将为平板显示检测行业带来巨大的需求和订单。

在行业竞争方面，平板显示检测技术门槛较高，故该行业企业并不多。平板显示面板生产分为阵列—成盒—模组三大制程，每个制程都需要检测环节，也都需要检测设备作为支撑，国内平板显示检测企业所生产的检测设备，主要应用于模组制程，而阵列和成盒制程所用的检测设备，基本被外资企业垄断。

表1   2018—2020年中国大陆各平板生产厂商投产规划

平板生产厂商	面板类别	投入时间/年	计划产能/万片	规划投资额/亿元
中电熊猫	LCD	2018	12.0	280
柔宇科技	OLED	2018	4.5	100
华星光电	LCD 及 OLED	2018	9.0	463
维信诺	OLED	2018	3.0	300
和辉光电	OLED	2018	3.0	270
惠科电子	LCD	2019	15.0	240
鸿海夏普	LCD	2019	9.0	440
LGD	OLED	2019	6.0	450
京东方	OLED	2019	4.8	465
华星光电	OLED	2019	4.5	350
京东方	OLED	2020	4.8	465
京东方	LCD	2020	12.0	460
维信诺	OLED	2020	3.0	440
华星光电	LCD 及 OLED	2020	9.0	427

数据来源：各平板厂商企业公告。

2.1.4 平板显示检测行业发展前景

平板显示产品对质量有着严格的要求，因此在每个环节的制程中都会需要检测设备进行严格把关。由于检测设备的必要性和重要性，平板厂商在生产项目建设过程中便会直接将采购检测设备纳入计划。中国过去的平板显示企业较少，导致生产检测设备的企业数量也较少。在2018年已上市的企业中，除华兴源创外，仅有精测电子专注于平板显示检测，因此整体市场竞争较缓和，而2018年以后，大量平板显示厂商在国内的投产必将带动检测设备行业的大量需求，市场竞争也将更加激烈。

2.2 华兴源创概况

2005年，华兴源创电子科技有限公司在苏州创立。2018年，企业改制为股份有限公司，注册资本36 090万元人民币。华兴源创早期专注于研发、生产和销售LCD相关领域的平板显示检测设备，在功能机转向智能手机的浪潮下，华兴源创依靠对平板显示检测设备的模仿和创新，实现了突飞猛进的发展，成为我国平板显示检测设备的龙头企业。2016年，华兴源创宣布实施"强化面板检测优势赛道+开拓半导体检测新赛道"双驱动战略。在平板显示检测领域，其客户主要是手机面板厂商，华兴源创计划通过拓宽客户领域，如穿戴设备、汽车电子等强化优势赛道；同时，在半导体检测领域通过自主创新开拓新赛道。

3 上市动因

3.1 经营视角下的上市动因

3.1.1 募资投向分析

企业的上市动因是多样且复杂的。从表面来看，企业通过在股权市场进行融资，增强其股权的流动性以便未来在二级市场变现，但出于经营、财务战略上的考量，其背后的动因更需要深入挖掘。通过华兴源创披露的招股说明书我们可以了解到公司募集资金主要用于投资如下项目（见表2）：

表 2　募集资金拟用途　　　　　　　　　　单位：万元

序号	资金投资项目	项目总金额	拟用募集资金投入金额
1	平板显示生产基地建设项目	39 858.91	39 858.91
2	半导体事业部建设项目	26 032.79	26 032.79
3	补充流动资金	35 000.00	35 000.00
	合计	100 891.70	100 891.70

数据来源：《华兴源创招股说明书》。

3.1.1.1 关于平板显示生产基地建设项目

从政策的角度来看，该项目投资符合我国发展平板显示产业、缩小与国外测试设备差距的需要。一方面，我国平板显示产业起步较晚，虽然在生产规模上取得了巨大的进步，但部分核心技术的落后和材料的缺失，使得产品存在附加值较低、无法全链路配套等问题，这极大地阻碍了平板显示产业的进一步发展。另一方面，我国平板显示检测设备企业的实力参差不齐，产业的生态建设距离国际顶尖水平还有很大差距。因此提升平板显示产业质量成为当前产业发展的重要目标。我国对于平板显示的需求不断增加，但在竞争中，国内平板显示检测设备厂商相对于国外厂商仍常常处于劣势。为了改变这一现状，国家出台了一系列相关政策以推动平板显示检测行业的技术研发和创新，努力实现关键设备和材料的国产化替代，并鼓励联合材料企业一起发展，争取早日赶上国际行业顶尖水平。该项目所规划的平板显示检测设备开发方案，符合我国发展本土化平板显示检测设备、增强产业配套能力的需要，目标是在平板显示核心关键技术突破和产品产业化方面取得成效，增强国际竞争力，为下一阶段产业发展奠定坚实基础。同时，该项目的顺利推进离不开国家对平板显示检测行业的大力支持。

从技术的角度来看，加强技术创新，提高技术水平，是推动平板显示产业持续发展的关键。在与国外企业竞争的过程中，我国在技术上的创新和产品性能上的优化均存在进步空间。在平板显示的制作过程中，超过三分之一的资金都用于平板显示检测设备。由于国外厂商领先的知识产权和关键技术，该市场一直由国外设备厂商主导，这给中国平板显示产业的进一步发展带来了隐忧。中国企业只有在核心技术上取得一次又一次的突破，才能不断拉近与国际顶尖企业的距离，在市场竞争中更具有话语权。该项目所规划的平板显示检测设备开发方案，将完善华兴源创生产的平板显示检测设备的各项功能，提升设备的各项性能指标，增强公司在该领域的技术竞争力；同时，该项目充分发挥、调用公司现有的技术水平及研发潜力，对平板显示检测设备进行整体优化，在一定程度上提高了我国平板显示检测设备行业的技术水平。

从市场的角度来看，该项目满足了高端市场对高性价比平板显示检测设备的需求。近年来，国内平板厂商的大规模投资使得我国面板产能大幅提升。国内 OLED 投资也保持了较高水平，由前文的行业分析可知，2018—2020 年在建或拟建的 OLED 产线达到了 8 条，总投资额达 2 840 亿元，且随着下游厂商对 OLED 产品需求的增加，国内的产线将继续增加。该项目希望通过平板显示检测设备的研发，一方面降低成本，另一方面提升性能，进而突破国外厂商的垄断。该项目不仅力图在国内市场占据优势地位，也力争在出海市场拥有话语权。

3.1.1.2 半导体事业部建设项目

从政策的角度来看，2015 年 5 月，国务院发布了《中国制造 2025》，提出发展集成电路及专用装备，提升封装产业和测试的自主发展能力，形成关键制造装备供货能力。2016 年 5 月，国务院出台了《国家创新驱动发展战略纲要》，提出加大集成电路等自主软硬件产品和网络安全技术攻关和推广力度；攻克集成电路装备等方面的关键核心技术。因此，该项目符合国家对集成电路测试设备的各项相关政策导向。

从市场角度来看，2017 年全球半导体专用设备销售额为 566.9 亿美元，相较于 2016 年增长率达 37.5%，市场规模不断扩大。其中，半导体测试设备销售额为 47 亿美元，占比达到 8.3%。国内集成电路产品数量也在快速增长，这就加大了封装测试企业对于相关专用测试设备的需求量。随着我国对集成电路消费需求的增长，集成电路主要产品来自国外的问题愈发凸显。当前解决进口依赖必须要具备先进的关键性技术，这同时也是完善集成电路全产业链结构的重点环节。该项目致力于研究集成电路测试设备的相关技术；基于过往经验对原有设备进行升级和改造，并结合市场发展方向加快新设备研发。因此，为提升我国在集成电路测试设备市场的竞争力，为国内测试设备产业链提供本国产品，该项目的实施是迫切且必要的。

3.1.2 股权结构分析

企业上市后可以通过二级市场将原有的股权变现。因此，企业在上市前引入战略投资者，签对赌协议等行为，在上市公司中屡见不鲜。

华兴源创上市前的股权结构如图 3 所示。其中，源华创兴即苏州源华创兴投资管理有限公司。苏州源奋和苏州源客均为陈文源与华兴源创的 45 位员工的员工持股平台，无实际经营业务，且在两个员工持股平台中陈文源均持有最多股份。由图可见，陈文源、张茜夫妇通过直接和间接方式合计持有华兴源创 93.15% 的股份，为实际控制人。华兴源创在整个生产经营过程中不存在任何战略投资者介入，可推断其上市的动因完全出于企业自主经营的决策。

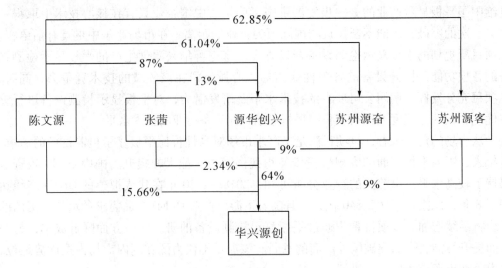

图 3　华兴源创上市前股权结构

（数据来源：《华兴源创招股说明书》）

3.2　财务战略与技术创新视角下的上市动因

3.2.1　华兴源创的技术创新特征

华兴源创作为科创板第一股，是一家依赖技术创新生存的公司，以自有技术为根基，结合市场需求进行产品设计，并产生销售收入。2016—2018 年，华兴源创依靠核心技术展开生产经营所产生的收入占公司营业总收入的比例分别为 88.37%、95.80%、89.56%，占比较高。

华兴源创在生产上，采用"以销定产"的方式，即先与客户进行产品定制化交流，在得到客户认可并下单后，公司才进行大规模生产，通常产出略超过客户订单数量的产量。通过这样的方式，华兴源创保证了较低的存货水平和较强的营运能力。在研发上，华兴源创采用需求响应和主动储备双重战略并行的方式。需求响应是指公司通过与下游客户（主要包括苹果、LG、三星等面板厂商）随时保持联系，获取客户需求，并在内部进行需求分析、项目评估、方案设计、性能测试及客户检验等多个环节后，最终获得订单。主动储备是指公司通过收集过往客户的意见，并结合当前市场的发展趋势，对目前已有的技术和历史项目进行二次研发，力求在原有基础上进行优化并实现技术突破。

华兴源创的产品主要应用在手机面板的制造上，其生产经营情况受到终端手机厂商的行业周期影响。终端手机厂商一般每隔几年会发布新一代产品，其产品变动较大；而在两代产品发布期间，过渡性产品的变动较小。因此，在新一代产品生产的过程中，手机面板厂商会对检测设备进行全面升级以适应新一代产品的需求；而在终端手机厂商的产品生产变化较小时，手机面板厂商对检测设备升级或整体更换的需求较小，仅对检测设备中的检测治具进行简单的升级即可。

以公司主要客户苹果为例，华兴源创是苹果供应商产业链中的重要一员，公司客户主要为苹果及其指定的其他供应商。2016—2018 年，苹果及其供应商采购华兴源创的产品收入占公司总收入的比例分别为 75.13%、91.94% 和 66.52%。苹果通常每隔两年会发布新一代的产品，其间，每隔一年左右会发布过渡性产品。新一代产品的整体变动通常较大，使得华兴源创订单结构中检测设备的订单占比较大；而过渡性产品通常仅对产品设计及功能进行较小调整。因此，华兴源创订单结构中检测设备的订单占比较小，而检测治具更换以及检测设备升级改造的订单占比较大。在与苹果的合作过程中，华兴源创通常在其产品开发阶段即积极介入，同步研发配套检测产品。检测产品研发完成并通过苹果认证后，除被苹果直接采购外，苹果还会指定其供应链厂商采购华兴源创的特定产品。这样的业务模式为公司在资金周转和存货上提供了便利，2016—2018年华兴源创存货占总资产的比例分别为8.46%、10.74%和13.19%。由此可见，公司产品在获得苹果认证后再进行大批量生产则无须担心存货积压。但该模式对华兴源创的技术实力有了更高的要求，公司需要持续提升研发能力，以便在与其他公司的竞争中脱颖而出，拿到订单。

3.2.2 华兴源创财务战略特点

本案例中，内源融资占比用经营净现金流/总资产计算，股权融资用投资收到的现金/总资产计算，债务融资用借款现金/总资产计算。如表3所示，华兴源创的财务战略有两大特点：第一，华兴源创的资产负债率明显低于行业资产负债率。在融资选择上，2016—2018年，华兴源创一直通过其良好的经营业绩，为自身提供稳定的内源融资。这三年，公司的内源融资占比分别为20.50%、15.51%和14.84%，均高于债务融资占比。2017年，公司股权融资的占比为31.67%。2017年10月12日，公司追加注册资本30 090万元，其中，陈文源出资431.694万元，张茜出资64.506万元，源华创兴出资23 097.60万元，苏州源奋出资3 248.10万元，苏州源客出资3 248.10万元。而源华创兴的持有人是陈文源、张茜夫妇，苏州源奋和苏州源客均为企业的员工持股平台。因此，在股权融资过程中，其上市前的融资完全来自华兴源创任职的员工。第二，持续的股利分配。除2016年对2015年及以前年度的未分配利润进行分配导致股利分配率过高外，华兴源创的股利分配率始终略低于行业的股利分配率。结合前文分析其上市前的股东都是陈文源、张茜夫妇及内部员工持股平台；上市后，公开发行的股份不超过总股份的10%。因此，华兴源创的股利很大部分发放给了公司的高管和在职员工，极大地激励了员工的积极性。

表3 2016—2018年华兴源创融资占比及股利分配情况　　　　　单位:%

项目	2016年	2017年	2018年	2019年
内源融资占比	20.50	15.51	14.84	-5.01
股权融资占比	0.00	31.67	0.00	42.12
债务融资占比	1.40	2.11	8.05	8.46
资产负债率	10.67	29.69	26.48	11.20
行业资产负债率	38.17	39.33	41.85	40.46
股利分配率	312.00	0.00	29.68	30.69
行业股利分配率	31.78	31.41	42.29	27.71

数据来源：《华兴源创招股说明书》、Wind数据库。

华兴源创选择稳健型的财务战略，原因是根据信息不对称理论，科创型企业的经营风险较高，核心技术信息不能完全披露，可抵押资产较少，导致其在采用债务融资时成本相对较高，因此低负债水平更利于公司的发展。

3.2.3 华兴源创技术创新情况

（1）研发强度：2016年，华兴源创的研发投入为4 771.98万元，研发强度（研发投入/营业收入）为9.25%，高于同行业均值（6.16%）。为了取得更大的技术优势，自2017年以来，华兴源创持续加大研发投入，其中，2017年研发投入9 350.78万元，同比增长96%；2018年研发投入13 851.83万元，同比增长48%，2017年和2018年研发强度均值为10%。

（2）员工构成：截至2018年12月31日，华兴源创的员工中，技术研发人员达到400人，占比41.88%；生产人员281人，占比29.42%。公司核心技术团队稳定，陈文源作为公司创始人、董事长兼总经理，自2002年开始投身于平板显示检测技术的研究工作，亲身经历了行业内技术的多轮变动和升级，并逐渐掌握了平板显示检测设备开发制造流程中的各项技术，是该行业的技术领军人物。

（3）核心产品营业收入占比：我国平板显示检测行业起步较晚，在LCD和柔性OLED领域，国外的少数企业始终掌握着市场的大量份额和定价权，形成了垄断。华兴源创依靠自主研发创新，使其检测产品水平达到了国际领先水平，成功获得了三星和苹果的大批订单，打破了国外厂商的技术垄断。华兴源创也是国内少数自主研发SOC芯片检测仪器的公司之一，设备的各项指标均接近世界顶尖水平，性价比较高。2016—2018年，公司凭借自有技术展开生产经营所产生的收入分别为45 596.03万元、131 228.64万元和90 012.89万元，占公司主营业务总收入的比例分别为88.37%、95.80%和89.56%。

（4）创新产出：如表4所示，2010—2018年，华兴源创在专利创新方面一直有着良好的成果，2018年更是取得了飞跃性的进展。

表4　2016—2018年华兴源创创新产出情况

创新产出	2016年	2017年	2018年
专利/项	15	11	38
突破式创新占比/%	46.67	27.27	7.89
渐进式创新占比/%	53.33	72.73	92.11

数据来源：恒生聚源金融数据库。

3.2.4 财务战略支撑技术创新

华兴源创的财务战略对技术创新的支持主要体现在两个方面：一方面，充裕的现金流使得公司在进行研发活动的决策时资金限制较小、债务较少，从而降低了因研发失败带来财务危机的可能性；另一方面，优化治理结构助推了研发创新。

3.2.4.1 充裕现金流保障研发投入

融资约束理论认为，企业在进行生产经营和投资决策时，会考虑当前可利用的财务资源，如果企业的财务资源较少，其在衡量收益和风险的过程中，可能会为了避免财务危机，而放弃有可能获得高收益的项目。因此，对于科创型企业，充裕的自由现金流能够为投资项目供给稳定的资金，降低企业由于资金限制放弃进一步投入研发创新的可能性。

华兴源创一直保持着较高的现金储备，如表 5 所示，2016—2018 年，公司的货币资金占流动资产的比例的均值为 55.77%，而短期借款占流动负债的比例的均值为 15.89%。华兴源创的短期借款远小于货币资金，且流动负债一直小于流动资产，这使得公司短期内有着充足的资金可以调动，无须通过债务融资来增加流动性，为公司投入研发生产提供了充足的后备力量。能够保证如此充裕的现金流，原因是华兴源创始终坚持以内源融资为主、股权融资为辅的融资策略。

表 5　2016—2018 年华兴源创现金情况

项目	2016 年	2017 年	2018 年
货币资金/万元	49 986.41	37 354.97	37 166.88
货币资金/流动资产/%	77.99	47.21	42.12
流动资产/万元	64 094.45	79 132.30	88 249.79
短期借款/万元	0.00	2 000.00	8 000.00
流动负债/万元	7 559.33	27 461.13	32 658.25
短期借款/流动负债/%	0.00	7.28	24.50
研发费用/万元	4 771.98	9 350.78	13 851.83
货币资金与研发费用差额/万元	45 214.43	28 004.19	23 315.05

数据来源：《华兴源创招股说明书》。

华兴源创是一家经营驱动的公司，如表 6 所示，2016—2018 年，公司的经营净现金流占净利润的比例始终高于 70%，公司的净利润也完全能够覆盖其研发费用与日常经营所需。但仍需注意的是，研发费用增长率高于净利润增长率，这表明随着公司研发投入不断增加，内源融资按此趋势将无法覆盖研发费用。

表 6　2016—2018 年华兴源创内源融资情况

项目	2016 年	2017 年	2018 年
经营净现金流/万元	14 534.90	14 719.64	18 443.43
净利润/万元	18 029.70	20 966.91	24 328.60
经营净现金流/净利润/%	80.62	70.20	75.81
研发费用/净利润/%	26.47	44.60	56.94
净利润增长率/%	—	16.29	16.03
研发费用增长率/%	—	95.95	48.14

数据来源：Wind 数据库。

2016—2018 年华兴源创的权益资本与债务资本占比如表 7 所示。公司的负债占比虽有所上升，但债务的增加来自短期借款、应付票据及应付账款，说明华兴源创对于借款的使用相对较慎重。

表 7　2016—2018 年华兴源创权益资本与债务资本占比

项目	2016 年	2017 年	2018 年
权益资本占比/%	89.35	70.24	73.30
债务资本占比/%	10.65	29.76	26.70
短期借款/亿元	0.80	0.20	0.00
应付票据及应付账款/亿元	1.82	1.23	0.39

数据来源：Wind 数据库。

3.2.4.2　优化治理结构助推研发创新

根据委托代理理论，企业的管理层在经营企业时会倾向于减少风险较高的投资活动。尤其是对于科创型企业，在进行投资选择时，越是关键性的技术，其投入也越大，往往风险性也越高。但因风险高放弃研发项目可能削弱科创型企业在未来市场的竞争力，因此对科创型企业来说，加强管理层投入研发的意愿，同时保证风险性不过高是科创型企业保持市场竞争力的关键所在。如表 8 所示，2016—2018 年，华兴源创通过稳健型财务战略维持了公司的股权集中度和股权激励方案，使公司管理团队和技术人员的创新积极性得以提升。华兴源创虽然数次增资，但结合本案例对华兴源创的股权结构分析可知，陈文源、张茜夫妇始终是公司的实际控制人，并且陈文源是公司的创始人、董事长兼总经理。

表 8　2016—2018 年华兴源创股东及其出资额

2016 年			2017—2018 年		
股东	出资金额/万元	持股比例/%	股东	出资金额/万元	持股比例/%
陈文源	5 220.00	87.00	源华创兴	23 097.60	64.00
张茜	780.00	13.00	陈文源	5 651.69	15.66
—	—	—	苏州源奋	3 248.10	9.00
—	—	—	苏州源客	3 248.10	9.00
—	—	—	张茜	844.51	2.34
合计	6 000.00	100.00	合计	36 090.00	100.00

数据来源：《华兴源创招股说明书》。

如表 9 所示，2016 年和 2018 年华兴源创进行了现金分红。2016 年的现金分红金额较高，其占净利润的比例为 311.99%，公司表示这其中包含针对 2015 年及以前年度未分配利润的现金分红。而 2017 年虽然没有进行现金分红，但由陈文源、张茜夫妇联合90 名管理层及核心员工，建立了苏州源奋、苏州源客两个员工持股平台，对华兴源创进行了增资；同时，陈文源、张茜夫妇也出资成立了源华创兴，对华兴源创进行增资。华兴源创的一系列股权操作有三个好处：一是避免了公司以较高的利息进行债务融资；二是公司在日后的经营中，能够通过员工持股的方式提高员工工作的积极性，因为如果华兴源创上市成功，员工的股权将获得大幅增值；三是华兴源创可以通过发放现金股利，使员工享受除薪酬以外的收益。

表9 2016—2018年华兴源创现金分红情况

年份	总股本/元	每10股派息数/元	现金分红金额/元	净利润/元	现金分红金额占净利润的比例/%
2016	60 000 000	93.75	562 500 000.00	180 297 035.85	311.99
2017	360 900 000	0.00	0.00	209 669 131.18	0.00
2018	360 900 000	2.00	72 180 000.00	243 286 021.50	29.67

数据来源:《华兴源创招股说明书》。

同时,华兴源创保持股利分红的习惯,根据信号传递理论,当市场的投资者对于企业所掌握的信息与企业管理层不同时,管理层通过股利分配能够向市场传递当下和未来经营趋势良好的信号,这为华兴源创在股权市场融资提供了帮助。

综上所述,充裕的资金是保证研发投入的前提。华兴源创的资金来源首先是企业内部经营活动产生的净利润;其次,公司在未上市的情况下,主要利用员工持股平台,通过内部员工和公司实际控制人进行了股权融资,同时华兴源创少量地增加了短期借款、应付票据及应付账款。在保证了资金的来源后,员工持股计划帮助公司绑定核心技术团队和管理团队,确保了公司发展中人员上的稳定性。公司持续地通过适当的现金分红,吸引市场投资者的关注,传递公司经营前景良好的信号,为股权融资提供便利。

3.2.5 从财务战略看上市动因

稳健型财务战略如果能够实施,能够帮助华兴源创持续创造以上三点价值。但是第一,如表10所示,随着公司经营规模的扩大,2017年其营业收入同比增加165%,2018年同比下降27%,但较2016年依旧大幅上升;公司的投资活动所用净现金流一直小于经营净现金流,公司仅靠内源融资无法满足投资需要。第二,2017年公司已经由陈文源、张茜、源华创兴、苏州源奋、苏州源客进行注资,通过分析股权结构可知,本次注资方均是华兴源创内部员工,公司的融资渠道依旧单一,且可以推断通过鼓励员工融资的方式作用有限,不是长久之计。随着华兴源创资产规模的增加(2017—2018年,华兴源创资产规模年均复合增长率为32%),公司需要扩宽融资渠道,而在债务融资与股权融资中,股权融资能够更好地匹配科创型企业的需求,因此华兴源创选择上市融资便是意料之中。第三,通过前文对华兴源创业务模式的分析可知,一方面,公司在获取订单时,是通过参与下游客户的研发过程,并利用技术优势获得下游客户的认可;而下游客户每隔一定的时期就需要对自身产品进行一次大规模的更新换代,相应地,其对华兴源创的技术的要求也会提高。另一方面,公司目前不仅希望巩固原有的手机行业的下游客户,也希望能够在集成电路测试设备领域占领一席之地。因此,公司未来将持续增大研发投入的力度。

表10 2016—2018年华兴源创营业收入和资金约束情况

单位:万元

项目	2016年	2017年	2018年
营业收入	51 595.45	136 983.42	100 508.35

表10(续)

项目	2016 年	2017 年	2018 年
经营净现金流	14 534.90	14 719.64	18 443.43
投资活动所用净现金流	3 138.67	8 319.09	16 946.26
资金缺口	−11 396.23	−6 400.55	1 497.17

数据来源：《华兴源创招股说明书》。

综上所述，华兴源创想要持续地经营下去，需要不断进行技术创新，而稳健型财务战略的实施能够为技术创新提供强有力的支持。公司过去依靠内源融资和原有股东、内部员工融资的方式导致其融资结构过于单一，在进一步扩大规模时造成了资金的局限性。另外，公司的业务主要依赖技术的不断进步，而相比于债务融资，股权融资的特性更适合公司的发展。因此，为了保证稳健型财务战略的持续实施，公司有必要通过公开上市进行融资。

4　上市板块的选择

在进行上市时，企业对上市板块的选择与其能否成功上市和未来在股票市场的表现息息相关。

4.1　科创板与其他板块制度要点的对比

4.1.1　板块定位与行业定位

在板块定位上，上海证券交易所（以下简称"上交所"）主板和深圳证券交易所（以下简称"深交所"）主板定位于稳定增长，处在成熟期的企业；创业板定位于创新型、处在成长期的企业；科创板定位于硬科技，处在成长期的企业。华兴源创正处在高速增长期，因此更符合成长期企业的条件。

在行业定位上，主板并没有对上市公司做严格的限制，而创业板为凸显"创业"，公示了12个原则上不鼓励上市的传统行业。另外，为了引导传统行业转型升级，政府鼓励负面清单中的行业与互联网、大数据、云计算等新技术、新产业、新业态、新模式深度融合的企业上市。相对于主板的无清单、创业板的负面清单，科创板直接给出了正面清单。科创板在上市制度中定位于着重服务于符合国家发展战略、攻克关键技术、市场认可度高的科技创新企业。科创板希望保荐机构推荐的六大领域包括新一代信息技术领域、高端装备领域、新材料领域、新能源领域、节能环保领域和生物医药领域。

4.1.2　财务指标要求

在财务指标上，主板条件比较单一，而科创板一共发布了五套标准。值得注意的是，科创板首次将"预计市值要求"划入上市标准，并且在盈利要求上其中四套标准中只需关注营业收入，不要求净利润为正，对净资产也没有要求。

4.1.3　审核时限

在审核制度上，上交所和深交所主板使用核准制，2019年以前创业板也是核准制，而科创板在开始时就实行注册制。科创板的审核机构由上交所担任，原则上上交所自受理之日起 6 个月内出具同意或者终止发行上市的审核决定，相较于主板和创业板平均 1 年左右甚至更长的审批时间，科创板大大缩短了企业上市所需的时间。

4.1.4　员工激励

利用股权实现员工激励是上市公司十分乐意选择的员工激励方案，但其他板块在制度上没有明确的指引。企业在真正实施这种方案的过程中，可能被指责股权不清晰、不稳定。因此，企业为了避免影响其上市发行，通常会谨慎对待，一般仅采取直接持股或公司（合伙）平台的方式，这导致参与员工数较少。企业在上市后方可采取更全面复杂的员工激励方案。

对于科创型企业来说，技术具有累积性且为无形资产，研发队伍的稳定性显得至关重要，故在上市前就有员工激励的需求。科创板上市审核问答对申报企业上市前实施员工持股计划、期权持股计划给出了具体的指引，提出企业实施员工持股计划，可通过公司、合伙企业、资产管理计划等持股平台间接持股，完全按照"闭环原则"，规则明确，为科创型企业设计合理的员工激励方案提供了空间。

4.1.5　注重研发投入

科创板在信息披露上，更注重创新和研发。首先，在上市标准中，其中一条标准包含"最近三年累计研发投入占最近三年累计营业收入的比例不低于 15%"，为高研发的企业提供了特殊的上市通道。其次，为了助推科创型企业，减少技术门槛较高导致的信息不对称加深，还需要企业在招股书中披露涉及研发的内部控制制度及其实施情况，并披露研发投入的确定基础、核算方式，最近三年研发投入的具体金额、明细构成，最近三年研发投入占公司营业收入的比例及其与同行业可比上市公司的对比情况，需要披露科研项目的进度、规划和预算。

4.1.6　强调核心技术

科创板意在"面向世界科技前沿、面向经济主战场、面向国家重大需求、面向人民生命健康"，着重服务于符合国家发展战略、攻克关键技术、市场认可度高的科技创新企业。因此，在对于企业的生产经营是否依靠核心技术上，有着更明确的规定。要求上市公司以技术创新为方向，利用技术创新作为经营的驱动力，并且其核心技术符合国家科技发展方向。在信息披露方面，要求招股书中说明依靠核心技术生产的产品或服务的数量、其占营业收入的比例以及该比例变动情况和原因。

4.2　华兴源创选择科创板的原因

华兴源创选择科创板的原因有以下几点：①在板块定位上，华兴源创所掌握的平板显示检测技术和半导体设备检测技术正是我国需要突破的关键核心技术，且符合新一代信息技术领域中的半导体以及高端装备领域的智能制造，因此，华兴源创的经营业务更符合科创板的正向清单行业要求。②在财务指标上，华兴源创过往营业收入水平和净利润水平良好，符合所有板块的要求，因此财务指标并不是华兴源创决定在科创板上市的原因之一。③在审核时限上，科创板大大优于其他板块，十分契合华兴源创想要通过上市募集资金，进而投入下一阶段的研发和生产的愿望。④在员工激励上，华兴源创拥有苏州源客和苏州源奋两大员工持股平台，科创板对员工激励更为宽松的政策十分吸引华兴源创。⑤在研发投入和依靠核心技术上，华兴源创完全符合科创板的要求，且其通过更为清晰的信息披露，可以减少投资者对于华兴源创研发高风险属性的担忧，更有利于降低华兴源创在股权市场的融资成本。

综上所述，华兴源创选择在科创板上市对其更有利，选择科创板是合理的。

5 估值分析

5.1 收益法估值

华兴源创在科创板能否以合理的价格进行股权融资，对华兴源创能否成功上市起着至关重要的作用。本案例在评估方法的选择上是基于华兴源创所在行业为平板显示检测行业和集成电路专用设备行业。华兴源创在平板显示检测行业已经经营了十余年，在相关领域解决方案以及产品供应商方面趋于成熟，获得了苹果、三星等知名消费电子企业和平板显示器制造商的一致认可，现金流稳定。在集成电路专用设备行业，华兴源创在招股说明书中表示，公司产品虽暂未直接实现收入，但其产品的核心性能指标已能够达到行业内领先企业的对标产品的标准，能够为公司提供新的利润增长点。综上所述，可以认定，公司具有持续经营能力，折现率可以估计，满足收益法的适用条件。鉴于我国资本市场制度的日益成熟和对外开放的逐步扩大，在平板显示检测行业和集成电路专用设备行业均存在上市公司，除收益法外，本案例还采用可比公司法估值。

2019 年 7 月 22 日是华兴源创的上市日，公司披露了 2016—2018 年的年报数据，基于数据的可比性，本案例将 2018 年 12 月 31 日定为评估基准日。在上市前，《华兴源创招股说明书》中披露了三年观察期（2016—2018 年）的财务数据，其中三年观察期的营业收入（5.16 亿元、13.70 亿元、10.01 亿元）的 CAGR 达 40%，三年观察期的净利润（1.80 亿元、2.10 亿元、2.43 亿元）的 CAGR 达 16%。结合前文对平板显示检测行业和集成电路专用设备行业的分析，公司业务在第一阶段会先保持高速增长，在达到一定水平后，第二阶段增长会趋于稳定。因此，收益法估值采取自由现金流量模型的两阶段法，模型如下：

$$V = \sum_{i=1}^{n} \frac{\text{FCFF}_i}{(1 + \text{WACC})^i} + \frac{\text{FCFF}_{n+1}}{(\text{WACC} - g) \times (1 + \text{WACC})^n}$$

其中，V 代表企业价值；WACC 指代加权平均资本成本；FCFF_i 指代预测期内第 i 年的自由现金流量（本案例预测期为第 1~10 年，永续期为第 11 年及以后）；FCFF_{n+1} 代表永续期第一年的自由现金流量；g 代表永续期的增长率。

本案例假设华兴源创的第一阶段为 1~10 年，即扩张期；第二阶段为 11 年及以后开始进入平稳增长期，即永续期。由于该公司具有科创型企业的高增长、高风险特征，为了对现金流的估计更加合理和细致，在 1~10 年的扩张期中，假设 1~5 年为高速扩张期，各项增长率较高；6~10 年为缓慢扩张期，各项增长率逐渐下降至永续期水平。

5.1.1 自由现金流量预测

本节将预测企业的自由现金流量。自由现金流量的预测公式如下：

公司自由现金流量=营业收入-营业成本-销售费用-管理费用-研发费用-税金及附加-所得税+折旧与摊销-净营运资本增加额-资本性支出

5.1.1.1 营业收入预测

在三年观察期内,华兴源创营业收入整体呈高速增长,2016—2018 年 CAGR 达40%。华兴源创营业收入全部来源于主营业务收入,包括检测设备营业收入、检测治具营业收入以及其他业务营业收入。观察期内华兴源创营业收入分布情况如表 11所示。

表 11 2016—2018 年华兴源创营业收入分布情况   单位:万元

项目	2016 年	2017 年	2018 年
检测设备营业收入	20 792.70	103 590.59	53 477.83
检测治具营业收入	28 040.56	29 558.94	38 805.98
其他业务营业收入	2 762.19	3 833.89	8 224.54
营业收入合计	51 595.44	136 983.42	100 508.35

数据来源:《华兴源创招股说明书》。

其中,2017 年、2018 年检测设备营业收入同比增长分别为 398%、-48%,观察期内 CAGR 达 60%,检测设备营业收入作为公司收入占比最高的部分,在观察期内分别占比 40.30%、75.62%和 53.21%。因此,预测高速扩张期检测设备收入增长率分别为50%、40%、30%、25%和 25%,缓慢扩张期检测设备营业收入增长率分别为 20%、16%、15%、10%和 5%,永续期检测设备营业收入增长率取 GDP 的增长率的近似值,稳定在 3%。2017 年、2018 年检测治具营业收入同比增长分别为 6%、31%,观察期内CAGR 达 18%。因此,预测高速扩张期检测治具营业收入增长率分别为 25%、20%、15%、10%和 10%,缓慢扩张期检测治具营业收入增长率分别为 8%、7%、6%、5%和4%,永续期检测治具营业收入增长率稳定在 3%。其他业务营业收入是指为客户带来的运维调试、检查养护等技术服务类营业收入,2017 年、2018 年其同比增长分别为39%、115%,观察期 CAGR 达 75%。考虑到该项营业收入的增长是源自公司销售检测设备和检测治具的增长,故在增长率水平上参考检测设备和检测治具,即高速扩张期其他业务营业收入增长率分别为 25%、20%、15%、10%和 10%,缓慢扩张期其他业务营业收入增长率分别为 8%、7%、6%、5%和 4%,永续期其他业务营业收入增长率稳定在 3%。综上所述,华兴源创营业收入预测如表 12 所示。

表 12 2019—2023 年华兴源创营业收入预测

项目	2019 年	2020 年	2021 年	2022 年	2023 年
检测设备营业收入/万元	80 216.75	112 303.44	145 994.48	182 493.09	228 116.37
增长率/%	50	40	30	25	25
检测治具营业收入/万元	48 507.48	58 208.97	66 940.32	73 634.35	80 997.78
增长率/%	25	20	15	10	10
其他业务营业收入/万元	10 280.68	12 336.81	14 187.33	15 606.06	17 166.67

项目	2019 年	2020 年	2021 年	2022 年	2023 年
增长率/%	25	20	15	10	10
营业收入合计/万元	139 004.90	182 849.22	227 122.12	271 733.51	326 280.82
项目	2024 年	2025 年	2026 年	2027 年	2028 年
检测设备营业收入/万元	273 739.64	317 537.99	365 168.68	401 685.55	421 769.83
增长率/%	20	16	15	10	5
检测治具营业收入/万元	87 477.60	93 601.04	99 217.10	104 177.95	108 345.07
增长率/%	8	7	6	5	4
其他业务营业收入/万元	18 540.00	19 837.81	21 028.07	22 079.48	22 962.66
增长率	8	7	6	5	4
营业收入合计/万元	379 757.25	430 976.83	485 413.86	527 942.98	553 077.56

数据来源：《华兴源创招股说明书》。

5.1.1.2 营业成本预测

华兴源创的主营业务成本是产成品成本，包括但不限于直接材料、直接人工及制造费用。本案例通过分别计算观察期内检测设备、检测治具和其他业务的营业成本占营业收入的比例（见表13）来进行营业成本预测。

表 13 2016—2018 年华兴源创营业成本及其占比

项目	2016 年	2017 年	2018 年
检测设备营业成本/万元	8 777.32	59 291.89	25 667.64
检测设备营业成本/检测设备营业收入/%	42	57	48
检测治具营业成本/万元	11 263.53	14 737.89	16 339.66
检测治具营业成本/检测治具营业收入营业成本/%	40	50	42
其他业务营业成本/万元	1 166.21	1 263.99	2 834.84
其他业务营业成本/其他业务营业收入/%	42	33	34

数据来源：《华兴源创招股说明书》。

其中，2017 年，检测设备与检测治具的营业成本占营业收入的比例明显偏高，2017 年公司营业成本占比增高是源于对越南三星的销售，该笔销售占当年营业收入比例的 59.68%，对比 2016 年和 2018 年的数据，这属于一笔非常规销售。该采购来自越南三星，产品为安装于客户自动化生产线上的自动化检测设备，实际订单执行总金额较高，因此在商务谈判中降低了华兴源创的销售单价，导致毛利率偏低。华兴源创在观察期内对越南三星的营业收入分类明细如表 14 所示。

表 14 2016—2018 年华兴源创对越南三星的营业收入分类明细

项目	2016 年	2017 年	2018 年
检测设备营业收入/万元	177.44	73 318.63	1 978.27

项目	2016 年	2017 年	2018 年
检测治具营业收入/万元	—	8 436.42	7 946.86
其他业务营业收入/万元	—	—	3 767.04
合计	177.44	81 755.05	13 692.17
占营业收入的比例/%	0.3	59.68	13.62

数据来源：《华兴源创招股说明书》。

因此剔除 2017 年的影响后，未来 1～5 年，检测设备营业成本占营业收入的比例取 2016 年和 2018 年的均值，即（42%＋48%）÷2＝45%，第 6 年及以后，随着公司技术不断成熟，销售逐渐稳定，比例下降为 40%。同理，检测治具的比例未来 1～5 年为 41%，第 6 年及以后下降至 35%；其他业务收入的比例未来 1～5 年为 38%，第 6 年及以后下降至 33%。华兴源创营业成本预测如表 15 和表 16 所示。

表 15　2019—2023 年华兴源创营业成本预测

项目	2019 年	2020 年	2021 年	2022 年	2023 年
检测设备营业收入/万元	80 216.75	112 303.44	145 994.48	182 493.09	228 116.37
营业成本/营业收入/%	45	45	45	45	45
检测设备营业成本/万元	36 181.87	50 654.61	65 851.00	82 313.74	102 652.37
检测治具营业收入/万元	48 507.48	58 208.97	66 940.32	73 634.35	80 997.78
营业成本/营业收入/%	41	41	41	41	41
检测治具营业成本/万元	19 954.70	23 945.64	27 537.49	30 291.23	33 209.09
其他业务营业收入/万元	10 280.68	12 336.81	14 187.33	15 606.06	17 166.67
营业成本/营业收入/%	38	38	38	38	38
其他业务营业成本/万元	3 942.05	4 730.46	5 440.03	5 984.03	6 582.44
营业成本合计/万元	60 078.62	79 330.71	98 828.51	118 589.01	142 443.90

表 16　2024—2028 年华兴源创营业成本预测

项目	2024 年	2025 年	2026 年	2027 年	2028 年
检测设备营业收入/万元	273 739.64	317 537.99	365 168.68	401 685.55	421 769.83
营业成本/营业收入/%	40	40	40	40	40
检测设备营业成本/万元	109 495.86	127 015.19	146 067.47	160 674.22	168 707.93
检测治具营业收入/万元	87 477.60	93 601.04	99 217.10	104 177.95	108 345.07
营业成本/营业收入/%	35	35	35	35	35
检测治具营业成本/万元	30 617.16	32 760.36	34 725.98	36 462.28	37 920.78
其他业务营业收入/万元	18 540.00	19 837.81	21 028.07	22 079.48	22 962.66
营业成本/营业收入/%	33	33	33	33	33

表16(续)

项目	2024 年	2025 年	2026 年	2027 年	2028 年
其他业务营业成本/万元	6 118.20	6 546.48	6 939.26	7 286.23	7 577.68
营业成本合计/万元	146 231.22	166 322.03	187 732.72	204 422.73	214 206.39

5.1.1.3 税金及附加预测

税金及附加主要涉及消费税、城市维护建设税和教育费附加等。观察期内该项目占营业收入的比例稳定在 1% 左右，均值为 0.96%（见表 17）。因此，在预测期内，将税金及附加占营业收入的比例设定为 1%。华兴源创税金及附加的预测如表 18 所示。

表17 2016—2018 年华兴源创费用数据

项目	2016 年	2017 年	2018 年
营业收入/万元	51 595.45	136 983.42	100 508.35
税金及附加/万元	655.98	1 064.24	842.84
税金及附加/营业收入/%	1.27	0.78	0.84
销售费用/万元	2 484.88	5 187.75	5 025.37
销售费用/营业收入/%	4.82	3.79	5.00
管理费用/万元	3 859.83	15 678.47	9 158.00
管理费用/营业收入/%	7.00	11.45	9.11
研发费用/万元	4 771.98	9 350.78	13 851.83
研发费用/营业收入/%	9.25	6.83	13.78

数据来源：《华兴源创招股说明书》。

表18 2019—2028 年华兴源创税金及附加预测

项目	2019 年	2020 年	2021 年	2022 年	2023 年
营业收入/万元	139 004.90	182 849.22	227 122.12	271 733.51	326 280.82
税金及附加/营业收入/%	1	1	1	1	1
税金及附加/万元	1 390.05	1 828.49	2 271.22	2 717.34	3 262.81
项目	2024 年	2025 年	2026 年	2027 年	2028 年
营业收入/万元	379 757.24	430 976.84	485 413.85	527 942.98	553 077.56
税金及附加/营业收入/%	1	1	1	1	1
税金及附加/万元	3 797.57	4 309.77	4 854.14	5 279.43	5 530.78

5.1.1.4 销售费用预测

在进行销售费用预测时，其一，考虑到公司相关数据仅有三年观察期。其二，2017 年公司营业收入大增，公司为员工增加了工资奖金，使得销售费用中的薪金上升；同时，当期公司海外业务量增加，员工频繁来往于美国、越南，增加了差旅费。其三，公司当期产品销售量增加，导致产品包装费用增加。最终使得 2017 年华兴源创销售费用占营业收入的比例较 2016 年和 2018 年有明显变动。因此为增大预测的准确性，将同行业上市公司精测电子同时期的销售费用率纳入考虑。表 19 为精测电子与华兴源创的销售费用率比较。

表 19   2016—2018 年精测电子与华兴源创的销售费用率比较

公司名称	销售费用率/%		
	2016 年	2017 年	2018 年
精测电子	10.39	8.53	9.70
华兴源创	4.82	3.79	5.00

数据来源：《华兴源创招股说明书》。

如表 19 所示，观察期内精测电子的销售费用率高于华兴源创，主要原因是华兴源创的主要客户为苹果等海外知名客户，前文已分析过公司很大一部分收入来自苹果供应链上的企业，主要客户相对集中。再加上华兴源创依托优秀的技术能力、可靠的产品质量，通过与主要客户多年的合作，均建立了长期、良好、稳定的业务关系，因此其销售费用率较低。但是观察期内精测电子的主要客户为国外客户，其地域分布相对较分散，且发生的日常业务往来相对较多，因而其销售费用率较高。因此，在预测销售费用时，取观察期销售费用占营业收入的比例的均值 4.53%。华兴源创销售费用预测如表 20 所示。

表 20   2019—2028 年华兴源创销售费用预测

项目	2019 年	2020 年	2021 年	2022 年	2023 年
营业收入/万元	139 004.90	182 849.22	227 122.12	271 733.51	326 280.82
销售费用/营业收入/%	4.53	4.53	4.53	4.53	4.53
销售费用/万元	6 296.92	8 283.07	10 288.63	12 309.58	14 780.52
项目	2024 年	2025 年	2026 年	2027 年	2028 年
营业收入/万元	379 757.24	430 976.84	485 413.85	527 942.98	553 077.56
销售费用/营业收入/%	4.53	4.53	4.53	4.53	4.53
销售费用/万元	17 203.00	19 523.25	21 989.25	23 915.82	25 054.41

5.1.1.5 管理费用预测

观察期内精测电子与华兴源创的管理费用率比较如表 21 所示。

表 21   2016—2018 年精测电子与华兴源创的管理费用率比较

公司名称	管理费用率/%		
	2016 年	2017 年	2018 年
精测电子	10.16	7.40	6.93
华兴源创	7.48	11.45	9.11

数据来源：《华兴源创招股说明书》（为保持口径一致，精测电子管理费用中剔除了研发费用）。

如表 21 所示，2016 年华兴源创管理费用率低于精测电子，主要原因是公司管理人员较少，相应的职工薪酬相对较低。2017 年，公司管理费用率明显增高，且高于精测电子，这源于当期公司业绩大涨，公司增加了管理人员数量，并奖励了管理人员更高的薪酬，还引入了符合公司发展方向的高薪酬人才；同时公司将支付股权激励的费用8 652.69万元计入了管理费用，若排除这部分费用，当年的管理费用率为 5.13%。2018年华兴源创的管理费用率同样高于精测电子，原因是公司管理人员的增加使得工资薪酬进一步增加，办公场所的扩大使得租赁及物业费增长，新建厂房的投入使用导致折旧与摊销增加；同时，当期终端厂商产品更新换代变动较小，使得公司检测设备订单减少，销售规模有所下降。结合公司 2018 年管理费用率 9.11% 来看，预测未来公司的管理费用占营业收入的比例为 10%。华兴源创管理费用预测如表 22 所示。

公司金融案例

· 24 ·

表 22 2019—2028 年华兴源创管理费用预测

项目	2019 年	2020 年	2021 年	2022 年	2023 年
营业收入/万元	139 004.90	182 849.22	227 122.12	271 733.51	326 280.82
管理费用/营业收入/%	10	10	10	10	10
管理费用/万元	13 900.49	18 284.92	22 712.21	27 173.35	32 628.08
项目	2024 年	2025 年	2026 年	2027 年	2028 年
营业收入/万元	379 757.24	430 976.84	485 413.85	527 942.98	553 077.56
管理费用/营业收入/%	10	10	10	10	10
管理费用/万元	37 975.73	43 097.68	48 541.39	52 794.30	55 307.76

5.1.1.6 研发费用预测

如表 23 所示，2017 年华兴源创研发费用占营业收入的比例有所下降，但其实公司的研发费用始终处于升高的状态，2017—2018 年研发费用同比增长分别为 96%、48%，其研发费用主要用于研发人员的薪资、集成电路检测设备的研发投入及研发人员的差旅费等。华兴源创在业绩增长的背景下，对于研发费用的投入更加重视，并可以预计未来该投入会持续增加。

表 23 2016—2018 年精测电子与华兴源创的研发费用率比较

公司名称	研发费用率/%		
	2016 年	2017 年	2018 年
精测电子	16.68	13.08	12.40
华兴源创	9.25	6.83	13.78

数据来源：《华兴源创招股说明书》。

观察期内，华兴源创持续加强研发的投资力度，企业研发费用逐年增加，2017 年营业收入大幅提高使得研发费用率有所下降，2018 年公司研发费用率提高到 13.78%。总体来看，公司研发费用率整体呈增长趋势，而精测电子研发费用率略有下降，水平差异不大。为了使预测研发费用更合理，符合公司研发费用投入持续增加的情况，在未来第 1~5 年，假设研发费用率为 15%，在未来第 6 年及以后，假设研发费用率为

10%。华兴源创研发费用预测如表 24 所示。

表 24 2019—2028 年华兴源创研发费用预测

项目	2019 年	2020 年	2021 年	2022 年	2023 年
营业收入/万元	139 004.90	182 849.22	227 122.12	271 733.51	326 280.82
研发费用/营业收入/%	15	15	15	15	15
研发费用	20 850.73	27 427.38	34 068.32	40 760.03	48 942.12
项目	2024 年	2025 年	2026 年	2027 年	2028 年
营业收入/万元	379 757.24	430 976.84	485 413.85	527 942.98	553 077.56
研发费用/营业收入/%	10	10	10	10	10
研发费用	37 975.73	43 097.68	48 541.39	52 794.30	55 307.76

5.1.1.7 净利润预测

华兴源创分别于 2014 年 6 月及 2017 年 11 月取得江苏省高新技术企业证书，2016—2018 年，公司凭该证书享受 15% 的所得税税率。因华兴源创主要依赖检测设备的相关技术进行生产，技术具有累积性，本案例认为其主营业务不会发生大幅变化，因此在未来所得税的预测中，依然以 15% 作为所得税税率进行净利润预测。华兴源创净利润预测如表 25 和表 26 所示。

表 25 2019—2023 年华兴源创税后净利润预测　　　　单位：万元

项目	2019 年	2020 年	2021 年	2022 年	2023 年
营业收入	139 004.90	182 849.22	227 122.12	271 733.51	326 280.82
营业成本	60 078.62	79 330.71	98 828.51	118 589.01	142 443.89
税金及附加	1 390.05	1 828.49	2 271.22	2 717.34	3 262.81
销售费用	6 296.92	8 283.07	10 288.63	12 309.58	14 780.52
管理费用	13 900.49	18 284.92	22 712.21	27 173.35	32 628.08
研发费用	20 850.73	27 427.38	34 068.32	40 760.03	48 942.12
税前净利润	36 674.44	47 935.14	59 247.51	70 530.99	84 282.50
所得税	5 501.17	7 190.27	8 887.13	10 579.65	12 642.37
税后净利润	31 173.28	40 744.87	50 360.38	59 951.34	71 640.12

表 26 2024—2028 年华兴源创税后净利润预测　　　　单位：万元

项目	2024 年	2025 年	2026 年	2027 年	2028 年
营业收入	379 757.25	430 976.83	485 413.86	527 942.98	553 077.56
营业成本	146 231.22	166 322.03	187 732.72	204 422.73	214 206.38
税金及附加	3 797.57	4 309.77	4 854.14	5 279.43	5 530.78
销售费用	17 203.00	19 523.25	21 989.25	23 915.82	25 054.41

项目	2024 年	2025 年	2026 年	2027 年	2028 年
管理费用	37 975.73	43 097.68	48 541.39	52 794.30	55 307.76
研发费用	37 975.73	43 097.68	48 541.39	52 794.30	55 307.76
税前净利润	136 574.01	154 626.41	173 754.98	188 736.41	197 670.47
所得税	20 486.10	23 193.96	26 063.25	28 310.46	29 650.57
税后净利润	116 087.90	131 432.45	147 691.73	160 425.95	168 019.90

5.1.1.8 折旧与摊销费用预测

2018 年公司的折旧与摊销费用大幅增加（见表 27），源自现金流量表中固定资产折旧、油气折耗、生产性资产折旧增多，背后原因为公司大幅扩张生产使得其增加，属于正常经营现象。因此，未来的折旧与摊销费率取观察期内的均值 1.05%，并以此预测未来的折旧与摊销费用。

表 27 2016—2018 年华兴源创折旧与摊销费用及其占比

项目	2016 年	2017 年	2018 年
折旧与摊销费用/万元	523.64	692.84	1 649.59
折旧与摊销费用/营业收入/%	1.01	0.51	1.64

数据来源：《华兴源创招股说明书》。

5.1.1.9 资本性支出预测

资本性支出为公司购建和处置固定资产、无形资产以及其他长期资产支出的资金与回收资金之间的差额。由表 28 可得，华兴源创 2016—2018 年资本性支出占营业收入比重的平均值为 10.31%，且这一占比在各年份相对稳定，因此预测 2019—2028 年资本性支出占营业收入比重为 10.31%。

表 28 2016—2018 年华兴源创资本性支出及其占比

项目	2016 年	2017 年	2018 年
资本性支出/万元	3 858.08	9 642.85	16 520.11
资本性支出/营业收入/%	7.48	7.04	16.44

数据来源：《华兴源创招股说明书》。

5.1.1.10 净营运资本预测

如表 29 所示，2016—2018 年华兴源创净营运资本占营业收入的平均比重为 16.54%，因此，预测华兴源创 2019—2028 年净营运资本占比为 16.54%，具体预测结果如表 30 所示。其中，净营运资本＝流动资产①-无息流动负债②

---

① 流动资产不包含现金。
② 无息流动负债=应付账款+预收款项+应付职工薪酬+应交税费+其他应付款+其他流动负债。

表 29　2016—2018 年华兴源创净营运资本

项目	2016 年	2017 年	2018 年
净营运资本/万元	6 548.71	15 516.1	25 741.68
净营运资本/营业收入/%	12.69	11.33	25.61

数据来源：《华兴源创招股说明书》。

表 30　2019—2028 年华兴源创净营运资本预测

项目	2019 年	2020 年	2021 年	2022 年	2023 年
营业收入/万元	139 004.90	182 849.22	227 122.12	271 733.51	326 280.82
净营运资本/营业收入/%	16.54	16.54	16.54	16.54	16.54
净营运资本/万元	22 991.41	30 243.26	37 566.00	44 944.72	53 966.85
净营运资本增加额/万元	−2 750.27	7 251.85	7 322.74	7 378.72	9 022.13
项目	2024 年	2025 年	2026 年	2027 年	2028 年
营业收入/万元	379 757.25	430 976.83	485 413.86	527 942.98	553 077.56
净营运资本/营业收入/%	16.54	16.54	16.54	16.54	16.54
净营运资本/万元	62 811.85	71 283.57	80 287.45	87 321.77	91 479.03
净营运资本增加额/万元	8 845.00	8 471.72	9 003.88	7 034.32	4 157.26

根据上文，可以得到 2019—2028 年华兴源创自由现金流量的预测值如表 31 所示。

表 31　2019—2028 年华兴源创自由现金流量预测　　　　单位：万元

项目	2019 年	2020 年	2021 年	2022 年	2023 年
税后经营净利润	31 173.28	40 744.87	50 360.38	59 951.34	71 640.12
折旧与摊销	1 459.55	1 919.92	2 384.78	2 853.20	3 425.95
资本性支出	14331.40	18851.75	23416.29	28015.72	33639.55
净经营资产变动	−2 750.27	7 251.85	7 322.74	7 378.72	9 022.13
自由现金流量	21 051.69	16 561.18	22 006.14	27 410.09	32 404.39
项目	2024 年	2025 年	2026 年	2027 年	2028 年
税后经营净利润	116 087.90	131 432.45	147 691.73	160 425.95	168 019.90
折旧和摊销	3 987.45	4 525.26	5 096.85	5 543.40	5 807.31
资本性支出	39 152.97	44 433.71	50 046.17	54 430.92	57 022.30
净经营资产变动	8 845.00	8 471.72	9 003.88	7 034.32	4 157.26
自由现金流量	72 077.38	83 052.28	93 738.52	104 504.11	112 647.66

5.1.2　资本成本预测

以上预测的是企业自由现金流量，因此由股权资本成本和税后债务成本组成的加权平均资本成本（WACC）适合作为企业现金流折现，公式如下：

$$WACC = R_e \times P_e + R_d \times (1 - T) \times P_d$$

其中，R_e 表示公司权益资本成本；P_e 表示权益资本在资本结构中的百分比；R_d 表示公司债务资本成本；P_d 表示债务资本在资本结构中的百分比；T 表示公司的所得税税率。

对企业价值的评估采用资本资产定价模型（Capital Asset Pricing Model，CAPM）来确定公司权益资本成本，公式如下：

$$R_e = R_f + \beta \times \text{MRP}$$

5.1.2.1 股权资本成本

（1）无风险收益率的计算

无风险收益率取 10 年期国债利率。2018 年年末，10 年期可交易的国债的到期实际收益率为 3.165%。

（2）市场风险溢价

选择沪深 300 指数的收益率相较于所对应年份的 10 年期国债的收益率差值作为风险溢价，取 2007 年年末至 2018 年年末为样本，经计算得出市场风险溢价均值为 12.09%。

5.1.2.2 Beta 系数

华兴源创过去不是上市公司，一般情况下难以直接测算出该系数的指标值，故本案例综合考虑企业经营规模与业务结构等因素，选择了创业板上市公司精测电子（300567）作为可比公司，通过计算精测电子的 β 系数并卸载原财务杠杆后再加载华兴源创的财务杠杆，从而得到华兴源创的 β 系数。经计算精测电子的 β 系数为 1.09。公式如下：

$$\beta_{资产} = \frac{\beta_{权益}}{1 + (1 - 所得税税率) \times \dfrac{负债}{权益}}$$

2016—2020 年精测电子财务杠杆（负债/权益值）数据如表 32 所示。

表 32　2016—2020 年精测电子财务杠杆数据

项目	2016 年	2017 年	2018 年	2019 年	2020 年
财务杠杆（负债/权益）	0.37	0.47	1.17	1.86	1.68

数据来源：Wind 数据库。

取精测电子五年负债/权益的均值 1.11，卸载财务杠杆后 $\beta_{资产}$ 为 0.56。将精测电子的 $\beta_{资产}$ 用作华兴源创的 $\beta_{资产}$，再加载华兴源创的财务杠杆，最终得到 2016—2018 年华兴源创的财务杠杆数据如表 33 所示。

表 33　2016—2018 年华兴源创财务杠杆数据

项目	2016 年	2017 年	2018 年
财务杠杆（负债/权益）	0.11	0.42	0.36

数据来源：《华兴源创招股说明书》。

如表 33 所示，2017 年和 2018 年华兴源创的财务杠杆远高于 2016 年，考虑到华兴源创经营规模不断扩大，其负债水平也会不断上升，故取 2017 年和 2018 年的均值 0.39 作为负债/权益值。计算得到，华兴源创的 $\beta_{权益}$ 为 0.75，进而求得 R_e 为 12.19%。

5.1.2.3 债务资本成本

关于债务资本成本，2019 年银行对企业一年期贷款利率基准值为 4.35%，五年以上贷款利率为 4.9%。而华兴源创作为一家科创型企业，银行或金融机构在发放贷款时，考虑到其研发风险较高，合理估计需要更高的贷款利率，故选取 6% 作为税前债务成本。

5.1.2.4 加权平均资本成本

在计算 WACC 时，债务价值和权益价值均选取 2018 年年末账面价值。综上，我们可以得到华兴源创的 WACC 为 10.30%。

5.1.3 收益法估值结果

根据以上对自由现金流量的预测和资本成本的预测，我们将各期现金流量折现加总得到公司的价值。现金流量折现分为两个阶段，2019—2028 年为第一阶段，一共 10 年的时间，计算后第一阶段的企业价值 $V_1 = 297\ 613.22$（万元）。

第二阶段为永续期，其价值计算公式如下：

$$V_2 = \frac{\mathrm{FCFF}_{n+1}}{(\mathrm{WACC} - g) \times (1 + \mathrm{WACC})^n}$$

式中 n 为 10，g 为永续期增长率即为 3%。WACC 在永续期为 10.30%，FCFF_{n+1} 为 2029 年自由现金流量，即 117 564.70 万元，将上述数据代入求得永续期价值 $V_2 = 604\ 307.89$（万元）。

因此求得公司的价值 $V = V_1 + V_2 = 901\ 921.11$（万元）。

企业价值 $V = D + E$，其中 D 为债务价值，E 为股权价值。2018 年年末华兴源创债务账面价值 $D = 33\ 195.60$（万元），发行后总股本 40 100 万股，因此每股价值 $P = 21.66$（元）。

5.1.4 场景分析

本案例选取营业收入和加权平均资本成本两个因素对华兴源创每股价值做场景分析。分析过程中，分别假设悲观、乐观、正常三种情形。在预测营业收入时，场景分别为营业收入中检测设备收入、检测治具收入和其他收入的增长率每年下降 1 个百分点、不变、上升 1 个百分点。即在乐观情景下，2019—2028 年检测设备收入增长率分别为 51%、41%、31%、26%、26%、21%、17%、16%、11%、6%、4%；检测治具收入和其他收入增长率分别为 26%、21%、16%、11%、11%、9%、8%、7%、6%、5%、4%；2029 年及以后永续增长率保持 3% 不变。反之悲观情况下则相应下降 1 个百分点。在预测加权平均资本成本时，分别令其上升 1 个百分点、不变、下降 1 个百分点。根据上述条件，我们得到场景分析测试结果如表 34 所示。

表 34 华兴源创每股价值场景分析结果　　　　　　　　　　单位：元

加权平均资本成本变动幅度	营业收入增长率变动幅度		
	下降 1 个百分点	不变	上升 1 个百分点
上升 1 个百分点	16.97	18.28	19.69
不变	20.08	21.66	23.27
下降 1 个百分点	24.24	26.18	28.27

场景分析结果显示，在悲观的情形下华兴源创每股价值 16.97 元，在乐观的情形下华兴源创每股价值 28.27 元。由此，利用收益法对华兴源创的股价估值的价格区间为 16.97~28.27 元。

5.2 可比公司法估值

5.2.1 可比公司介绍、选取原因及现状

华兴源创在中国证监会的行业分类中，属于专用设备制造业，因此，在选取可比公司时，在专用设备制造行业中，结合华兴源创"强化面板检测优势赛道+开拓半导体检测新赛道"的经营战略，本案例选取了4家公司进行参考。

（1）精测电子：创建于 2006 年，是一家生产、研发、销售平板显示检测系统的公司，目前公司已是国内平板显示检测领域的龙头企业之一，公司客户涵盖了国内外诸多大型面板、模组厂商，2016 年 11 月在深交所上市。选择精测电子的原因是其主营业务与华兴源创相同，且均为国内平板显示检测领域的龙头企业之一，其在平板显示检测领域的收入占公司总收入的99%以上。2018 年，公司从平板显示检测领域正式跨入半导体、新能源行业的测试领域，包括设立武汉精鸿，参股韩国 IT&T，聚焦自动检测设备，在上海设立全资子公司上海精测，组建团队在半导体测试领域发力。精测电子也是一家典型的科创型企业，公司销售的产品所采用的核心技术均为自有，且研发投入占比较高，其 2016—2018 年研发投入占营业收入的比例分别为 16.68%、13.08%、12.40%。

（2）长川科技：创建于 2008 年 4 月，长期专注于集成电路专用装备技术、努力实现集成电路装备专业升级。目前掌握了集成电路测试装置的关键技术、多项专利权及软件著作权，是国内为数不多的能够独立开发、制造集成电路测试装置的企业。2017 年 4 月 17 日，公司在深交所创业板上市。长川科技与华兴源创同属于制造业分类下属的专用设备制造业。长川科技也是典型的科创型企业，其核心技术均来自自主研发，2018 年研发投入占营业收入的28.55%。公司当前的主要产品是测试机和分选机，所处领域为集成电路检测设备领域，这也是华兴源创当前在半导体测试领域的重点研发产品和所选择的赛道。在预测华兴源创未来在半导体领域的发展前景上，长川科技具有重要的借鉴意义。

（3）晶盛机电：创建于 2006 年 12 月，公司着力于提升中国半导体材料技术装备和 LED 衬底材料生产技术水平。公司于 2012 年在上交所创业板上市。晶盛机电与华兴源创同属于制造业分类下属的专用设备制造业。晶盛机电主营业务为晶体生长设备和半导体设备，与华兴源创的主营业务方向有部分重叠。晶盛机电掌握多项半导体领域的国家专利和行业领先技术，其 2016—2018 年研发投入占营业收入的比例均值为 8%。

（4）至纯科技：创立于 2000 年。至纯科技是一家专门为高端先进工业企业提供高纯工艺控制系统服务的企业。其提供的解决方案，涵盖整个客户系统从设计、甄选、生产、安装到售后托管的全流程。公司于 2017 年在上交所主板上市。至纯科技与华兴源创同属于制造业分类下属的专用设备制造业。至纯科技的主营业务为半导体湿法设备，其业务的增长源自半导体市场的不断扩大。在该领域，中国企业在全球的市场份额很小，导致受制于外企，在湿法设备上更是被三家日本企业和一家美国企业掌握了

中国 92% 以上的市场。因此国产替代的未来空间巨大。至纯科技的产品和服务已经顺利进入一线用户，证明了本土供应商完全有实力服务于本土的一线用户，逐步实现国产替代。随着未来国内晶圆厂的不断扩大，至纯科技有望借助国内半导体制造的浪潮实现突破。因此，至纯科技与华兴源创一样，均是借助国内半导体行业的发展实现国产替代的。

华兴源创作为科创型企业，目前已经实现了连续稳定的盈利，并且其毛利率较高，适合使用市盈率、市净率和市销率进行估值。除了上述三种估值方法，对于科创型企业，尤其是高度依赖技术生存的企业，研发费用的投入很大程度上影响了企业的经营。由上文的分析可知，华兴源创持续投入研发，建立技术壁垒，这在其获得苹果、三星等公司的订单上起到了重要的作用。在对企业估值时，"市研率"相比于传统估值方法，更能凸显企业科创板的核心特征，因为科创板区别于主板的唯一指标就是研发投入或技术创新能力。因此，本案例在价值乘数中引入企业的市研率＝市值/研发费用。

根据华兴源创披露的首次上市招股说明书，华兴源创的每股收益按照 2018 年度经审计的扣除非经常性损益后归属于母公司股东净利润除以本次发行后总股本计算，计算得出发行市盈率为 41.08。本案例在计算可比公司价值比率时也采用同样的数据选取方法。可比公司价值乘数和华兴源创价值乘数如表 35 所示。

表 35　可比公司价值乘数和华兴源创价值乘数

价值乘数类型	可比公司价值乘数				华兴源创价值乘数
	精测电子	长川科技	至纯科技	晶盛机电	
市盈率	33.99	79.81	78.77	22.22	53.70
市净率	8.2	9.69	7.32	3.29	7.13
市销率	6.57	18.05	6.9	4.99	9.13
市研率	53.09	62.88	129.18	70.37	78.88

数据来源：Wind 数据库。

如表 36 所示，可比公司法估值得出的华兴源创每股股权价值估值区间为 22.92 ~ 32.76 元。

表 36　华兴源创可比公司法估值结果

价值乘数类型	价值乘数	华兴源创指标数值	每股股权价值估值/元
市盈率	53.70	0.61	32.76
市净率	7.13	4.47	31.87
市销率	9.13	2.51	22.92
市研率	78.88	0.35	27.61

5.3　小结

企业上市的股票发行价格是上市的关键问题，如果发行价格制定过高，没有发售成功，不仅导致企业募资失败，对企业后续在股权市场上再融资也会造成不利的影响；

如果发行价格制定过低，尽管发售成功，但却会损害发行人原始股东的权益。鉴于华兴源创的原始股东是公司创始人以及员工持股平台，过低的发行价格相当于损害了公司在职的高管、核心团队成员的利益，对于公司接下来的经营积极性来说也是极为不利的。本次华兴源创上市最后发行价 24.26 元，处于估值合理范围内。

6　上市后表现

6.1　市场反应

在市场有效的假设前提下，作为一只新股上市，通过分析前 15 个交易日的股票价格变动，可以分析该股票上市的市场反应，并且判断二级市场对该股票的定价。基于 2019 年 7 月 22 日华兴源创在科创板上市，成为科创板的第一只股票，而科创板常用的科创 50 指数自 2019 年 12 月 31 日才开始使用。因此，本案例仅关注华兴源创本身在上市后的股票表现。剔除上市当天股票因一级市场转向二级市场爆发的购买热情，将 2019 年 7 月 22 日收盘价作为首个观测数据，选取上市后 20 个交易日的数据，即 2019 年 7 月 22 日至 2019 年 8 月 16 日，其收盘价走势如图 4 所示。

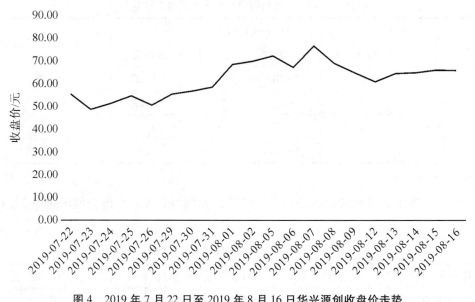

图 4　2019 年 7 月 22 日至 2019 年 8 月 16 日华兴源创收盘价走势

（数据来源：Wind 数据库）

华兴源创发行价 24.26 元，开盘首日便暴涨 128.77% 达到 55.50 元，并以 55.50 元收盘。科创板在 2019 年还未有大盘指数，故选用与案例公司经营模式相近的精测电子涨跌幅，比较累计收益率。在首日后的 20 个交易日内，华兴源创的累计涨跌幅达 32.06%，远高于其发行价，这反映了市场对华兴源创的认可度较高，同时也反映了市场对于科创板刚开板表现出过度的热情。图 5 为华兴源创上市至 2022 年 1 月的收盘价走势，以月度数据为指标，可以看出，经历了上市初期的投资者过度热情后，华兴源创的股价逐渐回归理性。截至 2022 年 1 月 22 日，华兴源创的收盘价为 34.24 元/股，其股票价格已经接近本案例通过估值得到的股价和其发行价，这也说明科创板的投资者能够对华兴源创的股票内在价值给予理性的评估，为公司的股权融资和后续的再融资创造了良好的条件。

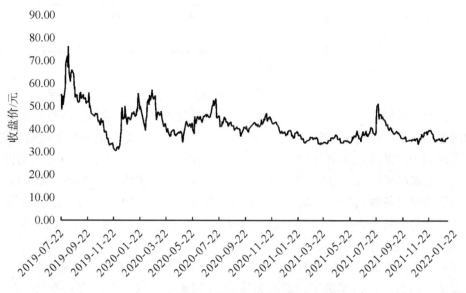

图5　华兴源创上市后长期市场收盘价走势

（数据来源：Wind 数据库）

6.2　上市后财务战略支撑技术创新的情况

如表37所示，2019年公司主营业务收入同比增长25.14%，其收入的增长来源于公司新开发的检测设备产品，产品为公司自主研发的BMS电芯检测设备。2019年华兴源创营业成本同比上升49.91%，明显高于25.14%，源于公司在全自动化检测设备上加强了投资，且该产品的材料成本相对较高。2019年，公司的研发费用同比上升39.30%，主要源于公司在中国台湾地区、韩国成立研发部门并招募技术员工，并在美国招募了更多技术人员，同时加大了对半导体检测设备的研发投入。2019年，公司通过业务经营产生的现金流量净额下降158.16%，源于2019年华兴源创支付了一大笔到期材料款项；华兴源创投资活动产生的现金流量净额增加307.22%，主要源于公司通过上市募集的资金，部分用于购买理财；公司筹资活动产生的现金流增加来源于IPO。2020年的研发费用同比上升30.93%，华兴源创持续加大对标准化半导体测试设备的研发工作。2020年公司营业收入同比增加33.37%，源于自动化检测设备产品的需求增加，同时公司新增子公司欧立通。

表37　2018—2020年华兴源创重点财务数据

项目	2018 年	2019 年	2020 年
营业收入/百万元	1 005.08	1 257.74	1 677.50
研发费用/百万元	138.52	192.96	252.65
研发费用/营业收入/%	13.78	15.34	15.06

项目	2018 年	2019 年	2020 年
经营活动产生的现金流量净额/百万元	184.43	-107.27	332.76
投资活动产生的现金流量净额/百万元	-169.46	-690.08	22.63
筹资活动产生的现金流量净额/百万元	-19.03	748.16	246.32

数据来源：《华兴源创招股说明书》、华兴源创年报。

由此可见，在现金流方面，2019 年华兴源创首次出现了经营性现金流为负，原因为支付到期材料款。本案例分析华兴源创早已预料到 2019 年大量的到期材料款会影响公司的现金流，因此利用上市的契机补充公司现金流，维持其稳健的财务战略。同时，华兴源创利用富足的资金在 2019 年投入全自动产品的生产，带动了 2020 年的销售收入的增长；增加研发投入，力图增强半导体测试设备的技术实力；在 2020 年收购了与公司同属于检测设备领域的欧立通（华兴源创的产品主要应用于平板显示和汽车电子领域，欧立通的产品主要应用于可穿戴设备领域），通过收购，华兴源创扩大了在检测设备领域的产品辐射范围。

在股利分配方面，华兴源创在上市后，依旧保持股利分红，华兴源创上市前的所有股东都是创始人及在职员工，通过将净利润 30% 左右以股利的方式发放给持股人（见表38），奖励了华兴源创核心团队成员，为维持核心团队成员的稳定性起到了很大作用。

表 38　2018—2020 年华兴源创股利分配

年份	每 10 股派息税前金额/元	现金分红的税前金额/元	合表中归属于上市公司普通股股东的净利润/元	分红占合表中归属于上市公司普通股股东的净利润的比例/%
2018	2	72 180 000	243 286 021.50	29.67
2019	1.35	54 135 000	176 450 693.17	30.68
2020	1.85	81 129 303	265 113 877.21	30.60

数据来源：华兴源创年报。

除了发放股利外，2020 年 9 月 18 日，华兴源创为了鼓励核心技术人员，召开董事会，通过了以 20.26 元/股的价格向包括财务总监、核心技术人员及其他需鼓励的 147 名员工授予限制性股票的决议。而当天华兴源创的收盘价为 40.95 元，公司以低于收盘价近一半的价格授予股票，对技术团队成员是极大的鼓励。

在上市后的 2019 年和 2020 年，华兴源创通过多种手段激励研发使得公司在技术创新方面取得了显著突破。2019 年，公司取得突破式创新 12 个，渐进式创新 32 个，实现了在定制化半导体检测设备上的突破，在该领域实现了营业收入超亿元，丰富了公司的产品线。2020 年，公司在公告中表示取得了研发上的突破性进展，其中突破式创新 14 个，渐进式创新 111 个。2016—2020 年华兴源创的技术创新情况如图 6 所示。

综上所述，华兴源创在上市后利用上市融得的资金，继续走在"强化面板检测优

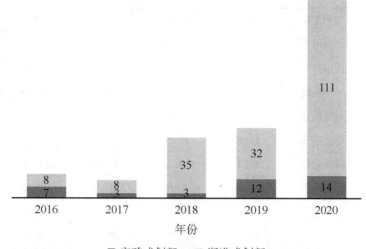

图6　2016—2020年华兴源创技术创新数量

（数据来源：恒生聚源金融数据库）

势赛道+开拓半导体检测新赛道"的战略道路上，符合公司在招股说明书中的上市计划。

6.3　财务指标维度绩效分析

上市不仅给华兴源创提供了充足的资金支持，使其更有力地投资、研发和鼓励内部团队，也对其财务绩效产生了影响。本案例运用2016—2020年华兴源创上市前后的数据，并横向对比同时期、同行业（专用设备制造业）的精测电子、长川科技、晶盛机电、至纯科技，从财务绩效的角度评价华兴源创上市后的表现（见表39）。

6.3.1　盈利能力分析

盈利能力是指公司获得利润的能力，是公司股东最关心的能力。盈利能力指标是企业财务绩效考核中最能体现企业经营成果的指标，本案例用到的盈利能力指标包括资产回报率（ROA）、净资产收益率（ROE）、销售毛利率和销售净利率。

表39　2016—2020年华兴源创盈利能力与同行业企业的对比　　　单位:%

财务指标	公司简称	2016年	2017年	2018年	2019年	2020年
资产回报率（ROA）	精测电子	15.52	16.83	18.73	9.96	6.59
	长川科技	18.04	12.43	5.03	0.15	4.67
	晶盛机电	6.77	8.35	10.50	10.11	10.65
	至纯科技	10.95	8.62	4.77	6.47	7.76
	可比均值	12.82	11.58	9.76	6.67	7.42
	华兴源创	25.39	25.17	22.19	10.44	9.17

财务指标	公司简称	2016 年	2017 年	2018 年	2019 年	2020 年
净资产收益率（ROE）	精测电子	16.71	19.60	23.14	11.48	8.01
	长川科技	19.39	14.66	6.73	0.19	6.08
	晶盛机电	6.61	9.95	13.90	13.59	16.67
	至纯科技	12.99	10.16	5.87	7.98	8.19
	可比均值	13.93	13.59	12.41	8.31	9.74
	华兴源创	28.44	32.23	30.83	12.56	10.47
销售毛利率	精测电子	54.09	46.66	51.21	47.32	47.39
	长川科技	59.67	57.10	55.60	51.15	50.11
	晶盛机电	38.87	38.35	39.51	35.55	36.60
	至纯科技	37.73	39.02	28.19	34.35	36.79
	可比均值	47.59	45.28	43.63	42.09	42.72
	华兴源创	58.90	45.03	55.38	46.55	48.05
销售净利率	精测电子	17.18	18.88	21.81	13.33	10.38
	长川科技	33.36	27.95	16.88	2.99	10.57
	晶盛机电	16.86	19.07	22.42	20.07	22.35
	至纯科技	17.21	13.27	4.67	11.19	18.66
	可比均值	21.15	19.79	16.45	11.90	15.49
	华兴源创	34.94	15.31	24.21	14.03	15.80

数据来源：Wind 数据库。

从华兴源创的盈利能力变动（见图7）来看，2019 年后 ROA 和 ROE 出现了显著下滑，其原因主要来自公司上市后股权融资增加，并且公司在募资后为扩大规模，增加了固定资产投资。IPO 后，企业的销售毛利率和销售净利率也出现了下降，主要原因在于公司一直专注于研发半导体测试设备，将其作为公司的新战略，希望以此打开新的销售渠道。但在 2019 年以前只有少量的收入，2019 年才得到了首个该领域重要厂商的订单，据披露，该项目金额超亿元，如果能够顺利达成交付，将成为华兴源创在半导体检测设备领域业务线的重大突破。因此公司在保证产品竞争力的同时，在售价上做出了一定程度的让利。

对比华兴源创和同行业企业，上市后，华兴源创在 ROA 和 ROE 上显著高于同行业企业的均值，但随着公司规模不断扩大，其 ROA 和 ROE 也逐渐趋于行业均值。公司的销售毛利率和销售净利率也显著高于同行业企业的均值，这主要源于公司技术上的优势降低了其营业成本，另外，公司在开辟半导体测试设备业务上并没有降低对毛利率的要求。总体来看，上市后，华兴源创的盈利能力一直处于行业均值之上。

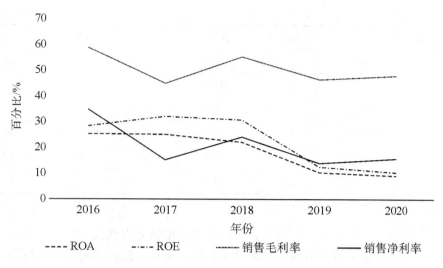

图7 2016—2020年华兴源创盈利能力变动

6.3.2 偿债能力分析

偿债能力体现了公司运营的稳健性与可持续性。本案例采用的偿债能力指标包括流动比率、速动比率、资产负债率。华兴源创上市前流动资产远大于流动负债，货币资金占流动资产的比例在50%左右。通过与同行业企业对比可知，华兴源创的短期偿债能力远超同行业企业，因此在此不考虑短期偿债能力在上市前后的变化，考虑的偿债能力指标均为长期偿债能力（见表40）。

表40 2016—2020年华兴源创偿债能力与同行业企业的对比

财务指标	公司简称	2016 年	2017 年	2018 年	2019 年	2020 年
流动比率	精测电子	3.62	3.33	1.48	1.62	1.49
	长川科技	5.08	4.07	2.30	2.65	2.30
	晶盛机电	4.91	2.10	2.17	1.84	1.53
	至纯科技	1.86	1.26	1.14	1.72	2.07
	可比均值	3.87	2.69	1.77	1.96	1.85
	华兴源创	8.48	2.88	2.70	7.44	5.21
速动比率	精测电子	3.12	2.87	1.19	1.27	1.10
	长川科技	4.31	3.61	1.80	1.62	1.56
	晶盛机电	4.35	1.63	1.46	1.39	1.03
	至纯科技	1.39	0.89	0.70	1.22	1.63
	可比均值	3.29	2.25	1.29	1.38	1.33
	华兴源创	7.68	2.51	2.19	6.62	4.63

财务指标	公司简称	2016 年	2017 年	2018 年	2019 年	2020 年
资产负债率 /%	精测电子	27.00	32.19	53.90	65.11	62.74
	长川科技	19.03	22.28	30.64	24.57	31.75
	晶盛机电	16.59	38.50	33.22	40.01	49.98
	至纯科技	52.76	58.58	69.47	53.92	46.94
	可比均值	28.85	37.89	46.81	45.90	47.85
	华兴源创	10.65	29.76	26.70	11.19	13.10

数据来源：Wind 数据库。

在与同行业企业的对比上可看出，华兴源创的偿债能力远强于同行业企业，在资本结构上，华兴源创的资产负债率也远低于同行业企业均值，这对于一家科创型企业而言，对内有利于公司未来抵抗风险，对外有利于吸引投资者。

如图 8 所示，上市后，华兴源创在流动比率和速动比率上均有了明显改善，这意味着企业的偿债能力有所提升。这主要是源于华兴源创除了把股权融资的资金用于投资建厂和增加研发力度以外，都以货币资金或可交易性金融资产的方式存放。在资产负债率上，上市融资对其资产负债率起到了极其显著的影响，可见华兴源创并没有利用上市后的便利进行大规模的债务融资，而是依旧保持了一以贯之的低负债策略。华兴源创在上市后依旧保持着其稳健的财务战略，充裕的短期资金和低负债为其研发活动提供了充足的资金。

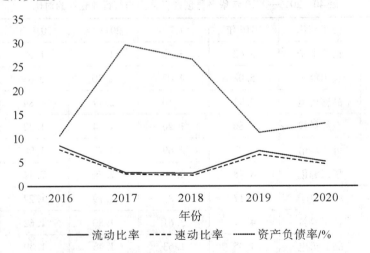

图 8 2016—2020 年华兴源创偿债能力变动

6.3.3 营运能力分析

本案例选取存货周转率、应收账款周转率、总资产周转率来衡量公司营运能力。

如表 41 和图 9 所示，除 2017 年华兴源创的存货周转率因订单量大增而显著增大以外，上市前和上市后的存货周转率并没有太大变化，这源自华兴源创"以销定产"的经营策略，其在上市后依旧保持了该策略。上市后，华兴源创的应收账款周转率有明显的下滑，其中，2019 年主要因授予的信用期内本期销量增加，而 2020 年则因收购了欧立通。对比同行业企业的情况，华兴源创的营运能力在过去一直强于行业其他公司，随着业务规模的扩大，也逐渐向行业平均水平靠拢，但仍略强于行业平均水平。华兴源创的总资产周转率也有下降的趋势，这主要是因为华兴源创的资产规模扩大的速度快于其营业收入的增长速度，也是因为 2020 年收购欧立通公司，欧立通本身的营运能力的各项指标不如华兴源创，可见后续在营运能力的提升上，华兴源创还有一定的空间。对比同行业企业的情况，2019—2020 年，行业内的其他公司的总资产周转率也都有所下滑，华兴源创对比同行业企业来说，在营运能力上依旧具有显著优势。

表 41　2016—2020 年华兴源创营运能力与同行业企业的对比

财务指标	公司简称	2016 年	2017 年	2018 年	2019 年	2020 年
存货周转率	精测电子	2.48	3.29	2.40	1.97	1.44
	长川科技	1.52	1.66	1.20	0.89	1.04
	晶盛机电	1.85	1.73	1.23	1.41	1.22
	至纯科技	1.67	1.36	1.56	1.24	1.24
	可比均值	1.88	2.01	1.60	1.38	1.24
	华兴源创	3.51	9.26	3.37	3.76	3.87
应收账款周转率	精测电子	2.31	2.65	2.68	2.59	2.60
	长川科技	1.44	1.58	1.79	2.05	2.39
	晶盛机电	2.49	2.70	2.86	3.07	2.98
	至纯科技	1.24	1.29	1.69	1.54	1.56
	可比均值	1.87	2.06	2.26	2.31	2.38
	华兴源创	7.02	7.48	3.27	2.76	2.29
总资产周转率	精测电子	0.74	0.79	0.71	0.57	0.45
	长川科技	0.50	0.44	0.35	0.40	0.50
	晶盛机电	0.34	0.38	0.41	0.44	0.42
	至纯科技	0.47	0.46	0.55	0.42	0.30
	可比均值	0.51	0.52	0.51	0.46	0.42
	华兴源创	0.73	1.65	0.92	0.74	0.58

数据来源：Wind 数据库。

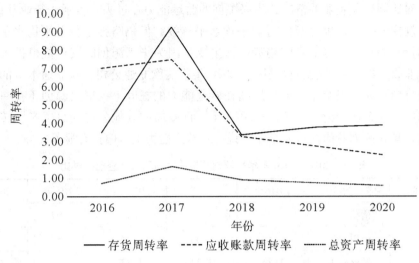

图9　2016—2020年华兴源创营运能力变动

存货周转率　---- 应收账款周转率　······ 总资产周转率

6.4　小结

华兴源创在上市后股价短期因科创板热情和一、二级市场的差异迎来了飞涨，但随着时间的推移，其股票价值逐渐回归理性，与估值所研究的股票内在价值基本一致。上市后，华兴源创依旧保持其稳健的财务战略来支撑企业的技术创新，公司以更大的力度投入研发。在投资方面，公司通过收购相邻赛道的欧立通扩大竞争优势，以远低于行业均值的资产负债率，使研发费用每年以超过30%的比例增长。在员工激励方面，公司保持每年将占合并报表中归属于上市公司普通股股东30%左右的净利润以股利的方式发放给持股人，鼓励公司内部的持股员工，还在2020年9月发放一部分股票奖励公司的高管及大批核心技术人员。2019—2020年公司的技术创新不断取得新的成果，支撑公司在半导体检测领域实现业务突破。这一时期华兴源创得益于技术上的不断突破，其营业收入分别同比增长25.14%、33.37%，扣除非经常性损益的净利润分别同比增长-33.47%、47.46%。其中2019年的减少主要是为了在全新的半导体检测领域做出突破进而在价格上做出了让步。公司在上市后依旧遵照科创板的信息披露制度，在研发投入、技术创新等方面详述公司的安排，并结合所属行业特点、主要技术门槛及产业链上下游，充分披露核心技术及其先进性、科研实力和成果，主要在研发项目进展、应用前景、可能存在的重大风险以及重大不确定性等方面，降低由于企业依赖技术创新带来的风险，也使得企业的业务发展方向时刻受到市场投资者及监管机构的监督，证明了该制度设计的合理性。在上市后，华兴源创的各项财务指标均发生小幅度变动，但主要源自公司股权融资增加，公司扩大经营规模，其盈利能力、偿债能力、营运能力均始终处于行业领先水平。

7 结论与启示

7.1 结论

7.1.1 财务战略的有力支撑

华兴源创作为科创型企业，其生产经营高度依赖企业的自有技术和产品。在财务战略上，华兴源创采取的稳健型财务战略有力地支持了技术创新，并为企业带来了技术上的突破和收入上的增长。

在融资选择上优先选择内源融资，较少地选择债务融资，通过员工持股平台采用股权融资，在企业发展到符合上市要求后通过科创板进行融资。华兴源创的融资选择首先保持了较低的资产负债率，避免了作为科创型公司在债务融资时抵押品少、利率高的问题。其次，其流动资产远高于流动负债，使得企业即便面临研发的不确定性，也能拥有充足的资金避免流动性危机。

在研发上持续地投入，研发占比均值高于15%；在上市前后都保持净利润30%左右的股利分配，配合员工持股平台来给予核心团队成员利益；在上市后继续利用股票激励绑定核心技术团队人员；保持了较高的流动资产和货币资金用以防止研发风险造成的流动性危机。华兴源创是一家高度依赖其技术实力经营的公司，技术的不断创新需要技术团队的稳定、不断的资金投入以及公司管理层正确的战略方向指引。

在投资选择上，华兴源创在上市前并没有任何对外投资，在上市后有了充裕的资金后，才选择收购与其产品相似但应用在穿戴设备检测领域的欧立通，可见华兴源创在投资选择上十分谨慎。

华兴源创的一系列财务战略的实施使其取得了巨大的技术突破，其突破式创新和渐进式创新屡创新高，公司利用自有技术的产品线日益丰富，营业收入保持了较快的增长。

7.1.2 科创板上市的正确选择

首先，在制度上本案例通过比较科创板与其他板块制度上的差异，发现在板块定位与行业定位上，华兴源创均符合科创板定位的正向清单要求，审核时限相较于其他板块时间更短；另外，科创板强调核心技术及披露、重视研发投入，因此华兴源创会更系统性地披露相关信息，有利于投资者对公司更加了解。在员工激励方案方面，科创板做出了更明确的规定，而股权激励也是华兴源创绑定核心技术团队人员的重要手段，因此科创板最适合华兴源创上市。其次，通过分析上市后的情况，华兴源创发行市盈率（41.08）远高于同行业平均静态市盈率（31.11），总市值也远高于同行业均值。短期来看，通过事件研究法发现，华兴源创上市后短期市场反应强烈，股价大幅上升，使得公司融资顺利。长期股价逐渐下滑回归本案例对华兴源创的估值区间，可见长期投资者逐渐回归理性。

在上市后，华兴源创除利用资金投资新的研发项目、招募人才外，将资金以流动资产的形式存放，以确保流动性充足。在非财务指标维度，华兴源创依旧坚持稳健型财务战略鼓励技术创新，并且持续地通过遵守科创板的各项制度，尤其是加强对研发相关信息的披露，使投资者对企业的发展情况有着充分的了解。

7.2 启示

华兴源创是一家中小型科创型企业，在上市前华兴源创的股权中并没有除创始人夫妇以外的资金方支持，其股权持有者皆为创始人夫妇和公司内部员工，而作为一家未上市的中小型科创型企业，公司在债务融资方面的能力也极其有限，这也是中小型科创型企业普遍面临的问题。在这样的背景下，公司凭借创始人夫妇所具有的技术背景，在高端制造领域中"卡脖子"技术环节带领团队实现了自研突破，并且通过合理地实施财务战略，为研发创新保驾护航，实现了 2016—2018 年营业收入 CAGR 为 39.57% 的飞跃。华兴源创的经营模式和成功上市代表了建设科技强国的一个方向，可为"卡脖子"技术领域的科创型企业提供的经验及启示主要如下。

第一，科创型企业高度依赖技术创新带来的产品和服务，因此该类型的企业普遍具有风险性较高、抵押资产较少的特性。在融资选择上，可采取内源融资优先，员工持股平台融资其次，少量债务融资、股权融资的方式，能极大地避免研发失败带来的财务危机。另外，在研发上投入 15% 以上的资金也有利于其在科创板融资。同时，在资产结构上，保持较高的流动资产占比，可防止研发风险造成的流动性危机。

第二，核心技术团队的稳定对于科创型企业的长远发展至关重要，因为技术研发本身具有累积性的特征。因此，科创型企业在上市前可灵活采用员工持股平台、股票激励、股利分红等方式，以确保核心技术团队的稳定。在研发投入上，科创型企业需持续不断地投入，以确保研究团队获得财务资源的充分支持。

问题与思考

1. 华兴源创为什么要上市？其上市前财务战略如何支撑技术创新？

2. 华兴源创为什么选择科创板上市？公司是否在科创板以合适的股票价格进行融资？

3. 华兴源创是否实现了其上市的目的？其稳健型财务战略是否帮助企业取得了更大的技术突破？

4. 华兴源创的经营模式和成功上市可以为科创型企业提供哪些经验及启示？

参考文献

[1] 陈显帆，周尔双. 华兴源创：面板和半导体检测设备国内龙头 [R]. 东吴证券，2019.

[2] 陈海声，卢丹. 研发投入与企业价值的相关性研究 [J]. 软科学，2011，25(2)：20-23.

[3] 付玉秀，张洪石. 突破性创新：概念界定与比较 [J]. 数量经济技术经济研究，2004 (3)：73-83.

［4］陆正华，陈敏仪. 稳健性财务战略下技术创新对企业价值的影响：以华兴源创为例［J］. 财会月刊，2020（21）：13-20.

［5］郑征，朱武祥. 高科技企业生命周期估值方法选择及风险管理策略研究［J］. 中国资产评估，2019（7）：4-12.

［6］胡恒强，范从来，杜晴. 融资结构、融资约束与企业创新投入［J］. 中国经济问题，2020（1）：27-41.

第二部分
资本结构与财务困境

案例二

海航控股债务危机处置[①]

摘要： 新形势下的全球金融市场波动持续扩大，新型冠状病毒感染疫情、经济复苏等不确定性对企业持续经营预期产生重大威胁，债权人资产保全是当前经济环境优化市场资源配置、抑制金融风险传染的关键问题。本案例全面梳理了海航控股从债务危机爆发到破产重整处置方案的整个过程，分析了股东、地方政府、债权人在债务处置过程中的利益诉求，以及最终达成重整协议的取舍，为债权人如何处理类似危机提供了参考与借鉴。在公司金融理论中，破产重整是债务危机中债权人资产保全和原股东退出的重要制度安排；但在我国国有企业的运营过程中，政府社会治理目标与企业破产重整目标存在较大分歧，像海航控股这样大规模的国有企业破产重整（清算）一直缺少来自实践中的经验和理论的总结。海航控股破产重整处置的成功案例说明，不能因为与欧美公司破产重整过程不同，就全盘否认我国公司市场退出机制的有效性，要看到实现中国特色市场效率再配置的重要实现路径。相关政策制定需要重视破产重整对于恢复经济活力的政策选项，在继续推进构建富有活力的市场过程中更好地发挥有为政府功能。

关键词： 海航控股；债务危机；破产重整；债权人保护

1 引言

2021 年 1 月 29 日，因海航控股及其旗下十家子公司无力清偿债务，其债权人采取法律手段，向海南省高级人民法院申请对其进行破产重整。2021 年 2 月 10 日，法院裁定受理了该申请，海航控股正式进入破产重整程序。其在债权申报期间债权高达千亿元，至今仍是我国进入破产重整程序中债权规模最大的上市公司。海航控股作为我国

---

① 本案例由西南财经大学周玮、杨雨晨撰写，仅供案例讨论和学习时作为参考所用，并不用以说明企业某一管理决策的处理是否有效。

民航业第四大航空公司的核心，为何会发展到破产重整的地步？面对如此庞大的债权规模，债权人选择破产重整处理海航控股是否合适？即对海航控股破产重整是否能够有力地实现债权人保护？

2　海航控股债务危机背景介绍

2.1　海航控股概况

海航控股，1993 年由海南省航空公司、光大国际信托投资公司和交行海南分行等共同设立，注册资金 2.5 亿元。1997 年，其在 B 股上市；1999 年，在 A 股上市，证券代码 600221。2021 年，海航控股注册资本已达到 121.8 亿元，较公司设立时增长了近50 倍。海航控股属于航空运输行业，其主营业务是国际航空与运输。主要从事国际和国内（包括香港和澳门）航空客、货运业务；航空运输服务业务；空中旅游；生产机载用品、航空设备、地面设备和备件等。

海航控股发源于我国最重要的经济发展特区和自贸港——海南省，是我国成长最迅速和最具生命力的航空公司之一。海航控股在全国旅客吞吐量两千万级以上的二十四个机场中设立了十三个分公司或运营基地，在全国九个省市的市场占有率排名前三，在海口市场占有率长期蝉联首位。截至 2020 年年末，公司已实现安全航班航行超 835 万小时，其安全管理能力在业内首屈一指。同时，海航控股积极利用海口的主基地优势，开通了海口至莫斯科、墨尔本、悉尼、罗马四条国际航线，公司共计运营着 60 多条从海口、三亚出发的国际国内客运航线，是海南建设全球中心枢纽交通网络的重要力量。海航控股作为国内唯一入围航空公司连续多年荣获 SKYTRAX 五星航空荣誉。

以海航控股为核心的海航系航空集团，是我国民航业第四大航空公司。截至 2020年年末，海航控股下属并表子公司 34 家，其中包括祥鹏航空、长安航空、新华航空、山西航空、北部湾航空、乌鲁木齐航空、福州航空、海航技术、科航投资、福顺投资等 10 家核心子公司。

2.2　海航控股股权结构

根据海航控股 2020 年年报整理得到其股权结构如附图 1 所示。

海航控股第一大股东为大新华航空有限公司（以下简称"大新华航空"），根据附图 1 可知，大新华航空的控股股东是海南省政府国有资产监督管理委员会（以下简称"海南省国资委"），因此海航控股的终极控股股东为海南省国资委。然而，海航集团与海南省发展控股有限公司（以下简称"海发控"）对大新华航空的持股仅相差1.86%，而且大新华航空的法人代表是陈峰（时任海航集团董事长），加上从海航控股年报中披露的董事会构成中的五名非独立董事均来自海航集团，即海航控股的董事会实际由海航集团控制。又在高管构成中发现，海航控股高管都是由海航集团指派的。在此前，海航控股管理层一直随着海航集团创始人的变更而变更。例如，2018 年 7 月陈峰担任海航集团董事长后，短短半年时间内海航控股的首席执行官、总裁、风控总监、人力资源总监以及董事会秘书均发生了变更。因此可以确认，海航控股披露的实际控制人海南省国资委并没有或者无法实际控制公司，而海航集团控制了海航控股。

2.3　海航控股发展历程

海航控股作为海航集团航空主业板块的核心，其发展历程和海航集团对航空主业板块的布局息息相关。因此，本案例结合海航集团航空主业板块的发展对海航控股的发展历程进行简单介绍。

1993—1999 年，海航控股从成立到完成上市，积极融资购置飞机扩张资产，增强公司实力。总资产从 1993 年注册资金 2.5 亿元增加至 1999 年 66.02 亿元，1999 年运营机队规模为 19 架。

2001—2011 年，海航集团除了积极收购航空公司，和中国诸多地方政府部门联合投资成立地方性航空公司外，还拟定打造新航空巨头即大新华航空，目的是将其打造为航空资源的整合平台。2006 年，大新华航空成为海航控股第一大股东，海航控股资产被纳入大新华航空名下。在此期间，海航控股也一直发展扩张，截至 2011 年年末，海航控股资产规模增至 821.97 亿元，运营机队规模增至 108 架。

2012—2017 年，海航集团继续扩张航空板块，但由于大新华航空上市失败以及同业竞争等，此阶段海航控股正式成为股东海航集团旗下航空资源的整合平台，海航集团旗下系列航空资产全部纳入海航控股，这使得海航控股迅速壮大。在此期间，海航控股对国内/外的航空/非航空领域公司进行了众多的参股投资，例如国内的福州航空、天津航空、乌鲁木齐航空、海航香港等航空公司均成为海航控股旗下子公司，国外包括 Azul S. A（以下简称"Azul 航空"）等，同时海航控股还受海航集团委托，管理其在首都航空以及西部航空的股权。2017 年，海航控股总资产规模达 1 973.47 亿元，运营机队规模 410 架。

2018—2021 年，海航集团由于内部管理不到位、不当投资、经营不善等，在 2017 年年末出现流动性危机。在积极寻求各方的帮助下，公司积极"自救"，但并没有从根本上解决问题，最终恶化成更严重的债务危机。2020 年 2 月 29 日，在海航集团求救下，根据中央决策部署，海南省依规落实风险处置的属地责任，会同相关部门成立了海南省海航集团联合工作组（以下简称"联合工作组"），全力帮助解决海航集团的风险及相关问题。然而联合工作组在经过数月的深入调查和债务梳理后，发现海航集团实际已经严重资不抵债。海航控股作为其核心航空板块的核心公司，也同样面临着重大债务危机和退市风险。在海航集团债务危机的拖累下，海航控股及航空板块的子公司又遭遇了新型冠状病毒感染疫情（以下简称"疫情"）导致的经营严重受损的叠加影响，最终海航控股资金链断裂、大面积债务违约、所持有的关联资产大幅贬值，财务状况恶化，陷入了严重的债务危机。截至 2020 年年末，海航控股及其十家子公司债务全面逾期，资不抵债，日常生产经营难以维持，面临破产清算的风险。2021 年年初海航控股及其十家子公司被若干债权人申请破产重整。

2.4 海航控股债务危机现状

本案例中的债务危机是指企业债务危机，企业债务危机一般是指企业在发展的过程中进行不适当的融资活动，使企业负债规模超过了自身的偿还能力，引起延期偿还债务直至丧失偿债能力的现象。具体而言，即企业在经营过程中过度举债、经营不当导致收益降低，当企业资金面临紧张局面的时候，企业对于债务的偿还往往也是力不从心的。最直观的表现就是企业因现金流紧张而无法按时偿还到期债务。刘珣（2017）表示债务违约在短期内频繁发生是企业出现债务危机的重要表现形式。

2017 年年末，海航集团爆发流动性危机之后，作为海航集团"长子"的海航控股也随之出现了流动性问题。2018 年 3 月，有消息称海航控股因未按期支付油款被供应商出具断供函。同年 10 月，海航控股取消原本全额赎回的 2015 年度第一期中期票据的计划。海航控股 2018 年年报显示，公司的部分融资租赁款项和借款在到期后依旧未偿还，虽然大部分债务最终与债权人签订了展期协议，但这些均显示出海航控股面临着严重的流动性危机。同样在 2019 年，海航控股依然出现拖欠供应商款项、借款协议未能按照约定执行的情况，导致大量债务触发随时清偿条款，公司债务压力加剧，这说明在 2019 年海航控股流动性危机并未得到解除。而随之而来的 2020 年，由于疫情暴发，人们出行受限，航空运输行业受到巨大冲击，海航控股经营发生严重亏损，其年报显示，2020 年公司净利润为 -687.43 亿元，无疑是雪上加霜。在净利润为负的情况下，2020 年公司面临大量债务即将到期的局面，因此出现频繁、大面积的债务违约，各类债券利息本金都无法按期兑付，债务危机全面爆发。2020 年年末，海航控股被查出资产负债率高达 113.52%，资不抵债。2021 年 1 月 29 日，海航控股及其旗下十家子公司因无力清偿债务，其债权人采取法律手段，向海南省高级人民法院申请对其进行破产重整。2021 年 2 月 10 日，法院裁定受理了该申请，海航控股正式进入破产重整程序。

2018—2021 年海航控股债务违约事件见附表 1。

3 海航控股行业前景分析

3.1 航空运输行业前景

海航控股属于航空运输行业，航空运输是在拥有航空线路和飞机场的条件下，利用飞机进行客、货运输的一种交通运输方式。

航空运输行业的上游主要包括飞机制造企业、航材供应商、飞机租赁公司、航油供应公司和相关辅助行业等。下游主要包括客运和货运客户。历年来，海航控股营业收入中 80% 以上来自客运收入，关注其他上市航空公司的营业收入情况可知，客运均占据了航空公司收入的绝大部分，2019 年中国东航客运收入占其营业收入的 76%，为同行业最低。因此本案例重点关注航空运输行业民航旅客运输板块。

航空运输行业为周期性行业，行业增长与 GDP 增长之间存在着较强的正相关性，对宏观经济环境存在着较高的依赖。近年来，随着国民经济的增长和居民可支配收入的提高，我国航空运输总周转量和旅客运输量均保持增长势头，总体增长趋势与 GDP 增长趋势呈正相关关系（见附图 2）。2020 年，突发疫情对制造、流通和消费的限制，使得经济活动受到较大冲击，民航旅客运输量和民航运输周转量均出现大幅下滑。

在民航旅客运输方面，如附图 3 所示，自 2018 年开始，中国境内航线旅客运输量增速逐年放缓，2019 年降至 6.90%；而国际航线运输量从 2018 年开始呈现逐年增长态势，增速较快，且明显高于境内航线旅客运输量增速。造成这一现象的主要原因在于远距国际航班的不可替代性。

在铁路旅客运输方面，如附图 4 所示，2019 年铁路旅客运输量增速高于境内航线旅客运输量增速，主要原因在于对三个小时以内 800 千米以上中短距旅客运输来说，高铁更具成本和效率优势，铁路运输分流了旅客运输份额，对民航业造成了竞争压力。而民航因在中长距离运输中更具时效性，其中长距离运输不仅不受铁路运输影响，丰富的铁路网络反而有利于航空基站吸纳周边城市客流。未来随着更富有我国特色的"航空+高铁"现代化交通运输服务体系的形成，航空与高铁联运有望带来一定的协同效应。

如附图 3 所示，2020 年之前中国民航旅客运输量一直处于增长状态，直到 2020 年遭受疫情影响导致运输量下降。从长期来看，本案例认为航空运输行业仍有较大增长空间，主要原因在于，第一，航空运输行业是周期性行业，未来随着 GDP 和人均可支配收入的恢复与提升，中国民航旅客运输量将长期处于稳步增长态势。2020 年其增速虽受疫情冲击大幅下降，但 2021 年同比有明显回升，疫情后随着出行管控的逐步放开，民航客运进一步复苏；中国民航局《"十四五"民用航空发展规划》显示，中国民航客运运输量到 2025 年将达 9.3 亿人次，较 2020 年年均复合增长率达 17.2%；撇除疫情影响，以 2019 年为基期，"十四五"规划期间中国民航客运量预计年均复合增长率为 5.9%。第二，从航空出行市场渗透率来看，相较于发达国家，中国航空出行市场渗透率仍然很低。从人均乘机次数来看，2019 年，澳大利亚为 3 次，美国为 2.6 次，日本 1.03 次，而中国仅为 0.47 次，仍存在很大的上升空间，未来随着各地机场的投建，尤其是中西部和二、三线城市的机场建设，航空出行市场渗透率也有望在下沉市场获得提升。相关研究报告也表明，对标日本，以 1975—2015 年日本人均 GDP 与人均乘机次数的变动情况为参照依据，中国航空运输行业在 2021—2030 年还有至少一倍的增长空间。

3.2 航空运输行业竞争

（1）航空运输行业具有进入壁垒较高的特点。其壁垒首先体现在航空公司的核心生产资料是飞机及发动机。飞机及发动机价格高，购货周期较长，这导致成立一家航空公司无论从时间还是资金上都有着较高的门槛。其次，新设航空公司想要进行航空运输，需通过开设航线申请，其行政审批流程较多且时间较长。最后，航空运输是安全要求极高的行业，相关监管部门对运输主体资格会进行严格限制。《2020 年民航行业发展统计公报》（以下简称《统计公报》）显示，2020年我国仅有64家航空运输公司，一年仅净增两家。其中，民营和民营控股公司仅15家，其余皆为国有控股公司。

（2）世界大中型飞机市场基本被航空公司上游飞机制造厂商中的波音公司和空客公司垄断。波音公司和空客公司为各大航空公司提供了标准化的航空器，使得航空运输服务同质化，因此对于航空公司而言，航线和时刻资源十分重要，航线和时刻资源的稀缺性保证了航空公司的利润，形成了竞争壁垒。

3.3　海航控股行业资源

航空运输行业进入壁垒高，且行业集中度高，而以海航控股为核心的海航系航空公司经过多年的发展与壮大，稳居行业前四。《统计公报》显示，截至2020年年末，各航空集团运输总周转量占全行业运输总周转量的比例依次为：南航集团26%，中航集团24.4%，东航集团17.8%，海航集团12.8%，其他航空公司共占19%。可见，海航集团航空板块占据了较大的市场份额。

3.3.1　航空牌照资源

目前航空运输行业准入审核非常严格。2016年8月29日，中国民航局印发《关于加强新设航空公司市场准入管理的通知》（以下简称《准入管理通知》），为保证行业发展和资源保障能力的协调，防止航空市场出现"多、小、散、弱"的状况，将通过设立严格的市场准入条件的方式严控新设航空公司，包括对公司各种资源保障能力的评估，对在繁忙机场运营的主基地航空公司数量进行限制，还要求对新设航空公司专业技术人员、自有飞行机组数量及资质进行严格审核。《准入管理通知》表示支持设立支线航空公司和全货运航空公司，同时设立了支线航空公司从事干线航空以及全货运航空公司从事客运航空的条件。其中，支线航空公司申请引进干线运输必须满足机型机队规模达25架并且月均飞行小时满3 000小时；全货运航空公司申请从事客运业务必须满足机队规模达20架且月均飞行小时满2 400小时。

由此可见，目前航空牌照属于稀缺资源，新建航空公司想从事客运业务或者进入干线运输都需要巨额的资金，并经过漫长和严格的审核。

而海航控股及其旗下航空子公司和海航系其他航空公司共持有14张客运牌照，其中境内12张、境外2张；还持有4张货运牌照；3张公务机牌照；同时还持有公务机/直升机托管运营、飞行员培训等与航空运输行业相关的资质牌照。拥有的牌照数量超过中国前三大航空公司。在境内客运航空公司中，海航控股及其5家子公司均具有独立承运人资格，截至2024年年末国内拥有独立承运人资格的航空公司仅45个。

3.3.2　航线、时刻资源

根据《中国民用航空国内航线经营许可规定》，国内航空公司若要在国内航线运营必须获得航线经营许可，而且在获得许可之后需要确保正常运营否则会被取消经营许可，尤其涉及繁忙机场的航线和飞机流量大的航线，经营许可的发放还将受到中国民航局或地区管理局的准入数量限制。繁忙航线意味着执飞航班数量和旅客运输量均居行业前列，利润较高，可以称之为黄金航线，其航线和时刻资源稀缺。《民航航班时刻管理办法》相关规定显示，航班时刻具有历史优先权，根据该管理办法第十七条的规定，航空公司应当符合以下要求：①上一个同航季至少80%的航班时刻执行率；②执行时段不少于整航季的2/3；③航班时刻未被召回或撤销；④航班时刻历史优先权适用于主协调机场、以及辅协调机场特定时段，不适用于非协调机场。其就能够享有航班时刻历史优先权。这也就意味着，其在黄金航线中占有的份额一般难以被动摇。

公开资料显示，2020年最繁忙的10条航线中，海航控股在其中5条航线占据较高的时刻份额，包括北京—长沙航线（占比18%，排名行业第二），北京—深圳航线（占比15%，排名行业第三），北京—广州航线（占比14%，排名行业第四），北京—上海及北京—成都航线（分别占比8%，均排名行业第四）。海航控股在黄金航线班次占比较高代表其处于优势竞争地位。

同时，海航控股主基地位于海口美兰机场，其在海口美兰机场投放了仅次于北京首都机场的运力，其在海口美兰机场运力投放规模在同行业占比最大。2021年夏秋航季海航控股在海口美兰机场的投放份额占机场总份额的29%，其在该机场占据优势地位，且占有最大的时刻份额。而根据《民航航班时刻管理办法》，历史上拥有航班时刻并经营优异者将持续享有该地优质时刻资源，因此海航控股将持续享有海口优质时刻资源。

海航控股积极与地方政府合资成立航空公司，公司旗下子公司均有地方政府持股，获取了较多的稀缺地区航线资源。同时，海航控股积极利用主基地航空公司的资源优势，运营着共60多条从海口、三亚出发的国际和国内客运航线，在海南国际枢纽航线网络建设中具有十分重要的地位。自2018年起海航控股还积极布局了以深圳为枢纽的国际航线网络，公开资料显示自2018年起，海航控股于深圳机场运营了20多条国际航线，且其在深圳地区的航班时刻均属于黄金时段。

4 海航控股破产重整内容与利益相关人

4.1 海航控股破产重整进程

2021年1月29日，海航控股债权人北京富来特国际货运代理有限责任公司因海航控股不能清偿到期债务，且明显缺乏偿债能力，向海南省高级人民法院申请对其进行重整。法院就该申请向海航控股发送了通知书，同日海航控股也收到了十家子公司被债权人申请重整的通知。

2021年2月10日，法院裁定受理了债权人对海航控股及其子公司的破产重整申请，指定海航控股及其子公司管理人将由海航集团清算组担任，并将该决定以民事裁定书的方式送达海航控股。裁定书中表示有关海航控股及其十家子公司债权人可以向管理人申报债权，还通知第一次债权人会议将于2021年4月12日召开。同日，法院送达复函，通过海航控股自行管理财产和营业事务的申请，同意其重整期间在联合工作组的领导、管理人的监督下继续营业。

2021年2月19日，管理人发布海航控股及其子公司债权申报指引。

2021 年 3 月 19 日，海航集团发布公告，为其下属的航空业务板块招募战略投资者。公告中表示，该板块必须坚持航空主业发展，且必须统一运营，包括海航控股及其子公司。2021 年 3 月 30 日发布补充公告表示，重整后，海航集团航空主业的实际第一大股东将变更为战略投资者，掌管该板块的实际控制权和管理权。

2021 年 4 月 12 日，第一次债权人会议如期举行。内容包括：对负责海航控股的清算组管理人团队进行介绍，清算组对破产重整工作做阶段性报告；清算组对海航控股及其子公司的财产状况盘查后，做调查报告；清算组对海航控股所有已申报债权及审核情况做报告；清算组对在破产重整过程中合法取得的薪酬收入做报告；联合工作组对海航控股及其子公司在破产重整期间的经营情况做报告；海南省高院指定债权人会议主席；债权人代表对破产重整相关事宜发言。据披露，第一次债权人会议无表决事项。

2021 年 8 月 7 日，法院裁定批准海航控股及其十家子公司延期提交重整计划草案。

2021 年 9 月 12 日，清算组宣布，辽宁方大集团实业有限公司（以下简称"辽宁方大"）成为包含海航控股在内的航空公司即海航集团航空板块的战略投资者，清算组根据与辽宁方大达成的投资方案，在考虑海航控股债权人利益、长远发展后，制订了重整计划草案，若重整顺利完成，辽宁方大将成为海航控股实际控股股东。同日，海航控股披露《海航控股出资人权益调整方案》（以下简称《调整方案》），该方案中涉及对海航控股股权结构的调整，因此将成立由股东组成的出资人组进行表决。当天，海航控股宣布将于 2021 年 9 月 27 日召开第二次债权人会议，并在会议上对重整计划草案进行债权人表决。

2021 年 9 月 27 日，海航控股召开出资人组会议通过了《调整方案》。同日，第二次债权人会议在海南高院主持下召开，会议议题主要是对重整计划草案进行债权人表决，但由于债权人认为决策时间过短，债权人在做出表决决策前仍需要内部流程通过，因此经协商，表决时间延长至 2021 年 10 月 20 日。

2021 年 10 月 23 日，管理人发布表决结果，海航控股及其子公司各债权人组均表决通过重整计划草案。

2021 年 10 月 31 日，海南省高级人民法院裁定批准《海南航空控股股份有限公司及其十家子公司重整计划》（以下简称《重整计划》），重整程序终止。

2021 年 11 月 1 日，海航控股对外披露完整的《重整计划》。

4.2 海航控股《重整计划》内容

4.2.1 协同重整

《重整计划》对海航控股及其子公司共计十一家公司实行协同重整。主要原因在于：第一，十一家公司之间关联交易错综复杂，互相增信泛滥，许多债权人同时拥有对十一家公司的债权或权益，若分开重整，由于债券交叉、担保循环追索等，债权人权益难以尽快落实，公司难以化解债务风险，重整难度高。第二，十一家公司之间在人事、资金运用、生产运营等方面都有着密切的关系，事实上很难分割。第三，若将十一家公司分拆，航空公司安全体系将被削弱，功能将缺失，后续经营更难以为继，进而危害航空安全；即便存续也将失去公司原有的行业优势地位与竞争力，导致其重整价值大打折扣，从而失去对优质的战略投资者的吸引力。

协同重整具体体现在：第一，统一引入战略投资者。引战后，战略投资者出资获得海航控股实控权，海航控股则保持对其十家子公司的控制权。第二，统一化解合规问题。合规问题产生的根源在于海航集团及其关联方对海航控股的各种违规行为，这部分问题由海航集团及其关联方通过共同清偿海航控股及其十家子公司的一部分负债来解决。第三，十一家公司统一利用偿债资源。第四，海航控股内部债权统一安排。

4.2.2 债权确认情况

海航控股及其子公司共计十一家公司的重整前债权确认情况见附表2。

4.2.3 出资人权益调整方案

以海航控股现有A股股票1 643 667.39万股为基数，按照每10股转增10股实施资本公积金转增。转增后，海航控股总股本增至3 324 279.42万股。上述转增形成的所有股票均不向原股东分配，其分配和处置如下：不少于440 000万股股票以一定的价格引入战略投资者，该交易获得的款项将用于支付公司重整费用和清偿相关债务，剩余部分将用于补充流动资金以提高公司的经营能力；1 203 667.39万股股票以一定的价格抵偿给十一家公司部分债权人，用于清偿相对应的债务以化解公司债务风险、保全经营性资产、降低资产负债率。对海航控股现有股东持有的存量股票部分不做调整。

4.2.4 战略投资者引入

本次重整的战略投资者是辽宁方大联合其四家下属关联企业设立的海南方大航空发展有限公司（以下简称"海南方大"）。海南方大以2.80元/股的价格获取海航控股440 000万股A股股票，共计123亿元。此后通过对海航控股关联方的投资安排，最终取得对海航控股的实际控制权。

4.2.5 偿债方案

职工债权和税收债权不做调整，进行全额清偿。

有财产担保权的债权人以留债的方式进行清偿，具体安排如下：将2022年作为第一年，分十年偿还，公司将自第二年起开始逐年还本，每年还本的比例分别为2%、4%、4%、10%、10%、15%、15%、20%和20%。同时，每年按照未偿还本金的金额付息，取原融资利率和年利率2.89%中较低者为付息利率。

普通债权人偿债计划具体安排如下：普通债权人的债权中10万元以下（含10万元）的部分，在《重整计划》批准后60日内全额清偿，其中自有资金不够清偿的，由战略投资者资金进行清偿。超过10万元的部分中35.61%的债权以海航控股A股股票抵债，抵债价格为3.18元/股，剩余64.39%的债权由关联方（即海航集团、海航航空集团）清偿。

4.2.6 经营方案

第一，坚定发展航空主业，维持航空主业持续、优质发展。依托海南自贸港，突出核心优势，保持国内第四大航空公司规模；稳步发展，在"十四五"规划时期期末实现整体客运收入913亿元；完善市场布局、完善机队发展路径、优化机队结构。第二，重塑管理、完善公司治理避免再次出现合规问题。

4.3　海航控股战略投资者背景

海航控股的战略投资是以海南方大为载体进行的。2021 年 6 月，辽宁方大与其旗下子公司方钢集团以及方钢集团旗下的三个子公司九江萍钢、萍乡萍钢、达州钢铁联合成立了海南方大，注册资本 300 亿元。其中，辽宁方大持股 30%，方钢集团持股 30%，方钢集团旗下的三个子公司九江萍刚、萍乡萍钢、达州钢铁分别持股 18.33%、16.66%、5%。海南方大控股股东为辽宁方大，其股权结构图见附图 5。

辽宁方大创立于 2000 年，是一个多元化、跨地区、跨行业的大型民营企业集团，其主营业务以炭素、钢铁、医药三个板块为主，旗下经营实体共计 200 多家，方威是其实际控制人。

截至 2024 年 10 月 18 日，辽宁方大旗下共有方大炭素、方大特钢、东北制药、中兴商业四家上市公司。其中，方大炭素是我国优质炭素制品生产供应基地，截至 2021 年年末其产量位居亚洲第一、世界第二。截至 2024 年 10 月 18 日，方大特钢是我国最大的弹簧扁钢、汽车板簧和易切削钢制造基地。

2018—2021 年第一季度辽宁方大财务状况见附表 3。可以看出，2018 年以来辽宁方大资金储备充足，货币资产占总资产的比例保持在 30% 左右，其资产规模稳步上升（2018—2020 年 CAGR 为 30.81%），资产负债结构较为稳定，营业收入稳中有升。表中显示辽宁方大 2021 年第一季度经营性净现金流为负，但实际上该季度经营性现金流入同比增加较多，其净现金流为负的原因为公司在当期支付了较多的年终奖等职工薪酬。整体来看，公司财务状况良好。

同时，辽宁方大下属上市公司较多，质押比例可控，下属上市公司股权为公司本部再融资能力形成一定保障。截至 2021 年 3 月末，辽宁方大直接持股方大炭素、东北制药及中兴商业三家上市公司，并通过子公司间接持股方大特钢，其所持股权市值合计 223.35 亿元，未质押市值尚余 135.20 亿元。在获取银行贷款方面，截至 2021 年 3 月末，辽宁方大共获得授信 550.83 亿元，其中未使用额度 290.04 亿元，流动性资金充裕。公司下属四家上市公司均为 A 股上市公司，在资本市场融资能力较强。

4.4　海航控股债权人类型

海航控股通过发行债券产生了负债。根据海航控股 2021 年半年报，公司尚未偿还并已申报债权的债券包括公司债券 11 海航 02、18 海航 Y1～Y5、香港子公司发行美元债、17 祥鹏 01、19 滇祥 01，金额共计 83.42 亿元，银行间债券市场非金融企业债务融资工具 15/16 海南航空 MTN001、17 祥鹏 MTN001、19 海南航空 SCP002/SCP003，金额共计 72.5 亿元。海航控股各类债券的具体发行情况见附表 4。

债券发行情况显示，仅 11 海航 02 面向公众网上发行了 17.36% 的份额，共计 2.5 亿元，1 000 元起购；该债券面向合格投资者网下发行共计 11.9 亿元，该部分起购金额为 1 000 万元。香港子公司发行的美元债在新加坡交易所发行，交易所信息显示该债券起购金额为 20 万美元。经查阅发行公告、年报等信息，其他公司债券认购者均为符合《公司债券发行与交易管理办法》规定的合格投资者，起购金额为 1 000 万元。而银行间债券市场非金融企业债务融资工具认购者为合格境内机构投资者。

海航控股通常以融资租赁和银行贷款的方式购买飞机,因此海航控股债权人包括融资租赁商及银行。海航控股通过银行借款产生负债,2018 年 12 月 31 日股东大会材料显示,2018 年年末公司已使用各大政策性银行、国有银行、股份制银行等的授信额度共计984.23 亿元,该年公司具体授信使用情况见附表 5。2018 年以后海航控股债务规模不减反增,其债务并没有按期归还,因此可以推断银行仍是海航控股最大债权人类型。

海航控股主要通过经营租赁持有飞机及发动机,2020 年公司机队规模共计 346 架,其中 232 架均来自经营租赁,因此公司负债中包含大量的应付经营租赁商账款,海航控股债权人中还包括经营租赁商。相关资料显示部分经营租赁商已申报债权,包括完美十四号(天津)飞机租赁有限公司申报 1.33 亿元、广州天资一号租赁有限公司申报9.72 亿元、中银航空租赁公司申报 0.6 亿元等。

海航控股债权人中还包括各类供应商。公司年报显示,海航控股主要欠款供应商类型为航油、起降、航材、配餐、发动机维修供应商等。截至 2021 年 6 月末,应付各类供应商账款共计 159.50 亿元,各类供应商欠款均在 1 亿元以上。

海航控股负债中还包括应付职工薪酬以及应付税款,即对员工和政府的负债。

综上所述,海航控股债权人类型主要包括债券持有人、机构投资者、银行、经营租赁商、供应商、员工以及政府。

4.5 海航控股破产重整表决情况

海航控股及其十家子公司债权人分组重整表决结果见附表 6。从表决结果来看,《重整计划》在海航控股有财产担保债权人组获得了几乎全票通过;在普通债权人组也满足了债权人组表决通过的条件,其中人数通过率为 72.84%,金额通过率为 93.48%。

5 破产重整的利益冲突分析

5.1 破产重整基础

破产重整又称企业再生或破产保护,在如何拯救企业、避免企业破产领域,被世界各地的金融、法律界人士视为最有力的制度之一。

2007 年我国将破产重整制度正式引入了新版的《中华人民共和国企业破产法》(以下简称《破产法》)。在我国,破产重整制度的内容是专门针对可能或已经构成破产原因,而又有保留价值和复苏希望的公司,通过各方利益关联人的请求,在法院的组织和利益关联人的共同参与下,深入分析企业的债务和经营现状,通过债务重组、引入战略投资者、业务整合等多种方式,化解企业的财务危机,并引导企业重归正常经营。

对于企业的破产程序,目前我国已经形成了破产清算、破产和解和破产重整三个维度的破产制度,以法律的强制效力保障其实施。破产清算是指企业在发生债务危机、影响正常经营、无力偿还债务的情况下，被法院宣布破产后，在合法范围内出售企业所持有的所有资产，再将得来的资金用于偿还债务。清算的整个过程，都由法院监督并强制执行，以达到所有债权人平等受偿的目标。破产和解是指在企业发生债务危机、影响正常经营、濒临或已经破产时，债务人通过与债权人协商的方式请求债权人的让步，比如与债权人达成将尚未偿还的债务延期、减免等协议，以避免企业破产，并将相关情况递交给人民法院，经法院审核并批准后终止破产程序。相比于破产清算，该制度为企业提供了一个延续经营的机会，也给予了债权人一条可能实现更高偿付率水平的选择路径。

破产清算是在法院的强制监督执行下，尽可能地变卖企业的资产并将之公平地偿付给全体债权人的制度，一直以来被认为是传统破产法理论的核心。但有研究发现，随着市场经济的不断完善与发展，企业破产清算会对社会产生严重的负外部性。首先，在破产清算时变卖资产需要迅速变现，往往只能选择折价出售，资产变现价值较低，导致债权人蒙受巨大损失；其次，企业破产清算意味着企业主体的消失，企业原有的员工将全部失业。对于一些规模较大的公司，其员工人数众多，本身也对所在行业的发展起着至关重要的作用，对其破产清算可能造成社会的不稳定。综上所述，对企业进行破产清算，不仅债权人无法得到足额的偿付，而且大量雇员的失业对企业所在地区的经济发展和社会稳定也会造成一定的影响。因此，对濒危企业一概进行破产清算并不总是最好的解决问题的办法。

为了弥补破产清算的局限性，学者和政府相关部门开始思考除了破产清算外的其他路径，因此便产生了破产和解制度。破产和解制度，是当企业面临巨大偿债压力时，债务人可以通过与债权人协商达成协议，通过改变原有的债权契约的方式，如延缓、削减、甚至消除债务，来消除企业因需要偿还债务带来的资金压力，使企业能够渡过财务困境恢复经营保留企业经营实体，从而也使债权人能在未来获得更多的偿付。对于破产和解制度，只涉及债务企业与债权人之间的协商以减轻企业偿债压力。然而，许多企业陷入破产的原因往往来自企业内部，如公司管理、经营层面本身出现了问题，这种情况下企业即便无须考虑债务带来的资金压力，其本身也难以利用现有资产继续经营下去。这些企业内部问题又很难仅通过债权人的让步即通过破产和解解决。

为了弥补破产和解制度在处理企业破产问题时的局限性，破产重整制度便就此产生了。相较于破产和解在处理破产问题上的局限性，破产重整的优势在于其解决问题的手段更多，不仅局限于企业与债权人进行债务重组，还包括破产企业业务整合、业务拆分、资产部分出售、债务拆解到企业不同主体、引入新的战略投资者以注入资金、通过股权转让更换原有股东等。其目的是希望通过强有力的手段彻底解决导致企业破产的根本原因，这些原因往往涉及企业内部的组织结构、经营战略、人员构成等，而这些是破产和解所无法解决的。学者们研究发现，只有真正解决了导致企业破产的原因，才能使其更好地长久地生产经营下去，使企业彻底走出财务困境。破产重整制度的优势还在于，其不仅考虑短期内将企业从财务危机中拯救出来，调和企业利益相关方的权益，还考虑到长期是否有利于企业经营，是否有利于社会经济稳定。破产重整对于破产制度具有极大的完善作用。

综上所述，破产制度经历了清算、和解、重整三个阶段的演变。如今，当企业陷入破产时，债权人、债务人能够在法律制度强有力的保障下，寻求解决问题的最佳路径。

5.2 破产重整流程

破产重整完整流程可简单表述为破产重整申请—重整审理—法院指派管理人—重整计划草案制订—重整计划草案表决—重整程序终止—重整计划执行。《破产法》对以上流程分别进行了相关具体规定。

首先，在重整申请环节，对于有不能清偿到期债务，并且资不抵债或者明显缺乏清偿能力的，或者有明显丧失清偿能力可能的情况的企业，债务人或债权人可以直接向法院申请企业进入破产重整。其次，经法院审查后，重整申请符合上述规定条件的债务人将被裁定进行重整。最后，裁定受理后，由法院指定管理人参与企业重整，在重整期间接管企业财产和经营管理事务以及重整相关事项如重整计划制定、债权人会议召开、债权申报公示和债权确认等。特别地，经债务人申请，债务人有机会自主管理财产和经营事项，但需要经过法院许可及在管理人的监督之下进行。

在重整裁定受理后，由管理人或债务人制订重整计划草案。重整计划草案内容应包括经营方案、债务分类、债权调整方案、债权受偿方案等。制定周期为6个月，有正当理由提出申请延期的，法院将批准延期3个月。

在重整计划草案制订阶段，管理人以公告、登报等形式通知债权人进行债权申报，随后对申报债权进行依法审查确认。依法申报确认的债权人有权参加债权人会议并享有最终投票权。

在重整计划草案完成并提交法院之后，法院将组织债权人会议，债权人将分组对重整计划草案投票表决。对于重整计划草案表决规定如下：出席会议的同一表决组的债权人同意人数占总人数1/2以上，且其所代表的债权额占该组债权总额的2/3以上，则代表该组表决通过。重整计划草案中涉及出资人权益调整的，设立出资人组对该事项进行表决。最终所有表决组全部通过重整计划草案则视为表决通过。随后管理人将结果提交法院，在法院批准后，重整程序便成功终止。在表决期间，如果存在部分组不通过的情况，债务人或管理人可以同该组进行单独协商，协商后再表决，双方协商的结果不能侵害其他表决组权益。若还是未能通过表决，债务人或管理人还可以申请法院强裁。若重整计划草案最终未能通过，则终止破产重整程序进入其他破产程序。重整程序成功终止后将进入重整计划执行期，而在执行期间，如果债务人不能或不执行重整计划，将被裁定终止重整执行并宣告债务人破产。具体流程如图1所示。

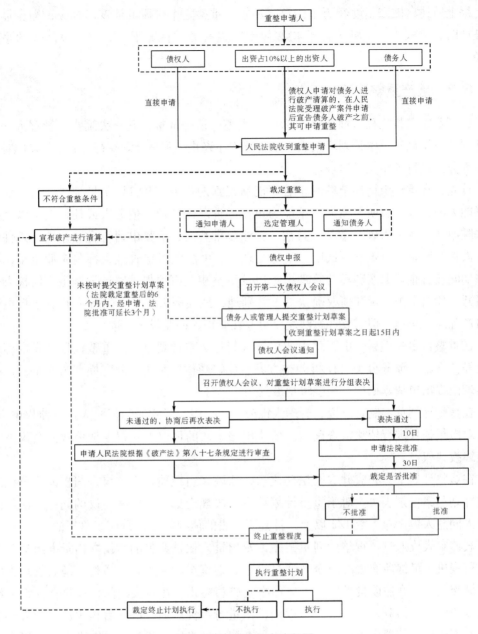

图 1 破产重整程序流程图

5.3 债权人与股东委托代理关系

委托代理关系是指在市场交易中，由于信息不对称，处于信息劣势的委托方与处于信息优势的代理方，相互博弈达成的合同法律关系。

委托代理理论由詹森和麦克林（Jensen and Meckling，1976）创立。他们认为代理关系是一种契约，在这种契约下，一个人或更多的人即委托人聘用另一人即代理人代表他们来履行某些服务，包括把若干决策权托付给代理人。

传统公司治理理论中对委托代理问题的阐述主要分为两种，第一种是大股东和管理层之间的委托代理问题，第二种是大股东和小股东之间的委托代理问题。但实际上，债权人作为企业的重要投资者，同样也处于委托代理关系之中，即债权人与公司股东之间的委托代理关系。

债务合同是在国家相关法律法规的保护下强制执行的，用于保证债权人能够取得合同约定本息的求偿权，以及在无法全额获得本息的情况下获得企业全部资产或抵押担保物不高于其本金和利息损失的求偿权。可以将债务合同理解为，债权人与股东签订契约，债权人委托股东运营企业，而股东则承诺向债权人还本付息。按照合同规定，当企业发生债务违约时，股东未能履行其承诺，债权人将接管企业，并有权出于自身利益最大化的考虑选择是否对企业进行何种形式的破产处理，即不再委托股东继续运营公司。

5.4 大债权人与小债权人委托代理关系

在破产重整过程中，公司重整往往需要管理人或债务人与债权人通过多次磋商形成重整计划。大债权人债权规模庞大，对公司未来重整方向具有举足轻重的作用，其参与重整积极性强；而小债权人往往债务规模较小，参与会议成本较高，且专业能力不足，难以在重整中提出可行性方案。因此债权人谈判总是在大债权人与管理人或债务人之间进行的。这时就形成了大债权人与小债权人之间隐形的委托代理关系，即小债权人委托大债权人作为权益代表与管理人进行破产重整谈判。在此过程中，便可能会产生代理问题，大债权人作为代理人与委托人（小债权人）的利益并不完全一致，虽然他们都希望能实现更多的清偿，但偿债资源有限。因此在小债权人处于信息劣势的情况下，大债权人出于自身利益最大化的考虑，有动机做出不考虑或者损害小债权人利益的行为。

5.5 政府与小债权人的信托关系

政府是国家公共行政权力的象征、承载体和实际行为体，是国家进行统治和社会管理的机关。政府职能主要包括政治职能、经济职能、文化职能以及社会职能四种，其中政治职能中具体包括政府对内需要维持社会秩序，社会职能则包括政府需要组织社会保障工作。

在大型企业破产案件中，往往会涉及大量小债权人的利益问题，如果小债权人权益得不到较好的保护甚至受到较大的损害，其可能会做出对破产企业围攻、哄抢以及到人民法院、政府相关部门大规模上访甚至上街游行等严重影响社会秩序、社会稳定的行为。政府出于维护社会稳定的责任，同时，政府出于社会保障的责任，也会倾向于保障弱势群体的利益。因此，在破产重整过程中，小债权人处于谈判与信息的劣势时，政府将会作为其潜在受托人参与其中，为小债权人争取相应利益。

6 破产重整动因与债权人保护

6.1 海航控股偿债能力分析

2018 年海航控股首次出现债务违约，2017 年其大股东海航集团陷入了流动性危机，因此本案例以 2017 年为起点分析海航控股债务危机的原因。海航控股属于航空运输行业，是我国民航业第四大航空公司，因此本案例选取了我国民航业中与海航控股业务经营范围相近的五家境内上市航空公司作为可以用于与海航控股进行比较分析的行业可比公司，它们分别是中国南航、中国国航、中国东航、春秋航空和吉祥航空。

本案例选取 2017—2020 年的数据对海航控股的短期偿债能力进行分析。从流动比率和速动比率来看，当流动比率为 2、速动比率为 1 时举债风险较低。然而整个航空运输行业流动比率可比均值一直远低于 2，而速动比率可比均值也远低于 1，海航控股相关指标一直处于与行业可比均值相差不大的水平（见附表 7）。

本案例依据附表 8 的数据分别计算了 2017—2020 年我国四大航空公司的货币资金和经营性现金流净值总额与同年各公司的流动负债的差值，作为公司流动性资金缺口并与各公司同年筹资活动现金流流入进行比较（见表 1）。

表 1　2017—2020 年我国四大航空公司流动性资金缺口与筹资活动现金流入

单位：亿元

公司名称	2017 年		2018 年		2019 年		2020 年	
	流动性资金缺口	筹资活动现金流流入	流动性资金缺口	筹资活动现金流流入	流动性资金缺口	筹资活动现金流流入	流动性资金缺口	筹资活动现金流流入
中国南航	409.23	455.79	567.94	528.65	553.74	849.71	608.09	1 649.63
中国国航	391.06	400.47	330.04	424.93	296.26	378.18	724.11	933.08
中国东航	560.97	773.99	500.61	717.81	480.35	635.65	909.34	1 189.2
海航控股	188.27	631.36	785.12	508.64	863.69	398.32	1 711.38	99.80

数据来源：各航空公司年报。

如表 1 所示，疫情暴发前，四大航空公司仅依赖经营所得和公司自有资金无法覆盖每年的流动负债，存在资金缺口。其中，前三大航空公司该部分资金缺口每年都刚好能被筹资活动现金流所覆盖，故能够按期偿还流动负债避免爆发流动性危机。各航空公司的筹资活动具体明细显示筹资活动现金流入主要由向外借款和发行债券获得。2020 年疫情暴发，各大航空公司经营活动受损，资金缺口变大，因此均加大力度对外借款或发行债券以弥补资金缺口，以避免流动性危机的发生。

结合以上分析发现，航空公司短期偿债指标普遍较低，多以高杠杆模式运营，其抵御流动性风险的能力很大程度源于外部债务融资，行业具有一定的脆弱性，一旦经营出现问题或者融资渠道被切断便容易爆发流动性危机。

另外，自 2018 年开始，海航控股流动性资金缺口就已经无法通过筹资活动现金流弥补，且相较于前三大航空公司较为稳定的筹资活动现金流入上升趋势，海航控股的筹资活动现金流入却逐年递减。2017—2020 年海航控股融资明细及资产负债表显示，公司短期借款分别为 239.07 亿元、308.4 亿元、287.21 亿元和 351.23 亿元，长期借款分别为 289.93 亿元、4.56 亿元、0.38 亿元和 0。由此可见，2018 年之后海航控股主要通过短期借款获得筹资活动现金流入，但难以获得长期借款。同时，自 2018 年开始，海航控股短期和长期借款利率明显升高，如附表 9 所示。并且其借款利率明显高于同行业其他航空公司，可见海航控股融资成本较高。

观察 2014—2017 年海航控股流动性资金缺口与流动负债情况（见表 2），我们发现在 2017 年以前，海航控股并不存在融资困难的现象，公司也不存在爆发流动性危机的原因。

表 2　2014—2017 年海航控股流动性资金缺口与流动负债对比　　　　单位：亿元

项目	2014 年	2015 年	2016 年	2017 年
流动性资金缺口	108.25	−15.01	−10.03	188.27
流动负债	385.46	297.28	328.75	681.78

数据来源：海航控股年报。

显然，2017 年海航集团流动性危机的爆发使得海航控股信用下滑，导致在本身具备同样的行业脆弱性、短期偿债能力较弱的特点下，海航控股融资成本升高、融资能力下降，2018 年公司流动性资金缺口难以被覆盖，即资金无法抵偿到期流动负债，出现了流动性危机。

6.2　海航集团及其关联方的资金占用

横向对比附表 7 中海航控股流动比率及速动比率变动情况发现，2017 年至 2018 年和 2019 年至 2020 年海航控股流动比率和速动比率均出现了大幅下降。深入了解发现，在大幅变动的两年间有一个共同特点，即虽然海航控股流动资产增加，但其流动负债出现了大幅上涨，且远高于流动资产增长水平。同时经计算发现，自 2018 年以来，海航控股流动负债占比一直在 90% 以上，而行业平均占比保持在 50% 左右，海航控股流动负债占比相较于行业平均占比处于异常高的水平。深入观察发现，海航控股流动负债的增长的主要源于其一年内到期的非流动负债的大幅增长。而海航控股一年内到期的非流动负债增长的主要原因在于其到期未偿还相关债务触发了协议中的相关条款，导致大量长期负债转化为一年内到期的非流动负债。观察海航控股季度报表发现，该科目的第一次增长发生在 2018 年第四季度，而 2018 年年报显示，此时相关条款被触发产生的累计未偿还本金仅为 75.78 亿元，而海航控股拥有货币资金 379.26 亿元，流动资产总额 551 亿元，但海航控股却选择了违约并触发相关条款。为了更深入了解其原因，本案例对海航控股流动资产具体构成及相关情况进行了分析。

海航控股流动资产主要包括货币资金、交易性金融资产、应收票据及应收账款、其他应收款四项科目。2017—2020 年，四项科目加总后均占总流动资产的 90%以上，其具体金额情况如附表 10 所示。具体来看，海航控股流动资产总额总体呈上升趋势，仔细分析各项科目的变动情况，其中货币资金呈波动下降趋势，其流动资产上升动力主要来自其他应收款的增长。而海航控股 2018 年年报显示，其他应收款构成中，有 50%来自海航集团及其关联方的资金拆借；海航控股 2020 年年报中显示其他应收款的 71%来自海航集团及其关联方的资金拆借，其中包含部分海航集团及其关联方与海航控股的非经营性资金往来。根据 2021 年 1 月 31 日海航控股的《自查报告》《自查补充报告》，海航集团及其关联方对海航控股一直存在着并未对外披露的非经营性资金占用、违规关联担保等行为，其中非经营性资金占用共计 380.22 亿元、违规关联担保共计 247.63 亿元。根据海航控股 2020 年年报，海航控股存放于海航财务公司的 44 亿元货币资产全部计提信用减值损失，而其 2018 年年报显示这笔资金自 2018 年开始便存放于海航财务公司。

　　本案例还计算了 2017—2020 年海航控股流动资产中各科目的占比情况，并与中国东航的数据进行对比。如表 3 所示，海航控股货币资金占比逐年下降且下降速度较快；其他应收款占比逐年上升，且上升速度也较快，尤其 2018 年较 2017 年及 2020 年较 2019 年增幅较大；2019 年交易性金融资产占比突然急剧升高，2020 年再次降低。2017—2020 年海航控股流动资产结构由货币资产占最大比重变成了其他应收款占最大比重。对比中国东航的相关数据发现，中国东航与海航控股的情况恰恰相反，2020 年其货币资金占比增长到较高水平，自 2018 年开始其他应收款占比则逐年降低，且中国东航 2020 年年报显示，中国东航其他应收款主要来自第三方客户，而母公司欠款占比仅为 8%，其中 2018—2019 年其他应收款金额前五名均为第三方客户。

表 3　2017—2020 年海航控股与中国东航部分流动资产科目占总流动资产比重

单位：%

项目	2017 年		2018 年		2019 年		2020 年	
	海航控股	中国东航	海航控股	中国东航	海航控股	中国东航	海航控股	中国东航
货币资金	84.43	25.45	68.83	4.16	40.10	6.87	12.43	34.06
交易性金融资产	1.27	0.00	1.27	0.60	20.34	0.61	6.94	0.42
应收票据及应收账款	5.10	11.61	5.50	9.01	9.56	8.70	3.69	5.00
其他应收款	1.97	25.55	16.37	32.07	21.65	29.65	72.65	10.69
合计	92.76	62.61	91.98	45.84	91.66	45.83	95.70	50.17

数据来源：各航空公司年报。

　　根据以上信息可以合理推断出，海航控股的流动比率并不能反映其真实偿债水平，海航控股大量流动资产因海航集团及其关联方的占用难以用于偿还到期债务，引发了流动性危机。此后，海航控股又因借款、租赁借款、债券等债务到期无法偿付而触发了相关协议条款，导致更多的债务提前到期，其资金更难以覆盖其流动负债，致使海航控股流动负债相较于行业平均流动负债处于异常高的水平，从而陷入了更严重的流动性危机。

6.3 海航控股经营受损

对 2017—2020 年海航控股的经营情况进行分析，海航控股主营业务是国际和国内（包括香港和澳门）航空客运和货运业务。如附表 11 所示，2018 年海航控股销售毛利率大幅下降且开始明显低于行业水平；2020 年受疫情影响，航空运输行业整体销售毛利率大幅下降，海航控股销售毛利率也出现了更大幅度的下降。

2017—2020 年海航控股营业收入依次为 599.03 亿元、677.64 亿元、723.89 亿元和 294.01 亿元。2020 年以前其营业收入增长速度和三大航空公司相比，仅略次于中国南航，2018 年甚至比三大航空公司增长都快，2020 年疫情暴发时，其营业收入变动率相较于三大航空公司也并没有太大的区别（见表 4）。

表 4　2018—2020 年海航控股及三大航空公司营业收入年增长率对比　　单位:%

公司名称	2018 年	2019 年	2020 年
中国国航	12.70	-0.43	-48.96
中国东航	12.99	5.16	-51.48
中国南航	12.66	7.45	-40.02
海航控股	13.12	6.83	-59.38

数据来源：各航空公司年报。

2017—2020 年海航控股营业成本依次为 517.93 亿元、628.16 亿元、670.18 亿元和 414.93 亿元。如图 2 所示，2018 年海航控股营业成本年增长率高于营业收入年增长率；2020 年，在疫情暴发居民出行受限的情况下，其营业成本年增长率的下降幅度小于营业收入年增长率的下降幅度，导致 2020 年公司营业收入低于营业成本，产生经营亏损。

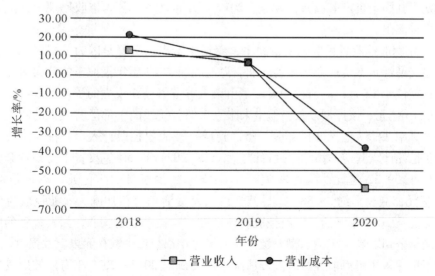

图 2　2018—2020 年海航控股营业收入年增长率及营业成本年增长率

在此，进一步对海航控股营业成本构成进行简单分析。根据 2019 年我国四大航空公司营业成本构成数据（见附表12），航油成本是最主要的成本，在四大航空公司营业成本中的占比均达30%以上，其主要受国际油价波动影响。各个航空公司起降费用占比差异不大，其更多受政策调控影响。海航控股与其他航空公司的各项成本中占比相差较大的成本项是折旧和租金费用、保养维修费用以及员工薪酬费用，其相较于其他航空公司，在折旧和租金费用、保养维修费用上的占比较多，员工薪酬费用占比较少。其中，海航控股折旧和租金费用呈逐年增加的状态，2017—2019年折旧和租金费用分别为78亿元、92亿元和122亿元；而2020年在疫情影响下，海航控股折旧和租金费用为113亿元，占总营业成本的27%，同期中国南航折旧和租金费用仅为9.77亿元。这主要是由于海航控股自有飞机占比较低，2020年该占比仅为26%，为各航空公司中最低，大量的租赁飞机导致较高的租赁开销。

进一步观察2017—2020年海航控股经营性现金流情况（见附表13），2017年至2019年公司均产生了正的现金流；而在2020年疫情影响导致经营受损，经营性现金流净值为负。对于此时公司即将到期的大量债务，经营活动不仅无法为偿还债务提供支持，还使得公司现金流进一步减少。

结合本节分析发现，海航控股在疫情暴发前经营情况尚可，其营业收入水平居于行业前列，但2020年疫情暴发导致行业整体受损，海航控股经营活动也受损严重。公司在已经陷入流动性危机的情况下，不仅无法获得来自经营活动的现金流，而且还被经营活动占用了一部分现金，从而导致其债务危机加重。

6.4 不合理的投资

2017—2020年海航控股投资活动现金流量表（见附表14）显示，海航控股投资活动现金流净值一直为负，即海航控股一直在对外在进行投资活动。2018—2020年海航控股在已经陷入流动性危机的情况下，仍在进行对外投资。同时，自2017年开始公司一直在处置其固定资产等以收回现金，2019年开始处置子公司以收回现金，但其规模远小于投资流出。

2019年海航控股货币资金大量减少，年报中给出的解释是因为公司对外投资。同年，公司交易性金融资产占比显著增加。海航控股2019年年报披露的公司对外投资状况显示，在该年11月，海航控股投资了由第三方资管公司成立的资产管理计划，涉及金额172.16亿元，该计划以天津航空未来三年部分航线的全部运营收入的收益权为资产标的。其中72.57亿元（该部分一年内到期）被海航控股计入交易性金融资产，另外99.59亿元计入其他非流动金融资产。然而在2020年，该笔投资中交易性金融资产部分减少了39.22亿元，其他非流动金融资产减少了23.05亿元，总价值减少至109.89亿元，减少了约35.88%。显然，该项投资活动直接加剧了海航控股流动性危机。实际上自2019年开始，海航控股对外投资一直处于亏损状态，如其投资的中国民航信息网络公司、新生飞翔、渤海租赁等公司每年都会产生数亿元以上亏损。

为了更深入了解海航控股的投资情况，本案例对2017—2020年海航控股发布的部分投资项目公告进行了整理（见附表15），发现海航控股投资项目不局限于航空运输行业，还包括金融、文旅和物业等行业。本案例通过深入追踪2018—2020年海航控股的投资项目推测海航控股的投资资金去向。2018—2020年，海航控股投资中存在较多的不合理之处，且诸多投资方案在公布后便收到了来自上交所的问询函。如 2018 年 3 月 10 日海航控股发布重大资产重组预案，拟向海航集团及其控制企业、独立第三方股东购买七家由海航集团控制或控股的公司，而该预案收到了来自上交所的问询函，问询函希望海航控股根据海航技术、SR Technics 及天羽飞训的收益性对其购买必要性做出更多解释，而该重组预案最终没能通过。再如 2019 年 4 月 12 日，海航控股拟进行的三笔投资，其中海航技术以及天羽飞训的购买，是通过以二者股权抵偿部分海航集团及其关联方此前以海航控股为主体申请的三笔共计金额为 65.70 亿元到期尚未偿还的银行贷款的方式进行交易，而对新华航空的股权收购则是在新华航空净利润为负的情况下进行的。总结发现，2018 年之后海航控股进行的这些投资大多与海航集团及其关联方有关，再根据前文关于海航集团控制海航控股的证据，推断出海航集团通过控制海航控股投资活动掏空海航控股资产。

综上所述，海航控股在陷入流动性危机的情况下仍在进行着不合理的投资，使得公司的偿债资源大量减少，进一步加重了公司债务危机。

通过以上分析，本案例发现了海航控股一步一步深陷债务危机的原因。第一，海航控股具有航空运输行业共同的特点：短期偿债能力弱，公司为避免流动性危机需要依赖大量外部融资。然而海航集团流动性危机的爆发导致海航控股信用下滑，融资能力下降，从而使得海航控股资金不足，出现流动性危机。第二，海航集团及其关联方对海航控股的资金占用侵占了其偿债资源。海航控股因无法按协议偿还债务又触发了相关条款，导致公司流动负债急剧上升，公司流动性缺口扩大，流动性危机加剧。第三，在此期间海航控股又遭遇了管理层投资失败造成的损失以及股东方以投资方式掏空公司，随着 2020 年疫情暴发，公司经营出现亏损，至此公司的资金彻底被耗尽，陷入了严重的债务危机。

综上所述，海航控股面临的困难十分严峻，公司仅依靠自身力量难以维持可持续经营。航空运输行业是一个高投入的行业，其运营成本十分高昂，海航控股要想继续经营运作需要资金支持航油费用、员工薪酬等日常经营所必需的成本。而海航控股现有内部可用流动资金稀缺，又面临巨大的对外偿债压力，加上外部融资困难，而且这些困难在其流动性危机尚未解决的情况下难以消除。因此，债务人在这种情况下能否持续经营具有极大的不确定性，若继续以原有模式运营，债权人很难获得偿付，面临重大财产安全问题，为了改变这种现状，债权人可以申请进入破产程序以获取对公司的处置权。

6.5 公司价值评估

海航控股在疫情前营业收入增速一直位于行业前列，疫情暴发后，其营业收入也没有出现明显低于行业水平的现象。虽然海航控股因股东方的资金占用、掏空行为和投资决策的严重失误等陷入了严重的债务危机，经营难以维持，但本案例认为仍有必要对海航控股的价值进行分析和评估。

结合航空运输行业综述和海航控股行业地位部分内容，本案例利用收益法对海航控股价值进行了简单评估。

本案例认为航空公司的营业收入自疫情后居民恢复出行开始，会先进入较高增速的高速增长期，随后进入平稳发展的缓慢增长期。因此采用自由现金流量法的两阶段法对海航控股价值进行估值，估值模型如下：

$$V = \sum_{i=1}^{n} \frac{\text{FCFF}_i}{(1 + \text{WACC})^i} + \frac{\text{FCFF}_{n+1}}{(\text{WACC} - g) \times (1 + \text{WACC})^n}$$

其中，企业价值用 V 表示；加权平均资本成本用 WACC 表示；预测期内第 i 年的自由现金流量（本案例预测期为 1~11 年，永续期为 12 年及以后）用 FCFF_i 表示；永续期第一年的自由现金流量用 FCFF_{n+1} 表示；永续期的增长率用 g 表示。

公司自由现金流量=营业收入-营业成本-销售费用-管理费用-税金及附加-所得税+折旧与摊销-净营运资本增加额-资本性支出

本案例假设 2023 年海航控股营业收入能恢复到 2019 年水平，则其 2021—2023 年营业收入 CAGR 为 35.03%。2025 年之前，行业在政策支持下将持续保持较快增长，根据民航局《"十四五"民用航空发展规划》，到 2025 年民营航空运输量 CAGR 达 17.2%，鉴于海航控股在行业的竞争优势，合理假设 2024—2025 年公司营业收入增长 20%。由上文分析知道，航空运输行业在未来仍具有较大的增长空间，因此本案例假设 2025 年后营业收入会持续增长，但增长率开始缓慢降低，假设 2026—2031 年增长率为前三年 10%，后三年 5%；2032 年增长率降低到 3%，此后营业收入以 3% 的增长率永续增长。在此基础上，假设海航控股自由现金流量其他项目均与营业收入保持固定比例，取 2017—2019 年平均比例作为该比例，其中营业成本占营业收入的比例为 90.58%，而净营运资本在过去三年中由于债务危机，数据异常变动，本节假设海航控股此后不存在这个问题，故以中国东航的数据作为替代，计算海航控股未来每年自由现金流量。

加权平均资本成本公式如下：

$$\text{WACC} = R_e \times W_e + R_d \times (1 - T) \times W_d$$

其中，公司权益资本成本用 R_e 表示；权益资本在资本结构中的百分比用 W_e 表示；公司债务资本成本用 R_d 表示；债务资本在资本结构中的百分比用 W_d 表示；公司的所得税税率用 T 表示。

本次估值采用 CAPM 来确定公司权益资本成本，公式如下：

$$R_e = R_f + \beta \times \text{MRP}$$

其中，无风险收益率用 R_f 表示，市场风险溢价用 MRP 表示。

在 WACC 的测算中，投资者经常认为国债是无风险的，因此结合本案例所使用的模型采用十年期国债利率，即选取 2020 年 12 月 31 日国债到期收益率 3.14% 作为无风险收益率。由于海航控股在 A 股上市，通过分别计算 2011—2020 年每年沪深 300 指数年增长率与同年 10 期国债利率之差，再计算该差值的算术平均值为 4.62%，以此作为市场风险溢价。在对海航控股估计 Beta 系数时，为保证估值的准确性，本案例选取海航控股与沪深指数的收益率，时间区间取 2006 年 1 月 1 日至 2020 年 12 月 31 日，以确保数据足够多，代入公式

$$\beta = \frac{\text{cov}(r_a, r_m)}{\sigma_m^2}$$

结合重整计划经营方案对营业收入做出假设，2021—2031 年为第一阶段，并以与

第 5 节一样的数据对第一阶段价值进行估算，计算后第一阶段的企业价值（V_1）为 254.50 亿元。第二阶段为永续期，通过计算得出海航控股的 Beta 系数为 0.97。

在资产负债率的选择上，本案例假设海航控股恢复到与行业平均水平接近的资产负债水平 65%，以此计算出 WACC 值。

在这种情况下，计算得出海航控股价值可达 2 757.80 亿元。2020 年年末海航控股总负债为 1 868.31 亿元，股票总数为 168.06 亿股，计算可得每股价值 =（2 757.80 - 1 868.31）÷168.06 = 5.29（元/股）。

若利用 2021—2023 年同行业其他航空公司营业收入增长率平均值 16%、44% 和 29% 作为海航控股同期营业收入增长率，结合海航控股的行业地位、过去经营情况以及航空运输行业未来发展状况，本案例认为海航控股的营业收入增长率完全可以达到行业平均水平。在其余数据保持不变的情况下，计算可得海航控股价值为 2 437.36 亿元，每股价值 =（2 437.36 - 1 868.31）÷168.06 = 3.39（元/股）。

而 2020 年年末海航控股股价仅为 1.52 元/股，可见海航控股在严重债务危机的情况下，其价值被严重低估了。本案例认为只要能够继续获得资金并解决造成公司债务危机的源头问题，海航控股依然具有较高的经营价值，具备吸引优质战略投资者的条件。

至此本案例认为，海航控股因股东问题陷入严重债务危机后，其在原股东团队带领下可持续经营存在巨大的不确定性，明显缺乏清偿能力，但本案例对海航控股进行经营分析和价值评估发现其尚具有持续经营的价值，而凭借该价值有很大可能吸引有资金及实力的战略投资者介入。这时，债权人通过申请公司进入破产重整能使自身权益获得更好保护。

6.6 破产重整后公司价值分析

本节利用收益法结合《重整计划》对破产重整后海航控股价值进行估值，公式如下：

$$V_2 = \frac{\text{FCFF}_{n+1}}{(\text{WACC} - g) \times (1 + \text{WACC})^n}$$

其中 n 为 11，g 为永续期增长率，本案例预计航空运输行业未来增长将趋于稳定，假设其增速将与 GDP 增速保持一致，估计 g 值为 3%。WACC 为 6.26%，2032 年自由现金流量即 FCFF_{n+1} 为 138.47 亿元，将上述数据代入公式求得永续期价值 V_2 为 2 179.26 亿元。最终求得海航控股的价值（$V = V_1 + V_2$）为 2 433.76 亿元。

企业价值 $V = D + E$，其中 D 为债务价值，E 为股权价值。根据《重整计划》估算，海航控股在破产重整后普通债权将减少 1 071.76 亿元，职工债权和税款债权减少 17.81 亿元，海航控股 2021 年半年报中总负债账面价值为 2 457.48 亿元，因此破产重整后的债务价值估计为 1 367.91 亿元，则股权价值 = 2 433.76 - 1 367.91 = 1 065.85（亿元）。重整后，海航控股以现有 A 股股票约 164.37 亿股为基数，按照《重整计划》每 10 股转增 10 股实施资本公积转增，转增后总股本为 328.74 亿股，因此计算可得海航控股每股价值（P）为 3.21 元。

6.7 破产重整中债权人保护分析

《重整计划》中债权人清偿顺序为职工债权和税收债权优先全额现金清偿，共计4.32亿元，之后是有财产担保债权人，最后是普通债权人，普通债权组内又分为10万元以下债权人和10万元以上债权人按不同方案偿付。

按照《重整计划》中普通债权人分类的界限，债权规模在10万元以上的债权人为大额债权人，而小额债权人为债权规模在10万元以下的债权人。本节重点分析小额债权人在破产重整中受到保护的情况。

结合上文对债权人的分类，本案例认为海航控股10万元以下债权人构成主要是来自11海航02网上发行形成的债券持有人。海航控股相关资料显示，11海航02个人投资者有近5 000人，总金额7亿元。而其面向网下发行的债券总金额仅2.5亿元，由此可推算出网下认购的个人投资者总金额=7-2.5=4.5（亿元），而其认购最低限额为1 000万元，因此进一步推算出网下认购个人投资者人数至多45人，余下的4 000多个个人投资者均是网上认购投资者，据此估算网上申购平均认购额约为5万元。由此可以看出这类小额债权人人数众多，债务规模较小。

在海航控股《重整计划》中，小额债权人将得到全额现金清偿，其资金来源于公司自有资金以及战略投资者提供的资金。战略投资者的引入提供了充足的资金，战略投资者支付股权对价的123亿元将被注入公司用于偿债与经营，能够充分支持小额债权人的全额清偿，在该《重整计划》中，小额债权人得到了充分保护。

对于有财产担保债权人，《重整计划》中的清偿方案是在其担保财产市值范围内以留债方式得到全额清偿，超过部分以普通债权组清偿方式清偿，本案例中有财产担保债权共计601.75亿元，以留债方式清偿的（担保物市场价值内范围内）债权共计323.53亿元，超出部分则与普通债权组清偿方式一致，对于有财产担保的债权人而言，《重整计划》中对大额债权人的清偿方式对其同样十分重要。因此，下文首先研究《重整计划》对大额债权人的保护情况。

大额债权人所获得的偿付为10万元以下和超过10万元部分的35.61%的债权以3.18元/股的价格转换为海航控股股票，超过10万元部分的64.39%的债权由海航集团、航空集团等关联方保证清偿。

该方案中债权人以每股3.18元的价格获得海航控股股票，战略投资者注资取得股票价格为2.80元/股，债权人相较于战略投资者投资的价格仅折价了约11.94%，实际上，海航控股当时股价约为1.88元/股，远低于战略投资者获得的股价，战略投资者以123亿元的价格获得了一个目前净资产价值为负的公司的股权，其目的是希望公司在未来能释放出更多的价值。若海航控股未来在新实际控制人带领下能实现2.80元/股的价值，则债权人该部分债权仅损失11.94%，即获得88.06%的清偿率，此时即使其余债务清偿方案清偿率为0，其总清偿率也能达到31.36%。若海航控股股价在未来可以实现高于2.80元/股的价值，则债权人将能够实现更高的偿付率，其权益能得到较好的保护。从前文对海航控股重整后估值情况来看，公司价值在未来有望达到3.21元/股的水平，在这种情况下，大额债权人可获得的真实偿付率至少可达到35.95%。本案例统计了之前14年83家进入破产重整的上市公司中明确以现金方式对所有普通债权或大额普通债权进行清偿，并在重整方案中明确了重整状态下清偿率的52家公司的重整清偿率，得出重整状态下大额普通债权的平均清偿率为29.19%。海航控股《重整计划》对于大额债权人而言实现了高于市场平均水平的清偿率。

而且，对于海航控股而言，若直接清算，大额债权人处于最后被偿付的位置，据清算机构评估，海航控股资产中包含大量租赁资产、航线、飞行员、专利等无形资产，这些资产在清算中的价值无法体现，公司资产将严重缩水，据计算，普通债权清偿率仅为4.45%。因此本案例认为海航控股《重整计划》切实保护了大额债权人的权益。

根据《重整计划》，有财产担保债权人债权在担保物价值范围内部分能得到全额清偿，超过担保物价值范围的部分则按普通债权清偿，估计其实际清偿率至少可达70.38%。

有财产担保债权人若想通过清算直接变现担保物的方式获得清偿，据评估机构评估海航控股担保物市场价值为323.53亿元，远低于有财产担保债权总额601.75亿元，且在快速出售变现的情况下，结合目前航空运输行业状况来看，其能否实现该市场价值具有极大的不确定性，可能会使得有财产担保债权人遭受较大的损失。而超出担保物市场价值部分将按照普通债权清偿，资产评估机构模拟清算结果显示，普通债权在清算状态下其偿付率处于较低水平，海航控股普通债权人清算状态下偿付率仅4.45%。因此对比分析重整及清算两种方案，有财产担保债权人在重整情况下能得到更好的保护。

至此，经过本案例对海航控股《重整计划》的评估，在该《重整计划》中公司股东转让股权引入战略投资者注入资金，并及时更换实际控制人，切实解决了公司债务危机的源头问题，有利于盘活公司资产。结合《重整计划》中的偿债计划及对重整后的企业估值分析发现，债权人权益在公司重整中能够得到较好的保护。

6.8 破产重整中债权人动机分析

本案例重点关注到，在海航控股《重整计划》中，普通债权组的小额债权人和大额债权人得到了不同方式的偿付，因此本节从债权人动机方面来分析形成该《重整计划》的原因。

从上文对海航控股债权人类型的分析发现，公司债权人中小额债权人人数众多，规模较小；而大额债权人债务规模庞大，人数相对较少。

对大额债权人而言，若直接对海航控股进行清算，其清偿顺序靠后，债权很大程度得不到保全，而公司本身具有一定的经营价值，并且依靠其价值很有希望能够吸引到战略投资者支持公司可持续经营，进而使得其债权不至于完全被消灭。因此以重整的方式维系公司的持续经营，尽快让公司转入正式的运营路径，是大额债权人保护自身债权最重要的一种方式，大额债权人会支持公司的重整，并在未来积极参与重整过程以维护自身权益。重整中管理人或债务人为保证《重整计划》通过会听取大额债权人的意见，与其磋商，尽量在满足企业能够恢复经营的前提下保障大额债权人的权益。

对小额债权人而言，在本案例中主要为公司债券持有人，其参与重整的方式只能通过委托主承销商广发证券有限公司参与债权人会议，自身参与重整的渠道有限，且成本较高，故参与重整的积极性不高，但其利益诉求必然是希望自己能够得到足够的清偿。而且小额债权人人数众多，如果不对其进行全额清偿，小额债权人可能因认为自身权益受损而拒绝通过《重整计划》，导致难以满足通过人数达 1/2 的要求，最终使得《重整计划》不能通过而需要重新谈判。然而在重整过程中产生的成本是非常高昂的，需要支付高昂的管理人报酬以及重整过程中涉及的各项成本支出，如差旅费、公告费、办公费等，而且严重耽误企业重整恢复经营的时间，这就会损害全体债权人的利益。同时，对于小额债权人而言，如果人数特别多，为了保证社会稳定，政府作为其隐形的信托人也会与大额债权人进行谈判从而保证小额债权人获得更高的清偿。在这种情况下，大额债权人在积极推动重整过程中会顾及小额债权人的权益，在小额债权人债务规模较小的情况下，大额债权人会愿意做出一部分让步，同意让小额债权人得到全额清偿。

在本案例中，小额债权人人数达数千人，所占总金额规模较小，约为 2.5 亿元，小额债权人平均债权约为 5 万元，因此《重整计划》中以 10 万元为限能够满足多数小额债权人获得全额清偿额，进而保证《重整计划》能够满足通过人数要求，且涉及金额较小，不会影响公司经营，同时还能一定程度上保证《重整计划》迅速通过，提高重整效率。

结合《重整计划》最终表决结果来看，《重整计划》在有财产担保债权人组获得了几乎全部有财产担保债权人的通过；在普通债权人组也满足了债权人组表决通过的条件，其中人数通过率 72.84%，金额通过率为 93.48%。这一表决结果说明《重整计划》满足了大部分债权人的要求，普通债权人组中以 10 万元为分界线进行分段清偿的方案满足了大部分普通债权人的需求。但本案例也关注到普通债权人组人数通过率为 72.84%，仍有一部分债权人对《重整计划》投出了反对票，本案例推测这类债权人可能是对债权清偿具有时效性要求的债权人，即立马需要债权变现的债权人，比如封闭期即将结束的基金类机构债权人等，由于他们的债权规模高于小额债权分界线，在《重整计划》中其超过 10 万元的债权部分只能以股票和信托份额（由关联方清偿）的形式获得偿付，但是在当下海航控股股票价格被严重低估的情况下，立即变现会导致该类债权人无法获得较好的偿付。这也说明了《重整计划》并不能满足所有人的要求。事实上任何一个重整计划都很难保证可以满足所有人的要求，意图满足所有人的要求反而可能会导致时间的拖延。一方面容易错失最佳重整机会，另一方面重整过程中会产生较高昂的重整费用，从而导致所有债权人受损。因此，破产重整制度设计了只需要满足多数债权人及债权金额通过即可视为通过的投票规定，这在一定程度上也体现了破产重整制度对债权人的保护。

当小额债权人人数众多且其总债权规模较小的时候，给予小额债权人全额清偿能够保证在不影响公司正常经营的情况下帮助重整计划迅速通过，提高重整效率，有利于保护全体债权人利益，而且在这种情况下，由于涉及金额较小，大额债权人也会同意对小额债权人做出相应的让步。本案例的研究对于未来面临同样处境的债权人如何理解和处理类似事件具有借鉴意义和参考价值，也有利于减少债权人在破产重整当中面临的潜在矛盾与阻碍，从而提升重整效率，有利于全体债权人。

当然，对于不同的公司需要进行不同额度的划分，即小额债权人的划分金额不同，应该视公司具体债权情况决定，在既能保证顺利通过重整计划又不影响经营和不损害其他债权人的情况下最大限度地满足小额债权人的需求。事实上据统计，从 2007 年到 2021 年共有 83 家被受理重整的上市公司，其中有 75 家披露了重整计划，47 家在清偿时拆分了普通债权组，即将其拆分为大额债权组与小额债权组进行清偿。一般小额债权组额度设立在 3 万元到 100 万元之间，而且自 2011 年 8 月以来的重整案例中，小额债权都得到了全额清偿。

6.9 给债权人参与未来投资的建议

根据案例细节，本案例为债权人未来参与市场投资提供以下几点可行性建议：

第一，债权人在与企业形成债务契约之前，应该对企业的真实债务情况、经营情况、公司治理情况等进行准确考量，而不是盲目给予大公司支持，以防止自身陷入隐藏的危机中。

第二，在与公司签订协议时，可以考虑引入限制性条款。比如，债券限制性条款是债券合同为保护债券持有人利益而限制债券发行公司的某些特定行为的条款。在诸如美国、欧洲等债券市场发展较久、规模较大、机制较成熟的国家及地区，债券限制性条款被视为重要的债权人保护机制，在债市中有着举足轻重的地位，在美国，限制性条款被分为四类：支出限制、融资限制、投资和资产转移限制和事件条款（陈超，2014）。但是，在我国，公司债券的限制性条款对于市场主体和监管机构而言都比较陌生，其应用案例也十分少见。引入限制性条款能够对公司的风险点做出预判，在发生技术性违约的时候，能够让债权人参与到公司的管理中，使得其能够帮助公司规避风险，或者至少能够收回一定金额及时止损。比如，在本次海航控股债务危机中，公司早在 2018 年就已出现债务违约触发债务提前到期条款的情况，但相关债权人并没有对公司采取措施，以至于大股东一直以来的占款、掏空行为无法被发现与制止，最终导致公司深陷债务危机。

第三，在公司已经陷入债务危机且无法通过自身力量挽救时，债权人应该及时通过破产机制接管公司。首先分析企业陷入债务危机的原因，其次判断企业价值，进而决定是通过破产清算还是破产重整来处置企业。对于因股东行为陷入债务危机但同时尚有价值，并有希望引入战略投资者的企业应该申请对其破产重整，在重整过程中明确自身权利与义务，理性分析自身处境，帮助这类公司推动重整，提高重整效率，同时使自身获益。而对于没有经营和存续价值的企业，应该尽快寻求对其破产清算，以避免产生更大的损失。

第四，对于企业而言，应该从自身问题出发，制订重整计划必须能够找到企业问题源头，切实保护各方利益，尤其在引入战略投资者方面，应该寻找对于公司经营最有利的战略投资者，防止以炒壳套现的"忽悠式重整"损害投资者利益。

7 案例后续

2021 年 12 月 8 日，海航控股控股股东正式变更为海南方大，方威为实际控制人。

2021 年 12 月 31 日，海航控股宣布《重整计划》执行完毕，其中战略投资者依约支付全部款项，重整期间费用、职工债权、税款债权以及普通债权现金清偿款全部支付完毕，留债债权人接收留债清偿方案确认书，战略投资者及债权人的转增和偿债股票完成全部划转。

2022 年 4 月 24 日，海航集团破产重整专项服务信托依法成立，由债权人作为受益人的信托计划确定由中信信托有限责任公司和光大兴陇信托有限责任公司组成的联合体为信托受托人，运营管理海航集团剩余 321 家公司全部资产。海航集团风险处置工作结束，也意味着海航控股普通债权人由关联方清偿部分清偿计划落地。

2022 年 4 月 30 日，海航控股公告，造成股票被实施退市风险警示的相关风险已经陆续解决，包括净资产转正，相关资金占用和违规担保等整改措施等。同时，海航控股 2021 年年报显示，2021 年公司净利润为 47.21 亿元，实现扭亏为盈。

截至 2022 年 4 月 24 日，海航控股重整计划顺利执行结束，公司在重整后继续存续并逐渐步入正轨，债权人也依照原定的偿债计划获得偿付。

8　结论与启示

8.1　结论

8.1.1　财务战略调整为企业重生铺路

海航控股作为我国第四大航空公司，因母公司海航集团长期采取高杠杆扩张策略及内部治理混乱，最终陷入流动性危机和债务违约。然而，通过破产重整程序，海航控股不仅得以引入战略投资者辽宁方大，还通过重塑治理结构、优化债务安排，逐步恢复了航空主业的运营能力，为企业未来的发展奠定了基础。这一过程展示了我国破产重整制度在维护债权人权益与帮助企业重生方面的有效性。

8.1.2　协同重整的创新实践

此次重整创新性地采用了"协同重整"模式，将海航控股及其十家子公司作为整体处理，不仅化解了复杂的关联债务问题，还保护了企业的核心运营能力。战略投资者辽宁方大的加入，为企业注入了新鲜血液，也进一步提升了投资者和市场的信心。重整后，海航控股得以保持国内航空行业的前四地位，并继续在国内外航线网络中发挥重要作用。

8.1.3　平衡多方利益的成功案例

在此次重整中，债权人、股东、政府及企业之间的利益冲突得以妥善解决。通过合理安排债权偿还和股权重组，大额债权人获得了一定程度的清偿；而对小额债权人和职工债权，则通过全额清偿措施予以优先保护。这种平衡利益、多方共赢的重整模式，成为我国大型企业破产重整的标杆案例之一。

8.2　启示

8.2.1　对企业的启示

（1）财务健康是企业长青的基石。海航控股的案例凸显出资本结构健康对企业生存的重要性。高杠杆固然可以加速扩张，但过度依赖短期债务也为企业埋下了企业流动性危机的隐患。企业应更注重长、短期资金的合理配置，避免资金链断裂导致全面危机。

（2）加强内控，杜绝关联方侵蚀资产。企业管理层应当严格遵守合规经营原则，避免内部人员控制导致资源侵占与财务漏洞。海航控股的非经营性资金占用直接削弱了企业的抗风险能力，这是深刻的教训。

（3）拥抱战略调整，顺势而为。在面临困境时，企业应果断选择引入外部资源，推动战略调整。海航控股通过引入辽宁方大，不仅带来了充足的资金支持，也优化了治理架构，最终实现了转型重生。

8.2.2 对债权人的启示

（1）主动参与重整，争取合理权益。在企业重整过程中，债权人不仅要关注短期偿还比例，更应注重企业长期运营能力的恢复。此次重整中，大部分债权人通过股份抵偿方式参与重整，不仅实现了部分清偿，还为企业未来的成长提供了支持。

（2）识别早期风险，优化投资决策。债权人需警惕高杠杆企业的潜在风险，通过定期审查和信息披露加强对债务方的监督。例如，如果债权人能在早期识别出海航控股的财务风险，或许能避免更多的损失。在本次海航控股债务危机中，早在2018年海航控股就已出现债务违约触发债务提前到期条款的情况，但相关债权人并没有对公司采取措施，以至于大股东一直以来的占款、掏空行为无法被发现与制止，最终导致公司深陷债务危机。

8.2.3 对政策制定者的启示

（1）完善破产重整制度，为市场注入活力。本案例表明，我国的破产重整制度正在逐步完善，但在实际操作中仍需进一步提升效率和透明度。政策制定者应加强对重整计划执行的监管，同时完善对小债权人的保护机制，确保市场各方利益平衡。

（2）发挥政府协调作用，促进经济稳定。在企业重整中，政府不仅是规则的制定者，也是市场的协调者。在海航控股重整中，海南省政府的积极介入确保了债务处置的顺利推进，同时也维护了社会的整体稳定。

问题与思考

1. 结合案例信息分析海航控股债务危机的原因，基于此分析债权人申请让海航控股进入破产重整是否可取。

2. 站在债权人角度分析海航控股《重整计划》，该计划能否保护债权人权益？

3. 在推动破产重整的过程中存在什么阻碍？该《重整计划》是如何解决的？

4. 结合案例具体信息，为债权人未来投资提出启示建议。

参考文献

[1] 戴德明，邓璠. 亏损企业经营业绩改善措施及有效性研究：以上市公司为例[J]. 管理世界，2007（7）：129-135.

［2］何旭强，周业安.上市公司破产和重整的选择机制、经济效率及法律基础［J］.管理世界，2006（7）：125-131.

［3］吕长江，徐丽莉，周琳.上市公司财务困境与财务破产的比较分析［J］.经济研究，2004（8）：64-73.

［4］冼国明，刘晓鹏.财务困境企业债务重组的博弈分析［J］.中国工业经济，2003（10）：89-96.

［5］祝继高，齐肖，汤谷良.产权性质、政府干预与企业财务困境应对：基于中国远洋、尚德电力和李宁公司的多案例研究［J］.会计研究，2015（5）：28-34，94.

附表

附表 1　2018—2021 年海航控股债务违约事件

时间	事件简介
2018 年 3 月	华南蓝天航空油料有限公司发布《关于对海航控股停止供油的函》表示 2017 年 10 月至 2018 年 3 月海航控股未按规定支付油款
2018 年 10 月	海航控股发布不行使 2015 年度第一期中期票据赎回权公告
2018 年 12 月	海航控股本应偿付的部分借款及融资租赁款项，共计约 75.78 亿元本金未能按时偿还。而海航控股在向银行、出租人和其他债权人借款时曾签订协议，该协议规定若发生上述情形，债权人有权要求海航控股随时偿还相关借款。此事件涉及负债 935.08 亿元，导致 519.17 亿元的长期负债转为一年内到期的非流动负债，企业的资产负债表负债结构发生重大变化，也同时加剧了海航控股的短期流动性危机
2019 年 4 月	中国航油以拖欠合作款项为由申请冻结海航控股财产 5.72 亿元
2019 年 12 月	海航控股本应偿付的部分借款、融资租赁款项、资产证券化项目及债券，约 117.18 亿元本金未能按时偿还。而海航控股在向银行、出租人和其他债权人借款时曾签订协议，该协议规定若发生上述情形，债权人有权要求海航控股随时偿还相关借款。此事件涉及负债 939.62 亿元，导致其中 460.94 亿元的长期负债转为一年内到期的非流动负债
2020 年 3 月	海航控股发布递延支付 2016 年度第一期中期票据当期利息公告
2020 年 4 月	海航控股与"19 海南航空 SCP002"的召集人浦发银行主持召集非现场会议，通过"19 海南航空 SCP002"的兑付展期协议，对其产生了债券违约，兑付日后延为 2021 年 1 月 12 日
2020 年 8 月	海航控股公布了对其超短期债券"19 海南航空 SCP003"进行兑付展期的公告
2020 年 9 月	海航控股公布了对债券"18 海航 Y1"及"18 海航 Y2"延期付息的公告
2020 年 10 月	海航控股公布了对"18 海航 Y3""18 海航 Y4"及"15 海南航空 MTN001"延期付息的公告
2021 年 1 月	海航控股公布对"19 海南航空 SCP002"再次展期 270 天的公告
2021 年 2 月	海航控股接受破产重整，所有债务提前到期，构成实质违约

数据来源：海航控股公告。

附表2　海航控股及其子公司重整前债权确认情况　　　　　单位：亿元

公司名称	裁定确认	财产担保债权	普通债权	税款债权	职工债权	预计确认
海航控股	1 167.79	535.62	631.58	0.54	1.17	183.26
新华航空	39.67	12.25	27.42	—	0.006 704	22.84
山西航空	19.09	7.48	11.47	0.14	0.001 11	2.61
海航技术	17.56	0.65	16.91	—	0.27	6.03
福州航空	0.95	—	0.95	0.000 25	0.05	0.10
祥鹏航空	43.64	5.29	37.55	0.8	0.16	10.79
长安航空	43.49	13.31	29.2	0.97	0.07	6.15
北部湾航空	10.78	—	10.78		0.07	0.30
乌鲁木齐航空	4.05		4.02	0.03	0.05	0.22
科航投资	27.41	27.15	0.16	0.10	—	4.02
福顺投资	—	—	—			2.16
总计	1 374.43	601.75	770.04	2.580 25	1.84	238.48

数据来源：海航控股《重整计划》。

附表3　2018—2021年第一季度辽宁方大财务状况

项目	2018年	2019年	2020年	2021年3月
货币资产/亿元	188.99	322.62	370.29	364.81
总资产/亿元	707.83	1 019.92	1 211.12	1 347.45
所有者权益/亿元	409.41	527.67	631.25	653.62
总负债/亿元	298.42	492.25	579.86	693.83
营业收入/亿元	830.01	1 002.68	1 019.77	272.84
净利润/亿元	160.19	99.60	87.87	21.18
经营性净现金流/亿元	217.23	85.38	125.14	−27.34
资产负债率/%	42.16	48.26	47.88	51.49

数据来源：辽宁方大公司债券年报。

附表4　2021年海航控股及其子公司发行债券本金余额情况

债券名称	本金余额/亿元	投资者适当性安排
11海航02	14.40	部分面向合格投资者
18海航Y1~Y5	50.00	合格投资者
美元债	6.42	无
17祥鹏01	2.70	合格投资者
19滇祥01	9.90	合格投资者

表（续）

债券名称	本金余额/亿元	投资者适当性安排
公司债合计	83.42	—
15 海南航空 MTN001	25.00	合格机构投资者
16 海南航空 MTN001	25.00	合格机构投资者
17 祥鹏 MTN001	5.00	合格机构投资者
19 海南航空 SCP002	7.50	合格机构投资者
19 海南航空 SCP003	10.00	合格机构投资者
银行间债券市场非金融企业债务融资工具合计	72.50	合格机构投资者

数据来源：海航控股年报。

附表5　2018年海航控股授信使用情况　　　　单位：亿元

授信机构	授信总额度	未使用额度
国家开发银行	356.31	36.62
中国进出口银行	218.31	0.79
中国银行	96.00	14.04
建设银行	1.50	0.70
农业银行	67.28	44.36
中国交通银行	15.26	7.49
河北银行	3.33	0.24
威海市商业银行	2.00	0.94
北京银行	5.00	1.63
其他银行	342.05	16.00
合计	1 107.04	122.81

数据来源：海航控股公告。

附表6　海航控股及其子公司债权人分组重整表决结果　　　　单位:%

公司名称	有财产担保债权组同意率		普通债权组同意率		是否通过
	人数	金额	人数	金额	
海航控股	97.44	99.94	72.84	93.48	通过
新华航空	85.71	99.96	97.14	96.70	通过
山西航空	100.00	100.00	100.00	100.00	通过
海航技术	100.00	100.00	98.84	97.85	通过
福州航空	不涉及	不涉及	99.21	99.26	通过
祥鹏航空	100.00	100.00	97.91	99.72	通过
长安航空	100.00	100.00	99.66	99.83	通过

公司名称	有财产担保债权组同意率		普通债权组同意率		是否通过
	人数	金额	人数	金额	
北部湾航空	不涉及	不涉及	99.33	99.92	通过
乌鲁木齐航空	不涉及	不涉及	99.21	99.33	通过
科航投资	100.00	100.00	94.44	99.32	通过
福顺投资	100.00	100.00	不涉及	不涉及	通过

数据来源：全国企业破产重整案件信息网。

附表7 2017—2020年海航控股短期偿债指标与行业指标对比

公司名称	流动比率				速动比率			
	2017年	2018年	2019年	2020年	2017年	2018年	2019年	2020年
吉祥航空	0.70	0.62	0.47	0.38	0.68	0.60	0.45	0.36
中国南航	0.26	0.29	0.18	0.41	0.23	0.27	0.16	0.39
春秋航空	1.22	1.32	1.12	0.95	1.20	1.30	1.10	0.93
中国国航	0.29	0.33	0.32	0.25	0.27	0.30	0.29	0.22
中国东航	0.23	0.22	0.25	0.23	0.20	0.19	0.22	0.20
可比均值	0.54	0.56	0.47	0.44	0.52	0.53	0.44	0.42
海航控股	0.63	0.44	0.49	0.37	0.60	0.35	0.46	0.36

数据来源：Wind数据库。

附表8 2017—2020年我国四大航空公司现金流情况 单位：亿元

	公司名称	货币资金	经营性现金流净值	融资现金流流入
2017年	中国南航	72.50	214.04	455.79
	中国国航	62.60	263.89	400.47
	中国东航	46.56	195.72	773.99
	海航控股	363.91	129.60	631.36
	公司名称	货币资金	经营性现金流净值	融资现金流流入
2018年	中国南航	73.08	195.85	528.65
	中国国航	78.08	314.19	424.93
	中国东航	6.62	223.38	717.81
	海航控股	379.26	92.25	508.64

	公司名称	货币资金	经营性现金流净值	融资现金流流入
2017 年	中国南航	72.50	214.04	455.79
	中国国航	62.60	263.89	400.47
	中国东航	46.56	195.72	773.99
	海航控股	363.91	129.60	631.36
2019 年	公司名称	货币资金	经营性现金流净值	融资现金流流入
	中国南航	19.94	381.22	849.71
	中国国航	96.64	383.40	378.18
	中国东航	13.56	289.72	635.65
	海航控股	201.44	137.33	398.32
2020 年	公司名称	货币资金	经营性现金流净值	融资现金流流入
	中国南航	258.23	90.49	1 649.63
	中国国航	65.75	14.08	933.08
	中国东航	76.63	12.11	1 189.20
	海航控股	82.36	−5.06	99.80

数据来源：各航空公司年报。

附表9　2017—2020年海航控股、中国国航、中国东航借款利率区间　　单位：%

公司名称	借款期限	2017 年	2018 年	2019 年	2020 年
海航控股	短期	4.13~6.00	4.13~8.50	3.63~7.50	3.85~18.00
	长期	3.07~6.91	4.04~8.26	3.40~7.30	1.66~18.25
中国国航	短期	2.39~5.40	3.08~4.09	1.40~4.35	1.50~4.13
	长期	0.00~4.90	2.17~5.47	3.14~4.90	2.25~4.75
中国东航	短期	0.70~4.35	2.97~4.48	1.21~3.30	1.21~2.80
	长期	0.18~4.69	0.19~5.72	0.11~3.92	0.10~4.21

数据来源：名航空公司年报。

附表10　2017—2020年海航控股流动资产及流动负债部分科目　　单位：亿元

项目	2017 年	2018 年	2019 年	2020 年
货币资金	363.91	379.26	201.44	82.36
交易性金融资产	5.48	5.41	102.20	46.00
应收票据及应收账款	21.97	30.32	48.04	24.43
其他应收款	8.48	90.21	108.74	481.49
流动资产总额	431.02	551.01	502.32	662.79
短期借款	239.07	308.44	287.21	351.24

项目	2017 年	2018 年	2019 年	2020 年
一年内到期的非流动负债	172.15	684.50	660.43	1 028.64
应付票据及应付账款	113.40	146.64	128.32	212.52
流动负债总额	681.78	1 256.63	1 202.46	1 788.68

数据来源：海航控股年报。

附表 11　2017—2020 年海航控股及可比公司销售毛利率　　单位：%

公司名称	2017 年	2018 年	2019 年	2020 年
吉祥航空	20.57	15.02	14.02	−1.70
中国南航	12.39	10.45	12.09	−2.53
春秋航空	12.14	9.68	11.41	−6.43
中国国航	17.36	15.82	16.84	−8.82
中国东航	11.24	10.90	11.30	−20.74
行业平均	14.74	12.37	13.13	−8.04
海航控股	13.54	7.30	7.42	−41.13

数据来源：Wind 数据库。

附表 12　2019 年我国四大航空公司营业成本构成　　单位：%

项目	中国南航	中国国航	中国东航	海航控股
航油成本	31.56	31.76	31.90	30.21
起降成本	13.02	14.52	15.35	14.03
折旧和租金费用	18.34	17.06	18.38	25.66
保养维修费用	7.25	5.40	3.15	10.52
员工薪酬费用	15.69	17.43	18.42	8.59
其他	14.14	13.83	12.80	10.99

数据来源：我国四大航空公司年报。

附表 13　2017—2020 年海航控股经营性现金流情况　　单位：亿元

项目	2017 年	2018 年	2019 年	2020 年
经营性现金流流入	701.07	823.05	850.35	333.11
经营性现金流流出	571.47	730.80	713.02	338.17
经营性现金流净值	129.60	92.25	137.33	−5.06

数据来源：海航控股年报。

附表 14　2017—2020 年海航控股投资活动现金流量　　单位：万元

项目	2017 年	2018 年	2019 年	2020 年
投资活动现金流入	1 641 587.90	663 871.20	1 614 172.00	873 680.50

项目	2017 年	2018 年	2019 年	2020 年
投资活动现金流出	2 584 296.10	1 802 497.10	4 725 764.60	1 196 136.30
投资活动产生的现金流量净额	−942 698.20	−1 138 625.90	−3 111 574.60	−322 455.80

数据来源：新浪财经。

附表15　2017—2020 年海航控股投资项目

时间	投资项目
2017 年 3 月 29 日	增资海航财务有限公司
2017 年 6 月 24 日	大新华航空第 001 期财产权信托合同项下的基础资产所形成的财产权
2017 年 8 月 26 日	深圳黔海文化旅游基金（有限合伙）58.75%基金份额
2017 年 9 月 30 日	拟购买 AG 公司和 TAP 航空
2017 年 10 月 14 日	拟收购山西航空 49.39%股权； 拟收购新华航空 10.25%股权
2017 年 10 月 14 日	拟收购长安航空 11.91%+25.71%的股权，完成后将持有 97.05%的股权
2017 年 12 月 14 日	拟收购祥鹏航空 20.14%股权
2018 年 3 月 10 日	发布公告拟以发行股份及支付现金的方式向海航集团等购买 5 家国内公司和 2 家国外公司的股权，这 7 家公司均为海航集团所控制或控股，这笔交易收到了来自上交所的问询函
2018 年 7 月 3 日	海航控股投资 100 万元设立全资子公司北京国晟物业管理有限公司以整合海航控股物业相关业务
2018 年 8 月 21 日	增资公司全资子公司北京国晟
2018 年 12 月 13 日	新华航空 12.18%股权； 天津航空 8.55%股权； 天羽飞训 100.00%股权
2019 年 4 月 4 日	再次购买新华航空 12.18%股权； 再次购买天羽飞训 100.00%股权
2019 年 4 月 12 日	海航技术 60.78%股权
2019 年 11 月 16 日	华安财产保险股份有限公司 17.86%股权
2020 年 12 月 9 日	向海航航空地面服务有限公司购买民航特种车辆； 陕西长安航空旅游有限公司 20%股权，该笔交易收到问询函

资料来源：海航控股公告。

附表16　海航控股重整期间重整相关信息披露情况

时间	公告名称	来源
2021 年 1 月 30 日	《关于上市公司治理专项自查报告的公告》 《海航控股关于债权人申请公司重整的提示性公告》	公司公告
2021 年 2 月 9 日	《关于针对上市公司治理专项自查报告的整改计划的补充公告》	公司公告

时间	公告名称	来源
2021 年 2 月 10 日	《受理债权人或债务人直接提出的重整申请》 《关于法院许可公司在重整期间继续营业及自行管理财产和营业事务的公告》	全国企业破产重整案件信息网、公司公告
2021 年 2 月 18 日	《关于法院许可公司在重整期间继续营业及自行管理财务和营业事务的公告》	公司公告
2021 年 2 月 19 日	《海航控股及子公司重整案债权申报指引》	全国企业破产重整案件信息网
2021 年 2 月 22 日	《关于选聘海航集团及相关企业破产重整案资产评估机构的公告》	全国企业破产重整案件信息网
2021 年 2 月 27 日	《关于上市公司治理专项自查报告整改及重整进展的公告》	公司公告
2021 年 3 月 20 日	《海航集团航空主业战略投资者招募公告》	全国企业破产重整案件信息网
2021 年 3 月 30 日	《关于上市公司治理专项自查报告整改及重整进展的公告》 关于《海航集团航空主业战略投资者招募公告》补充公告	全国企业破产重整案件信息网
2021 年 4 月 1 日	《关于上市公司治理专项自查报告整改及重整进展的公告》	公司公告
2021 年 4 月 13 日	《关于公司及子公司重整案第一次债权人会议召开情况的公告》	公司公告
2021 年 4 月 30 日	《关于上市公司治理专项自查报告整改及重整进展的公告》	公司公告
2021 年 5 月 29 日	《关于上市公司治理专项自查报告整改及重整进展的公告》	公司公告
2021 年 6 月 30 日	《关于上市公司治理专项自查报告整改及重整进展的公告》	公司公告
2021 年 7 月 31 日	《关于上市公司治理专项自查报告整改及重整进展的公告》	公司公告
2021 年 8 月 7 日	《关于法院裁定批准公司及子公司延期提交重整计划草案的公告》	公司公告
2021 年 8 月 31 日	《关于上市公司治理专项自查报告整改及重整进展的公告》	公司公告
2021 年 9 月 13 日	《关于海航集团航空主业战略投资者招募进展的公告》 《海南航空控股股份有限公司等十一家公司重整案第二次债权人会议公告》 《关于召开出资人组会议的公告》	全国企业破产重整案件信息网、公司公告
2021 年 9 月 28 日	《关于出资人组会议召开情况的公告》 《海航航空控股股份有限公司及其十家子公司重整计划（草案）摘要版》 《关于上市公司治理专项自查报告整改及重整进展的公告》	公司公告

时间	公告名称	来源
2021 年 10 月 23 日	《关于公司及十家子公司重整案第二次债权人会议召开及表决结果的公告》	全国企业破产重整案件信息网
2021 年 10 月 30 日	《关于上市公司治理专项自查报告整改及重整进展的公告》	公司公告
2021 年 11 月 1 日	《海航控股股份有限公司及其十家子公司重整计划》《关于法院裁定批准公司及十家子公司重整计划的公告》	公司公告
2021 年 12 月 9 日	《海南航空控股股份有限公司关于股东权益变动暨控股股东、实际控制人发生变更的提示性公告》	公司公告
2022 年 1 月 1 日	《海南航空控股股份有限公司关于公司及十家子公司重整计划执行完毕的公告》	公司公告
2022 年 4 月 24 日	《海航集团风险处置相关工作顺利完成》	海航集团官微

资料来源：海航控股公告，全国企业破产重整案件信息网。

附表 17　破产重整相关法律文件

时间	文件名称
2007 年 6 月	《中华人民共和国企业破产法》
2011 年 9 月	《破产法司法解释（一）》
2013 年 11 月	《关于在借壳上市审核中严格执行首次公开发行股票上市标准的通知》
2015 年 6 月	《关于破产重整上市公司重大资产重组股份发行定价的补充规定（征求意见稿）》
2016 年 9 月	《关于修改〈上市公司重大资产重组管理办法〉的决定》
2022 年 3 月	《上海证券交易所上市公司自律监管指引第 13 号——破产重整等事项》

附表 18　海航控股及其子公司相关税收政策

公司名称	相关政策	税率
海航控股	《关于海南自由贸易港企业所得税优惠政策有关问题的公告》（国家税务总局海南省税务局公告〔2020〕4 号）	对以海南自由贸易港鼓励类产业目录中规定的产业项目为主营业务，且其当年度主营业务收入占企业收入总额 60% 以上的企业，可减按 15% 税率缴纳企业所得税，优惠期为 2020 年 1 月 1 日至 2024 年 12 月 31 日
长安航空、祥鹏航空、乌鲁木齐航空	《关于深入实施西部大开发战略有关企业所得税问题的公告》（国家税务总局公告〔2012〕12 号）	对设在西部地区以《西部地区鼓励类产业目录》中规定的产业项目为主营业务，且其当年度主营业务收入占企业收入总额 70% 以上的企业，可减按 15% 税率缴纳企业所得税，优惠期为 2011 年 1 月 1 日至 2020 年 12 月 31 日
北部湾航空	《广西壮族自治区人民政府关于延续和修订促进广西北部湾经济区开发若干政策规定的通知》（桂政发〔2014〕5 号）	享受国家西部大开发减按 15% 税率征收企业所得税

公司名称	相关政策	税率
海航技术	海南省科学技术厅、海南省财政厅、国家税务总局海南省税务局认定为高新技术企业，享受高新技术企业税收优惠	2019、2020 和 2021 三个年度，减按 15% 税率征收企业所得税

附图

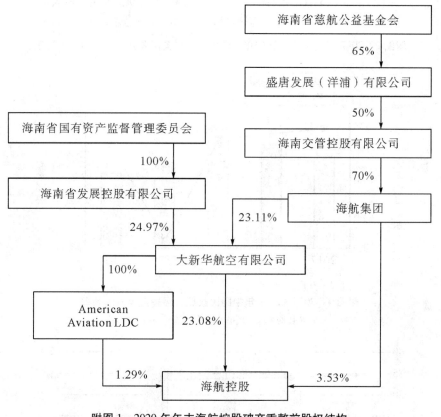

附图 1　2020 年年末海航控股破产重整前股权结构

（数据来源：海航控股年报）

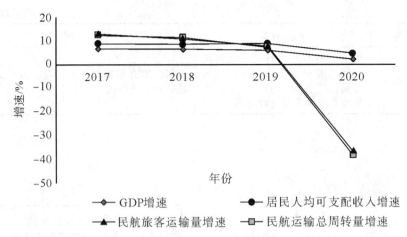

附图2 2017—2020年我国GDP、居民人均可支配收入、民航运输量增速

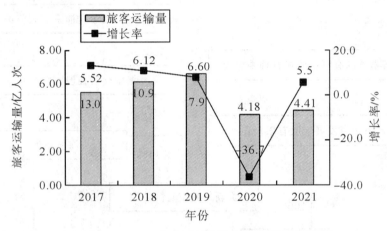

附图3 2017—2021年中国民航旅客运输量及其增长率

（数据来源：民航行业发展统计公报）

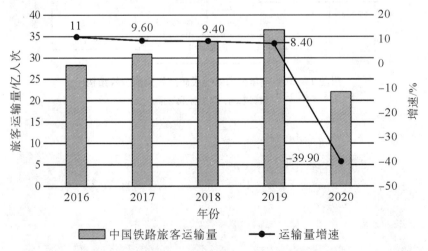

附图4 2016—2020年中国铁路旅客运输量及其增速

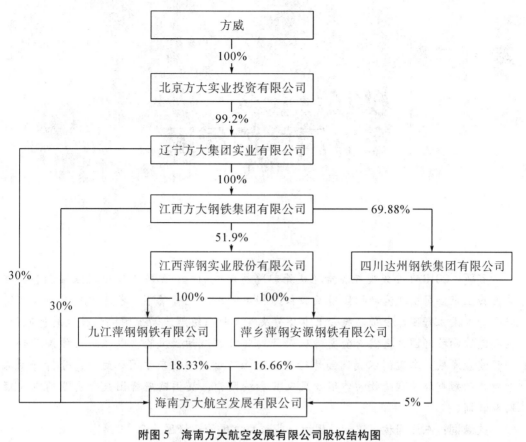

附图5 海南方大航空发展有限公司股权结构图

（数据来源：爱企查）

案例三

权宜与长久：
东方园林的纾困

摘要： 2018 年受宏观经济情况及外部贸易环境影响，A 股市场出现深幅调整，许多民营上市公司出现流动性困境及股权质押风险。在此背景下，各地方政府组织协同社会资本设立纾困基金帮助民营上市公司及其大股东缓解流动性困境和股权质押风险，主要通过向被纾困方提供资金支持从而帮助其缓解流动性风险，以保障实体民营企业平稳健康发展。本案例以我国园林行业首家上市公司——东方园林为例，分析纾困基金对企业短期和长期绩效的作用效果及其影响因素，提供政府纾困民营企业的重要经验和教训。

关键词： 东方园林；流动性困境；股权质押风险；纾困基金

1 引言

作为我国园林行业第一家上市公司，东方园林在行业中一直处于领先地位。资料显示，2018—2022 年，在全国工商联环境商会公布的"中国环境企业 50 强榜单"中，东方园林均位居行业前十一。2014 年 PPP 业务模式兴起，东方园林把握风口，积极扩展 PPP 业务，2015 年后与多省市的地方政府签署了 PPP 项目协议。作为行业龙头、PPP 第一股，东方园林的股权质押率一直居高不下，2018 年 11 月接受纾困前夕，企业股权质押市值和质押股数居行业首位，表明其股权质押问题严重，具有代表性。

由于过度扩张及控股股东频繁的股权质押等问题，2018 年东方园林出现"史上最凉发债"。此次发债失利，致使企业出现严重财务危机，随后企业股价持续大幅下跌，爆发股权质押平仓危机。同年 12 月，东方园林在债务危机和股权质押风险爆发后，接受了朝阳区国资委多次多模式的纾困。作为较早接受纾困的民营上市公司之一，东方园林案例对于了解纾困基金运行及其对企业的具体效果具有代表性。

---

① 本案例由西南财经大学周玮、谢宇洁撰写，仅供案例讨论和学习时作为参考所用，并不用以说明企业某一管理决策的处理是否有效。

2 东方园林财务危机的背景介绍

2.1 东方园林概况

东方园林成立于 1992 年，于 2009 年在 A 股市场挂牌上市，是国内园林行业首家上市公司。上市之初，一度成为全球景观行业市值最大的企业，主营业务涵盖市政园林、生态湿地、休闲度假和苗木销售等项目，在绿色发展理念的引领下，东方园林积极进行转型，主营业务从传统的园林景观领域逐步转向生态环保和循环经济领域。东方园林经过多年的深耕发展及品牌建设，已然成为生态环保行业的民营龙头企业，共计拥有 530 余项技术专利、400 余个优质生态环保项目。其凭借创新优势引领生态环保行业进步，积极助力无废城市和美丽乡村建设。

2.2 东方园林的财务危机

2.2.1 流动性困境的艰难

受自身所有制特性及外部信贷资源偏向的影响，相较于国有企业，民营企业受到更为严重的融资约束。自 2014 年起，国家相继出台一系列政策文件，积极推广 PPP 模式，并将其广泛应用于公共基础设施建设及产品服务中。东方园林看到 PPP 模式为水利、生态建设等公共服务领域发展带来的新机遇，开始尝试接触 PPP 市场。作为较早进入 PPP 市场的企业，东方园林凭借先发优势，先后与多个地方政府签署 PPP 项目协议，仅 2016—2018 年，企业 PPP 项目累计中标金额超 1 500 亿元（见表 1），东方园林一度成为 PPP 第一股。公开数据统计显示，截至 2018 年 6 月末，东方园林在生态建设与保护 PPP 市场的占有率高达 12.56%，在全域旅游 PPP 市场占有率达 10.6%，体现了东方园林 PPP 业务的实力。

表 1　截至被纾困前东方园林 PPP 项目中标情况

年份	中标项目数量/个	PPP 项目中标金额/亿元
2016	未公示	380.100
2017	50	715.710
2018	45	408.050

数据来源：东方园林财务报告。

PPP 模式是以特许权协议为基础、地方政府与社会资本之间形成共同合作关系，为建设城市基础设施或提供公共服务，开展的一种项目经营模式。在此项目模式下，社会资本主要承担特别目的实体公司（SPV）出资人和相关项目施工方两个角色。PPP 业务模式下，需要社会资本承担项目前期建设和维护工作，随着项目施工进度，社会资本会陆续收到工程回款，在项目建设完成后，社会资本预计能够取得一定的投资回报。但 PPP 项目需要社会资本垫资施工，且通常情况下，项目建成周期较长、资金回款进程缓慢，社会资本还承担着前期建设、后期运营和管理等风险。因此承担 PPP 项目对企业现金流和融资能力有很高要求。

纾困前,东方园林大规模承接 PPP 项目,随着 PPP 业务模式监管趋严,金融去杠杆导致信用紧缩,企业资金链紧张,东方园林认识到可能存在的流动性危机,于 2018 年 5 月发行公司债券,计划募集 10 亿元资金以满足企业短期流动性需求,但实际募集规模仅为 0.5 亿元。发债遇冷使得企业最终爆发资金链危机,东方园林陷入流动性困境,甚至引发市场恐慌情绪,东方园林股价暴跌。截至 2018 年 5 月 29 日,实际控制人何巧女股权质押比例占其所持股份的 68.81%,控股股东深陷股权质押危机,不得已借收购企业为由,停牌避险,并积极向外界寻求帮助。最终,北京市朝阳区国资委伸出援手,对其进行纾困。

其实,东方园林短期债务负担重、现金流紧张的现象早在发债遇冷前就已显现。表 2 数据显示,2015 年至纾困前,东方园林的负债规模持续攀升,截至 2018 年 9 月末,企业负债总额达 292.40 亿元,较上年年末增加 54.96 亿元,且企业债务结构并不合理,短期债务占比过高。2015—2018 年第三季度企业的流动负债占比均高于 70%,2018 年 9 月末流动负债占比达 89.86%。虽然流动负债用资成本较低,但过高比例的流动性负债无疑增加了企业的短期偿债负担。从速动比率来看,纾困前东方园林的速动比率逐年下滑,且均低于行业均值,2018 年第三季度末企业速动比率下降至 0.46,企业资金链极度紧张,一旦外部融资环境出现不利变化,会使企业陷入债务危机无法自救。

表 2 2015—2018 年三季度东方园林主要债务指标

主要债务指标	2015 年 12 月 31 日	2016 年 12 月 31 日	2017 年 12 月 31 日	2018 年 9 月 30 日
短期借款/亿元	20.057	12.364	22.315	33.249
应付票据及应付账款/亿元	42.044	62.048	112.710	122.078
一年内到期的非流动负债/亿元	5.665	11.966	5.886	0.724
流动负债合计/亿元	96.870	109.060	212.932	262.764
长期借款/亿元	0.680	8.526	2.001	6.917
应付债券/亿元	14.941	27.360	21.858	22.384
非流动负债合计/亿元	16.081	36.618	24.510	30.635
负债合计/亿元	112.951	145.678	237.442	292.400
流动负债占比/%	85.763	74.864	89.677	89.865
速动比率	0.763	0.781	0.544	0.468
行业速动比率均值	1.689	1.223	1.074	1.005

数据来源:东方园林财务报告。

东方园林短期债券不仅偿还金额较大,且不同短期债券之间的还款间隔较短。2018 年第三季度东方园林财务报告显示,纾困前,企业的货币资金余额仅为 15.65 亿元(见表 3),但第四季度仅即将到期需偿还的短期债券金额就达 20 亿元,企业货币资金甚至难以覆盖短期债券偿还金额。

表 3　2018 年三季度东方园林即将到期的短期债券

债券名称	起息日	到期日	偿还金额/亿元
17 东方园林 CP001	2017 年 11 月 8 日	2018 年 11 月 8 日	10.000
18 东方园林 SCP001	2018 年 3 月 12 日	2018 年 12 月 7 日	10.000

数据来源：东方园林财务报告。

综上所述，东方园林过度扩张 PPP 业务，加之 PPP 项目前期投入大、回款周期慢的特征，使企业资金链紧张。而债务期限结构不合理、短期偿债能力不足等问题，导致一旦外部融资环境发生不利变动，就会引发企业资金链断裂危机，东方园林急需纾困帮扶。

2.2.2　股权质押风险暴露

不光企业亟须政策纾困，东方园林发债失利向外界传递了负面信号，引发市场悲观情绪。发债受阻后，2018 年 5 月 17 日至 5 月 24 日，东方园林股价从 19.71 元下跌至 14.87 元，降幅达 24.56%。截至 5 月 25 日停牌日，控股股东质押股占自身所持股数的 66.02%。如果股价持续暴跌，且控股股东无法及时追加保证金或提前赎回股权，会导致大量质押股被强制平仓，可能引发管理层动荡。为避免被强制平仓，控股股东何巧女选择向纾困基金求援。

3　纾困基金的背景分析

3.1　纾困基金分类与运行模式

纾困基金最初是欧盟为应对希腊等国的债务危机，联合国际货币基金组织成立的短期救助方案，主要通过为债务国提供流动性支持，以防止其债务违约危及同盟国（Barucci，2019）。2018 年我国民营企业面临着严峻的流动性困境及高股权质押风险，有关会议提出各地方政府可通过建立政策性救助基金，在防范国有资产流失及违规举债的前提下，以市场化方式助力民营企业纾困。之后，各地方政府联合社会资本相继成立救助基金，以纾解民营企业股权质押风险、保障民营企业平稳发展，这类救助性基金被称作纾困基金。目前尚无官方定义的中国纾困基金概念，有学者总结我国的纾困基金是以政府为主导，汇聚保险、券商等金融机构及社会资本，用以协同缓解民营上市公司流动性困境和股权质押风险，保障上市公司平稳发展的政策性救助基金（周孝华 等，2022；毛捷 等，2022）。

根据纾困模式，纾困基金可以分为股权型、债权型和混合型三种模式。其中股权型纾困通过股份受让、定向增发等方式为被纾困方提供流动性支持，能够从根本上减少其债务规模，对被纾困方的流动性困境进行纾解。相较于股权型纾困，债权型纾困主要通过向被纾困方提供借款或股票质押等方式，以简单、快捷的操作向纾困方提供流动性支持，以缓解其流动性困境。不过债权型纾困本质上是一种"借新还旧"的纾困模式，对被纾困方来说，仅起到延长债务偿还期限的作用，并未减少债务规模。混合型纾困是指综合运用股权型和债权型两种模式，对同一被纾困方进行灵活纾困。

3.1.1 股权型纾困

股权型纾困模式下，被纾困方用转让股权的方式向纾困方进行融资，从根本上降低企业债务规模。长远来看，纾困方通过受让股权等方式进入被纾困方内部，可以通过改变其治理结构，形成协同效应，对被纾困方长期发展产生影响。具体操作方式包括协议受让、定向增发等。

操作方式一：协议受让。经过纾困双方的协商，上市公司大股东将持有的股份按协议价转让给纾困方以获得资金，用以解除股权质押或补充企业现金流，股份转让的同时可能伴随着表决权、控制权的转移。

操作方法二：定向增发。纾困方通过认购上市公司非公开发行的股票，为企业提供流动资金。

股权纾困模式下纾困方持有的上市公司股份，仅能通过二级市场出售、回购、换股等方式退出获利，因此投资风险较大，纾困方选用这种模式前，会对被纾困方进行更严格的筛选，股权纾困项目的落地难度更大。

3.1.2 债权型纾困

在三种纾困方式中，债权型纾困是应对被纾困方流动性困境最便捷、最直接的纾困方式，具体操作方法有借款、股权质押、转质押等。

操作方式一：借款。纾困方通过提供担保、直接借款等方式为被纾困方提供流动性支持。

操作方式二：股权质押。质押股股东采用股权质押形式，将股权质押给纾困方以获得资金，并将资金用于偿还到期的质押股权或解除平仓线附近的质押股权。

操作方式三：转质押。如图 1 所示，纾困方向被纾困方提供专项资金以帮助其赎回质押股权，之后被纾困方再将这部分股权质押给纾困方，在转质押过程中出现的差价需要被纾困方以等额的资金或股票补充给纾困基金。

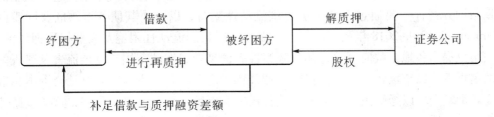

图 1　转质押流程

股价下行会使质押股触及预警线或平仓线，通过赎回后再转质押的方式，股东再质押的预警线及平仓线会随之降低，股权质押到期日也随之延长，短期内股东股权质押风险得到延缓。但如果再次质押到期时，股东流动性困境仍未缓解，或股价持续下滑，股权质押风险仍会爆发，届时纾困方的利益也会受到损害。

3.1.3 混合型纾困

混合型纾困是将股权纾困和债权纾困相结合，比较常见的形式是如图 2 所示的"转质押+债转股"，即在转质押的基础上，双方协定如果被纾困方无法按时足额偿还质押融资债务则进行债转股。混合型纾困在债务模式的基础上增加债转股这一保底偿还措施，很大程度上降低了纾困方的投资风险。

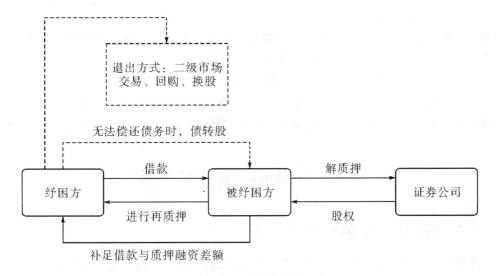

图2 转质押+债转股模式示意

3.2 中国纾困基金发展动因

中国的纾困基金是在民营企业流动性困境和大股东高股权质押风险激增的背景下成立的。造成民营企业流动性困境的原因分为内部和外部两方面。从内部原因来看，一方面，谢德仁等（2016）研究发现，相较于国有企业，民营企业通常面临更为严重的融资约束和信贷歧视，这主要是由民营企业规模较小、缺乏抵押担保品、市场关注度较低、信息披露意识不强、会计信息质量较差等自身原因导致的（Berger et al.，2005；白俊 等，2012；刘运国 等，2010）；另一方面，刘海明等（2022）发现受文化背景的影响，民营企业管理者可能存在过分追求做大企业规模的心态，在长期融资不足的情况下会过度依赖短期借款融资，从而导致短债长投、过度负债等问题的出现。盲目扩张及外部融资受限导致民营企业陷入流动性困境。从外部原因来看，近年来金融去杠杆及强监管政策导致信用缩减，银行等金融机构对民营企业和国有企业的信贷资金配置差异增加（白俊 等，2012），企业难以通过借款等其他融资渠道筹集足够的资金以应对日常经营及偿债等短期流动性需求，民营企业流动性问题突出，造成企业流动性困境，给企业生产经营带来负面冲击（Chen et al.，2012）。

造成民营企业大股东高股权质押风险的原因，一方面是民营企业大股东频繁进行质押融资。股权质押作为新型融资手段，凭借其轻资产性、灵活性、保留控制权等优势成为民营企业股东获得现金流、缓解融资约束的首选方式（林艳 等，2018）。其频繁进行股权质押的动因主要有：满足民营企业资金需求、保证自身控制权或加强对企业控制、借助股权质押谋取私利等。在企业融资受限的背景下，大股东碍于角色及控制权转移风险等因素，不愿通过增发股票进行融资，所以会利用股权质押融通资金以对企业注入流动性（Peng et al.，2011）。也有研究表明，股权质押是大股东实现掏空以谋取私利的普遍手段（杜丽贞 等，2019）。另一方面，2018年受中美贸易摩擦、全球货币政策趋紧、国内金融去杠杆等多重因素影响，A股指数出现深幅调整，股市"黑天鹅事件"频发，大量质押股股价下跌，导致质押股股东面临巨大的偿还压力，原有"借新还旧"的质押模式难以维持。高比例股权质押加上股价大幅波动导致民营企业股权质押风险激增。大量质押股一旦爆仓，对企业控制权稳定、经营风险产生消极影响，同时可能加剧企业融资约束和股价崩盘风险，对企业发展产生不利影响（王雄元 等，2018；谢德仁 等，2016；唐玮 等，2019）。

为缓解民营上市公司不断加剧的股权质押风险、防止系统性金融风险爆发，中央和地方政府出台一系列针对性的政策建议，其中就包括成立纾困基金。

4 东方园林纾困情况分析

4.1 朝阳区国资委纾困东方园林

纾困基金作为政府发起市场化运作的救助机制，在帮助民营企业纾困的同时还需兼顾市场利益，有关会议多次强调纾困基金并不是无偿的兜底政策，而是对具有发展前景且基本面良好，但短期遇到困境的企业或股东进行驰援，以化解企业危机，同时达到资产保值增值的目的。

经过多年的转型发展，东方园林利用在水环境治理行业中的先发优势，通过实际项目操作，积累丰富经验，在水环境综合治理方面拥有技术优势。水环境治理行业属于生态环保行业。党的十八大以来，国家对环境保护问题的重视程度不断提高，东方园林的优势业务与国家生态文明建设理念相契合，其所属行业属于国家大力扶持的行业。虽然东方园林过度扩张PPP项目及大股东频繁进行股权质押，导致2018年其发债遇冷后陷入严重的流动性危机，但企业自身经营规模及市场地位在行业内仍具有优势。

因此北京市朝阳区国资委纾困东方园林，一方面是积极响应国家针对民营企业提出的纾困政策，发挥"扶持之手"的作用；另一方面东方园林作为国家重点发展行业的龙头企业，在技术及经营方面具有丰富经验，实施纾困帮扶，通过资金救助、整合技术等方式，帮助企业恢复自生能力，预计能够获得较高的回报率，从而实现资本的保值增值。

纾困方北京朝汇鑫企业管理有限公司（以下简称"朝汇鑫"）表示，纾困东方园林是基于东方园林与朝阳区具有优势互补、协同发展条件，希望通过结构调整及产业协同，以构建朝阳区区属高质量发展的生态环保产业集团。纾困带来的协同效应如下：

首先，国资入股东方园林，通过借款、提供资信担保等方式向企业提供流动性支持，提升企业融资能力可以形成财务协同效应；其次，国资纾困基金在驰援过程中可以利用自身所有制优势实现资源互补，产生资源协同效应；最后，朝阳区国资委入股后可以通过股东大会、董事会参与东方园林重大决策，交由有经验的管理层执行，这样既能保持经营机制效率和灵活性，也能增加内部治理结构规范性，发挥管理协同效应。

因此，朝阳区国资委通过纾困入股东方园林可以从资本、资源和管理等多方面与其进行优势互补、深度合作，进而促进双方协同发展。

4.2 纾困过程及方案分析

4.2.1 纾困过程

2018 年东方园林发债遇冷后,彻底陷入流动性危机,公司的股价也出现持续下跌,在此背景下,企业开始积极寻求纾困帮助。作为生态环保行业的民营龙头企业,东方园林融资困境和资金链断裂危机一经展现便引起地方政府的关注,经过综合考量及评估,东方园林成为北京市朝阳区纾困基金首批援驰对象之一。

2018 年 11 月 2 日,东方园林发布公告称公司实际控制人何巧女、唐凯与北京市盈润汇民基金管理中心(以下简称"盈润汇民基金")签订股份转让协议,拟将不超过 5% 的股份转让给盈润汇民基金,引入其为公司战略股东。

2018 年 11 月 5 日,东方园林发布公告披露其已经与中债信用增进、民生银行等公司签订《债券融资支持工具意向合作协议》,协议的履行为东方园林提供债券融资支持,有助于协助企业拓宽融资渠道,降低融资成本,起到了推动企业持续健康发展的长期效果。

2018 年 12 月 10 日,按股份转让协议,何巧女、唐凯以 10.14 亿元对价将 1.34 亿股转让给盈润汇民基金,并将股份转让款用以补充东方园林流动资金等用途,股权转让后,东方园林前三大股东变化情况如表 4 所示,企业实际控制人未发生变更。

表 4 首次纾困后东方园林股份变动情况

股东名称	股份转让前		股份转让后	
	持股数量 /万股	持股比例 /%	持股数量 /万股	持股比例 /%
何巧女	111 378.941	41.540	103 085.370	38.390
唐凯	20 534.953	7.660	15 401.215	5.740
盈润汇民基金	0	0	13 427.310	5.000

数据来源:东方园林财务报告。

2019 年 8 月,东方园林发布公告称企业实际控制人以 7.92 亿元的对价向朝汇鑫转让公司 5% 的股份,同时将 16.8% 股份对应的表决权无条件转让给朝汇鑫。转让后,朝汇鑫拥有东方园林 5% 的股份,共计拥有 21.8% 的表决权,朝汇鑫背后的朝阳区国资委成为东方园林的实际控制人(见图 3)。

4.2.2 纾困方案

从运行模式上纾困基金分为债权型、股权型和混合型纾困三种,其中债权型主要通过质押、转质押、提供借款等方式为纾困对象提供短期流动性支持,仅能起到延长债务期限的短期作用;而股权型纾困是通过股份转让换取流动资金,相较于债权型纾困的短期特点,股权型纾困立足企业长远发展,力求能够通过流动性支持、管理协同等方式从根本上解决纾困对象的流动性困境,推动其平稳健康发展。结合前文介绍可知,东方园林的纾困方案综合运用了混合型及股权型纾困模式。

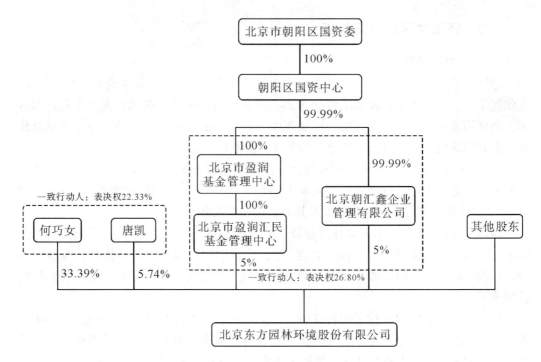

图3 二次纾困后东方园林股权结构

（数据来源：东方园林公司公告）

4.2.2.1 混合型纾困结合增信措施

纾困基金利用质押+债转股、协议转让、债券融资支持工具三种形式对东方园林进行混合型纾困，下面分析混合型纾困方案可能起到的作用。

首先，东方园林股东与盈润汇民基金签订股权转让协议，协议内容约定东方园林实际控制人将企业 5%的股份以协议价转让给盈润汇民基金，同时本次转让标的股的40%可在过户之日起 22 个月期满后的 20 个交易日内，由实际控制人按协议价进行赎回，超过约定期限盈润汇民基金可以自行处置企业股权。东方园林实际控制人通过质押+债转股、协议转让的方式获得现金流，暂时缓解股权质押风险及企业流动性困境。

具体操作如下：被纾困方通过质押及股份转让的方式进行筹资，按照下跌后的股价与纾困方进行质押，新质押的股票其警戒线和平仓线降低，所获资金用以解除原质押股权，暂时缓解了被纾困方的股权质押平仓风险，且保留企业控制权。同时，何巧女、唐凯夫妇通过股份转让获得资金以补充企业现金流，能够改善企业流动性困境。但被纾困方仍要到期赎回协议中的质押股，否则进行债转股。

其次，东方园林还运用融资担保工具进行企业流动性纾困。披露转让意向协议的当月，东方园林与民生银行等机构签署债券融资支持工具，虽然该协议并不能为企业带来即时资金，但长期来看，融资支持工具可以起到恢复投资者信心、降低企业发债难度的作用，有助于推动东方园林后续债务融资进程。

4.2.2.2 股权型纾困

第二次股权转让中，东方园林选择协议转让的方式进行进一步纾困，同时实际控制人将 16.8%的表决权转让给纾困方即朝汇鑫。自此，东方园林的实际控制人发生变更，企业性质也从民营企业转变为国资实际控制企业。大股东引入国资是希望通过国资混改能够缓解信息不对称、形成战略协同，从而增加企业融资规模、降低企业融资成本，彻底摆脱企业融资困境，以便在行业竞争环境下赢得主动权，因而在保留大多数股权的情况下接受以丧失控制权为代价得到纾困。

5　东方园林纾困的绩效分析

5.1　东方园林纾困的短期市场表现

本案例采用事件研究法，计算对比朝阳区国资委纾困东方园林这一特定事件前后企业股票收益率的变化，以此评估纾困基金实施所带来的短期市场效应。事件研究法使用超额收益率和累计超额收益率作为衡量指标。超额收益率是事件发生前后，股东的实际收益率减去事件未发生时股东的预期收益率。超额收益率大于 0，表明市场对事件发生持积极态度；反之则说明市场对此事件发生持消极态度。由于朝阳区国资委先后对东方园林进行了混合型纾困和股权型纾困，本案例将这两次纾困作为独立事件分别进行研究。

本案例以 2018 年 11 月 2 日东方园林首次公布与盈润汇民基金签订股权转让协议为首次纾困的事件发生日，选取事件发生日前后各 10 个交易日为窗口期；预计收益率的估计期选定为事件发生日前 120 个交易日至事件发生日前 21 个交易日，即 $[-120, -21]$，这样选择的原因既考虑样本的充足性，也保证估计期与窗口期有一定的时间间隔。采用如下公式对估计期数据进行回归，计算预期收益率：

$$R_{it} = \alpha_i + \beta_i R_{mt} + \varepsilon_{it}$$

其中，R_{it} 是企业 i 第 t 天的预期收益率；R_{mt} 是第 t 天的市场实际收益率，用沪深 300 的收益率代表；ε_{it} 是残差项。累计超额收益率是事件窗口期内超额收益率的累计和。计算结果如表 5 所示，累计超额收益率变化趋势如图 4 所示。由表 5 和图 4 可以看出，朝阳区国资委纾困东方园林事件发生日之后的 10 天内，超额收益率出现较大波动，最高达到 0.081。事件发生当天，超额收益率从 0.002 飙升至 0.067。图 4 数据显示，首次纾困计划公布后，累计超额收益率始终处于上升的正向态势，由 0.092 上升至 0.253。这说明国资纾困事件提升了投资者预期，市场对于朝阳区国资委纾困东方园林这一事件做出积极的正向反馈，对股价起到一定的促进作用。

表 5　首次纾困后窗口期超额累计收益率

窗口期交易日/天	超额收益率	累计超额收益率
-10	-0.003	-0.003
-9	0.013	0.010
-8	0.066	0.076
-7	-0.041	0.035
-6	-0.025	0.010

表5(续)

窗口期交易日/天	超额收益率	累计超额收益率
−5	0.015	0.025
−4	0.000	0.025
−3	−0.013	0.012
−2	0.011	0.023
−1	0.002	0.025
0	0.067	0.092
1	0.065	0.157
2	−0.025	0.132
3	0.014	0.145
4	−0.019	0.126
5	0.052	0.179
6	0.081	0.260
7	−0.015	0.245
8	0.039	0.284
9	−0.012	0.272
10	−0.018	0.253

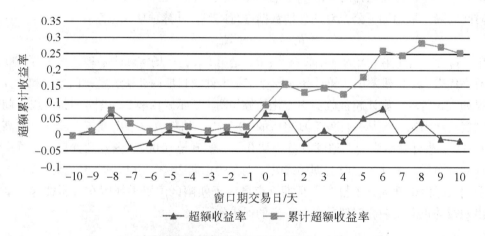

图4 首次纾困后窗口期超额累计收益率变动趋势

朝阳区国资委对东方园林的纾困计划持续推进,2019年8月6日东方园林发布公告,实际控制人何巧女、唐凯将所持5%的股份加16.8%的表决权转让给朝阳区国资委旗下公司。此次纾困后东方园林的实际控制权将转移至朝阳区国资委。

本案例将2019年8月6日定为二次纾困的事件发生日,以该日前后10个交易日为事件窗口期,运用与首次纾困超额收益率相同的计算方法对二次纾困超额收益率和累计超额收益率进行测算。累计超额收益率变化趋势如图5所示。第二次股权转让公告发布后，东方园林股价出现短期波动。公告当日东方园林超额收益率达 4.34%，但随后三天，超额收益出现短暂下跌，之后小幅回升。接受纾困后，东方园林的累计超额收益呈下降趋势，从 10.28% 下滑至 −1.09%。总体来看，市场对东方园林二次纾困的正向反应不如第一次纾困那么强烈。本案例推测，由于东方园林接受二次纾困，向市场投资者传递了企业面临重大危机，不得已多次接受纾困驰援的负面信息，降低了市场预期。

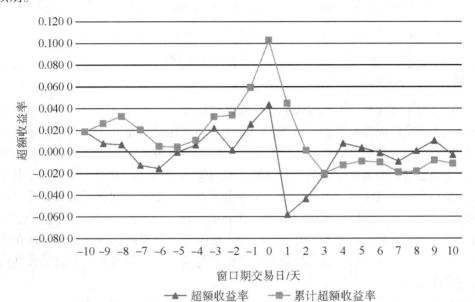

图5　第二次纾困超额累计收益率变动趋势

5.2　东方园林纾困的财务表现

企业财务报表作为利益相关者获取企业基本信息的重要渠道，能够直接反映企业的经营绩效。随着朝阳区国资委纾困进程的深入，东方园林通过股权型纾困引入国资背景股东，不同于债权型纾困仅聚焦于为被纾困方提供短期流动性支持，股权型纾困还可能涉及企业股权或治理结构变更、业务调整等，给被纾困方带来长期影响。因此，全面评价东方园林纾困效果需要借助长期绩效评价指标对其进行量化分析。

本节将从偿债能力、营运能力、盈利能力三个维度对东方园林纾困前后财务绩效变化进行纵向比较分析，同时根据申银万国行业分类标准（2014 版），选取同属于园林工程行业的指标均值进行横向比较分析。

5.2.1　偿债能力变化

偿债能力反映企业债务承受能力及到期偿付保证程度，是衡量企业经营稳定的重要指标，具体包括短期偿债能力和长期偿债能力。本案例选取流动比率、速动比率并结合企业现金流情况来衡量企业短期偿债能力；长期偿债能力选取资产负债率并结合企业债务结构进行比较分析。

首先，纾困增加了企业现金流。一方面，股权转让协议事先约定股东获得的部分股权转让款需用于补充东方园林现金流，为企业带来流动资金；另一方面，纾困基金提供的债券融资支持工具，为企业带来外部融资资源。如表 6 所示，2018 年年末第一次纾困后，次年企业现金净流量情况得到显著恢复；2019 年第二次纾困后，次年企业现金净流量由负转正，东方园林资金链断裂危机暂时得到缓解。

表 6　2017—2021 年东方园林现金流情况　　　　　　　　　单位：亿元

项目	2017 年	2018 年	2019 年	2020 年	2021 年
经营活动产生现金流量净额	29.236	0.509	−13.275	−7.462	7.545
筹资活动产生现金流量净额	16.107	21.637	19.226	24.514	1.259
现金净流量合计	0.228	−13.740	−0.251	4.197	−2.522

数据来源：东方园林财务报告。

其次，对东方园林纾困前后短期偿债指标进行分析。如表 7 所示，2018 年东方园林面临较为严重的财务危机，企业流动比率小于 1，速动比率 0.435 大幅低于行业均值。纾困后，企业流动负债规模逐年下降，尤其 2019 年接受二次纾困后，东方园林的流动比率和速动比率均有显著提升，2020 年及 2021 年企业流动比率和速动比率甚至超过行业平均水平。这说明纾困有效提升了企业短期偿债能力，起到了缓解企业流动性困境的作用。从东方园林资产负债率的变化趋势可以发现，纾困后，企业资产负债率没有明显变动，反而小幅上升。其中，第一次纾困后企业资产负债率长期保持在 70%以上，显著高于行业均值。这说明企业财务杠杆较高，整体债务负担较重，长期偿债能力还有待加强。

分析东方园林长期偿债能力难以提高的原因，一方面，虽然纾困后企业积极调整业务结构，收缩 PPP 业务规模，放缓 PPP 项目接单量，但前期承接的大量 PPP 项目，仍需东方园林垫付资金投入项目建设，加之企业进入新业务领域前期投入较大，东方园林资金需求旺盛。另一方面，东方园林主营业务大多与政府相关联，经营回款能力受资金支付审批流程及政府财政情况影响，回款周期较长，企业存在大量应收账款，影响企业现金流。因此，东方园林面临较大的资金缺口，导致杠杆率居高不下，长期偿债能力甚至出现下滑。

表 7　2017—2021 年东方园林偿债能力指标

项目	2017 年	2018 年	2019 年	2020 年	2021 年
流动比率	1.128	0.987	1.066	1.181	1.183
流动比率行业均值	1.324	1.163	1.158	1.176	1.131
速动比率	0.544	0.435	0.452	1.160	1.162
速动比率行业均值	0.718	0.598	0.617	1.122	1.072
资产负债率/%	67.620	69.333	71.037	70.706	73.090
资产负债率行业均值/%	61.454	65.147	67.107	67.470	68.419

数据来源：Choice 金融终端、东方园林财务报告。

最后，如表 8 所示，朝阳区国资委多次纾困东方园林，通过直接或间接提供担保等方式为东方园林提供流动资金，企业短期债务占比下降，长期债务占比上升，截至

2021 年年末，企业短期债务占比较首次纾困前下降 22.54%，说明纾困不断拉长东方园林债务期限，债务结构进一步优化，短期债务偿还压力得到缓解。

表 8　2017—2021 年纾困前后东方园林债务结构

项目	2017 年	2018 年	2019 年	2020 年	2021 年
流动负债/亿元	212.933	271.403	261.029	235.082	222.036
非流动负债/亿元	24.509	20.437	50.194	85.777	108.677
负债合计/亿元	237.442	291.840	311.223	320.860	330.712
流动负债占比/%	89.678	92.997	83.872	73.266	67.139
流动负债占比行业均值/%	85.478	84.409	87.997	77.157	76.275

数据来源：Choice 金融终端、东方园林财务报告。

5.2.2　营运能力变化

营运能力是企业运营效率的体现，反映企业通过资产创造收益的水平。本案例选取总资产周转率和应收账款周转率分析纾困前后企业营运能力的变化，具体指标变化趋势如图 6 所示。从总资产周转率和应收账款周转率纵向变化来看，相较于 2018 年纾困前，东方园林的周转率指标没有明显上升，企业营运能力并未得到显著提升。究其原因，纾困后企业积极进行业务整合，自 2018 年开始，东方园林根据融资情况对 PPP 项目进行梳理，降低 PPP 业务规模，同时进入全新业务领域，导致营业收入下降。因此，相较于 2017 年，东方园林营运能力指标出现下滑趋势。

与行业横向比较分析发现，纾困前后东方园林的营运能力指标均低于行业平均水平。其中，应收账款周转率大幅低于行业均值，这主要由于东方园林 PPP 项目回款慢，产生大量应收账款，降低了企业营运能力。

综合来看，纾困后东方园林新增业务尚处于发展阶段，加上存量 PPP 业务使得大量应收账款难以及时收回，企业的营运能力并未得到显著提升，仍然处于行业中下游水平。

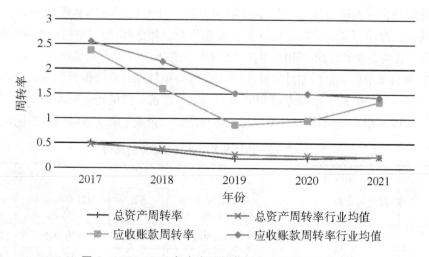

图 6　2017—2021 年东方园林营运能力指标变化趋势

5.2.3 盈利能力变化

企业经营的主要目标是获得利润，盈利能力的高低关乎企业生存发展，本案例通过分析净资产收益率（加权）和销售毛利率变化情况来判断纾困后东方园林的盈利能力变化，具体情况如表9所示。从净资产收益率和销售毛利率指标来看，接受纾困前东方园林的盈利能力在行业中处于中上游水平。其中，2017—2018年均高于行业均值，接受纾困后企业盈利能力指标出现下降趋势，且低于行业平均水平，这主要由于过往PPP业务占比较高，虽然PPP业务为企业带来大规模营业收入及利润，但多以应收账款形式存在，短期内难以为企业带来实际资金流入。纾困后，国资实际控制人对东方园林进行业务整合，调整投资节奏，收缩PPP业务规模，对企业营业收入及利润产生影响。同时，东方园林进行业务转型，主营业务从传统的园林景观领域逐步转向生态环保和循环经济领域。企业尝试开展工业废弃物销售业务，其新增业务毛利率低于原有PPP业务，这影响了整体销售毛利水平。因此，纾困后企业盈利状况并未得到改善。

表9 2017—2021年东方园林盈利能力指标   单位:%

项目	2017 年	2018 年	2019 年	2020 年	2021 年
净资产收益率	21.290	13.280	0.410	−4.040	−10.210
净资产收益率行业均值	2.370	4.890	8.800	5.920	−11.500
销售毛利率	31.556	34.069	29.496	17.722	9.308
销售毛利率行业均值	26.900	26.150	23.870	21.420	17.740

数据来源：Choice 金融终端、东方园林财务报告。

5.3 东方园林纾困的非财务变化

5.3.1 业务结构转型

纾困前东方园林业务结构中PPP业务占比较高，由于PPP项目前期投入巨大、建设周期及回款期长，随着PPP业务不断扩张，资金需求也随之增加，企业不得不大量举债，进而面临巨大偿债压力和资金链断裂风险。纾困后东方园林吸取教训，重新进行业务整合，对原有业务结构做出调整，聚焦生态、环保和循环经济三大业务方向。

首先，在生态业务方面，2018年首次纾困后，东方园林积极调整业务结构。一方面，降低PPP项目拿单节奏，增加付款条件较好的EPC项目，以分散投资风险，避免过度依赖PPP项目；另一方面，审慎考虑PPP项目风险，筛选承接优质低风险PPP项目。如表10所示，2019年后东方园林EPC项目比重逐年增加，企业生态业务结构逐步优化。

表10 2019—2021年东方园林生态业务结构

业务模式	2019 年		2020 年		2021 年	
	项目存量金额/亿元	占比/%	项目存量金额/亿元	占比/%	项目存量金额/亿元	占比/%
PPP	615.022	72.363	610.306	71.040	526.925	67.346
EPC	234.894	27.637	248.790	28.960	255.491	32.654

数据来源：东方园林财务报告。

其次，在环保业务方面，东方园林依托现有技术，通过收购、技术更新等途径，提升工业危废处理能力，同时积极参与地方"无废城市"建设工作，扩展环保业务版图。

最后，在循环经济业务方面，东方园林利用核心技术，实现工业园区循环改造，提供其他增值业务。经过业务整合，东方园林在原有业务基础上进军循环经济业务领域，助力企业打造环保板块全产业链平台。

5.3.2 公司治理结构变动

自东方园林创立之初，何巧女一直担任董事长一职，2009年至2015年还兼任总经理职位。作为创始人和第一大股东，何巧女在企业中具有较高的地位，影响企业重大经营决策。这种高度集权的管理架构，在早期对东方园林的迅速发展起到了促进作用，但随着企业规模扩大、业务经营多元化，这种管理框架的局限性也日益凸显，权力过度集中会影响企业的内部治理效率。

朝阳区国资委通过纾困控股东方园林后，对其进行董事会改组，更换原董事会、监事会及高管团队多名人员，何巧女卸任董事长职务，聘任慕英杰为董事长，选举王岩任监事会主席，聘任刘伟杰为总裁。慕英杰作为北京市朝阳区国有资本经营管理中心副总经理，同时参与东方园林重大决策，董事会改组增强了企业内部的制约和监督机制。

6 东方园林纾困后的长期风险

东方园林接受纾困，从短期来看，为企业注入了资金、缓解了资金短缺问题，同时提高了企业短期偿债能力，短期帮扶效果明显。但从长期来看，纾困后东方园林长期经营绩效并未得到提高。因此，本节将结合案例对纾困帮扶长期效果欠佳的原因进行深入分析。

6.1 主营业务可持续改善的基础分析

纾困后东方园林进行业务转型。一方面，控制PPP项目接单节奏，并对存量项目进行梳理；另一方面，扩展新业务领域，大力发展工业危废处理、废弃物循环利用等业务。但纾困前PPP业务的快速扩张，导致业务结构调整后，仍堆积大量PPP存量项目。而PPP业务模式以社会资本前期垫资施工，后期随项目施工陆续收回工程款方式获利。项目施工周期长，回款进程缓慢，导致企业面临较大债务负担并承担应收账款风险。

如表11所示，从项目数量来看，PPP业务完工进程缓慢。因此，即便企业积极进行业务转型，但消化存量项目还需要较长时间。原PPP业务模式导致的应收账款风险等历史遗留问题，在短期内难以得到有效缓解。

表11 2019—2021年东方园林PPP项目数量及金额

PPP项目	2019年	2020年	2021年
未完工PPP项目数量/个	224	230	202
未完工PPP项目金额/亿元	370.602	328.894	235.227

数据来源：东方园林财务报告。

2017年至2019年东方园林主营业务结构较为稳定，营业收入主要来源于市政园林、水环境综合治理业务，两项业务合计营业收入年均占比达70%以上。自2020年开始，东方园林大规模发展工业危废处理业务，仅两年时间，工业废弃物销售业务已逐步成为其主营业务之一。2020年市政园林和水环境综合治理两项业务合计营业收入占比较上年下降44.15%（见图7），转型迅猛。从业务转型力度和调整方向来看，纾困后东方园林吸取经验教训，加大对工业危废处理循环业务的投入力度，以期为企业发展寻找稳定的利润增长点。

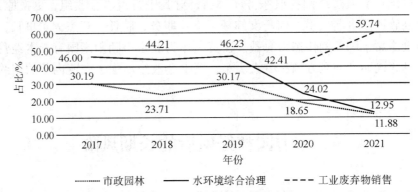

图7 2017—2021年东方园林主营业务营业收入占比

2019年东方园林业务结构调整后，工业废弃物销售成为企业营业收入占比最大的新业务，该新业务领域与企业深耕发展多年的原主营业务（市政园林和水环境综合治理业务）领域相去甚远。且新业务尚处于发展阶段，前期还需大量投入，因此难以为企业带来有效利润，如表12所示，工业废弃物销售业务的毛利率远低于原主营业务，短期内难以弥补原主营业务缩减导致的利润缺失。

表12 2017—2021年东方园林主营业务毛利率　　　　　　　　单位:%

业务类型	2017年	2018年	2019年	2020年	2021年
市政园林	28.81	35.50	28.74	29.66	25.45
水环境综合治理	32.78	32.24	28.90	32.90	22.81
工业废弃物销售	—	—	—	-4.15	-4.02

数据来源：东方园林财务报告。

综上所述，东方园林纾困后积极进行业务转型调整，但PPP存量项目堆积、完工进程缓慢，导致企业原运营模式带来的应收账款风险和债务负担等遗留问题短期内难以有效化解。而新业务尚处于发展阶段，难以为企业带来有效利润，从而影响东方园林长期绩效提升。

6.2 纾困对股权治理的影响与风险

东方园林先后接受两次纾困，第一次引入盈润汇民基金并未进行公司内部治理结构调整，仅以受让股权的方式对东方园林及其股东给予流动资金帮扶，主要是解决东方园林资金短缺困境。第二次纾困后，朝阳区国资委获得东方园林的实际控制权，东方园林对董事会、监事会及高管团队成员进行调整。谢志华等（2011）提出董事会作为经营决策主体，为提高决策效率及正确性，应当形成具有互补性的基本结构，董事会成员需由市场、法律、专业技术、财务及管理五方面的专家构成。

东方园林董事会改组后，原董事长何巧女不再担任企业内任何职务，任命北京市朝阳区国有资本经营管理中心副总经理慕英杰为董事长，同时更换多名董事会、监事会成员，具体变动情况及董事会成员学历背景如表13所示。董事会改组后，独立董事改为3人，同时引入纾困方人员作为董事会新增成员。首先，从董事会结构变动来看，纾困前后董事会成员学历相差不大，大部分董事会及监事会成员均为研究生学历。但相较于第二次纾困前，董事会改组后企业董事及监事成员均没有市政园林、水环境治理等方面的专业技术背景，未形成互补性的董事会结构，这可能对企业制定战略决策效率及精准性产生影响。其次，由于所有制不同，新进董事的经营管理理念可能与原董事存在偏差。相对来说，国有企业经营管理风格偏向稳健和保守，而民营企业经营管理风格更加激进和创新，在后续经营中如果双方没有积极沟通、加强融合，可能导致内部管理整合不到位，影响企业经营效率。

表 13 2019 年第二闪纾困的后董事、监事人员变动

第二次纾困前				第二次纾困后			
姓名	职务	学历	背景	姓名	职务	学历	背景
何巧女	董事长	本科	专业技术	慕英杰	董事长	研究生	财务
赵冬	副董事长	研究生	管理	赵冬	副董事长	研究生	管理
金健	副董事长	本科	财务	程向红	董事	研究生	财务
唐凯	董事	研究生	管理	唐凯	董事	研究生	管理
刘伟杰	董事	研究生	管理	刘伟杰	董事	研究生	管理
张诚	董事	研究生	专业技术	陈莹	董事	研究生	法律
苏金其	独立董事	研究生	财务	刘雪亮	独立董事	研究生	财务
张涛	独立董事	本科	专业技术	孙燕萍	独立董事	研究生	财务
扈纪华	独立董事	研究生	法律	扈纪华	独立董事	研究生	法律
周绍妮	独立董事	博士	财务	王岩	监事主席	研究生	财务
谢小忠	监事主席	研究生	管理	何巧玲	监事	未知	财务
何澜	监事	本科	管理	陈涛	职工监事	本科	法律
孙湘滨	职工监事	研究生	专业技术	—	—	—	—

资料来源：东方园林财务报告。

在经济快速发展背景下，创新已成为推动各行业发展的源动力。企业只有不断提高创新能力，才能满足日益复杂和多样化的市场需求，形成竞争优势，进而在市场迭代更新中发现新的利润增长点，保障企业长期平稳经营。

2018—2021 年，东方园林的研发人员数量及研发投入金额处于下滑趋势，从研发人员占比和研发投入占比来看，虽然 2019 年第二次纾困后其比重有小幅上升，但 2019 年之后又恢复下滑趋势。总体来看，纾困后东方园林的研发投入下滑趋势明显（见表 14）。

表 14   2017—2021 年东方园林创新研发情况

项目	2017 年	2018 年	2019 年	2020 年	2021 年
研发人员数量/人	1 045	1 231	866	642	468
研发人员占比/%	15.270	23.470	25.560	18.560	13.780
研发投入/亿元	4.312	3.742	2.373	1.919	1.701
研发投入占比/%	2.830	2.810	2.920	2.200	1.620

数据来源：Choice 金融终端、东方园林财务报告。

7   结论与启示

7.1   结论

综合来看，东方园林在纾困后进入全新业务领域，应当正处于需要大量技术投入以提升新业务的竞争力的关键时期，但东方园林的各项研发指标整体均呈下降趋势，说明国资纾困带来的融资、管理资源并未对企业提升研发能力、增强自身核心竞争力产生刺激作用。本案例推测纾困后企业研发投入下降的原因，一方面，可能是企业在获得纾困后得以继续生存发展，暂时渡过危机，使企业对政府纾困形成路径依赖，产生"等、靠、要"思想，降低了企业创新研发动力。另一方面，第二次纾困后东方园林转变为国资实控企业，同时对董事会、监事会、管理人员进行换届选举，相较于民营企业，国资实控企业在利润分配、内部管理方面较为传统，对创新活动的激励不足，对企业创新产生抑制效应。

7.1.1   纾困基金的短期效用

东方园林在 2018 年的流动性危机中，通过朝阳区国资委的纾困基金获得了短期内的资金注入。首次纾困有效缓解了流动性危机，避免了股权质押平仓风险，提升了市场信心。然而，二次纾困的市场反应较弱，反映了多次纾困可能会向市场传递企业经营困境的信息，导致投资者信心下降。

7.1.2   长期绩效提升的局限性

尽管纾困基金在短期内改善了东方园林的现金流和短期偿债能力；但长期来看，其盈利能力和营运能力未见显著提升。PPP 存量项目的长期回款周期和新业务的低毛利率限制了企业的业绩改善。加之国资控股后，企业研发投入和创新能力显著下降，影响了业务转型的效果。

7.1.3　公司治理的优化与挑战

纾困后，国资介入给东方园林的公司治理带来了积极影响，例如，加强了内部监督机制，优化了债务结构。但董事会成员在专业背景上缺乏互补性，以及国资与民营管理风格的差异，可能会影响企业的战略决策效率与长期竞争力。

7.2　启示

7.2.1　纾困模式选择应匹配企业实际需求

案例表明，混合型纾困模式能在短期流动性支持和长期管理优化之间达到平衡。对于类似东方园林的企业，在纾困时需明确企业出现短期流动性危机的根本原因，同时综合考虑股权型纾困的长期影响。优化债务结构、降低短期偿债压力是纾困工作的关键。

7.2.2　保持创新能力对企业长期发展的重要性

企业在获得纾困帮助后，应将纾困视为重启发展的契机，避免对政策形成路径依赖。东方园林因研发投入下降导致创新能力减弱的情况值得警惕，建议被纾困企业将部分纾困资金专用于研发和技术升级，形成新的核心竞争力。

7.2.3　董事会治理结构的专业化和多样化

东方园林纾困后，公司治理结构的调整未能充分体现专业化和多样化的优势，可能对企业战略决策形成制约。民营企业在引入国资后，应确保新老董事会成员在技术、财务、法律等方面形成互补，同时加强双方经营理念的沟通与融合，以避免治理效率的降低。

7.2.4　业务转型需综合考量市场条件和企业能力

东方园林在纾困后积极调整业务结构，但新业务发展尚处于起步阶段，尚未形成稳定的盈利模式。企业在进行业务转型时，应根据市场需求和自身资源禀赋制订合理的转型计划，避免因过度调整而造成经营压力。

问题与思考

1. 结合案例分析东方园林陷入财务困境的原因，基于此分析纾困基金是否有必要。
2. 站在政府角度分析纾困基金的目标及其是否能够帮助企业摆脱长期财务困境。
3. 推动企业长期绩效恢复过程存在什么阻碍？东方园林面临哪些问题？
4. 结合案例为企业利用纾困基金提升业绩恢复能力提出建议。

参考文献

［1］黄一松，李泽宇，郑鸿锐. 民营企业股权质押风险、信贷关系与地方政府纾困［J］. 南方金融，2021（11）：26-37.

［2］谢德仁，郑登津，崔宸瑜. 控股股东股权质押是潜在的"地雷"吗？：基于股价崩盘风险视角的研究［J］. 管理世界，2016（5）：128-140，188.

［3］辛静. 深市民营企业纾困方式梳理及纾困效果分析［J］. 证券市场导报，2019

（10）：74-78.

[4] 周孝华, 王诗意. 纾困基金是否具有"造血"扶持之效?：基于民营企业价值的视角 [J]. 财经研究, 2022, 48 (3)：48-63.

[5] 朱锡峰, 刘波, 丁方飞. 纾困基金运作中的财务风险及应对策略：以 H 公司纾困民企为例 [J]. 财务与会计, 2020 (15)：31-33.

公司金融案例

第三部分
公司重组

案例四

格力电器混改[①]

摘要：本案例以格力电器为例研究其混合所有制改革（以下简称"混改"）。本案例顺着时间线介绍了格力电器混改的来龙去脉，分析了格力电器进行混改的原因以及混改历程，讨论了引入战略投资者的选择以及混改带来的影响，还对企业进行了估值，以供分析混改中股权交易价格的合理性。

关键词：国企混改；企业绩效；私募基金；企业估值

1 格力电器推动混改

1.1 混改方案提出阶段

2019 年 4 月 9 日，著名的格力集团在公司官网对外发布了提示性公告，该公告充分表达了对其持有的格力电器股票进行转让的意愿，意向转让股份数占格力电器总股份数的 15%。这份公告在市场上激起了强烈反响。在一个月后召开的意向投资者见面会上，包括百度、淡马锡、博裕资本、高瓴资本、厚朴投资等知名机构在内的 25 家机构都跃跃欲试。一时间，格力电器成为资本市场的热点之一。格力电器的混改将如何结局？谁将接替国资成为格力电器的大股东？一时间众说纷纭。对于格力电器和其闻名全国的董事长以及大股东格力集团，这一年将注定是不平凡的一年。格力电器之变，对于国有企业混改也将是一个标杆式的重大事件，需要全面、细致的考虑和评估。

经过几个月的讨论和交流，2019 年 8 月珠海市国资委正式同意格力电器的混改方向。2019 年 8 月 12 日，格力电器以对外发布公告的形式，面向社会公开征集有意愿参与格力电器股权混改的受让方，并对股权意向受让方所需要达到的要求进行了明确说明。格力集团对股权意向受让方提出的几点要求如下：

---

① 本案例由西南财经大学张翼、严愿和李晓慧编写，仅供案例讨论和学习时作为参考所用，并不用以说明企业某一管理决策的处理是否有效。

（1）意向受让方应为单一法律主体，或者为同一控股股东、实际控制人控制的不超过两个法律主体组成的联合体；如果两个法律主体组成联合体共同作为意向受让方，需要签署一致行动协议并承诺在持股期限内保持一致行动关系，同时，联合体内任一法律主体最少受让格力电器5%的股本。意向受让方需承诺，在权限范围内保持格力电器经营管理团队的整体稳定，格力电器治理结构不发生重大变化。

（2）意向受让方需承诺，在受让股份之后，这些股份的锁定期不少于36个月；意向受让方不存在有损格力电器利益的关联关系和利害关系，要避免与格力电器有同业竞争，要承诺，如果以后与格力电器发生关联交易，应做到规范。

（3）意向受让方应有助于促进格力电器持续发展，改善格力电器法人治理结构；意向受让方本次受让股份不得有影响格力电器股权结构稳定性的重大不利安排；意向受让方应有能力为格力电器引入有效的技术、市场及产业协同等战略资源，协助格力电器提升产业竞争力。

（4）意向受让方要承诺不改变格力电器注册地，不光自己不能提出将格力电器的总部和注册地搬离珠海，也不能同意其他股东提出的将格力电器总部、注册地搬离珠海的议案。

（5）提交意向相关申请材料前，意向受让方要向格力集团缴纳63亿元人民币作为交易的缔约保证金，确定最终受让方之后，这63亿元自动转为履约保证金，其他意向受让方提交的63亿元将被格力集团全数退还。意向受让方自被确定为最终受让方之日起10个工作日内与格力集团签订《股份转让协议》，签订《股份转让协议》之日起5个工作日内支付交易价款总额的40%作为履约保证金。

在诸多要求以及巨额保证金的限制条件下，最终提交意向受让方申请材料，并足额缴纳相应缔约保证金的仅有两家，一是高瓴资本主导的珠海明骏，二是厚朴投资主导的格物厚德股权投资（珠海）合伙企业（有限合伙）与 Genesis Financial Investment Company Limited 组成的联合体。

1.2 混改实施完成阶段

2019 年 9 月 26 日，珠海格臻投资管理合伙企业（以下简称"格臻投资"）正式注册成立，由格力电器管理层共同出资，其最大出资人为董明珠，出资比例达到95.2%，为该公司实际控制人。

2019 年 10 月 28 日，格力电器公布公告表示此次混改的最终股权受让方为珠海明骏，在标志着高瓴资本从格力电器此次混改的意向受让方中顺利胜出。同时，公告还表示，高瓴资本需要与格力电器管理层达成相关协议，混改才能最终落到实处。

2019 年 11 月 11 日，格力电器发布公告，公告宣称与股权受让方的混改协议需要进行延期，这给外界带来了不少猜想。之后，格臻投资平价受让珠海贤盈原有有限合伙人（LP）明珠熠辉和 HH Mansion（HK）持有的部分出资份额，成为珠海贤盈〔珠海明骏的普通合伙人（GP）〕的第 3 家 LP。珠海贤盈的 GP 珠海毓秀持有其 50.5%的份额；3 家 LP，即 HH Mansion（HK）、明珠熠辉和格臻投资分别持有其 24.26%、4.99%、20.3%的份额。珠海毓秀原有的 3 家股东，珠海高瓴、HH Mansion（HK）和明珠熠辉按出资价格，分别向格臻投资转让共计 41%的股权，格臻投资成为珠海毓秀的第一大股东，持股比例仅少于高瓴资本及其一致行动人 HH Mansion（HK）合计持有的 49%股权。这一投资安排，使得格臻投资全级次、全面介入珠海明骏，既有 LP 身份，也有 GP 身份，加大了混改后其对格力电器话语权的掌握。

2019 年 12 月 3 日，格力电器发布公告表示股权转让协议已经签署完毕。2020 年 2 月 3 日，格力电器从有关部门处取得了股权转让的过户登记书，这标志着股权转让协议正式完成，混改在法律意义上正式结束。

纵观格力电器此次混改，整个过程共历时约 8 个月（见图 1），在有关意向方经过激烈的竞争后，最终高瓴资本取得胜利，以每股 46.17 元的价格从格力集团手中获得格力电器 15%的股权。

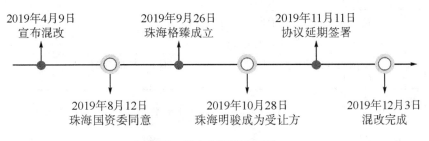

图 1 格力电器混改历程

2 混改参与双方简介

2.1 格力电器

格力电器的全称为珠海格力电器股份有限公司，成立于 1991 年，其成立前的历史渊源来源于海利冷气工程股份有限公司（以下简称"海利冷气"）。海利冷气在珠海市设立，设立时间为 1989 年，存续时间仅为两年。格力电器在成立后的第五年正式上市。格力电器是一家集家用电器产销研一体化的公司，是我国空调行业的排头兵，业务范围涉及四大领域，分别是空调设备的制造与销售、生活中所需电器的研发与制造、通信设备的制造与销售以及高端装备的制造与销售。经过三十多年的发展，格力电器已然蜕变为全球化的家电企业，发展成为业务多元化且具备核心科技的全球工业制造集团。其生产的产品不仅在国内深受欢迎，还将业务向全球一百多个国家和地区大力衍生，公司从年产值不到 2 000 万元的小厂发展壮大为上榜世界 500 强的工业集团。在家用空调领域，格力电器是当之无愧的王者，其 2018 年市场占有率高达 20.6%，位居行业第一。随着公司的发展壮大，格力电器的空调生产需求旺盛。截至 2019 年年末，格力电器已在国内外共计建有 15 个空调生产基地，且不排除继续扩大生产基地的可能。同时，为了响应环保号召，为全球绿色发展做出相应贡献，其在国内多地共建有 6 个再生资源基地，形成了上下游闭环式的全产业生产与回收链条，为企业的绿色循环可持续发展做出了表率。

2019 年，格力电器完成混改，格力电器当年披露的年度报告显示，在 2019 年其营业收入达到 2 000 多亿元，实现归属于母公司所有者净利润接近 250 亿元，在家电行业纳税表现中，更是连续十几年蝉联第一，为国家税收做出了重要贡献。在此次混改之前格力电器虽曾进行过配股及定向增发等操作，但股权结构一直相对稳定。表 1 所示为截至 2019 年 3 月 31 日格力电器持股比例 1%以上的股东。

表 1　格力电器混改前主要股东持股比例

2019 年 3 月 31 日		
序号	股东名称	持股比例/%
1	珠海格力集团有限公司	18.22
2	香港中央结算有限公司	11.64
3	河北京海担保投资有限公司	8.91
4	中国证券金融股份有限公司	2.99
5	前海人寿保险股份有限公司-海利年年	1.92
6	中央汇金资产管理有限责任公司	1.40
7	中国人寿保险股份有限公司-传统-普通保险产品-005L-CT001 深	1.01

数据来源：格力电器季报。

2.2　高瓴资本

高瓴资本是一家在金融界耳熟能详的企业，成立于 2005 年，创始人为金融界所熟知的人物——张磊先生。高瓴资本投资风格侧重于长期结构性价值及关注产业创新，其成立时间距离 2019 年参与格力电器混改已过去了十四年，此时的高瓴资本所管理的资产规模已经上升到亚洲地区的前几名。高瓴资本的投资人不局限于国内的投资者，而是面向全球的机构投资人，诸如发达国家的主权基金及其他类型的基金公司和保险公司等。高瓴资本在境内投资的优秀企业既有诸如格力电器这种制造业公司，也有腾讯、京东、美团等大型消费与科技类公司，还有宁德时代、隆基股份之类的新能源公司。一言概之，高瓴资本的投资范围较广，投资成功的案例颇为丰富，由此可以看出高瓴资本是一家极具投资眼光的实力型公司。

3　混改方案分析

3.1　混改方案简介

此次格力电器混改始于 2019 年 4 月，在发布股票交易停牌公告和表达混改意愿后，正式拉开了格力电器混改的序幕，面向社会公开进行混改对象的征集，股权转让价格不低于提示性公告日前 30 个交易日每日加权平均价格的算术平均值。若按照格力电器停牌前 30 个交易日均价 45.59 元测算，15%的股权价值超过 400 亿元。在经历了几个月的磋商后，最终在 2019 年 12 月，格力集团确定以每股 46.17 元的价格将其所持有的 15%的格力电器股权转让给珠海明骏（高瓴资本旗下），公告中同时强调还将对管理层实行不超过 4%的股权激励计划，混改后格力电器的股权结构发生了重大变化，对其未来的发展所产生的影响也将是深远的。此次混改后，珠海明骏将取得格力电器 15%的股权，一举拿下最大股东的宝座；相应地，格力集团持股比例将会下降到3%左右，进而失去在格力电器的绝对话语权。至此，格力电器改变了国有资本一家独大的局面，在治理机制和利益分配上开创了格力电器发展史上的新局面。同时，混改后的格力电器有望实现多类型股东共同持股，实行高管与核心员工股权激励计划，改善治理水平，实现最大限度发挥国有资本潜能等多重目标。

表2 格力电器混改后前十大股东

2020年3月31日		
序号	股东名称	持股比例/%
1	香港中央结算有限公司	15.27
2	珠海明骏投资合伙企业（有限合伙）	15.00
3	河北京海担保投资有限公司	8.91
4	珠海格力集团有限公司	3.22
5	中国证券金融股份有限公司	2.99
6	中央汇金资产管理有限责任公司	1.40
7	前海人寿保险股份有限公司-海利年年	1.09
8	董明珠	0.74
9	高瓴资本管理有限公司-HCM中国基金	0.72
10	中国人寿保险股份有限公司-传统-普通保险产品-005L-CT001深	0.68

数据来源：格力电器季报。

3.2 混改动因及选择高瓴资本原因分析

3.2.1 优化股权结构、提升公司治理效率

格力电器在成立之初是一家由国资高度控股的企业，国资控股比例曾高达70%，虽然在格力电器上市后，国资的控股比例有所降低，但仍占据第一大股东的位置且具有绝对话语权。在经过多次的减持后，截至2019年混改前，国有资本的控股比例已经下降到了低于20%的水平，这虽然在一定程度上使得格力电器的股权结构得到了优化，但国资一股独大的局面并没有被彻底打破。这种长期存在的一股独大的问题未从根本上得到解决，导致容易出现"一言堂"现象，对格力电器的持续健康发展可能不利。一股独大不利于企业公司决策上的科学民主化，会阻碍公司效率提升。从优化股权结构和提升公司治理效率这一角度来看，格力电器确有必要进行混改。

事实上，在混改前，格力集团虽然仍保持在格力电器最大股东的位置，但通过分析格力电器董事会内部人员的构成情况可知，格力电器的高管团队在董事会的人员比格力集团在董事会的人员多出不少，这标志着大股东在董事会中的力量并没有高管团队在董事会中的力量那么强大。同时，格力电器内部多年的控制权之争，使其在行业中的统治力也开始被撼动，在空调销量上逐渐被美的集团等企业缩小了差距，因此格力电器亟待通过混改这一手段建立起更为完善的法人治理结构，以期实现公司治理水平的拔高和企业绩效的提升，进而稳固自身在行业中的统治力。格力电器希望通过此

次股权转让引进社会投资者，优化内部治理的股权结构，对公司进行深层次改革，达到建立更加市场化的决策和治理机制这一目标。

3.2.2 落实国家政策、激发经营与内生活力

格力电器经过多年的发展壮大，已然成为珠海实体制造业的龙头企业，对珠海的经济发展具有重要意义，珠海的发展也需要具有实力的企业勇立时代潮头，从而帮助珠海实现在新一轮的国际科技与产业制造上拥有一席之地，由此可见格力电器进行混改与国家相关地区的发展也是紧密关联的。同时珠海市国资委也曾表示，当下正值粤港澳大湾区建设这一重大发展战略窗口期，支持格力电器进行混改是落实有关政策为实现公司及地区长足发展的必然要求，且格力电器总部所在地又是粤港澳大湾区的重要门户枢纽珠海市，为大力配合大湾区建设，珠海在基础设施建设方面和产业规划方面都需要投入大量的资金，故珠海市国资委有必要从当地有实力的企业进行股权上的减持，以获得充足现金流支援有关部门。概括起来就是，政策的驱动和当地政府在经济上所面临的机遇与压力，进一步促进了格力电器进行混改，这一行动也为其他国企和地方政府树立了新型典范。另外，格力电器混改也是深化国企改革与实现国企"管资本"的重要举措，实行混改可以放大国有资本的效能，通过获取充足的现金流可以为地区发展战略的实现提供强大的资金支持。珠海市国资委通过对相关国有资本实行资金上必要的投入和退出机制，为达到珠海设定的产业强市和"二次创业"等最终目的提供坚实后盾，由此来看，格力电器此次混改是落实国家政策的一环。

如表3及图2所示，2019年格力电器营业收入上的增长已经开始乏力，此次混改通过引入战略投资者，可以优化股权架构提升治理水平，实现产融相结合，帮助格力电器度过转型升级的关键期，这本身也有助于激发格力电器自身的经营与内生活力，最终为打造格力电器成为世界一流、具有国际核心竞争力的企业奠定基础。

表3　2014—2019年格力电器营业收入

年份	2014	2015	2016	2017	2018	2019
营业收入/亿元	1 377.35	977.45	1 083.03	1 482.86	1 981.23	1 981.53

数据来源：格力电器年报。

图2　2014—2019年格力电器营业收入

（数据来源：格力电器年报）

3.2.3 行业竞争加剧、突破发展束缚

格力电器处于竞争十分激烈的家电行业，该行业竞争相当充分，可谓是进入了白热化阶段，格力电器虽作为行业龙头企业，但竞争危机时刻存在，稍有不慎就面临着被取而代之的风险，颇有高处不胜寒的滋味，守住市场往往比打下市场更加艰难。在行业竞争加剧和自身发展遭遇瓶颈的存量市场下，格力电器身为传统制造企业，需要注入新的动力来开拓新的市场，格力电器自身也意识到应及时抓住发展新机遇，通过破除自身不利因素，大力借助资金及技术上的优势直面行业残酷竞争局面，在思维和行动上突破现有产业边界，实现公司长足发展。另外，空调本身是一种耐用品，其使用寿命可长达十几年，空调更换频率处于较低水平，随之而来的是市场对空调的需求表现出很强的周期性。因此，空调消费量在未来随着经济的发展面临下降的趋势，而且可能是大幅度的下降趋势。数据显示，2018 年、2019 年我国空调市场销量增长率分别为 7.23% 和 -0.74%，说明国内空调市场的需求降低了，这给空调企业的发展带来了外部束缚。2013—2019 年我国空调市场销量如图 3 所示。

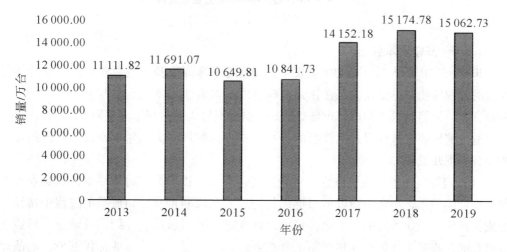

图 3 2013—2019 年我国空调市场销量

（数据来源：产业在线）

2019 年国内空调市场占有率排名前三的企业依次为格力电器、美的集团和海尔集团（见图 4）。虽然 2019 年格力电器国内空调销量暂居行业第一，但要想保住优势的难度却在逐年攀升。整体来看，一方面，近年国内家电行业的营业收入呈现逐步上升的趋势，小家电成为家电制造业追逐的新热点；另一方面，随着网上家电销售的爆发，销售模式已然随着时代发生了巨变，而格力电器线下销售门店众多，在线上渠道销售意识上相比美的集团与海尔集团起步较晚，格力电器需与时俱进，加大线上销售的投入力度，促进产品多元化以更好地适应消费者需求与习惯。因此，从产品市场的多元化与线上市场拓展需要的角度，格力电器都需要引入战略投资者以更加适应市场化要求。

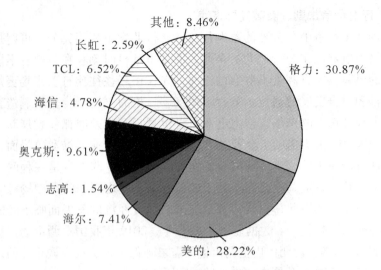

图4　2019年我国空调市场各企业销量占比

（数据来源：产业在线）

3.2.4　高瓴资本胜出

2019年10月28日，格力电器发布公告确定了珠海明骏（高瓴资本旗下）为本轮混改的股权转让最终受让方。在正式被确定之前与高瓴资本同台参与混改竞争的还有厚朴资本，最终结果公布后，市场颇为好奇格力电器为何选择了高瓴资本。

通过梳理混改过程以及混改后的相关访谈，本案例认为高瓴资本最终胜出的原因主要有如下几点：

（1）高瓴资本胜在投资理念。首先，高瓴资本在投资公司时始终秉持着企业长期价值投资的理念，不在乎投资后短期内的得失，在长期持有公司股票的过程中帮助企业成长，做到企业价值的最大化；其次，高瓴资本强调通过企业结构性调整，形成企业内在的核心竞争优势，在尽量不干涉企业经营的情况下，为企业提供其所需的战略方面的咨询，与公司形成协同效应，协助企业发展壮大以及技术上的升级改造，同时为公司全球业务的拓展提供大力支持。

与高瓴资本相比，厚朴投资则侧重于国企投资和混改，曾牵头参与了包括中海油、中石化、中粮国际、中粮肉食、中国茶叶、中国银行、建设银行等国企在内的多起投资与混改。二者的投资风格截然不同。显然，格力电器此次混改不仅是投资与股权结构调整，更是着眼于企业的长期发展。

（2）高瓴资本胜在丰富的投资经验和战略资源。高瓴资本在成立后的十几年来，已在消费、互联网、金融与科技等诸多领域投资了大批优秀企业，例如腾讯、美团、京东等，因此高瓴资本拥有成功且丰富的投资经验。此次混改对于格力电器而言最重要的是能否为企业带来所需的技术创新以及优质的社会资源。高瓴资本在前期所投资的公司种类多且大都成长为行业巨头，在高新技术、互联网等领域能在一定程度上给予格力电器技术和资源上的支持。此外，高瓴资本有家电行业投资经验，对家电行业所具备的独特见解和发展理念正为格力电器所需。

与高瓴资本相比，厚朴投资虽然参与了许多国企的资本运作，相比于普通的PE机构，厚朴投资能够调动投行、资金和政府资源，并且在一定程度上厚朴投资还有国资背景，但高瓴资本更市场化一些，更加符合格力电器此次混改的市场化运作方向，战略资源也更加丰富。厚朴资本在投资履历上以及其能为格力电器带来的资源上，都无法与高瓴资本抗衡。

（3）高瓴资本胜在对企业的长期关注和对管理层的极大尊重。根据高瓴资本方面透露，早在十多年前高瓴资本便已买入格力电器股票并长期持有，这表明高瓴资本对格力电器长期价值的认同，也是对其管理团队和经营能力的认可。另外，董明珠针对此次混改也发出了格力电器不欢迎"野蛮人"的论调，而高瓴资本不仅长期关注企业的发展，还对企业家和相关管理团队有着极大的尊重。高瓴资本掌门人张磊先生在公开场合曾表示"尊重企业家精神，尊重企业和企业家在产业变革中的主体地位"，在解决股东和管理团队之间的分歧时有能力提供相应帮助。另外，高瓴资本承诺不谋求企业控制权以及维护企业无实际控制人的状态，表现出很大诚意。

与高瓴资本相比，厚朴投资的行事风格完全不同。从管理风格上来看，董明珠在格力电器内部比较强势，而厚朴投资的管理层也较为强势，两个行事风格都较为强势的管理层组合在一起管理公司，难免会产生诸多矛盾。而高瓴资本则明确表示不谋求公司控制权，这在一定程度上会减少与公司原有管理层的摩擦。因此，可以说高瓴资本此次胜在对企业的长期关注和对企业家的极大尊重上。当然，这并不是说厚朴投资就缺乏这方面的表现，只是相比而言，高瓴资本在这方面的表现更为亮眼。

4　估值分析

2019 年 4 月 8 日，格力电器发布提示性公告，并在股票市场停牌一天。提示性公告中明确说明了此次混改的交易价格不低于提示性公告前 30 个交易日的算术平均值，即混改交易价格不得低于每股 45.59 元，而最终的股票交易价格为每股 46.17 元。

格力电器业务涉及诸多领域，但主力军仍为其传统项目——空调业务，空调业务营业收入占总营业收入的比重为 80% 左右，总的产品线包括家用空调、厨房电器、洗衣机、冰箱、手机等，营业收入等情况也相对稳定，其预期收益是可以预测的，预期报酬率也相对较容易预测，符合收益法对企业进行评估的特点，故可选收益法对格力电器进行估值分析。与此同时，格力电器主要从事家电行业，且家电行业有一定数量的可比公司能够与其进行比较，在对格力电器进行价值评估时满足可比公司法条件；因此还可选取可比公司法对格力电器进行估值分析。格力电器于 2019 年 4 月 8 日公布混改方案，在那个时间点有收购意向的高瓴资本能够看到的是 2018 年及其往年的财务数据，因此评估基准日选为 2018 年 12 月 31 日。

4.1　收益法估值

混改前格力电器营业收入的增长相对稳定，公司总体经营情况较为稳健，预期混改后对公司经营会产生利好的一面，有望助推格力电器实现新的增长，再经过一段时间公司增长达到平稳阶段，并最终趋向稳定。故在进行格力电器价值评估时，可采用自由现金流量折现中的两阶段模型，具体公式如下：

$$V = \sum_{i=1}^{n} \frac{FCFF_i}{(1 + WACC)^i} + \frac{FCFF_{n+1}}{(WACC - g) \times (1 + WACC)^n}$$

模型中 V 表示企业价值；WACC 表示加权平均资本成本；$FCFF_i$ 表示预期第 i 年自由现金流量；g 表示永续增长率。

根据企业增长规律和格力电器自身增长情况，预期格力电器快速增长阶段期限为五年，本案列评估基准日为 2018 年 12 月 31 日，故格力电器快速增长期为 2019—2023 年，稳定增长期为 2024—2025 年，永续增长期为 2026 年及以后。

4.1.1 自由现金流量预测

自由现金流量的计算公式为

自由现金流量=税后经营净利润+折旧与摊销-资本性支出-净营运资本增加额

4.1.1.1 营业收入预测

由表 6 可知，2014—2018 年格力电器营业收入总体呈上升态势，但 2015 年营业收入较 2014 年同比下降 29.04%。根据其年度报告，造成这一情况出现的原因，从行业来看，家电制造业的营业收入同比下降 28.36%；从产品来看，空调的营业收入同比下降 29.48%。

表 6 2014—2018 年格力电器利润相关数据

项目	2014 年	2015 年	2016 年	2017 年	2018 年	五年平均
营业收入/亿元	1 377.50	977.45	1 083.03	1 482.86	1 981.23	1 380.41
营业收入增长率/%	16.12	-29.04	10.80	36.92	33.61	13.68
营业成本/营业收入/%	63.90	67.54	67.30	67.14	69.76	67.13
税金及附加/营业收入/%	0.99	0.77	1.32	1.02	0.88	0.99
销售费用/营业收入/%	20.97	15.86	15.21	11.24	9.54	14.56
管理费用/营业收入/%	3.50	5.17	5.07	4.09	2.20	4.01
所得税/利润总额/%	14.92	15.33	16.22	15.44	15.65	15.51

数据来源：格力电器年报。

纵观格力电器这五年的营业收入数据，格力电器平均营业收入增长率达到 13.68%，但据统计空调市场近五年的平均销量的增长率不足 10%，格力电器营业收入的增长较难保持持续高速增长状态，因此，预测 2019—2023 年格力电器营业收入增长率为 9%，2024—2025 年营业收入增长率下降至 5.5%，2026 年及以后的永续增长率为 2.5%，具体预测结果如表 7 所示。

表 7 2019—2026 年格力电器营业收入预测

项目	2019 年	2020 年	2021 年	2022 年	2023 年	2024 年	2025 年	2026 年
增长率/%	9.00	9.00	9.00	9.00	9.00	5.50	5.50	2.50
营业收入/亿元	2 159.54	2 353.90	2 565.75	2 796.67	3 048.37	3 216.03	3 392.91	3 477.73

4.1.1.2 营业成本预测

格力电器历年年报显示，从行业分类来看，格力电器的营业成本主要由家电制造业务产生，其占比在90%以上；从营业成本构成来看，格力电器营业成本主要由原材料、人工工资、折旧和能源这四项构成，通过计算得到这四项成本占总营业成本的比重分别为86.5%、5%、1.5%和1%，其他综合成本占比则在6%左右。

格力电器的营业成本主要取决于原材料价格的变化，以及公司拓展业务所需付出的额外成本。因此，考虑到格力电器在未来5年市场拓展的需要，以及历年营业成本占比变化趋势，本案例预测2019—2023年格力电器营业成本占比在2014—2018年营业成本平均占比67.13%的基础上逐年增加1.1个百分点，分别为68.23%、69.33%、70.43%、71.53%、72.63%。进入稳定增长期后，格力电器将不再付出额外成本占有市场，市场也逐渐达到饱和程度，因此，本案例预测2024—2026年及以后格力电器营业成本占营业收入的比重将稳定在2019—2023年的平均水平，即70.43%，具体预测结果如表8所示。

表8 2019—2026年格力电器营业成本预测

项目	2019年	2020年	2021年	2022年	2023年	2024年	2025年	2026年
营业收入/亿元	2 159.54	2 353.90	2 565.75	2 796.67	3 048.37	3 216.03	3 392.91	3 477.74
营业成本/营业收入/%	68.23	69.33	70.43	71.53	72.63	70.43	70.43	70.43
营业成本/亿元	1 473.45	1 631.96	1 807.06	2 000.46	2 214.03	2 265.05	2 389.63	2 449.37

4.1.1.3 税金及附加预测

如表6所示，格力电器近五年的税金及附加占营业收入的比重的平均值为0.99%，综合考虑，在后续预测期中将格力电器税金及附加的占比平均值向下略作修正，采用0.95%作为税金及附加的占比预测值，相关的预测结果如表9所示。

表9 2019—2026年格力电器税金及附加预测

项目	2019年	2020年	2021年	2022年	2023年	2024年	2025年	2026年
营业收入/亿元	2 159.54	2 353.90	2 565.75	2 796.67	3 048.37	3 216.03	3 392.91	3 477.74
税金及附加/营业收入/%	0.95	0.95	0.95	0.95	0.95	0.95	0.95	0.95
税金及附加/亿元	20.52	22.36	24.37	26.57	28.96	30.55	32.23	33.04

4.1.1.4 销售费用预测

由表6可知，格力电器在2014—2018年销售费用占营业收入的比重波动较大，这一比重在2014年超过了20%，分析发现这一年公司处于快速扩张期，为快速扩大市场，导致销售费用占比较高，其余年份的占比则相对较为稳定。格力电器历年报表显示，格力电器的销售费用主要包括安装维修费、运输及仓储装卸费以及宣传推广费；这些费用占销售费用总额的比例超过了80%，这些费用每年都比较平稳，或随着公司业务拓展情况同步上升。结合公司近几年销售费用走势和公司发展具体情况，虽然混改后格力电器管理水平可能会上升，但随着未来市场竞争的加剧，预测 2019—2023 年格力电器销售费用占比会在 2018 年的 9.54% 的基础上逐年上升 1.5 个百分点，分别为 11.04%、12.54%、14.04%、15.54%、17.04%，2024—2026 年及以后销售费用占比将稳定在 2019—2023 年的平均水平，即 14.04%，具体预测结果如表 10 所示。

表 10 2019—2026 年格力电器销售费用预测

项目	2019 年	2020 年	2021 年	2022 年	2023 年	2024 年	2025 年	2026 年
营业收入/亿元	2 159.54	2 353.90	2 565.75	2 796.67	3 048.37	3 216.03	3 392.91	3 477.73
销售费用占比/%	11.04	12.54	14.04	15.54	17.04	14.04	14.04	14.04
管理费用/亿元	238.41	295.18	360.23	434.60	519.44	451.53	476.36	488.27

4.1.1.5 管理费用预测

预计混改结束后格力电器的管理水平会进一步提高，因此，预测 2019—2026 年及以后格力电器管理费用占营业收入的比重为 4%，略低于 2014—2018 年的平均值 4.01%，具体预测结果如表 11 所示。

表 11 2019—2026 年格力电器管理费用预测

项目	2019 年	2020 年	2021 年	2022 年	2023 年	2024 年	2025 年	2026 年
营业收入/亿元	2 159.54	2 353.90	2 565.75	2 796.67	3 048.37	3 216.03	3 392.91	3 477.74
管理费用占比/%	4.00	4.00	4.00	4.00	4.00	4.00	4.00	4.00
管理费用/亿元	86.38	94.16	102.63	111.87	121.93	128.64	135.72	139.11

4.1.1.6 所得税预测

2014—2018 年格力电器相关数据显示，其所得税占利润总额的比重相对稳定，税率常年维持在 15.5% 左右，在可预见的未来，格力电器的主营业务不会发生重大改变，因此预测 2019—2026 年格力电器所得税占比为 15.5%，具体预测结果如表 12 所示。

表 12 2019—2026 年格力电器所得税预测

项目	2019 年	2020 年	2021 年	2022 年	2023 年	2024 年	2025 年	2026 年
营业收入/亿元	2 159.54	2 353.90	2 565.75	2 796.67	3 048.37	3 216.03	3 392.91	3 477.74
所得税占比/%	15.50	15.50	15.50	15.50	15.50	15.50	15.50	15.50
所得税/亿元	52.82	48.09	42.08	34.59	25.42	52.74	55.64	57.03

4.1.1.7 折旧与摊销预测

格力电器的折旧与摊销包含固定资产折旧、油气资产折耗、生产性生物资产折旧（由于格力电器的年报中将此三类折旧统一计算，本案例将其统称为固定资产折旧）以及无形资产摊销和长期待摊费用摊销。如表 13 所示，2014—2018 年，格力电器折旧与摊销占营业收入的比重平均为 1.40%，且这一比重相对稳定，因此预测 2019—2026 年格力电器折旧与摊销占比为 1.40%，具体预测结果如表 14 所示。

表 13　2014—2018 年格力电器折旧与摊销数据

项目	2014 年	2015 年	2016 年	2017 年	2018 年	五年平均
营业收入/亿元	1 377.50	977.45	1 083.03	1 482.86	1 981.23	1 380.41
固定资产折旧/亿元	12.76	12.45	17.35	19.48	28.60	18.13
无形资产摊销/亿元	0.55	0.59	0.73	0.85	2.50	1.04
长期待摊费用摊销/亿元	0.26	0.14	0.09	0.00	0.01	0.10
折旧与摊销总计/亿元	13.57	13.18	18.17	20.33	31.11	19.27
折旧与摊销/营业收入/%	0.99	1.35	1.68	1.37	1.57	1.40

数据来源：格力电器年报。

表 14　2019—2026 年格力电器折旧与摊销费用预测

项目	2019 年	2020 年	2021 年	2022 年	2023 年	2024 年	2025 年	2026 年
营业收入/亿元	2 159.54	2 353.90	2 565.75	2 796.67	3 048.37	3 216.03	3 392.91	3 477.73
折旧与摊销/营业收入/%	1.40	1.40	1.40	1.40	1.40	1.40	1.40	1.40
折旧与摊销/亿元	30.23	32.95	35.92	39.15	42.68	45.02	47.50	48.69

4.1.1.8　资本性支出预测

资本性支出为公司购建和处置固定资产、无形资产以及其他长期资产而支出和回收资金之间的差额。如表 15 所示，2014—2018 年格力电器资本性支出占营业收入比重的平均值为 2.05%，且这一占比在各年份相对稳定，因此预测 2019—2026 年格力电器资本性支出占营业收入比重为 2.05%。具体预测结果如表 15 所示。

表 15　2014—2018 年格力电器资本性支出数据

项目	2014 年	2015 年	2016 年	2017 年	2018 年	五年平均
营业收入/亿元	1 377.50	977.45	1 083.03	1 482.86	1 981.23	1 380.41
购置固定资产等支付的现金/亿元	17.77	28.85	32.77	24.25	38.38	28.40
处置固定资产等收回的现金净额/亿元	0.02	0.01	0.27	0.04	0.06	0.08
资本性支出	17.75	28.84	32.50	24.21	38.32	28.32

项目	2014 年	2015 年	2016 年	2017 年	2018 年	五年平均
资本性支出/营业收入/%	1.29	2.95	3.00	1.63	1.93	2.16

数据来源：格力电器年报。

表 16　格力电器资本性支出预测（单位：亿元）

项目	2019 年	2020 年	2021 年	2022 年	2023 年	2024 年	2025 年	2026 年
营业收入/亿元	2 159.54	2 353.90	2 565.75	2 796.67	3 048.37	3 216.03	3 392.91	3 477.73
资本性支出/营业收入/%	2.16	2.16	2.16	2.16	2.16	2.16	2.16	2.16
资本性支出/亿元	46.65	50.84	55.42	60.41	65.84	69.47	73.29	75.12

4.1.1.9　净营运资本预测

如表 17 所示，2014—2018 年格力电器净营运资本占营业收入的平均比重为 30.74%，因此预测 2019—2026 年格力电器净营运资本占比为 30.74%，具体预测结果如表 18 所示。其中，净营运资本＝流动资产-无息流动负债（流动资产不包含现金，无息流动负债＝应付账款+预收款项+应付职工薪酬+应交税费+其他应付款+其他流动负债）。

表 17　2014—2018 年格力电器净营运资本

项目	2014 年	2015 年	2016 年	2017 年	2018 年	五年平均
营业收入/亿元	1 377.50	977.45	1 083.03	1 482.86	1 981.23	1 380.41
净营运资本/亿元	259.40	262.45	365.37	535.36	756.36	435.79
净营运资本/营业收入/%	18.83	26.85	33.74	36.10	38.18	30.74

数据来源：格力电器年报。

表 18　2019—2026 年格力电器净营运资本预测

项目	2019 年	2020 年	2021 年	2022 年	2023 年	2024 年	2025 年	2026 年
营业收入	2 159.54	2 353.90	2 565.75	2 796.67	3 048.37	3 216.03	3 392.91	3 477.73
净营运资本/营业收入	30.74	30.74	30.74	30.74	30.74	30.74	30.74	30.74
净营运资本	663.84	723.59	788.71	859.70	937.07	988.61	1 042.98	1 069.05
净营运资本变化	-92.52	59.75	65.12	70.99	77.37	51.54	54.37	26.07

根据前文相关数据,可预测出 2019—2026 年格力电器税后净利润总额和自由现金流量,相关预测指标和具体预测结果分别如表 19、表 20 以及表 21 所示,自由现金流量的计算公式为

$$FCFF＝EBIT×（1-T）＋折旧与摊销-资本性支出-净营运资本变化$$

表 19　2019—2026 年及以后格力电器关键指标增长率及相关占比预测　单位:%

项目	2019 年	2020 年	2021 年	2022 年	2023 年	2024 年	2025 年	2026 年
营业收入增长率/%	9.00	9.00	9.00	9.00	9.00	5.50	5.50	2.50
营业成本/营业收入/%	68.23	69.33	70.43	71.53	72.63	70.43	70.43	70.43
税金及附加/营业收入/%	0.95	0.95	0.95	0.95	0.95	0.95	0.95	0.95
销售费用/营业收入/%	11.04	12.54	14.04	15.54	17.04	14.04	14.04	14.04
管理费用/营业收入/%	4.00	4.00	4.00	4.00	4.00	4.00	4.00	4.00
所得税/营业利润/%	15.50	15.50	15.50	15.50	15.50	15.50	15.50	15.50

表 20　2019—2026 年格力电器指标预测　单位：亿元

项目	2019 年	2020 年	2021 年	2022 年	2023 年	2024 年	2025 年	2026 年
营业收入	2 159.54	2 353.90	2 565.75	2 796.67	3 048.37	3 216.03	3 392.91	3 477.74
营业成本	1 473.46	1 631.96	1 807.06	2 000.46	2 214.03	2 265.05	2 389.63	2 449.37
税金及附加	20.52	22.36	24.37	26.57	28.96	30.55	32.23	33.04
销售费用	238.41	295.18	360.23	434.60	519.44	451.53	476.36	488.27
管理费用	86.38	94.16	102.63	111.87	121.93	128.64	135.72	139.11
营业利润	340.78	310.24	271.46	223.17	164.00	340.26	358.97	367.94
所得税	52.82	48.09	42.08	34.59	25.42	52.74	55.64	57.03
税后净利润	287.96	262.15	229.38	188.58	138.58	287.52	303.33	310.91

表 21　2019—2026 年格力电器自由现金流量预测　单位：亿元

项目	2019 年	2020 年	2021 年	2022 年	2023 年	2024 年	2025 年	2026 年
税后净利润	287.96	262.15	229.38	188.58	138.58	287.52	303.33	310.91
折旧与摊销	30.23	32.95	35.92	39.15	42.68	45.02	47.50	48.69
资本性支出	46.65	50.84	55.42	60.41	65.84	69.47	73.29	75.12
净营运资本变化	-92.52	59.75	65.12	70.99	77.37	51.54	54.37	26.07
自由现金流量	364.06	184.52	144.76	96.34	38.04	211.54	223.17	258.41

4.1.2 资本成本预测

本案例将采用 WACC 模型来确定格力电器的折现率，计算公式如下：

$$WACC = R_e \times \frac{E}{V} + R_d \times \frac{D}{V} \times (1 - T)$$

其中，WACC 代表加权平均资本成本，R_e 代表股权融资成本，R_d 代表债务融资成本，E 为公司的股权价值，D 为债权价值，V 为企业价值，T 代表公司适用的所得税税率。

股权资本成本 R_e 的计算公式如下：

$$R_e = R_F + \beta \times (R_m - R_f)$$

其中，β 为权益贝塔；R_F 与 R_f 为不同取值的无风险收益率；$R_m - R_f$ 为市场风险溢价。

4.1.2.1 无风险收益率选取

本案例选取 2018 年 10 年期国债利率的算术平均值 3.62% 作为当前无风险收益率 R_F，选取 2003—2018 年恒生指数的年度平均收益率 9.92% 作为市场收益率 R_m，选取 2003—2018 年一年期香港银行同行业拆借利率（HIBOR）的算术平均值 1.79% 作为计算所使用的无风险收益率（R_f）历史平均值，由此可得到市场风险溢价为 8.13%。

4.1.2.2 β 系数计算

本案例选取 2013—2018 年年度的沪深 300 指数市场收益率及格力电器市场收益率进行回归，进而得到格力电器的权益 β 为 0.947 9，计算可得格力电器未来的权益资本成本 R_e 为 11.33%。

4.1.2.3 债务资本成本 R_d 预测

根据格力电器历年财务报表所披露的信息，格力电器的有息负债主要由银行和相关金融机构的借款产生，由 2014—2018 年财务报表数据求得其平均借款成本约为 3.8%，借款成本相对较低，这可能得益于格力电器属于国有企业且具有良好的现金流所带来的融资优势。由于混改后国有股权占比降低，假设未来格力电器的融资优势降低，其平均融资成本将和银行贷款利率 4.5% 保持一致。

4.1.2.4 加权平均资本成本 WACC 的预测

以 2018 年 12 月 31 日格力电器收盘价计算的股权价值为 2 111.06 亿元，以格力电器 2018 年年报计算的债权价值为 223.84 亿元，由此可得股权价值占企业价值的比率为 90.41%，进而计算可得格力电器未来的 WACC 为 10.61%。

4.1.3 收益法估值结果

由上文中各项参数的预测及计算结果可以得到公司自由现金流量及折现之后的具体结果，如表 22 所示。

将 2016—2025 年自由现金流量折现值加总，可以得到预测期企业价值为 899.93 亿元，再根据上文的预测，永续期公司营业收入以 2.5% 的增长率稳定增长，结合 2026 年的自由现金流量，可以得到永续期的企业价值为 1 572.82 亿元。综上，可计算得出格力电器企业价值为 2 472.75 亿元，再结合 2018 年年末的股权占比，可以进一步计算出其股权价值为 2 235.62 亿元，同期总股本合计 60.16 亿股，最终推算出其股票的内在价值为每股 37.16 元。

表 22　2019—2026 年格力电器收益法估值结果　　　　单位：亿元

项目	2019 年	2020 年	2021 年	2022 年	2023 年	2024 年	2025 年	2026 年
税后净利润	287.96	262.15	229.38	188.58	138.58	287.52	303.33	310.91
折旧与摊销	30.23	32.95	35.92	39.15	42.68	45.02	47.50	48.69
资本性支出	46.65	50.84	55.42	60.41	65.84	69.47	73.29	75.12
净营运资本增加额	-92.52	59.75	65.12	70.99	77.37	51.54	54.37	26.07
自由现金流量	364.06	184.52	144.76	96.34	38.04	211.54	223.17	258.41
自由现金流量折现	329.13	150.82	106.97	64.36	22.98	115.51	110.17	115.33

4.1.4　场景分析

本案例对营业收入增长率和加权平均资本成本进行场景分析，以考察在营业收入增长率每年上升 2 个百分点、不变、下降 2 个百分点以及加权平均资本成本上升 1 个百分点、不变、下降 1 个百分点的不同场景下，格力电器股价估值结果的变动，具体结果如表 23 所示。

表 23　格力电器股价场景分析结果　　　　单位：元

营业收入增长率变化幅度	加权平均资本成本变化幅度		
	下降 1 个百分点	不变	上升 1 个百分点
上升 2 个百分点	40.78	38.49	36.37
不变	39.33	37.16	35.15
下降 2 个百分点	37.80	35.75	33.85

根据表 23，可以看出格力电器股票价格的内在价值为 37.16 元/股，在场景分析中，乐观和悲观状况下的估值结果分别为 40.78 元/股和 33.85 元/股。格力电器混改的受让价格 46.17 元/股接近合理的估值区间，但偏高，是很乐观的预测下的估值。混改中股权的交易价格对转让方来说是令人满意的，不存在国有资产流失的问题。

4.2　可比公司法估值

可比公司法估值的步骤分为四步：同行业可比公司的选取、乘数指标的选取、与乘数指标相对应的乘数估算以及根据估算的乘数计算标的公司的估值。格力电器属于家电行业，主营业务为空调制造与销售，是中国空调行业头部企业，结合业务情况并参考公司规模，选取美的集团、海尔智家、海信家电作为可比公司。选取的乘数指标为市盈率、市净率、市销率以及企业价值倍数，由于格力电器混改完成时间为 2019 年，本案例将用 2018 年可比公司及格力电器的相关数据作为计算依据，以期求得格力电器的估值结果。

根据表 24 可得市盈率、市净率、市销率、企业价值倍数四项指标的均值分别为 9.05、1.83、0.56、12.35，再根据格力电器 2018 年相关财务数据便可求得格力电器的估值结果，相关数据见表25。

表24　可比公司相关参考指标及数据

公司名称	市盈率（P/E）	市净率（P/B）	市销率（P/S）	企业价值倍数
美的集团	11.34	2.66	0.94	14.33
海尔智家	9.03	1.60	0.48	12.63
海信家电	6.77	1.22	0.27	10.09

数据来源：CSMAR 金融数据库。

表25　2018年格力电器相关财务数据

财务指标	每股收益/元	每股净资产/元	每股营业收入/元	税息折旧及摊销前利润（EBITDA）/亿元
指标数值	4.36	15.18	33.25	343.84

数据来源：Wind 数据库。

根据表24计算得出的指标均值及表25的数据，可用相应的估值方法得出估值结果。

（1）P/E法估值结果

每股股价＝每股收益×市盈率（均值）＝4.36×9.05＝39.46（元）。

（2）P/B法估值结果

每股股价＝每股净资产×市净率（均值）＝15.18×1.83＝27.78（元）。

（3）P/S法估值结果

每股股价＝每股营业收入×市销率（均值）＝33.25×0.56＝18.62（元）。

④EV/EBITDA法估值结果

企业价值＝EBITDA×企业价值倍数（均值）＝343.84×12.35＝4 246.42（亿元）。

由上文可知股权价值占企业价值的比率为90.41%，再结合 EV/EBITDA 法估值结果计算得出格力电器股权价值为 3 839.19 亿元，且格力电器股票数量为 60.16 亿股，因此其每股股价为 63.82 元。

根据上述可比公司法的结果，格力电器每股合理股价区间为 18.62～63.82 元，此次混改交易对价为每股 46.17 元每股，说明交易对价在合理范围内。

5　混改的市场反应

可以采用事件研究法通过分析混改公布前后的短期时间内股票市场所做出的反应来判断混改事件所带来的经济效益。格力电器此次混改的提示性公告发布于 2019 年 4 月 8 日，本案例将选取公告前后各十个交易日为事件窗口期，从交易数据来看即 2019 年 3 月 18 日至 2019 年 4 月 22 日。

在 2019 年 4 月 8 日晚间，格力电器正式对外发布了混改的提示性公告，交易软件显示当日股价为每股 47.21 元，公告发布前后的十个交易日内股价最低和最高分别为每股 44.80 元和 65.40 元，在混改公布后的十个交易日内股价较 4 月 8 日的涨幅最高达

38.53%，这还是在当年格力电器的股价已经一路上升的情况下在短时间内达到的涨幅，这充分反映了市场对此次混改的一致看好。在格力电器混改公布前十个交易日内，格力电器的收益率与沪深300指数收益率大致相当；在公布混改后的十个交易日内，其收益率在多个交易日远高于沪深300指数的收益率，这说明市场对此次混改有着较好的预期，认为此举将给格力电器带来新的发展空间。

6 格力电器混改对公司治理的影响

6.1 公司治理中的股权结构分析

众所周知，混改前的国有企业由国资高度控股，没有建立有效的国有企业内部制衡机制，造成公司治理效果不佳，存在内部人控制问题，最终导致国有企业发展壮大受阻。正是在此背景下新一轮国有企业的混改大潮便拉开了帷幕，混改寄希望于引入社会资本的形式来改善股权构成，进而形成股权结构的多元化来建立有效的制衡机制，达到提升公司治理效率的目标，以破解国有企业股权结构单一给发展带来的种种弊端。一般用于衡量股权结构的指标主要有三类，分别是股权的制衡度、集中度、多元化程度，本案例将依照此三类衡量指标对格力电器混改后在公司治理的股权结构上的效果进行研究。

在进行此次混改之前，格力电器的第一大股东为格力集团（珠海市国资委100%全资企业），且第二大股东持股比率也是在2019年才大幅提升，可以说混改前的格力电器由国资高度控股。根据格力电器官网披露数据，在2019年前，格力电器持股10%以上的股东仅为格力集团，由此可见混改前格力电器股权结构是一家独大，称得上是名副其实的"一言堂"。2019年格力电器混改前，前十大股东中国有资本持股比例达到21.21%，虽然股权集中度不是特别高，但国有资本高度控股，控制权为国有资本一家独大，拥有绝对的话语权，因此内部制衡机制缺失，没有形成最优股权结构，上市公司股权多元化的要求也随之尚未达到。

自2019年4月格力电器正式对外发布混改意向的提示性公告后，历时8个多月格力电器混改最终落下帷幕，在2020年2月格力电器通过取得过户登记确认书，其股权转让协议正式完成，标志着格力电器正式进入无控股股东和无实际控制人的状态。混改后占比10%以上的股东包括珠海明骏投资合伙企业（有限合伙），为非国有资本，前十大股东中国有股东的持股比例则从21.21%下降为7.61%，国有资本的比例大幅下降，改变了绝对控股和"一言堂"的现状，优化了股权结构，形成了内部制衡机制。社会资本的参与度大幅提升。具体来看，本次权益变动后，格力电器的前三大股东①分别为珠海明骏（持股15.00%）、河北京海担保投资有限公司（持股8.91%）、格力集团（持股3.22%），格力电器股权结构较为分散。珠海明骏作为格力电器第一大股东，与第二大股东持股比例差距仅为6.09%，且珠海明骏与格力电器其他股东之间不存在

---

① 此处的前三大股东排除了在深港通上市的香港中央结算有限公司。

一致行动、表决权委托、股份代持等安排。无单一股东持有格力电器 50% 以上的股份，亦无单一股东可以实际支配格力电器股份表决权超过 30%，格力电器任一股东实际可支配的格力电器表决权份额均无法对格力电器股东大会决议产生重大影响。任一股东依其可实际支配的格力电器股份表决权，无法控制格力电器的重大经营决策，亦无法决定格力电器董事会半数以上成员的选任。

根据格力电器章程的规定，格力电器董事会共有 9 名董事。根据合作协议和珠海毓秀公司章程的规定，如果珠海明骏依据格力电器的公司章程有权提名三名以上（含三名）董事候选人的，则珠海明骏应提名三名董事候选人。因此本次交易后，珠海明骏有权提名三名董事，但无法达到格力电器董事会人数的二分之一以上。鉴于没有股东或投资人能够实际支配格力电器股份表决权决定格力电器董事会半数以上成员的选任，则没有股东或投资人能够控制格力电器董事会。结合本次权益变动后格力电器股权结构及董事会席位安排，格力电器在本次交易完成后无控股股东和实际控制人。

根据公司公告，珠海高瓴、HH Mansion、明珠熠辉、管理层实体及（或）其关联方均不谋求格力电器实际控制权。珠海高瓴、HH Mansion、明珠熠辉和管理层实体一致同意且互相向对方承诺，就其持有的珠海明骏份额和（或）珠海明骏持有的格力电器股票而言，无论在何种情况下，不得通过任何直接或间接的方式将其持有的珠海明骏份额和（或）珠海明骏持有的格力电器股票转让给主营业务与格力电器的主营业务存在竞争的主体。

6.2 公司治理中的董事会治理架构分析

混改对公司治理中的董事会治理架构的影响，主要体现在董事会、监事会的人员构成以及相关会议召开情况上（见图 5、表 26、图 6）。

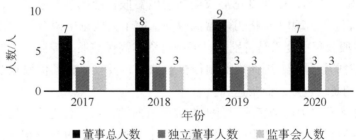

图 5 格力电器混改前后董事会及监事会规模

（数据来源：格力电器年报）

表 26 2017—2020 年格力电器董事会构成情况

年份	人员来源	人数/人	占比/%
2017	格力集团	4	57.14
	独立董事	3	42.86

表26(续)

年份	人员来源	人数/人	占比/%
2018	格力集团	4	50.00
	珠海市建设集团有限公司	1	12.50
	独立董事	3	37.50
2019	格力集团	6	66.67
	独立董事	3	33.33
2020	格力集团	4	57.14
	独立董事	3	42.86

数据来源：格力电器公告。

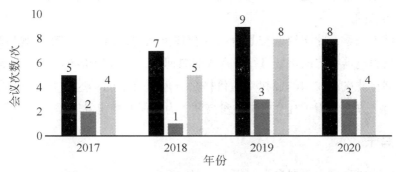

图6　2017—2020年格力电器相关会议次数

（数据来源：格力电器年报）

如图5所示，格力电器混改前后的董事总人数呈现先升后降的趋势，变化幅度较小，且除了独立董事外，混改前后格力电器其余董事基本来自格力集团，这说明格力电器在混改前后其董事会人数来源并没有发生较大的波动，这与高瓴资本入股格力电器不谋求控制权的承诺有关，高瓴资本虽大手笔入股格力电器但在当下并没有安排人员进驻董事会。另外，独立董事人数一直稳定在3人，从这方面来看，独立董事的话语权并没有得到加强，而早在混改之前格力电器的管理水平就被外界认可。本案例认为格力电器管理水平较高，因此混改后高管团队并没有出现较大的变化，从而在这一治理架构上反映出来的结果和混改前大致一致。如图6所示，董事会和监事会会议次数在2020年有明显提升。

珠海高瓴、HH Mansion、明珠熠辉和格臻投资一致同意，应在交易完成交割后，推进上市公司层面给予管理层实体认可的管理层和骨干员工总额不超过上市公司股份4%的股权激励计划。2020—2021年格力电器实施过多次股票回购，关于回购股票的目的官方解释为用于实施核心员工持股的股权激励计划。2021年6月，格力电器第一期核心员工持股计划正式落地，格力电器以27.68元/股的价格将回购的部分股票转让给有持股意愿的员工，这一价格为当周格力电器收盘价的50%，可谓诚意满满。当然该持股计划同时也推出了两年的业绩考核期，分别设立了公司和个人业绩考核指标，该举措被认为是提升公司团队凝聚力、建立健全更加有效的激励机制以及提升公司治理水平的有力手段，为公司的持续健康发展注入了新的动力。

7 结论与启示

7.1 结论

格力电器的混改是国企接近完全退出，具有示范性的混改案例。

从分析结果来看，格力电器在引入高瓴资本后，对公司股权结构、治理结构和企业内部管理都有着良好的改善效果，很好地解决了企业产权问题，实现了分权控制目标，降低了股东和管理者之间的委托代理和信息不对称风险，为后续核心员工持股计划打下了坚实基础。

从估值结果来看，此次混改交易价格在合理范围内，而且是在较乐观情况下的估值。混改后格力电器在二级市场进行了多次股票回购，回购均价与估值结果基本一致，说明格力电器在此次混改中的股权交易价格是合理且公平的。这一方面避免了国有资产的流失；另一方面保障了社会资本的参与度，为公司的稳定发展提供了有力支撑。

7.2 启示

对国企混改以及格力电器本身的相关启示如下：

（1）在国企进行混改选择引入社会资本时，既要考虑到社会资本给企业带来的相关现实承诺，也要考虑到其是否能给企业带来长期的资本增值。同时，在交易对价上要合理设置，一方面要注意避免国有资产的流失，另一方面也要避免打消社会资本参与的积极性。当企业引进合适的投资者后，要充分发挥优势互补原则，合力达成预定的混改目标。

（2）混改中要科学合理地设置股权架构。混改的质量如何主要体现在股权结构的设置是否合理上，企业应在注重避免国有资产流失以及保护员工利益的同时，摒弃国有资本一股独大，拥有绝对话语权的绝对控股思想，以提升公司治理能力、提升公司综合竞争力为出发点合理设置混改股权结构。同时，还应该通过股权架构充分调动异质股东的主观能动性，结合异质股东的优势为企业赋能。在混改深度上，对处在高竞争性行业的国企，国企混改的深度既可以是完全控股或部分控股，亦可以是只参股而不控股，需根据具体情况而定。

问题与思考

1. 格力电器谋求混改的原因是什么？

2. 格力电器为什么选择高瓴资本作为股权受让方？

3. 格力电器管理层在混改中起到了什么作用？你如何评价？

4. 格力电器混改中股权交易的价格是否存在低估或高估？

5. 市场如何看待格力电器混改？混改给格力电器带来了什么影响？

参考文献

［1］符胜斌."高瓴资本助推，董明珠成大赢家！透视格力混改，一个月内珠海明骏出资机构三大变背后有何玄机？"［EB/OL］.（2019-12-05）［2019-03-31］.https://mp.weixin.qq.com/s/p1S7gO7ItWub4ZJxfnAMhQ

［2］珠海格力电器股份有限公司."关于公司控股股东签署《股份转让协议》暨公司控制权拟发生变更的提示性公告"［EB/OL］.（2019-12-03）［2019-3-31］.http://www.cninfo.com.cn/new/disclosure/detail？plate=szse&orgId=gssz0000651&stockCode=000651&announcementId=1207130884&announcementTime=2019-12-03

［3］赵加锋.混改国有企业优化股权结构的研究［J］.中外企业家，2017（4）：2.

［4］郑志刚.国企混改的逻辑，路径与实现模式选择［J］.国企，2021（19）：8.

［5］王在全.新一轮国有企业改革中员工持股问题研究［J］.经济纵横，2015（12）：4.

［6］郝云宏，汪茜.混合所有制企业股权制衡机制研究：基于"鄂武商控制权之争"的案例解析［J］.中国工业经济，2015（3）：13.

案例五

分众传媒私有化及回归 A 股上市[①]

摘要：2011 年美国市场出现了对中概股的做空浪潮，导致部分中概股股价跳水，在这样的环境下中概股公司市值可能偏低，一些中概股公司选择私有化退市转而回归 A 股市场。本案例分析分众传媒私有化退市及回归 A 股的动因，对分众传媒在美国退市时和回归 A 股上市时进行估值分析，以便更严谨地判断其市值是否被低估或高估。

关键词：中概股；私有化；借壳上市；估值

1 引言

2003 年 4 月，Focus Media Holding Limited（以下简称"FMHL"）设立于英属维京群岛（2005 年 4 月，FMHL 住所地址变更为开曼群岛），设立时 FMHL 向 JJ Media Investment Holding Ltd.（以下简称"JJ Media"）发行 14 000 万股普通股，向 Yibing Zhou 发行 500 万股普通股，向 China Alliance Investment Ltd.（以下简称"China Alliance"）发行 4 500 万股普通股，向 SB China Holdings Pte.，Ltd.（以下简称"Softbank"）发行 1 000 万股普通股（见表 1）。JJ Media 的唯一股东为江南春先生。

表 1　FMHL 设立时的股权结构

序号	股东名称	持股数量/万股	持股比例/%
1	JJ Media	14 000	70.00
2	China Alliance	4 500	22.50
3	Softbank	1 000	5.00
4	Yibing Zhou	500	2.50
合计		20 000	100

---

① 本案例由西南财经大学张翼、杜天益和张浩珊撰写，仅供案例讨论和学习时作为参考所用，并不用以说明企业某一管理决策的处理是否有效。

随后 FMHL 经历了若干次股份转让、增发、拆股，设立了子公司 Focus Media (China) Holding Limited（以下简称"FMCH"）。2003 年 4 月 26 日，FMCH 签署《分众多媒体技术（上海）有限公司章程》，决定设立分众传媒（FMCN），投资总额为 50 万美元，注册资本 45 万美元。截至 2003 年 6 月 25 日，分众传媒已收到 FMCH 缴纳的注册资本合计 45 万美元，占注册资本的 100%（见表 2），注册资本已全部到位。

表 2　分众传媒设立时的股权结构

股东名称	认缴出资/万美元	实缴出资/万美元	持股比例/%
FMCH	45	45	100

2005 年 6 月，FMHL 向美国证券交易委员会（United States Securities and Exchange Commission，SEC）报备了招股说明书的注册声明，其股份成为美国证券法下的登记证券。随后，2005 年 7 月 13 日，FMHL 的美国存托股份（American Depository Share，ADS）在纳斯达克正式挂牌报价。2005 年 7 月 19 日，FMHL 在纳斯达克完成了 700 万股 ADS 的首次公开发行。

中国概念股（以下简称"中概股"）指在国外上市但是经营主体在国内的中国大陆企业的股票，其中赴美上市的公司占绝大多数。2011 年开始，中概股被以浑水公司和香橼公司为首的专门从事做空机制的公司频繁针对，指控其夸大业务规模等，再加上早在一年前 SEC 已经开始调查中国在美上市公司的财务欺诈问题，因为部分公司的审计人员辞职，SEC 还暂停了许多中国上市股的交易，导致市场对中概股产生了信任危机，使得中概股集体跳水，风光不再。其中，分众传媒也未能幸免。2011 年 11 月，浑水公司发布针对分众传媒的负面报告，质疑分众传媒虚报了 LCD 显示屏数量，将其拥有的显示屏高估了约 50%；高溢价收购导致高额亏损；资产减值不合理，并存在内部关联交易，对分众传媒的股票定为"强烈建议卖出"。2011 年 11 月 21 日，分众传媒股价暴跌，盘中一度跌破 10 美元关口，跌幅超过 50%，最终收盘于 15.43 美元，跌幅达 39.49%，一夜之间市值蒸发超过 13 亿美元。2012 年年初，浑水公司再次质疑分众传媒对液晶屏规模的陈述失实，商业模式不透明（包括营业收入和成本），存在关联交易和内部交易。

分众传媒公司管理层对其股价感到不满，而 2010 年兴起了一波中概股私有化浪潮，2011 年有 9 家中概股退市。在这样的环境下，回归 A 股谋求更高的估值是大多数公司启动私有化的主要原因。那么中概股退市回归 A 股市场前，其在海外市场的估值真的偏低吗？是否主动退市、怎样谋求回归中国股市以及避免再上市中的风险等问题对分众传媒来说都需要反复斟酌。

2　分众传媒概况

分众传媒原是一家专业研究、制造、销售计算机整机及其周边产品和数码通信产品的企业，2005 年通过重大资产重组，将原有资产全部置出，注入盈利能力较强，发展前景广阔的生活圈媒体业务，主营业务转变为媒体广告业务，在全球范围首创电梯媒体。公司抓住了电梯这个核心场景，电梯是城市的基础设施，电梯这个日常的生活场景代表着四个词：主流人群、必经、高频、低干扰，而这四个词正是引爆品牌的核心稀缺资源，被誉为"中国最具品牌引爆力的媒体平台"。

分众传媒构建了国内最大的城市生活圈媒体网络，正致力于成为国内领先的 LBS 和 O2O 媒体集团。分众传媒当前的主营业务为生活圈媒体的开发和运营，主要产品为楼宇媒体（包含楼宇视频媒体和框架媒体）、影院银幕广告媒体、卖场终端视频媒体等，覆盖城市主流消费人群的工作场景、生活场景、娱乐场景、消费场景，并相互整合成为生活圈媒体网络（见图1）。

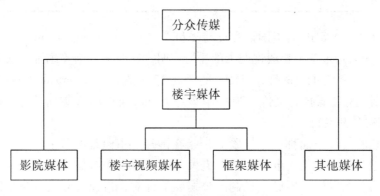

图 1　分众传媒主营业务

分众传媒通过内涵式发展和外延式扩张相结合的方式，发展成为国内领先的数字化生活圈媒体集团，覆盖了中国超过 2 亿的都市主流消费人群。

3　分众传媒在美国退市前的估值分析

分众传媒在未来年度其收益与风险可以估计，因此价值可以采用公司自由现金流量（FCFF）法评估。分众传媒于 2013 年在美退市，因此选取 2009 年至 2012 年分众传媒年报上资产负债表和利润表上的数据来计算分众传媒在美国退市时的估值。

3.1　营运现金流预测

3.1.1　营业总收入和营业总成本预测

2009—2012 年分众传媒营业总成本占营业总收入的均值为 82.99%（见表3），因此，预测分众传媒 2013 年及以后的营业总成本占营业总收入的比例均为 82.99%。其中，营业总成本包括销售费用、研发费用以及折旧等。

表 3　2009—2012 年分众传媒营业总收入和营业总成本及其占比

项目	2009 年	2010 年	2011 年	2012 年
营业总收入/万元	344 848	341 940	499 422	582 981
营业总成本/万元	386 824	268 333	355 606	408 806

表3(续)

项目	2009 年	2010 年	2011 年	2012 年
营业总成本/营业总收入/%	112.17	78.47	71.20	70.12
营业总成本/营业总收入的均值/%	82.99			

数据来源：分众传媒年报。

分众传媒营业总收入增长率的选取参考了 2012 年券商对分众传媒的研报，研报认为分众传媒未来 3 年营业总收入增长率可达 20%。因此，假设分众传媒未来 3 年营业总收入的增长率为 20%，第 4 年开始每年减少 2 个百分点，直到增长率减少至 4% 进入平稳期。即 2013 年、2014 年、2015 年的营业总成本增长率为 20%；2016—2023 年，增长率每年下降 2 个百分点，2023 年降至 4%；2024 年及以后每年增速为 4%。从而计算出 2013—2022 年分众传媒的营业总收入、营业总成本和税前净利润（见表4）。

表 4　2013—2022 年分众传媒营业总收入、
营业总成本和税前净利润预测　　　　单位：万元

项目	2013 年	2014 年	2015 年	2016 年	2017 年	2018 年	2019 年	2020 年	2021 年	2022 年
营业总收入	699 577	839 493	1 007 391	1 188 722	1 378 917	1 571 965	1 760 601	1 936 661	2 091 594	2 217 090
营业总成本	580 579	696 695	836 034	986 520	1 144 363	1 304 574	1 461 123	1 607 235	1 735 814	1 839 963
税前净利润	118 998	142 798	171 357	202 202	234 554	267 391	299 478	329 426	355 780	377 127

3.1.2　所得税税率预测

一般企业所得税税率为 25%，因此按照 25% 的所得税税率进行相关预测（见表5）。

表 5　2013—2022 年分众传媒税后净利润预测　　　　单位：万元

年份	2013	2014	2015	2016	2017	2018	2019	2020	2021	2022
税后净利润	89 249	107 098	128 518	151 651	175 915	200 543	224 609	247 070	266 835	282 845

3.1.3　折旧预测

接下来估计出分众传媒的折旧，加上税后净利润就可以得出分众传媒的营运现金流。2009—2012 年分众传媒折旧占营业总收入的比例分别为 6.93%、9.08%、5.93% 和 4.45%，平均值为 6.60%（见表6）。因此预测分众传媒 2013 年及之后各年的折旧占营业总收入的比例均为 6.60%，从而得出 2013 年及之后各年的折旧如表7所示。

表 6　2009—2012 年分众传媒折旧及其占比

项目	2009 年	2010 年	2011 年	2012 年
折旧/万元	23 908	31 058	29 603	25 964
折旧/营业总收入/%	6.93	9.08	5.93	4.45
折旧/营业总收入的均值/%	6.60			

数据来源：分众传媒年报。

表7 2013—2022年分众传媒折旧预测　　　　　单位：万元

年份	2013	2014	2015	2016	2017	2018	2019	2020	2021	2022
折旧	46 172	55 407	66 488	78 456	91 009	103 750	116 200	127 820	138 045	146 327

3.1.4　资本性支出预测

分众传媒主要的资本性支出是为新增楼宇视频媒体资源和楼宇框架媒体资源购入固定资产（LCD屏幕、框架等）的支出（见表8）。

表8 2009—2012年分众传媒资本性支出及其占比

项目	2009年	2010年	2011年	2012年
资本性支出/万元	7 275	12 380	24 522	12 349
资本性支出/营业总收入/%	2.1	3.6	4.9	2.1
资本性支出/营业总收入的均值/%	3.18			

数据来源：分众传媒年报。

2009—2012年分众传媒资本性支出占营业总收入的比例分别为2.0%、3.6%、4.9%和2.1%，得出资本性支出占营业总收入的均值为3.18%。因此预测2013年及之后各年的资本性支出占营业总收入的比例均为3.18%，从而得出2013年及之后各年的资本性支出如表9所示。

表9 2013—2022年分众传媒资本性支出预测　　　　　单位：万元

年份	2013	2014	2015	2016	2017	2018	2019	2020	2021	2022
资本性支出	22 247	26 696	32 035	37 801	43 850	49 989	55 987	61 586	66 513	70 503

3.1.5　净营运资本增加额预测

净营运资本增加额是指企业在不改变当前主营业务的条件下，为保持企业持续经营能力所需的新增净营运资本，如正常经营所需保持的现金、存货、应收账款等所需的基本资金以及应付的款项等。净营运资本的增加是指随着企业经营活动的变化，获取他人的商业信用而占用的现金，正常经营所需保持的现金、存货等；同时，在经济活动中，提供商业信用，相应可以减少现金的即时支付。通常其他应收账款和其他应付账款核算的内容绝大多数与主业无关或属于暂时性的往来，需视其与所估算经营业务的相关性个别确定。因此估算净营运资本的增加原则上只需考虑正常经营所需保持的现金、应收账款、存货和应付账款等主要因素。净营运资本增加额公式为

净营运资本增加额＝当期净营运资本－上期净营运资本

净营运资本＝现金＋应收款项－应付款项

其中，应收款项主要包括应收账款、与经营业务相关的其他应收账款等；应付款项主要包括应付账款、预收账款、应付职工薪酬、应交税费以及与经营业务相关的其他应付账款等。

从分众传媒资产负债表（见附表1）中可以找到上述主要数据，其中，应收款项主要为应收账款及票据；应付款项主要为应付账款及票据和应交税金。进而可求得营

运资本增加额及其占比（见表10）。

表 10　2009—2012 年分众传媒应收款项、应付款项和净营运资本增加额及其占比

项目	2009 年	2010 年	2011 年	2012 年
营业总收入/万元	344 848	341 940	499 422	582 981
现金/万元	387 951	300 986	208 697	423 726
应收账款及票据/万元	117 959	104 194	157 022	177 865
应收款项/万元	117 959	104 194	157 022	177 865
应付账款及票据/万元	36 422	10 987	12 254	9 309
应交税金/万元	30 841	23 599	44 407	66 227
应付款项/万元	67 263	34 586	56 661	75 536
净营运资本/万元	50 696	69 608	100 361	102 329
净营运资本增加额/万元	—	18 912	30 753	1 968
净营运资本增加额/营业总收入/%	—	5.53	6.16	0.43
净营运资本增加额/营业总收入的均值/%	4.01			

数据来源：分众传媒年报。

如表 10 所示，2010—2012 年分众传媒净营运资本增加额占营业总收入的比例分别为 5.53%、6.16% 和 0.43%，得出其均值为 4.01%。因此，预测 2013 年及之后各年的净营运资本增加额占营业总收入的比例均为 4.01%，从而得出 2013 年及之后各年的净营运资本增加额如表 11 所示。

表 11　2013—2022 年分众传媒净营运资本增加额预测　　单位：万元

年份	2013	2014	2015	2016	2017	2018	2019	2020	2021	2022
净营运资本增加额	28 053	33 664	40 396	47 668	55 295	63 036	70 600	77 660	83 873	88 905

3.2　折现率的计算

3.2.1　分众传媒资本结构

如表 12 所示，2009—2012 年分众传媒股东权益占总资产的平均比例为 79.91%；可得资产负债比率为 20.09%。

表 12　2009—2012 年分众传媒资本结构　　单位：万元

项目	2009 年	2010 年	2011 年	2012 年
总资产	951 471	916 687	1 097 262	1 241 943
股东权益	813 206	795 680	801 992	922 684
股东权益/总资产/%	85.47	86.80	73.09	74.29
股东权益/总资产的均值/%	79.91			

数据来源：分众传媒年报。

3.2.2 分众传媒债务资本成本

税后债务资本成本=税前债务资本成本×（1-所得税率）。本案例选取与分众传媒相同评级的 2012 年公司债平均票面利率 4.74% 作为分众传媒的税前债务资本成本，则其税后债务资本成本为 4.74% × （1 - 25%）= 3.55%。

3.2.3 分众传媒权益资本成本

本案例使用资本资产定价模型（CAMP）来计算权益资本成本：

$$R_e = R_f + \beta \times (R_m - R_f)$$

3.2.3.1 无风险收益率 R_f

本案例选取美国 2012 年 10 年期国债利率 1.78% 作为无风险利率 R_f 的估计值。

3.2.3.2 市场风险溢价（$R_m - R_f$）

根据 Bloomberg 数据库，选取 2012 年年末的美股市场风险溢价 8.75% 作为（$R_m - R_f$）的估计值。

3.2.3.3 β 系数

根据 Bloomberg 数据库，2012 年分众传媒的 β 值为 1.69。

由以上数据可得 R_e = 1.78% + 1.69 × 8.75% = 16.57%。

进一步可得 WACC = 20.09% × 3.55% + 79.91% × 16.57% = 13.96%

3.3 自由现金流量现值预测

假设自由现金流量在十年之后以 g = 4% 的增长率稳定增长，看作永续年金，因此，2013 年至 2023 年公司价值为自由现金流量的折现价值与 2023 年之后永续年金的价值之和，约为 157.9 亿元。其中，与融资相关的负债水平为 12.6 亿元，因此公司权益价值约为 145 亿元（见表 13）。

表 13　分众传媒自由现金流量折现和公司的估值　　　　　　单位：万元

项目	2013 年	2014 年	2015 年	2016 年	2017 年	2018 年	2019 年	2020 年	2021 年	2022 年
营业总收入	699 577	839 493	1 007 391	1 188 722	1 378 917	1 571 965	1 760 601	1 936 661	2 091 594	2 217 090
减：营业总成本	580 579	696 695	836 034	986 520	1 144 363	1 304 574	1 461 123	1 607 235	1 735 814	1 839 963
税前净利润	118 998	142 798	171 357	202 202	234 554	267 391	299 478	329 426	355 780	377 127
减：所得税	29 750	35 699	42 839	50 550	58 638	66 848	74 870	82 357	88 945	94 282
税后净利润	89 249	107 098	128 518	151 651	175 915	200 543	224 609	247 070	266 835	282 845
加：折旧	46 172	55 407	66 488	78 456	91 009	103 750	116 200	127 820	138 045	146 327
营运现金流量	135 421	162 505	195 006	230 107	266 924	304 293	340 809	374 890	404 880	429 172
减：资本性支出	22 247	26 696	32 035	37 801	43 850	49 989	55 987	61 586	66 513	70 503
减：净营运资本增加额	28 053	33 664	40 396	47 668	55 295	63 036	70 600	77 660	83 873	88 905
自由现金流量	85 121	102 146	122 575	144 638	167 780	191 269	214 222	235 643	254 494	269 764
自由现金流量现值	74 693	78 653	82 821	85 758	87 293	87 323	85 822	82 839	78 507	73 023
公司价值	1 579 220									
公司权益价值	1 453 220									

3.4 场景分析

本案例假设悲观场景中营业总收入增长率为 15%，增长 3 年后以每年 3 个百分点的降幅递减，直到变为3%稳定增长。乐观场景中营业总收入增长率为30%，增长3年后以每年4个百分点的降幅递减，直到变为6%稳定增长。由此得到分众传媒公司价值场景分析结果如表14所示。

表14　分众传媒公司价值场景分析结果　　　　单位：万元

折现率/%	营业总收入增长率预期		
	悲观	不变	乐观
12	1 256 099	2 028 546	3 511 043
13	1 123 731	1 774 112	2 959 235
14	1 015 648	1 571 938	2 547 386
15	925 767	1 407 688	2 228 740

最终公司价值范围在93亿~351亿元，公司的权益价值为80亿~338亿元。

分众传媒在美退市前一天的收盘价为每份美国存托凭证（ADR）27.42美元，共计132 043 088份ADR，即市值约为36亿美元。综上，分众传媒在美退市前其市值基本在合理的估值范围内，没有明显地被低估。

4　FMHL的私有化退市过程

2012年8月，江南春联合相关私募投资人作为发起人就收购FMHL并完成FMHL退市的交易（私有化）向FMHL董事会提出了一份私有化提案。发起人包括Giovanna Investment、Gio2 Holdings、Power Star以及State Success四家公司（私募发起人）。根据该私有化提案，发起人Giovanna Investment和Gio2随后在开曼群岛设立了四层控股公司作为实施私有化的主体，从上至下分别为Giovanna Group Holdings Limited（以下简称"GGH"）、Giovanna Intermediate Limited、Giovanna Parent Limited和Giovanna Acquisition Limited（见图2）。

在该私有化提案的基础上，在完成美国证券法下所要求的必要程序之后，2012年12月19日，FMHL与Giovanna Parent Limited和Giovanna Acquisition Limited签订了一份《合并协议》。根据《合并协议》，私有化将通过Giovanna Acquisition Limited和FMHL合并（见图3）的方式实施，合并后Giovanna Acquisition Limited停止存续，FMHL作为合并后的存续主体成为Giovanna Parent Limited的全资子公司（合并交易）。在签署《合并协议》的同时，江南春、私募发起人以及当时FMHL的第二大股东Fosun International Limited另行签署了一系列相关交易文件，据此江南春和Fosun Internationa Limited各自同意将其所持有的FMHL股份的一部分通过约定的转换方式转换成GGH的股份。

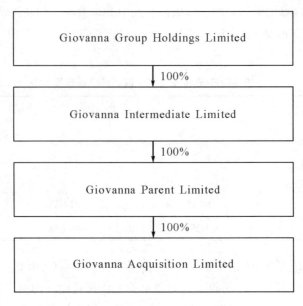

图2　私有化主体

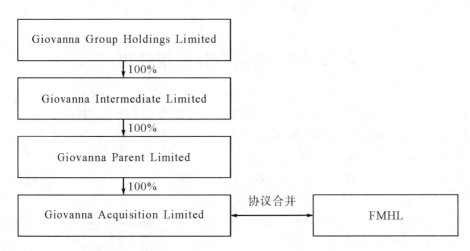

图3　Giovanna Acquisition Limited 和 FMHL 私有化合并

根据《合并协议》及相关交易文件，江南春及其控制的实体将其所持有的相当于
129 122 265 股 FMHL 普通股的 FMHL 股份、ADS 及限制性股份单位（RSU）无对价注
销，同时有权以每股 0.001 美元的价格认购 309 074 股 GGH 股份，在合并交易完成时
其占 GGH 的股权比例约为 31.00%。另外，江南春先生及其控制的实体所持有的剩余
的相当于 7 272 730 股 FMHL 普通股的 FMHL 期权和限制性股份单位则依据《合并协
议》的条款以相当于普通股每股 5.50 美元的对价注销，由此获得现金对价为
40 000 015 美元。Fosun International Limited 将其所持有的相当于 72 727 275 股 FMHL 普
通股的 ADS 注销，并有权以每股 0.001 美元的价格认购 174 084 股 GGH 股份，在合并
交易完成时其占 GGH 的股权比例约为 17.46%。另外，Fosun International Limited 所持
有的剩余的相当于 38 350 945 股 FMHL 普通股的 ADS 则依据《合并协议》的条款以相
当于普通股每股 5.50 美元的对价注销，由此获得现金对价为 210 930 197.50 美元。根

据《合并协议》，FMHL 的其他公众股东的股份则在合并交易完成时被注销并以相当于普通股每股 5.50 美元的价格获得现金对价。

2013 年 4 月 29 日，FMHL 召开临时股东大会，审议通过了《合并协议》及其所规定的各项交易。2013 年 5 月 23 日，FMHL 向开曼群岛公司注册处报备并登记了合并计划，据此，合并交易于 2013 年 5 月 23 日生效，此时 FMHL 控制权关系如图 4 所示。2013 年 6 月 3 日，FMHL 向 SEC 报备 15 表格，根据美国相关的证券法律，该表格正式注销了 FMHL 的股份和 ADS，并有效地终止了 FMHL 作为纳斯达克（NASDAQ）上市公司向 SEC 提交报告的义务。

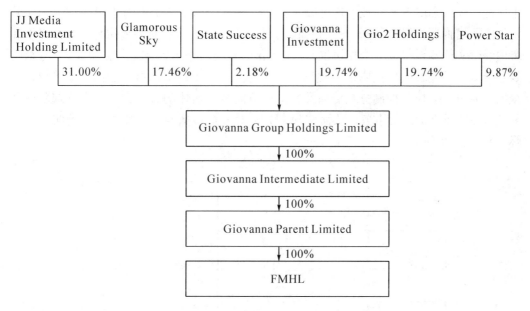

图 4　2013 年 5 月 23 日 FMHL 控制权关系

5　分众传媒 VIE^① 架构的搭建和解除过程

5.1　分众传媒 VIE 架构的搭建

5.1.1　FMCH 于香港设立

2003 年 4 月，FMCH 于香港设立，设立时 FMCH 向 Bosco Nominees Limited、Bosco Secretaries Limited 分别发行 1 股股份，向 FMHL 发行 9 998 股股份。

2003 年 4 月，Bosco Secretaries Limited 将其持有的 FMCH 的 1 股股份转让给 FMHL。

2003 年 4 月，Bosco Nominees Limited 将其持有的 FMCH 的 1 股股份转让给余蔚先生；同日，余蔚先生与 FMHL 签署了一份信托声明，约定余蔚先生作为受托人为受益人 FMHL 的利益持有 FMCH 的 1 股股份。

2005 年 1 月，余蔚先生将其作为受托人持有的 FMCH 的 1 股股份转让给 FMHL。

---

①　VIE 架构，即可变利益实体架构，也称为协议控制，是一种境内主体为实现境外上市而采取的方式。

转让完成后，FMHL 持有 FMCH 100%股权。

5.1.2 分众传媒和分众数码设立

2003 年 6 月，FMCH 设立分众传媒，并持有分众传媒 100%股权。2004 年 10 月，江南春、余蔚设立分众数码，股权比例分别为 90%、10%；2005 年 2 月，分众传媒收购江南春持有分众数码的 90%股权。

5.1.3 2005 年 3 月签署 VIE 控制协议

2005 年 3 月，分众传媒、江南春、余蔚、分众传播及其下属境内经营实体签署《股权质押协议》《股东表决权委托协议》《转让期权协议》，分众数码、分众传播及其下属境内经营实体签署《技术许可服务协议》，分众传媒、分众传播及其下属境内经营实体签署《商标许可协议》，分众传播、上海新分众广告传播有限公司与分众传播下属境内经营实体签署《业务合作协议》，江南春、分众多媒体签署《借款协议》，分众传媒、分众传播签署《信托协议》。根据上述协议安排，FMHL 间接控制的分众传媒、分众数码通过 VIE 协议控制分众传播及其下属境内经营实体的日常经营、高管选聘以及需获得股东批准的重要事务，从而实现 FMHL 对分众传播及其下属境内经营实体的实际控制（见图 5）。

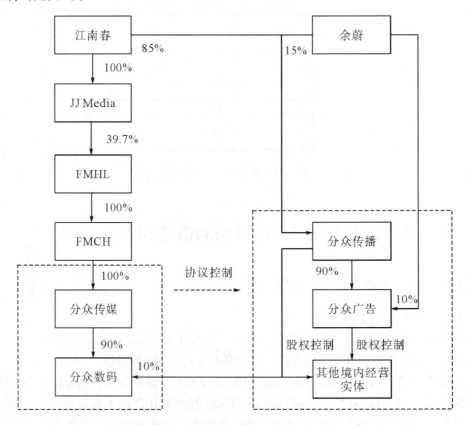

图 5 VIE 控制协议签署后分众传媒和分众传播及其下属境内经营实体的控制关系

5.2 分众传媒 VIE 架构的解除

5.2.1 2010 年 8 月部分境内经营实体签署 VIE 终止协议

2010 年 8 月，江南春、余蔚、分众传媒、分众数码、分众传播及目标公司签署了《终止确认协议》，各方确认终止其于 2005 年 3 月签署的《股权质押协议》《股东表决权委托协议》《转让期权协议》中与目标公司相关的所有权利和义务，各目标公司不再作为控制协议一方。同时，各方进一步确认，已经采取必要的措施以使目标公司退出完全生效，不存在使用目标公司的、与控制协议性质类似的任何协议安排；各方在上述协议下均不再享有任何权利，也不再承担任何义务。同日，分众数码与分众传播签署了《终止确认协议》，双方确认终止其于 2005 年 3 月签署的《技术许可服务协议》，双方均不再享有该协议中约定的任何权利，也不再承担任何义务。

5.2.2 2014 年 12 月签署 VIE 终止协议

（1）2014 年 12 月，江南春、分众传媒、分众数码及分众传播签署《终止协议》，各方确认终止其于 2005 年 3 月签署的《股权质押协议》《股东表决权委托协议》《转让期权协议》中所有权利和义务，各方已经采取必要的措施以使上述协议终止完全生效；不存在在各方之间依然有效的、与控制协议性质类似的任何协议安排。协议终止后，各方均不再享有该协议中约定的任何权利，也不再承担任何义务。

（2）2014 年 12 月，上海分众广告有限公司、大连分众广告传播有限公司、福州福克斯文化传播有限公司、上海解放分众广告传播有限公司、南京分众传播广告有限公司、青岛分众广告有限公司、上海乾健广告有限公司、上海完美文化传播有限公司、西安分众文化信息传播有限公司、长沙分众世纪广告有限公司、珠海分众文化传播有限公司分别与分众传媒、分众数码、分众传播签署《终止协议》，各方确认终止其于 2005 年 3 月签署的《股权质押协议》《股东表决权委托协议》《转让期权协议》中所有权利和义务，各方已经采取必要的措施以使上述协议终止完全生效；不存在在各方之间依然有效的、与控制协议性质类似的任何协议安排。协议终止后，各方均不再享有该协议中约定的任何权利，也不再承担任何义务。

（3）2014 年 12 月，上海新完美文化传播有限公司与分众传媒签署《终止协议》，各方确认终止其于 2010 年 9 月签署的《股权质押协议》《股东表决权委托协议》《转让期权协议》中所有权利和义务，各方已经采取必要的措施以使上述协议终止完全生效；不存在在各方之间依然有效的、与控制协议性质类似的任何协议安排。协议终止后，各方均不再享有该协议中约定的任何权利，也不再承担任何义务。

（4）2014 年 12 月，分众传媒与分众传播签署《终止协议》，各方确认终止其于 2005 年 3 月签署的《信托协议》。

5.2.3 公司进行股权转让

截至 2015 年 2 月末，其他境内财务投资者将其股份转让给分众传媒。2015 年 4 月，分众传媒进行股权转让，就是上文分众传媒第一次股权转让。分众传媒 VIE 解除后的股权结构如图 6 所示。

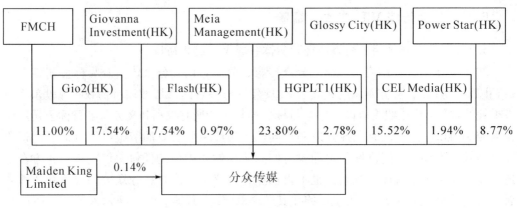

图6　VIE 架构解除后分众传媒股权结构

6　分众传媒借壳上市的背景

6.1　分众传媒

截至 2015 年 5 月 31 日，分众传媒已形成覆盖全国约 220 个城市的生活圈媒体网络，其中楼宇视频媒体约 13.88 万台，覆盖全国约 80 个城市和地区；框架媒体约 106 万个，覆盖全国约 46 个城市；影院媒体的签约影院约 820 家、银幕约 5 410 块，覆盖全国约 220 个城市的观影人群；卖场终端视频媒体约 6.17 万台，分布于沃尔玛、家乐福等大型卖场共约 2 000 家。

分众传媒的媒体资源点位拥有天然的地理位置特征。分众传媒通过对物业信息（楼龄、楼价、地理位置、住户类型等）的分析以及与百度等搜索引擎的合作，得出不同楼宇、社区的消费者的不同品类消费需求和品牌偏好，从而帮助广告主精准投放；同时，分众传媒通过在其设备中置入 Wi-Fi、iBeacon、NFC 接入互联网及移动互联网，实现云到屏、屏到端的精准互动，成为 O2O 互动的线下流量入口，并可以此为平台嫁接促销活动、营销活动、支付手段、社交娱乐、金融服务等。

2012 年、2013 年和 2014 年，分众传媒净利润分别为 132 577.97 万元、207 780.86 万元和 241 711.82 万元，呈稳步上升趋势。2015 年 1—5 月，分众传媒的净利润为 120 145.86万元。

6.2　七喜控股

七喜控股股份有限公司（以下简称"七喜控股"）前身广州七喜电脑有限公司，成立于 1997 年 8 月 26 日。七喜控股主要从事电脑的生产与销售、IT 产品分销、手游开发、智能穿戴设备研发与销售、SMT 贴片代工和物业租赁。

七喜控股在 2013 年对主要亏损业务进行了转让并决定于 2014 年全面退出手机业务，目前公司主要产品或业务包括电脑的生产与销售、IT 产品分销、手游开发、智能穿戴设备研发与销售，SMT 贴片代工和物业租赁。近年来，公司所处的传统 IT 业务竞争加剧，并且随着电子商务的发展，原有的渠道模式也在不断调整和变革中。2012年、2013年及2014年，公司营业收入分别为133 733.69万元、141 778.07万元及39 664.84万元，扣除非经常性损益后归属于母公司股东的净利润分别为312.33万元、−13 618.99万元、−106.53万元，公司近年营业收入规模出现较大下滑，盈利能力较弱。

公司近年来不断收缩主业，处置非核心资产，并通过涉足手机游戏及智能穿戴领域尝试转型升级，但截至2014年年末，公司产业结构调整尚未取得预期效果，未来发展前景不明朗，并缺乏明确的具体目标。

为了改善公司的持续盈利能力和抗风险能力，保护全体股东特别是中小股东的利益，七喜控股通过重大资产重组方式注入具有较强盈利能力和持续经营能力的优质资产，提升公司核心竞争力，实现主营业务整体转型。

分众传媒的原海外母公司FMHL曾于2005年7月在纳斯达克IPO上市，并借助海外资本市场的融资平台不断发展壮大，通过一系列的兼并收购活动陆续整合了国内的楼宇媒体、影院媒体、卖场终端视频媒体行业，成为在上述领域拥有绝对领导地位的媒体集团。

2012—2014年，分众传媒开始谋求线下点位与互联网、移动互联网的结合，陆续推出了一系列云到屏、屏到端的精准互动活动，致力于成为国内领先的基于位置服务（LBS）和O2O媒体集团。该战略布局将进一步发挥分众传媒的线下资源优势，实现分众传媒线上、线下两个市场的良好协同。而上述战略布局将依托A股资本市场的融资功能、并购整合功能等实现。因此分众传媒拟借助A股资本市场谋求进一步的发展。

通过本次交易，上市公司将原有盈利能力较弱、未来发展前景不明朗的业务整体置出，同时注入盈利能力较强、发展前景广阔的生活圈媒体业务，实现上市公司主营业务的转型，从根本上改善公司的经营状况，提高公司的资产质量，增强公司的盈利能力和可持续发展能力，以实现上市公司股东的利益最大化。

七喜控股将持有分众传媒100%的股权，根据《盈利预测补偿协议》，发行股份购买资产的交易对方承诺分众传媒2015年、2016年和2017年实现的经具有证券业务资格的会计师事务所审计的净利润（扣除非经常性损益后的归属于母公司所有者的净利润）分别不低于295 772.26万元、342 162.64万元和392 295.01万元。

通过本次交易，上市公司盈利能力将得到大幅提升，有利于保护全体股东特别是中小股东的利益，分众传媒将实现同A股资本市场的对接，进一步推动分众传媒的战略布局及业务发展。借助资本市场平台，分众传媒将进一步拓宽融资渠道，提升品牌影响力，并借助资本市场的并购整合功能为后续发展提供推动力，实现利益相关方共赢的局面，同时也有助于实现上市公司股东利益最大化。

6.3 借壳上市的风险

6.3.1 交易被终止或取消的风险

交易过程中存在因公司股价异常波动或异常交易可能涉嫌内幕交易而致使本次重大资产重组被暂停、中止或取消的可能。此外，若交易过程中拟购买资产业绩大幅下滑，或出现不可预知的重大影响事项，则交易可能将无法按期进行，需面临重新定价的风险。

6.3.2 拟置出资产债务转移风险

借壳上市属于重组交易，涉及置出资产债务的转移，债务转移须取得债权人的同意。公司需要偿还全部金融债务；若重组资产交割时仍存在未同意转移的负债，相关债务转移存在一定的不确定性，可能会导致上市公司受到损失。

6.3.3 交易标的资产估值风险

注入资产评估值一般较账面净资产会有很大的增值，即交易购买资产的评估增值率较高。因此可能出现因未来实际情况与评估假设不一致，特别是宏观经济波动、行业监管变化，未来盈利达不到资产评估时的预测，导致出现标的资产的估值与实际情况不符的情形。

6.3.4 业绩承诺实现的风险

一般重组交易双方会签订类似盈利预测补偿的协议，即壳公司会承诺未来一段时间的净利润分别不低于一定数值。当在承诺期内实现的净利润未能达到承诺的净利润时，会影响借壳公司的股权估值，虽然壳公司会有补偿义务，但当补偿义务发生时存在违约风险，对上市公司股东利益造成损害。

6.3.5 核心人才流失风险

借壳上市的公司一般在行业内有多年经验，积累了很多对所在行业具有较深理解的人才，他们是借壳公司经营过程中必不可少的宝贵资源，是保持和提升公司竞争力的关键要素。因此管理团队及核心管理人员的稳定与否是决定收购成败的重要因素，人员流失将对公司的经营和业务稳定性造成不利影响。

7 分众传媒借壳上市过程

7.1 重大资产置换

七喜控股以置出资产评估基准日全部资产及负债与分众传媒全体股东持有的分众传媒100%股权的等值部分进行置换。为简化交易手续，七喜控股直接将全部资产及负债交割予七喜控股董事长易贤忠或其指定方，易贤忠应向本次交易对方或其指定方支付对价。本次交易的置出资产评估值为86 936.05万元，置出资产作价88 000.00万元。本次交易的购买资产分众传媒100%股权的评估值为4 587 107.91万元，分众传媒100%股权作价4 570 000.00万元。

7.2 发行股份及支付现金购买资产

如图7所示，本次交易中置出资产作价88 000.00万元，置入资产作价4 570 000.00万元，两者差额为4 482 000.00万元。置入资产与置出资产的差额部分由七喜控股以发行股份及支付现金的方式自分众传媒全体股东处购买。其中，向FMCH支付现金，购买其所持有的分众传媒11%股权对应的差额部分；向除FMCH外的分众传媒其他股东发行股份，购买其所持有的分众传媒89%股权对应的差额部分。本次发行股份购买资产的发股价格为10.46元/股。据此，七喜控股将向FMCH支付现金493 020.00万元，向除 FMCH 外其余交易对象发行 381 355.64 万股。

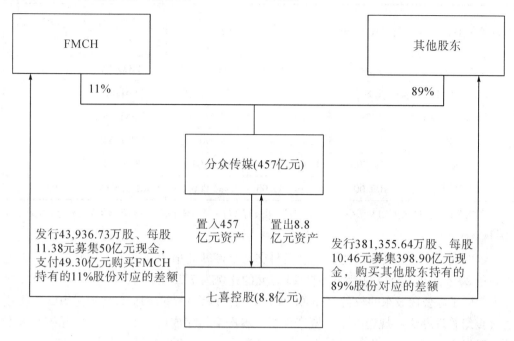

图7 分众传媒借壳上市示意图

7.3 发行股份配套募集资金

七喜控股采用询价发行方式向不超过 10 名符合条件的特定对象非公开发行股份募集配套资金，总金额不超过 500 000.00 万元，扣除本次重组中介费用及相关税费后将用于支付本次交易中 FMCH 的现金对价，若仍有剩余则用于补充流动资金。本次非公开发行股份募集配套资金总额不超过本次交易总额的 11%。七喜控股本次发行股份募集配套资金的发行价格为 11.38 元/股。根据拟募集配套资金的金额及发行价格下限计算，公司拟募集配套资金发行股份数量不超过 43 936.73 万股。

七喜控股的 8.8 亿元资产+49.3 亿元现金对价+398.9 亿元股权对价=457 亿元，与分众传媒资产一致。七喜控股发行股份分配情况如表 15 所示。

表15 七喜控股发行股份分配情况

交易对方	持股比例/%	总对价/万元	资产置换后对价/万元	发行股份数/万股	发行完成后股份占比/%
Media Management（HK）	23.80	1 087 429.58	1 066 490.01	101 958.89	24.77
FMCH	11.00	502 700.00	493 020.00	——	0.00
Power Star（HK）	8.77	400 851.66	393 132.85	37 584.40	9.13
Glossy City（HK）	7.77	355 179.08	348 339.74	33 302.08	8.09
Giovanna Investment（HK）	7.54	344 704.16	338 066.53	32 319.94	7.85

交易对方	持股比例/%	总对价/万元	资产置换后对价/万元	发行股份数/万股	发行完成后股份占比/%
Gio2（HK）	7.54	344 704.16	338 066.53	32 319.94	7.85
HGPL T1（HK）	1.86	84 907.83	83 272.85	7 961.08	1.93
CEL Media（HK）	1.29	59 121.97	57 983.52	5 543.36	1.35
Flash（HK）	0.65	29 559.48	28 990.28	2 771.54	0.67
其他	29.79	1 360 842.08	1 672 704.22	127 594.41	31.01
合计	100.00	4 570 000.00	4 482 000.00	381 355.64	92.65

数据来源：《七喜控股股份有限公司重大资产置换并发行股份及支付现金购买资产并募集配套资金暨关联交易报告》。

本次交易中，购买资产的资产总额与交易金额孰高值为 4 570 000.00 万元，占上市公司 2014 年年末资产总额 59 077.25 万元的比例为 7 735.63%，占上市公司 2014 年年末归属于母公司股东的权益 49 540.34 万元的比例为 9 224.81%，均超过 50%。构成了《重组管理办法》规定的重大资产重组。本次交易完成后，上市公司实际控制人变更为江南春。按照《重组管理办法》第十三条的规定，本次交易构成借壳上市。

至此，分众传媒完成从美股市场建立 VIE 架构上市→拆除 VIE 架构退市→回归 A 股市场借壳上市全流程。

7.4 交易对上市公司股权结构的影响

本次交易前，上市公司总股本为 30 233.51 万股。根据交易方案，本次发行股份购买资产拟发行 381 355.64 万股股份。交易完成后，Media Management（HK）将持有上市公司 101 958.89 万股股份，持股比例达 24.77%，成为上市公司的控股股东，江南春先生将成为上市公司的实际控制人。

表 16 本次交易前后的股权结构   单位：万股

股东名称	本次交易前		本次交易后	
	持股数	持股比例/%	持股数	持股比例/%
易贤忠	9 725.82	32.17	9 725.82	2.36
Media Management（HK）	—	—	101 958.89	24.77
Power Star（HK）	—	—	37 584.40	9.13
Glossy City（HK）	—	—	33 302.08	8.09
Giovanna Investment（HK）	—	—	32 319.94	7.85
Gio2（HK）	—	—	32 319.94	7.85
HGPL T1（HK）	—	—	7 961.08	1.93
CEL Media（HK）	—	—	5 543.36	1.35

股东名称	本次交易前		本次交易后	
	持股数	持股比例/%	持股数	持股比例/%
Flash（HK）	—	—	2 771.54	0.67
其他交易对方	—	—	103 789.47	31.00
重组前七喜控股其他股东	20 507.69	67.83	17 265.75	4.19
合计	30 233.51	100.00	411 589.15	100.00

数据来源：《七喜控股股份有限公司重大资产置换并发行股份及支付现金购买资产并募集配套资金暨关联交易报告》。

7.5 分众传媒风险规避情况

根据《重组协议》和《重大资产置换协议》的约定交易各方就置出资产债务处理。若因未能取得债权人的同意，致使债权人向七喜控股追索债务，易贤忠应负责向债权人进行清偿，或者与债权人达成解决方案。若因易贤忠未妥善解决给七喜控股造成损失的，易贤忠充分赔偿七喜控股由此遭受的全部损失。资产交割日后，因置出资产可能产生的所有赔偿、支付义务、处罚等责任及七喜控股尚未了结的全部纠纷或争议事项均由易贤忠承担和解决。由此将置出资产的债务风险转移给壳公司控股股东。

8 分众传媒回归A股的估值分析

分众传媒于2015年成功借壳在A股上市，因此，本案例参考2013—2015年的数据来估计分众传媒回归A股市场时的价值。

8.1 营运相关财务指标预测

8.1.1 营业总收入和总成本预测

由附表4可知，2013—2015年分众传媒营业总收入和营业总成本及其占比如表17所示。

表17 2013—2015年分众传媒营业总收入和营业总成本及其占比

项目	2013年	2014年	2015年
营业总收入/万元	667 451	749 726	862 741
营业总成本/万元	452 869	492 202	512 915
营业总成本/营业总收入/%	67.85	65.65	59.45
营业总成本/营业总收入的均值/%	64.32		

数据来源：《七喜控股股份有限公司重大资产置换并发行股份及支付现金购买资产并募集配套资金暨关联交易报告》。

根据各大券商 2015 年对分众传媒的研报分析的数据，分众传媒未来 3 年（2016—2018 年）营业总收入的增长率在 14%，随后从 2019 年开始每年下降 2 个百分点，直到 2023 年降至 4% 进入稳定期。具体预测结果如表 18 所示。

表 18　2016—2023 年分众传媒营业总收入和营业总成本预测　　单位：万元

项目	2016 年	2017 年	2018 年	2019 年	2020 年	2021 年	2022 年	2023 年
营业总收入	983 525	1 121 218	1 278 189	1 431 571	1 574 729	1 700 707	1 802 749	1 874 859
营业总成本	632 603	721 168	822 131	920 787	1 012 865	1 093 895	1 159 528	1 205 909

所得税税率的估计：以 25% 来估计税后净利润。

8.1.2　折旧预测

2013—2015 年分众传媒折旧占营业总收入的比例分别为 0.2%、0.1%、1.6%（见表 19），接下来预测 2016—2023 年分众传媒折旧，即用 2016 年至 2023 年各年的营业总收入乘以折旧占营业总收入的均值 0.63% 就可以得出各年的折旧（见表 20）。

表 19　2013—2015 年分众传媒折旧

项目	2013 年	2014 年	2015 年
折旧/万元	1 465	904	13 569
折旧/营业总收入/%	0.2	0.1	1.6
折旧/营业总收入的均值/%	0.63	—	—

数据来源：《七喜控股股份有限公司重大资产置换并发行股份及支付现金购买资产并募集配套资金暨关联交易报告》。

表 20　2016—2023 年分众传媒折旧预测　　单位：万元

年份	2016	2017	2018	2019	2020	2021	2022	2023
折旧	6 196	7 064	8 053	9 019	9 921	10 714	11 357	11 812

8.1.3　营运现金流预测

营运现金流＝（营业总收入－营业总成本）×（1－所得税税率）＋折旧。具体预测结果如表 21 所示。

表 21　2016—2023 年分众传媒营运现金流预测　　单位：万元

年份	2016 年	2017 年	2018 年	2019 年	2020 年	2021 年	2022 年	2023 年
营运现金流	269 387	307 102	350 096	392 108	431 318	465 823	493 773	513 524

8.1.4　资本性支出预测

分众传媒主要的资本性支出系为新增楼宇视频媒体资源和楼宇框架媒体资源而购入固定资产（LCD 屏幕、框架等），2013—2015 年分众传媒资本性支出情况如表 22 所示。

表 22　2013—2015 年分众传媒资本性支出

项目	2013 年	2014 年	2015 年
资本性支出/万元	10 989	10 303	9 282
资本性支出/营业总收入/%	1.6	1.4	1.1
资本性支出/营业总收入的均值/%	1.37		

数据来源:《七喜控股股份有限公司重大资产置换并发行股份及支付现金购买资产并募集配套资金暨关联交易报告》。

同对分众传媒折旧的预测,即用 2016 年至 2023 年各年的营业总收入乘以资本性支出占营业总收入的均值 1.37%就可以得出各年的资本性支出(见表 23)。

表 23　2016—2023 年分众传媒资本性支出预测　　　　单位:万元

年份	2016	2017	2018	2019	2020	2021	2022	2023
资本性支出	13 474	15 361	17 511	19 613	21 574	23 300	24 698	25 686

8.1.5　净营运资本增加额预测

净营运资本增加额=货币资金+应收款项−应付款项

其中,应收款项主要有应收账款和预付款项;应付款项主要有应付账款、预收款项、应付职工薪酬、应交税费。根据附表 3 数据,可得到净营运资本增加额及其相关项目数据如表 24 所示。

表 24　2013—2015 年分众传媒净营运资本增加额及其相关项目数据　单位:万元

项目	2013 年	2014 年	2015 年
营业总收入	667 451	749 726	862 741
货币资金:	440 611	488 382	511 441
应收账款	191 378	203 420	218 165
预付款项	43 071	50 499	60 432
应收款项:	234 449	253 919	278 597
应付账款	12 056	12 123	18 705
预收款项	23 219	24 183	35 007
应付职工薪酬	19 171	62 745	35 107
应交税费	104 891	94 286	70 128
应付款项:	159 337	193 337	158 947
净营运资本	75 112	60 582	631 091
净营运资本增加额	—	−14 530	59 068
净营运资本增加额/营业总收入	—	−1.94	6.85
净营运资本增加额/营业总收入的均值	2.46		

数据来源:《七喜控股股份有限公司重大资产置换并发行股份及支付现金购买资产并募集配套资金暨关联交易报告》。

对净营运资本增加额的预测与上文对折旧的预测相同，即 2016 年至 2023 年各年的净营运资本增加额等于其对应各年的营业总收入乘以净营运资本增加额占营业总收入的均值 6.98%。具体预测结果如表 25 所示。

表 25　2016—2023 年分众传媒营运资本增加额预测　　　　单位：万元

时间	2016 年	2017 年	2018 年	2019 年	2020 年	2021 年	2022 年	2023 年
净营运资本增加额	24 195	27 582	31 443	35 217	38 738	41 837	44 348	46 122

8.2　折现率预测

8.2.1　分众传媒资本结构

由附表 3 可知，2013—2015 年分众传媒资产总计和股东权益及其占比如表 26 所示。

表 26　2013—2015 年分众传媒资产总计和股东权益及其占比

项目	2013 年	2014 年	2015 年
资产总计/万元	774 784	884 928	1 250 167
股东权益/万元	518 185	569 333	473 606
股东权益/总资产/%	66.88	64.34	37.88
股东权益/总资产的均值/%	56.37		

数据来源：《七喜控股股份有限公司重大资产置换并发行股份及支付现金购买资产并募集配套资金暨关联交易报告》。

8.2.2　债务资本成本

本案例选取 2015 年与分众传媒同评级的公司债券平均票面利率 4.11%作为债务资本，则其税后债务资本成本为债务资本×（1−所得税税率）= 4.11%×（1−25%）= 3.08%

8.2.3　权益资本成本

8.2.3.1　无风险收益率 R_f

本案例选择 2015 年 10 年期国债收益率 3.38%作为计算所使用的 R_f。

8.2.3.2　市场风险溢价（$R_m - R_f$）

本案例选取 2003—2015 年恒生指数的年度算术平均收益率 10.46%作为市场收益率，选择 2003—2015 年一年期香港银行同行业拆借利率（HIBOR）的算术平均值 1.81%作为无风险收益率平均值。可得到 2003—2015 年市场风险溢价（市场超额收益率）为 8.64%。

8.2.3.3　β 系数

分众传媒 2013 年在美国退市以后直到 2015 年借壳上市期间没有股价信息，因此 β 系数的估计不能根据公式算出，本案例采用间接法估计 β 系数。

β_e 表示评估对象权益资本的预期市场风险系数，计算公式如下：

$$\beta_e = \beta_t \times \left[1 + (1 - T) \times \frac{D}{E} \right]$$

其中，D、E分别为分众传媒的总债务与所有者权益；β_t表示可比公司股票（资产）的预期市场平均无风险β系数。β_t计算公式如下：

$$\beta_t = \frac{1}{n} \sum_{i=1}^{n} \beta_{u_i}$$

其中，β_u表示可比公司剔除财务杠杆的β风险系数；i表示可比公司的数量。

通过Wind数据库查询了2015年11月16日沪深A股相关行业上市公司的β_u系数如表27所示。

表27　2015年11月16日沪深A股与分众传媒相关行业上市公司β_u值

证券代码	证券名称	β_u
002712.SZ	思美传媒	0.74
603598.SH	引力传媒	0.59
300336.SZ	新文化	0.76
002137.SZ	麦达数字	0.73
β_u平均值	0.705	

数据来源：Wind数据库。

由此可得

$$\beta_t = \frac{1}{4} \sum_{i=1}^{4} \beta_{u_i} = 0.705$$

$$\beta_e = \beta_t \times \left[1 + (1 - T) \times \frac{D}{E} \right] = 0.98$$

$$R_e = 3.38\% + 0.98 \times 8.64\% = 11.85\%$$

$$\text{WACC} = 43.63\% \times 3.08\% + 56.37\% \times 11.85\% = 8.02\%$$

8.3　自由现金流现值的预测

综上，可得到2016—2023年分众传媒自由现金流现值预测结果如表28所示。

表28　2016—2023年分众传媒自由现金流现值预测　　　　单位：万元

项目	2016年	2017年	2018年	2019年	2020年	2021年	2022年	2023年
营业总收入	983 525	1 121 218	1 278 189	1 431 571	1 574 729	1 700 707	1 802 749	1 874 859
减：营业总成本	632 603	721 168	822 131	920 787	1 012 865	1 093 895	1 159 528	1 205 909
税前净利润	350 922	400 051	456 058	510 785	561 863	606 812	643 221	668 950
减：所得税	87 731	100 013	114 014	127 696	140 466	151 703	160 805	167 237
税后净利润	263 191	300 038	342 043	383 089	421 397	455 109	482 416	501 712
加：折旧	6 196	7 064	8 053	9 019	9 921	10 714	11 357	11 812
营运现金流量	269 387	307 102	350 096	392 108	431 318	465 823	493 773	513 524
减：资本性支出	13 474	15 361	17 511	19 613	21 574	23 300	24 698	25 686
减：净营运资本增加额	24 195	27 582	31 443	35 217	38 738	41 837	44 348	46 122

项目	2016 年	2017 年	2018 年	2019 年	2020 年	2021 年	2022 年	2023 年
自由现金流	231 719	264 159	301 142	337 278	371 006	400 686	424 727	441 717
自由现金流量现值	214 514	226 390	238 923	247 726	252 267	252 220	247 503	238 293
公司价值	8 082 620							
公司权益价值	7 668 796							

同时，假设自由现金流量在八年之后（2023 年）以 $g = 4\%$ 的增长率稳定增长，看作永续年金，因此公司价值为 2016 年至 2023 年自由现金流量的折现价值与 2023 年之后永续年金的价值之和，为 808 亿元。其中负债为 413 824 万元，因此公司权益价值约为 767 亿元（见表 28）。

8.4 场景分析

本案例假设悲观场景中分众传媒营业总收入增长率为 12%，增长 3 年后以每年 3 个百分点的降幅递减，直到变为 3% 稳定增长。乐观场景中营业总收入增长率为 20%，增长 3 年后以每年 3 个百分点的降幅递减，直到变为 5% 稳定增长。场景分析结果如表 29 所示。

表 29 分众传媒公司价值场景分析结果 单位：万元

折现率	营业收入增长率预期		
	悲观	不变	乐观
7%	3 869 745	8 884 754	11 245 116
8%	3 083 492	6 609 249	7 412 362
9%	2 559 662	5 245 904	5 498 732
10%	2 185 775	4 338 540	4 352 628

最终分众传媒公司价值的估值范围为 406 亿~2 048 亿元，公司权益价值的估值范围为 365 亿~2 007 亿元。

分众传媒在 A 股借壳上市当日就受到追捧，市值达到 2 000 亿元以上。到 2015 年 12 月 31 日其收盘价为 44.99 元，总股本为 4 115 891 498 股，市值为 1 851.74 亿元。2016 年 4 月 28 日，分众传媒收盘价为 31.30 元，总股本为 4 368 403 000 股，总市值为 1 367.31 亿元，市场对其估值处于乐观场景。从美国市场到中国市场，分众传媒的估值得到了很大提升，这正是其私有化和回归 A 股的动力。

9 结论与启示

9.1 结论

作为第一家成功回归 A 股，也是第一家借壳上市的公司，分众传媒为想要回归 A 股的中概股提供了借鉴。本案例着重对分众传媒在美退市和回归 A 股两个阶段进行了详细的估值分析，得出了以下结论：第一，分众传媒在美退市前市值基本在合理范围内，并未明显被市场低估；第二，回归 A 股时分众传媒市值偏高，A 股市场的高估值是分众传媒谋求回归 A 股的主要动因。

9.2 启示

中概股回归 A 股享受的高估值对其具有现实吸引力；同时，借壳上市也为中概股回归 A 股提供了一条便利途径。因而，中概股私有化回归 A 股是很合理的选择。但回归后不久，分众传媒市值较回归 A 股上市时的 2 000 多亿元大幅缩水，这在一定程度上佐证了 A 股市场对分众传媒回归 A 股时的估值过高；同时，也为 A 股投资者敲响了一记警钟：理性看待市场，不宜过度追捧中概股回归。

问题与思考

1. 分众传媒早年谋求海外上市的原因是什么？

2. 分众传媒是否应该从 Nasdaq 退市？

3. 分众传媒在 Nasdaq 的估值是否被低估？

4. 分众传媒私有化退市后应去哪里上市？应采取什么方式上市？

5. 为什么分众传媒在 A 股上市后估值远高于当时在 Nasdaq 的估值水平？分众传媒在 A 股上市后是否被高估或低估？

参考文献

[1] 万雅宁. 中概股回归的估值因素分析：暴风集团为例 [D]. 上海：华东理工大学，2016.

[2] 张馨月. 医药行业上市公司价值评估方法研究 [D]. 南京：东南大学，2016.

[3] 刘辉辉. 中概股拆除 VIE（协议架构）赴国内上市动因和关键点研究：以分众传媒为例 [D]. 广州：暨南大学，2016.

[4] 李想. 海外中国概念股主动退市问题研究：以分众传媒为例 [D]. 成都：西南财经大学，2016.

[5] 吴铭. VIE 结构的中概股回归之路：以巨人网络为例 [D]. 北京：北京外国语大学，2017.

[6] 陆浮. 中概股回归的风险与路径研究：基于奇虎360 的案例分析 [D]. 南昌：江西财经大学，2016.

[7] 朱玉珺. 风险角度的中概股私有化问题研究：基于 A 公司的案例分析 [J]. 当代经济，2018（2）：46-47.

附表

附表 1 　2009—2012 年分众传媒资产负债表　　　　单位：万元

项目	2009 年	2010 年	2011 年	2012 年
流动资产：	—	—	—	—
现金及现金等价物	387 951	300 986	208 697	423 726
交易性金融资产	—	—	—	—
其他短期投资	20 000	91 096	142 430	72 362
应收款项合计	163 869	172 412	218 030	245 247
应收账款及票据	117 959	104 194	157 022	177 865
其他应收款	45 910	68 218	61 007	67 382
存货	—	—	—	—
其他流动资产	—	—	81 652	22 261
流动资产合计	571 820	564 493	650 809	763 596
非流动资产：				
固定资产净值	53 029	45 622	49 804	41 530
权益性投资	—	—	11 979	629
其他长期投资	—	—	960	—
商誉及无形资产	315 562	297 688	311 351	278 266
土地使用权	—	—	—	—
其他非流动资产	11 060	8 884	72 359	157 922
非流动资产合计	379 651	352 194	446 453	478 347
总资产	951 471	916 687	1 097 262	1 241 943
流动负债：	—	—	—	—
应付账款及票据	36 422	10 987	12 254	9 309
应交税金	30 841	23 599	44 407	66 227
短期借贷及长期借贷当期到期部分			63 009	
其他流动负债	67 291	79 801	109 941	110 345
流动负债合计	134 554	114 387	229 611	185 880
非流动负债：			—	—
长期借贷	—	—	44 736	125 710
其他非流动负债	3 711	6 621	20 922	7 669
非流动负债合计	3 711	6 621	65 659	133 379

项目	2009 年	2010 年	2011 年	2012 年
总负债	138 265	121 008	295 270	319 259
股东权益：	—	—	—	—
普通股股本	25	22	20	21
储备	768 170	743 136	714 107	846 582
其他综合性收益	43 762	51 882	75 482	77 321
普通股权益总额	811 957	795 041	789 609	923 924
归属母公司股东权益	811 957	795 041	789 609	923 924
少数股东权益	1 248	639	12 383	−1 240
股东权益合计	813 206	795 680	801 992	922 684
总负债及总权益	951 471	916 687	1 097 262	1 241 943
显示币种	CNY	CNY	CNY	CNY

附表2　2009—2012 年分众传媒利润表　　　　单位：万元

项目	2009 年	2010 年	2011 年	2012 年
营业总收入：	344 848	341 940	499 422	582 981
主营业务收入	344 848	341 940	499 422	582 981
营业总支出：	386 824	268 333	355 606	408 806
营业成本	231 568	146 819	182 502	200 882
营业开支	155 256	121 515	173 104	207 924
营业利润：	−41 975	73 606	143 816	174 175
加：利息收入	3 592	4 808	9 791	14 053
减：利息支出	—	—	452	3 185
加：权益性投资损益	—	—	−27 492	−11 667
其他非经营性损益	−69 574	−3 836	−1 191	1 810
非经常项目前利润：	−107 957	74 578	124 472	175 186
加：非经常项目损益	3 237	8 552	11 359	21 486
除税前利润：	−104 720	83 130	135 831	196 672
减：所得税	6 729	14 792	34 505	47 704
少数股东损益	2 407	1 318	−1 175	−1 346
持续经营净利润：	−113 856	67 019	102 501	150 313
加：非持续经营净利润	−31 761	55 020	—	−669
净利润：	−145 616	122 039	102 501	149 644
归属普通股东净利润：	−145 616	122 039	102 501	149 644

案例五　分众传媒私有化及回归 A 股上市

项目	2009 年	2010 年	2011 年	2012 年
综合收益:	-147 995	137 943	127 682	150 298
显示币种	CNY	CNY	CNY	CNY

附表3　2013—2015 年分众传媒资产负债表　　　　　单位：万元

项目	2013 年	2014 年	2015 年
流动资产：	—	—	—
货币资金	440 611	488 382	317 646
应收票据	2 268	2 967	1 710.62
应收账款	191 378	203 420	218 165.45
预付款项	43 071	50 499	60 432.23
其他应收款（合计）	24 057	46 652	515 054.89
应收利息	7 681	15 099	20 342.40
其他应收款	16 376	31 553	494 712.49
其他流动资产	693.09	3.2	0.46
流动资产合计	702 079	791 923	1 113 010
非流动资产：	—	—	—
可供出售金融资产		2 500.00	45 070.68
固定资产	36 644.59	33 371.97	30 067.71
工程物资	953.84	965.52	933.54
商誉	11 506.69	11 506.69	11 506.69
长期待摊费用	1 929.99	1 558.71	576.55
递延所得税资产	21 670.17	43 101.60	44 067.41
长期股权投资	—	—	4 934.26
非流动资产合计	72 705.29	93 004.50	1 250 166.80
资产总计	774 783.91	884 927.60	1 959 016.38
流动负债：	—	—	—
应付票据	—	—	4 780.00
应付账款	12 056.00	12 123.14	18 704.87
预收款项	23 219.10	24 182.60	35 006.86
应付职工薪酬	19 170.97	62 745.47	35 107.45
应交税费	104 891.14	94 285.99	70 128.16
应付股利	802.04	742.78	608.47
其他应付款	94 131.13	117 840.80	607 894.74

公司金融案例

项目	2013 年	2014 年	2015 年
流动负债合计	254 270.37	311 920.78	772 230.55
非流动负债:	—	—	—
递延所得税负债	2 328.81	3 673.23	4 240.18
递延收益-非流动负债	—	—	90.00
非流动负债合计	2 328.81	3 673.23	4 330.18
负债合计	256 599.18	315 594.01	776 560.74
股东权益:	—	—	—
股本	29 128	29 128	31 437.05
资本公积	40 166	40 166	20 222.59
其他综合收益	11.42	11.17	1.68
盈余公积	21 809.73	21 809.73	7 619.01
未分配利润	413 784.26	464 673.33	400 592.78
归属于母公司所有者权益合计	504 899.06	555 972.44	459 873.11
少数股东权益	13 285.67	13 361.14	13 732.96
股东权益合计	518 185.73	569 333.58	473 606.07
负债和所有者权益总计	774 783.91	884 927.60	1 250 166.80

附表4　2013—2015 年分众传媒利润表　　　　单位：万元

项目	2013 年	2014 年	2015 年
营业总收入	667 451.42	749 725.64	862 741.16
其中：营业收入	667 451.42	749 725.64	862 741.16
营业总成本	452 869	492 202	512 915.21
其中：营业成本	199 204	223 447	253 976.32
税金及附加	31 132	26 995	31 046.54
销售费用	184 893	190 180	172 933.24
管理费用	46 159	53 931	43 632.40
财务费用	−12 798	−17 741	−12 933.04
资产减值损失	4 279	15 390	24 259.75
投资净收益	—	—	−65.74
营业利润	214 582	257 524	349 760.21
加：营业外收入	25 114	38 430	47 721.42
减：营业外支出	514.24	1 125.12	686.06
利润总额	239 182.17	294 828.80	396 795.57

项目	2013 年	2014 年	2015 年
减：所得税费用	31 401. 31	53 116. 98	58 218. 28
净利润	207 780. 86	241 711. 82	338 577. 28
减：少数股东损益	87	228. 83	−336. 92
归属于母公司所有者的净利润	207 693. 86	241 482. 99	338 914. 20
加：其他综合收益的税后净额	11. 49	−0. 26	−9. 48
综合收益总额	207 792. 36	241 711. 56	338 567. 80
减：归属于少数股东的综合收益总额	87	228. 83	−336. 92
归属于母公司所有者的综合收益总额	207 705. 36	241 482. 73	338 904. 72

第四部分
国内收购

案例六

格力电器收购珠海银隆（A）①

摘要： 本案例探讨格力电器收购珠海银隆的原因以及过程。格力电器收购珠海银隆的决策是否合理？中小股东应该投票支持还是反对格力电器的定向增发并收购珠海银隆？案例讨论了企业大股东和高管以及中小股东对收购的看法和选择。案例也提供了相关数据以对企业进行估值分析，并进一步分析收购珠海银隆的价格的合理性以及格力电器定向增发的价格的合理性。

关键词： 收购；新能源汽车；中小股东；定向增发

1 收购的发起

格力电器作为空调行业龙头，一直深耕于空调业务领域，但2016年格力电器董事长董明珠首次宣布了"格力进入多元化发展时代"。而格力电器迈入真正多元化的第一步，就要从收购珠海银隆说起。

2016年2月22日，格力电器宣布临时停牌，次日公司发布重要公告，披露自己收购珠海银隆的意向。2016年3月7日至2016年8月16日，公司继续保持停牌状态，并相继多次公布了有关此次收购事件的进展。2016年8月19日，公司公告了包括《格力电器：发行股份购买资产并募集配套资金暨关联交易报告书（草案）》（以下简称《草案》）等文件在内的有关收购珠海银隆方案设计的详细资料及基础信息，公司初步拟采用定向增发非公开发行股份的方式，按130亿元人民币的交易对价来完成对珠海银隆股权的100%收购，同时定向增发募集资金不超过100亿元，并宣布方案和相关文件均已获得董事会投票支持。

2016年9月2日，公司股票半年来首次复牌，且当天以涨停收尾，当日公司还公布了针对深交所问询函中相关疑问进行了调整后定稿的方案修订稿，具体是对延长锁

---

① 本案例由西南财经大学张翼、杜诗琪和李晓慧编写，仅供案例讨论和学习时作为参考所用，并不用以说明企业某一管理决策的处理是否有效。

定期、完善补偿方式、调减募集配套资金金额和发行股份数量这四个方面的修订，格力电器在公告中专门强调此次调整不会对中小股东合法利益产生侵蚀。此后，公司还陆续公布了相关补充资料和针对深交所问询的相关回复。

2016 年 10 月 12 日，格力电器公告将举行股东大会，届时会开放线下现场及线上通道对此次收购相关的 26 项议案进行表决。且公告中同时提到了相关表决规则，即本次股东大会审议事项为关联交易事项的，关联股东须回避表决，其余可以参与表决的股东所持有的同一股份只能选择现场投票、网络投票两种投票方式中的一种表决方式，不能重复投票。如果同一表决权出现重复投票，以第一次投票结果为准。

格力电器的收购决定在资本市场上引起了轰动。格力电器的大股东和管理层显得对收购势在必得。投票的时间很快将来临，格力的中小股东包括基金、券商以及散户等需要尽快做出决定，各方处于紧张地分析各项议案利弊的状态之中。

2　收购双方简介

2.1　珠海格力电器股份有限公司简介

1989 年年末，广东省珠海经济特区相关冷气工程类公司进行改造重组，历经近两年时间，1991 年珠海格力电器股份有限公司（以下简称"格力电器"）正式成立。1996 年该公司在深圳证券交易所上市，1998 年、2000 年分别进行了配股，2012 年进行了首次定向增发募集资金，其间股权结构相对稳定，未发生较大变化。截至 2016 年 6 月末，公司主要股东持股比例如图 1 所示。

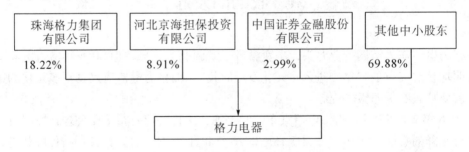

图 1　2016 年格力电器半年度股权结构

（数据来源：格力电器半年报）

公司主营业务为家用空调、中央空调、其他生活类电器及通信设备等，旗下设立格力和 TOSOT 两大主营品牌。公司经营思路逐步确定为围绕核心产品——空调并沿产业链及相关家电布局，并按此思路逐步成立了凌达压缩机、凯邦电机、精密模具等子公司。子公司业务范围广泛，完整覆盖了空调及相关家电从基础零部件制造到相关废弃产品回收处理的上下游全产业链，整体产业布局完善。公司产品种类丰富，销售地区遍布全球，品牌用户数量众多。

2.2 珠海银隆新能源股份有限公司简介

2009 年年末，珠海恒古和银通投资以货币形式分别出资 490 万元和 510 万元，合计 1 000 万元作为注册资本，设立了珠海银隆新能源有限公司（以下简称"珠海银隆"）。公司成立后，共经历了 7 次增资及 10 次股权转让，截至 2016 年 8 月末，珠海银隆注册资本合计 8.56 亿元，股权结构如图 2 所示。其中，银通投资持股比例为 21.07%，持股比例排名第一，为公司控股股东，而银通投资由实际控制人魏银仓全资控股。

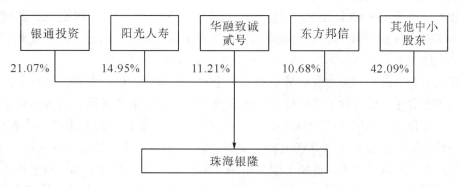

图 2　2016 年珠海银隆半年度股权结构
（数据来源：《草案》）

珠海银隆共有 5 家全资一级子公司，4 家位于境内，具体如图 3 所示。其中一级子公司珠海广通全资控股 6 家二级子公司，另有 1 家三级子公司（图中未列示），而储能科技控股在美国的上市公司 Altair Nano 持股比例为 53.18%。

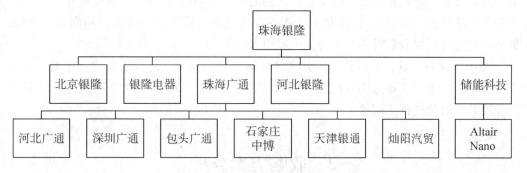

图 3　珠海银隆下属各级子公司

珠海银隆通过控股 5 家子公司，涉足从高性能离子电池研发到纯电动汽车组装与销售的整个新能源汽车产业链。具体来看，北京银隆主营业务为新能源汽车销售；银隆电器主要负责纯电动汽车驱动系统设备、混合动力汽车驱动系统设备、电机及其配件的批发和零售；珠海广通主营业务为纯电动汽车的组装与销售；河北银隆主要负责高性能离子电池的研发、生产和销售，储能系统的研发、生产和销售；储能科技为持股主体，无实际经营，但 Altair Nano 多年来专注于高性能离子电池的研发，以在海外对相关产品进行销售及技术支持为主营业务。

2.3 收购方案概述

本案例分析所涉及的交易方案主要由两个部分组成，即格力电器发行股份购买珠海银隆方案的设计及格力电器非公开发行股份募集配套资金方案的设计。

首先是第一部分，格力电器购买珠海银隆方案的设计。格力电器拟以价值130亿元的股权作为对价，向珠海银隆全体21位股东购买珠海银隆所有股权。该部分方案所涉及的关键要素为收购价格，而该要素的确定依据是中同华所出具的2015年年末珠海银隆的《资产评估报告》（中国华评投字〔2016〕第450号）。据中同华评估，当期公司的权益估值为129.66亿元，该价值相较于母公司净资产价值38.78亿元，其增值率为234.37%，且在2016年，珠海银隆又收到股东继续注资0.9亿元，估值增至130.56亿元，在收购双方协商方案后，最终确定收购股权作价130亿元。

其次是第二部分，格力电器募集配套资金方案的设计。格力电器计划以非公开的方式向控股股东、格力员工持股计划、银通投资等8名投资者发行股份募集资金不超过100亿元作为配套资金用于珠海银隆项目建设，且募集总金额不能超过收购价格，不足100亿元部分由公司自筹资金补偿缺口。该部分的关键要素为发行股份的价格，依照当时相关法规和要求，价格下限为市场参考价的90%，而对于市场参考价，公司有一定选择的空间，具体后文会详细分析，格力电器在该方案中选择的价格为17.09元/股，再考虑到2016年公司实施的分派方案，最终定价为15.57元/股。

除了上述两部分关于方案主体内容的设计之外，方案还涉及关于锁定期、业绩承诺及补偿的内容。概言之，在换股部分要求交易对手换股后锁定期为一年（若持有珠海银隆股权时间过短，未满一年时间则锁定期为三年），且珠海银隆8名主要股东作为对手方，方案中对其有业绩承诺要求，它们需保证2016—2018年珠海银隆净利润至少分别为7.2亿元、10亿元和14亿元，否则会按比例对低于承诺部分的利润进行补偿。此外，对非公开发股募资的8名对象锁定期为三年。

2016年9月2日，公司公布的方案修订稿中对交易方案进行了修改，主要修订内容为募集资金由"不超过100亿元"改为"不超过97亿元"，且对部分交易对手锁定期及应补偿股份进行了调整。

3 收购方案分析

3.1 选择珠海银隆的逻辑

3.1.1 关于新能源汽车行业的选择

2016年7月23日，董明珠第一次在公开场合正式宣布格力电器多元化发展时代的到来，她表示，公司业务之后会向众多制造业相关领域扩张，包括机器人、环保行业等。公司多元化发展的核心逻辑是：当前格力电器已经掌握了电机、压缩机等核心技术，此类技术可以支持格力电器的多元化发展与布局。

昔日的格力电器宣称自己只涉足制冷空调领域，其依靠空调与美的集团、海尔集团形成鼎立之势，且 2009—2016 年在空调领域市场占有率第一，格力电器所喊出的"好空调，格力造"已成为家喻户晓的公司口号。从业务组成来看，空调业务所产生的营业收入占格力电器总营业收入的比例整体保持在 85% 左右，较 2014—2015 年略微呈现下滑趋势，但仍然居主导地位。从利润贡献的情况来看，空调产品销售所产生的毛利占公司总毛利的比例一直在 90% 上下浮动，可以说空调业务为格力电器贡献了绝对的收入和利润。

空调于格力电器而言至关重要，而格力电器也成了我国空调市场上销售份额的绝对占有者，虽然格力电器拥有部分海外业务，但在观察期内海外业务占比相对较小，因此以下讨论主要还是针对国内业务。具体来说，格力电器在我国空调市场上占有份额一直保持较高水平，其市场占有率曾在 2012 年高达 28.37%，后虽略有下滑，但仍居于绝对主导地位。正因为格力电器与空调之间存在密不可分的关系，其实际经营状况与空调行业景气度息息相关。

2010 年以来，我国空调产量一直保持上升趋势，销量状况类似，行业整体产销状况良好，但该趋势在 2015 年出现了明显转折，当年由于房地产市场整体状况偏弱、地产库存高企等，全国空调产销率出现明显下滑，行业景气度一度大幅回落，甚至转向负增长，空调市场惨淡，而格力作为空调市场的龙头自然首当其冲。该冲击直接反映在了格力电器的利润表中，2015 年格力电器营业收入首次中断了稳步增长的态势，出现负增长，当期营业收入同比下降 28.17%，在不考虑非经常性损益的影响的情况下，公司经营性核心利润也中断了连续高速增长，较 2014 年年末同比下降 20.83%。

格力电器虽一直以业务专注著称，但在行业发展和公司经营状况双双出现转折的大背景下，公司高管便有了较强的动机去转变经营思路，思考基于公司现状，是否有更优的发展方向，而多元化发展便是分散行业风险，增加公司经营稳定性的选择之一。

而谈到关于选择新能源汽车行业的动因，首先是关于大方向的决定。格力电器是隶属于大制造业下，在国内外都拥有先进制造业技术的大型工业企业，是专注于空调产品的家电行业龙头。2016 年以前，公司经历了从"品类多元化"到"品类专一化、产品多元化"再到"沿产业链多元化"的发展过程，得益于多年的专注及积累，格力电器在整个产业链上的研发、生产技术、产品线打造、销售渠道等多方面都有较强优势。格力电器最核心的竞争力体现在其制造业技术优势上，通过多年的发展，格力电器已经打通了空调等工业制成品上下游产业链（见图 4），逐渐完善了自主生产能力。具体来说，格力电器具备从开始生产压缩机、电容器、电机等零部件到最终产出相关工业制成品的能力，其技术优势可以概括为电机制造、生产制造及其他三个方面。第一是电机制造技术优势。电机是各种电器及机械的动力源，是类似于工业制成品心脏的存在，格力电器拥有独特的核心技术体系，其电机制造技术也因此位于国际领先地位。第二是生产制造技术优势。格力电器在智能制造领域造诣颇深，在对智能制造非常关键的工业机器人等领域成果丰硕，研究开发出了多种智能制造设备，并基于此建成了一批全自动无人生产线。第三是其他技术优势。格力电器长期涉足工业生产，拥有信息化程度高、控制难度大且节点复杂的商用空调解决方案，且对新能源空调领域已有所涉足，甚至初步拥有光伏直驱变频中央空调等技术成果，格力电器在新能源空调系统上已经有了相应的储备。除此之外，格力电器还在工业制造领域拥有强大的研发能力，在相关基础制造原材料上拥有很强的供应链资源优势。基于以上技术优势，格力电器在考虑进行多元化发展时更大可能性地会结合自身现有的优势，沿着已有储备和产业链去寻找多元化发展的方向。

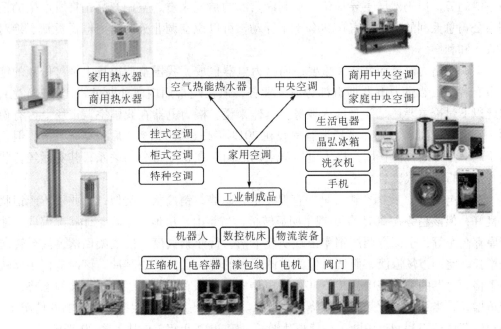

图4　格力电器工业制成品产业链

其次是关于小方向的选择。就格力电器所在的大制造业产业链来看，可选择多元化发展的方向非常多，但考虑到格力电器多元化发展的目的是保持公司价值增长，再去涉足传统制造业对其而言可创造的价值增长空间较为有限，若要涉足新兴朝阳产业，则可结合具有指导意义的相关政策性文件来看。我国"十二五"规划中提及了一系列战略性新兴产业，相关扶持政策及要求时间节点集中在2015—2020年，正好符合格力电器的转型节点，其可以选择的方向包括节能环保、新一代信息技术、生物、高端装备制造、新能源、新材料和新能源汽车七个方向。结合格力电器的传统业务来看，节能环保、高端装备制造、新能源和新能源汽车四个方向相对而言更能延续其已有优势，与传统业务的协同作用较为明显，而新一代信息技术、生物和新材料要求的前期积累格力电器相对较为欠缺，所以其沿着大制造业产业链去寻求的多元化发展的小方向更可能是节能环保、高端装备制造、新能源和新能源汽车方向。

新能源汽车行业受到国家政策的大力支持，正处于高速发展阶段，行业呈现朝阳特征。具体而言，自2011年起，国家连续出台了一系列政策，大力鼓励、引导国内锂电池产业及新能源汽车产业的发展，其中2014年后支持力度又显著增强。从产业链的角度来看，该行业上游为电池、汽车零件等，上游电池产业受到国家大力扶持，新能源汽车相应成本可有所降低，且核心技术能有所提升；而新能源汽车的下游为消费者，从汽车种类来看，下游可能为个人消费者，也有可能为企事业单位或公共交通采购需求，在全球变暖和石油资源逐步走向枯竭的大背景下，再结合各地逐步出台的"限购"及"限行"政策，个人、单位及企业对新能源汽车的购买意愿也在不断加强。基于产业链来看，整个新能源汽车产业在供给端和需求端都能看到较好的前景，在国家的大力支持下，朝阳产业属性明显。

而新能源汽车和锂电池产业也确实开始呈现井喷式增长。2013—2015年，新能源汽车市场销量分别为1.76万辆、7.48万辆及33.11万辆，产业增长速度在工业生产领域优势明显。在新能源汽车及相关产业体现出强烈的朝阳产业属性，且格力电器对该领域已有相关技术优势和以空调领域为切入点的基础储备的情况下，新能源汽车及其相关产业便自然而然成了格力电器多元化发展可选方向中脱颖而出的那一个。

此外，格力电器和珠海银隆会产生协同效应。首先是基础技术的协同效应。上文已有提及，格力电器在电机制造方面拥有领先的技术优势，其具有突出优势的自动转矩控制、软件全程功率因数校正、单芯片集成模块等电机技术细分领域可以运用至新能源汽车制造的电机技术体系之中，且格力电器可以将领先的智能制造技术应用于新能源汽车的制造与生产之中。其次是新能源汽车产业技术优势带来的协同效应。对新能源汽车产业至关重要的基础性零部件除了电机之外，就是电池。优秀的新能源汽车企业必然有显著的电池及能源转化技术优势，而该技术优势于格力电器而言又可为其新能源空调等业务板块提供支持。最后是产品的协同效应。格力电器可以将其强大的空调产品优势应用于新能源汽车车载空调系统之中。总而言之，格力电器在基础制造、生产环节及空调领域中可以为新能源汽车的制造提供强大的技术支持，而新能源汽车的相关电池及能源转换技术又可以为格力电器未来在新能源产业领域的发展提供足够的新动能。

3.1.2 关于珠海银隆的选择

就公司的财务表现可以看出，其处在稳定性较差的发展阶段，整体虽专注于新能源汽车业务，但公司状况易受政策影响，且在关键发展投入期，投融资压力较大，债务规模将持续攀升，而其自身长短期偿债能力均不佳，偿债也非常依赖业务的发展及外部融资，存在较大不确定性，就财务层面来看，总体认为公司存在一定风险。

财务信息是公司业务经营状况的体现，但其只能反映出公司过去的经营状况，要了解公司未来的前景及发展方向则要从具体业务层面来看。前文已简要提及珠海银隆的基本情况，公司生产的产品包括充电设施、锂离子动力电池及整车等。而就实际营业收入构成及利润来源来看，珠海银隆可以被定位为制造并销售新能源客车的企业。珠海银隆凭借其核心的钛酸锂电池技术，将自身定义为"全球领先的新能源企业"。基于此，公司业务覆盖了从钛酸锂电池技术出发的新能源全产业链。以下主要就公司制造销售新能源客车的核心竞争力——钛酸锂电池及其对企业的竞争力提升来介绍：

锂离子电池是一种可以循环充放电的电池，由正负极、隔膜、电解液及集流体构成。充放电过程可以概括为锂离子作为能量交换的载体在电池内从正（负）极向另一极迁移，补偿电荷从外电路进行反方向迁移以达到能量交换的目的。在此过程中，正负极材料分别提供和接收离子，其他部分作为辅助保证锂离子可正常传导不发生短路。电池的能量密度（单位重量或体积的电池所储存的电量）、首次效率（反映稳定性）、循环寿命、安全性、快充快放和耐宽温性共同构成其性能的五大衡量标尺。

锂电池的正负极材料作为发生电化学反应的活性材料，对决定电池能量密度的比容量及工作电压产生影响。当前负极材料比容量显著更高，常用的石墨负极材料高品质产品比容量可达 365 mAh/g，趋近理论极限 372 mAh/g；而正极材料普遍比容量较低，大多处在 130~170 mAh/g。所以，在市面上常见锂电池正极材料尚未对其实际比容量有所突破时，负极材料的优劣则更多地体现在其余四个性能标尺上。

我国颁布的锂离子电池负极材料相关标准将负极材料划分为锂离子电池石墨类、钛酸锂、锂离子电池用钛酸锂及其碳复合三大类，但当前市场上锂电池存量中负极材料主要是石墨类，钛酸锂占比偏小，而钛酸锂及其碳复合负极材料几乎没有，故下列讨论主要针对石墨类负极材料和钛酸锂负极材料进行。锂电池负极材料分类及其特性如表 1 所示。

表 1　锂电池负极材料分类及其特性

材料类型		比容量 /mAh/g	首次效率 /%	循环寿命 /次	安全性	快充快放	耐宽温性
碳系负极	天然石墨	340~370	90	1 000	一般	一般	0~40 ℃，低于 0 ℃性能下降，低于 -20 ℃ 无法工作
	人造石墨	310~360	93	1 000	一般	一般	
	中间相炭微球	300~340	94	1 000	一般	一般	
	石墨烯	400~600	30	10	一般	较差	
非碳系负极	钛酸锂	165-170	99	30 000	较高	较好	-50~65 ℃

资料来源：百度百科及《草案》。

通过表 1 中材料特性可以看出，负极为钛酸锂的锂电池相较碳系负极材料，具有首次使用效率更高、循环寿命次数更多、安全性能更高、充电效率更高且温度耐受性强的显著优势，但其比容量值偏低，导致能量密度属性弱于碳系负极锂电池。在当前正极材料比容量尚未能有所突破的情况下，该劣势对电池整体属性而言掣肘不多。因此，钛酸锂电池非常适合应用于交通工具、电力系统及电信设备等工作环境复杂、对电池稳定性及安全性要求较高的场合，特别是受用人群广阔的公共交通工具领域，其在该领域的适用性完胜于当前纯电动公交车上普遍使用的碳酸铁锂电池（正极为碳酸铁，负极为碳系材料）。

钛酸锂电池除能量密度以外，在其余特性方面具有显著优势，但其生产工艺相对传统碳系材料而言要复杂很多，生产冗长而精细，技术相对难以掌握，生产成本偏高。全球范围内掌握此技术的企业寥寥可数，包括美国 Altair Nano、日本石原产业株式会社及英国庄信万丰公司等，其中 Altair Nano 所生产产品的性能最佳。而该公司在 2011 年被珠海银隆收购，珠海银隆也因此掌握了该核心技术，成为国内仅有的基于此技术而延伸完善了新能源客车全产业链的企业。

从整个行业的角度来看，新能源汽车在大制造业中属于新兴产业，整个产业链涉及上游锂电池等零部件到下游整车制造再到相关配套设施，包括充换电设施等的制造，按整车类型可以再将该行业细分为新能源乘用车、新能源客车、新能源载货汽车及新能源专用汽车等。从全球来看，新能源乘用车主要生产企业包括宝马、大众等传统大型知名汽车企业及部分新兴企业，如特斯拉等，国内也有比亚迪、江淮等企业，该细分产业相对而言准入门槛较低，但国内外竞争激烈。而新能源客车市场门槛较高，外部竞争者进入将面对较高壁垒，2014年和2015年行业内前十大企业分别占据了67.09%和82.63%的市场份额，集中度较高（见图5）。

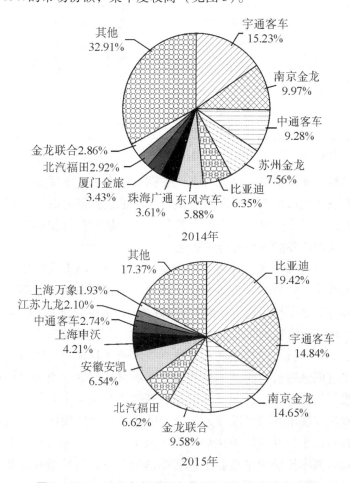

图5　2014、2015年新能源客车行业市场份额分布情况

　　不同类型整车对动力电池的需求也有所差异。新能源乘用车需要满足路线随机、路程未固定的个性化出行需求，与续航能力相关的能量密度也成了更需要关注的指标；而相对的，新能源客车具有行驶路线固定、单次载客数量大、运营周期偏长的特征，且在新能源公交车上尤其明显，因此此类车种更注重电池安全性、长寿命、快速充放电等性能，其路线的相对固化，对于能量密度方面的要求更低，钛酸锂电池对于具有这类特性的新能源客车整车而言具备独特的优势。

　　珠海银隆定位于生产新能源客车，凭借着钛酸锂技术在行业内具有显著优势。具体而言，新能源客车市场竞争对手大多采用三元锂电池、磷酸铁锂电池等以石墨为负极材料的锂电池，珠海银隆则是国内唯一掌握着当时国际上顶尖水平钛酸锂材料及电池生产工艺的企业，且已经完成了全产业链布局。其新能源闭合式循环产业链形成了垂直整合的经营模式，有效节省了物流成本、降低了资本投入，极大程度提升了自身的获利能力。行业内其余竞争对手无此技术可依赖，电池产品性能在领域内不具备明显优势或需要外购，进而在获利能力上会稍显劣势，如表2所示，本案例对珠海银隆及可比公司进行毛利率比较。

表2 2014—2016年6月新能源汽车行业毛利率比较　　　　单位:%

公司名称	2014年	2015年	2016年6月
珠海银隆	42.37	38.74	34.64
宇通客车	24.21	25.18	24.86
中通客车	14.83	19.79	21.21
东风汽车	9.87	13.80	15.18
比亚迪	19.15	23.79	29.31

数据来源：Wind数据库。

基于以上特性，珠海银隆在细分行业中便拥有了专利技术优势及成本优势，其生产的新能源客车整车在市场上具有不可替代性，这也成为格力电器在进军新能源汽车市场中相中此标的的最主要原因。当然，除此之外，基于自身先进的技术，在新能源领域中，格力电器的研发能力也可得到强化。

不过，由于珠海银隆技术的特别，其产品售价也与市场上采用传统锂电池技术所生产出的新能源客车显示出了较大差异。2015年，按销售总价和总销量测算，宇通客车和中通客车新能源客车平均售价分别为69.67万元/辆和72.83万元/辆，而珠海银隆为128.69万元/辆，价格远远高出传统锂电池新能源客车售价。

综上所述，公司的核心优势体现在其独有技术的优越性上，钛酸锂电池在当前研究水平下续航没有明显短板，而其他性能也非常适合在公共交通领域使用，在新能源汽车行业高速发展的情况下，公司机遇明显。其劣势和风险主要体现在以下几点：首先，公司财务状况反映出其稳定性较差，处于风险较高的发展阶段；其次，公司产品从理论上来说被运用于公共领域的优势明显，但实际来看当前市场占有率不高，特别是在产品售价远远高于传统锂电池新能源客车的情况下，若后续补贴政策退坡，未来产品被市场所接受的程度尚难明确。如果未来正极材料比容量进一步提升，公司产品比容量难以匹配，会形成新的短板，且售价高企。以上两个因素可能共同造成市场接受度下降，其财务又缺乏稳定性，将可能造成公司的终极风险。

3.2　关于定向增发方案的分析

定向增发是指上市公司将股票非公开发行给特定投资者的行为。在收购过程中，定向增发常作为一种支付方式，是企业在收购过程中以股权置换资产的方式来实现收购和整合的有效手段。于市场而言，定向增发可以避免市场上对上市公司"圈钱"的隐忧，减少对二级市场的冲击。于企业而言，该方式可以压缩企业收购过程的持续时间并引进战略合作者。

我国主流的收购支付方式为现金支付，股权支付使用频率略低于现金支付，也存在将二者混合使用的方式。现金支付和股权支付各有优劣，现金支付对规模较小的企业而言会存在较大资金支出压力，但就格力电器来看，其账上一直保有大规模货币资金（主要为银行存款），截至2016年6月末，公司拥有货币资金合计994.21亿元，完全足以支持格力电器使用现金支付方式对珠海银隆进行收购。相较于现金支付，股权支付不需大规模货币资金的支持，但代价是股权结构会发生变化，原股东持股比例会降低。

方案实施过程中大股东格力集团及主要股东的持股比例变化情况如表3所示。

表3 收购过程中格力集团主要股东持股情况统计

股东名称	重组前		重组后融资前		重组及融资后	
	数量/亿股	比例/%	数量/亿股	比例/%	数量/亿股	比例/%
格力集团	10.96	18.22	10.96	16.00	13.65	18.22
京海担保	5.36	8.91	5.36	7.83	5.36	7.15
A股其他中小股东	43.83	72.87	43.83	63.99	43.83	58.50
银通投资集团	—	—	1.96	2.86	2.61	3.48
阳光人寿	—	—	1.12	1.64	1.12	1.49
珠海厚铭	—	—	0.87	1.27	0.87	1.16
华融致诚贰号	—	—	0.84	1.23	0.84	1.12
东方邦信	—	—	0.80	1.17	0.80	1.07
普润立方	—	—	0.47	0.69	0.47	0.63
北巴传媒	—	—	0.35	0.51	0.35	0.47
杭州普润立方	—	—	0.29	0.42	0.29	0.39
远著吉灿	—	—	0.28	0.41	0.28	0.37
红恺软件	—	—	0.26	0.38	0.26	0.35
普润立方壹号	—	—	0.23	0.34	0.23	0.31
恒泰资本	—	—	0.14	0.20	0.14	0.19
横琴衡润	—	—	0.14	0.20	0.14	0.19
金石灏汭	—	—	0.14	0.20	0.14	0.19
横琴银峰	—	—	0.09	0.13	0.09	0.12
横琴银恒	—	—	0.09	0.13	0.09	0.12
众业达新能源	—	—	0.08	0.12	0.08	0.11
现代能源	—	—	0.07	0.10	0.07	0.09
星焱投资	—	—	0.07	0.10	0.07	0.09
敦承投资	—	—	0.03	0.04	0.03	0.04
横琴子弹	—	—	0.02	0.03	0.02	0.03
格力电器员工持股计划	—	—	—	—	1.53	2.04
珠海融腾	—	—	—	—	0.48	0.64
珠海拓金	—	—	—	—	0.48	0.64
中信证券	—	—	—	—	0.32	0.43
孙国华	—	—	—	—	0.19	0.25

股东名称	重组前		重组后融资前		重组及融资后	
	数量/亿股	比例/%	数量/亿股	比例/%	数量/亿股	比例/%
招财鸿道	—	—	—	—	0.09	0.12
合计	60.15	100.00	68.49	100.00	74.92	100.00

数据来源：《草案》。

在进行收购之前，格力集团持股18.22%，为第一大股东，第二大股东为京海担保，A股其他中小股东持股比例高达72.87%。在完成股权支付后，格力集团持股比例被稀释至16%，A股其他中小股东持股比例被稀释至63.99%，双方都受到了稀释作用的影响。而在收购第二步，定向增发后，格力集团作为定向增发对象之一，其持股比例又回升至18.27%，较最初集中度略微增长0.05%，而第二大股东京海担保、A股其他中小股东持股比例则遭遇了进一步稀释，持股比例分别下降至7.17%和58.65%。从方案两个步骤均实施后直接的效果来看，格力集团的控制权在采取股权收购之后被稀释，但通过定向增发完全抵消了稀释作用，股权集中度甚至有所提升，而之前的第二大股东及广大A股中小股东股权均受到稀释，其中以A股中小股东的股权受到的稀释尤为明显，持股比例合计下降14.22%。

另外，定向增发对象中员工持股计划所面对的对象主要是公司董监高成员，包括董明珠、孟祥凯、刘俊等8人，合计认购计划设计量的44.19%，其中39.52%被董明珠所认购，其个人持股比例变化如表4所示。

表4 董明珠个人持股比例变化

股东名称	重组前		重组后融资前		重组及融资后	
	数量/亿股	比例/%	数量/亿股	比例/%	数量/亿股	比例/%
董明珠	0.45	0.74	0.45	0.65	1.05	1.40

数据来源：编者根据《草案》计算整理所得。

通过上文的分析和市场的实际状况，我们可以很明确地看出此次定向增发存在折价情况，就市场参考价格而言，格力电器选择了最低的市场参考价格15.57元/股，同期其股价为22.40元/股，以该价格进行定向增发较市场价格折价6.83元/股，折价率高达30.49%，方案设定中存在明显的折价现象。定向增发过程中主要股东获取收益统计如表5所示。

表5 定向增发过程中主要股东获取收益统计

股东名称	定向增发股份/亿股	收益/亿元
格力集团	2.69	18.37
格力电器员工持股计划（不含董明珠）	0.93	6.35
董明珠	0.60	4.10

表5(续)

股东名称	定向增发股份/亿股	收益/亿元
银通投资集团	0.68	4.64
珠海融腾	0.48	3.28
珠海拓金	0.48	3.28
中信证券	0.32	2.19
孙国华	0.19	1.30
招财鸿道	0.09	0.61
合计	6.46	44.12

数据来源：编者根据《草案》计算整理所得。

4 估值分析

4.1 珠海银隆估值

由于珠海银隆资料可得性有限，选用可比公司法对其进行估值计算。使用市场可比公司估值法对公司价值进行评估的具体做法为：①基于可比性原则构造标的公司可比组；②计算可比组中各成分选定指标比率的均值及股权市场价值；③根据所计算出的可比组比率的均值，结合标的公司对应指标，进而计算出标的公司股权的市场价值。在进行实际操作时需要重点考虑可比公司的选取赋权问题、价值比率的选取及股权价值的修正问题。

在选择可比公司时，应综合考虑行业、公司自身经营及发展等因素，基于财务视角选择可以体现出企业异质性的特征指标，包括对规模、偿债、盈利、成长及运营能力等方面的反映，本案例选择 Wind 细分行业中新能源客车（产品）子类中包含的6家业务范围与珠海银隆相对可比的上市公司作为可比组，如表6所示。

表6　珠海银隆及可比公司相关指标情况

证券代码	公司名称	销售毛利率/%	资产负债率/%	存货周转率/次
002594.SZ	比亚迪	20.83	68.14	2.24
600686.SH	金龙汽车	14.73	77.27	3.63
600066.SH	宇通客车	24.85	57.62	6.11
000957.SZ	中通客车	21.30	76.88	6.53
600006.SH	东风汽车	15.86	59.29	3.55
600166.SH	北汽福田	12.00	62.72	6.37
—	珠海银隆	33.41	62.70	3.33

数据来源：Wind 数据库。

注：可比公司是由 Wind 新能源客车行业分类提供，其中安凯客车由于连年亏损，面临 ST（special treatment，特别处理），不具备可比性，因此将之剔除。

可比公司相关财务指标及股权市场价值如表 7 所示，其中，企业价值（enterprise value）＝市值（market capitalization）＋负债（debt）－现金及等价物（cash）。

表 7　2015 年 12 月 31 日可比公司相关资料及数据　　　　单位：亿元

发行主体	市值	企业价值	净利润	折旧	所得税	折旧与摊销	息税前利润（EBIT）	税息折旧及摊销前利润（EBITDA）	税后现金流（NOIAT）
比亚迪	1 332.23	1 650.47	23.04	44.86	6.57	54.17	52.59	106.75	100.18
金龙汽车	116.43	60.97	7.21	2.35	1.61	2.74	11.17	13.91	12.30
宇通客车	497.91	430.99	34.35	6.91	5.17	7.38	41.19	48.57	43.41
中通客车	72.42	63.24	1.89	0.44	0.89	0.53	5.27	5.80	4.91
东风汽车	177.20	139.05	2.48	4.23	-0.10	4.71	2.84	7.55	7.65
北汽福田	211.11	207.73	3.03	7.13	0.45	12.10	4.13	16.22	15.77

数据来源：上市公司公开资料，需要同期其他数据可在巨潮网可比公司资料处查询下载 www.cninfo.com.cn/。

4.2　格力电器估值

前文主要是对收购方案的设计和标的的选择等进行分析，然而，定向增发中的关键要素与价格有关，定向增发价格的高低直接关乎股东和新进投资者的利益，进而会从设计层面决定定向增发方案能否顺利实施。

前文中已经提到，格力电器选择定向增发的价格不能低于市场参考价格的 90%，而市场参考价格的日期区间可以是决议公告日（2016 年 8 月 19 日，第十届董事会第七次会议决议公告日）前 20 个、60 个或 120 个交易日的股票交易均价之一，股票交易均价计算公式如下：

$$股票交易均价 = \frac{公告日前\ n\ 个交易日内公司股票交易总额}{公告日前\ n\ 个交易日内公司股票交易总量}$$

格力电器 2016 年 2 月 22 日申请了停牌，因此 2016 年 2 月 19 日为其公告日前的第一个交易日，具体市场参考价格如表 8 所示。

表 8　格力电器定向增发可选市场参考决议公告日前价格　　　　单位：元

项目	决议公告日前 20 个交易日	决议公告日前 60 个交易日	决议公告日前 120 个交易日
具体日期	2016 年 1 月 18 日—2016 年 2 月 19 日	2015 年 11 月 20 日—2016 年 2 月 19 日	2015 年 8 月 19 日—2016 年 2 月 18 日
交易均价	18.96	20.72	19.25
交易均价×90%	17.07	18.65	17.33
除权除息后均价×90%	15.57	17.15	15.83

数据来源：Wind 数据库。

格力电器在三个可选市场参考价格中选择了最低的 17.07 元，在此基础之上，2016 年年中，因格力电器全体股东分红每 10 股得派 15 元含税现金，定向增发方案定价进而调整为 15.57 元/股。

1996 年格力电器上市以来在大制造业中经营具有可持续性，作为上市公司，信息披露全面，满足采用自由现金流量折现法估值的前提。

4.2.1 税后净利润预测

在对格力电器的税后主营业务净利润进行预测时采用销售百分比法，即先预测出营业收入的增长率，再根据历史数据推测出营业成本、税金及附加等占营业收入的比例来进行计算。

4.2.1.1 营业收入预测

2010—2015 年，格力电器营业收入总体经历了高速增长（见表 9）。其中，2010—2014 年营业收入复合增长率为 17.91%，而前文中已有提及，2015 年空调市场遇冷，且内外环境均有不利，故公司当年营业收入较上年年末下降 29.04%。

表 9 2010—2015 年格力电器利润表相关指标数据

项目	2010 年	2011 年	2012 年	2013 年	2014 年	2015 年	六年平均
营业收入/亿元	604.32	831.55	993.16	1 186.28	1 377.50	977.45	995.04
营业收入增长率/%	42.33	37.60	19.43	19.44	16.12	−29.04	17.65
营业成本/营业收入/%	78.45	81.93	73.71	67.76	63.90	67.54	72.22
税金及附加/营业收入/%	0.89	0.60	0.59	0.81	0.99	0.77	0.78
销售费用/营业收入/%	13.92	9.68	14.73	18.97	20.97	15.86	15.69
管理费用/营业收入/%	3.27	3.35	4.08	4.29	3.50	5.17	3.94
所得税/利润总额/%	14.89	16.29	15.03	15.17	14.92	15.33	15.27

数据来源：Wind 数据库。

基于空调行业在此轮去库存化措施结束后将迎来回调以及收购珠海银隆对格力电器营业收入带来协同效应的两个假设，对格力电器的营业收入做出如下预测：2016—2018 年，公司营业收入增长率分别为 15.50%、30.50% 和 16.50%，2019—2025 年，分别为 14%、12%、9.50%、7.50%、6.50%、5.50% 和 4.50%。2026 年及以后，公司规模已经充分扩大，将进入稳定增长阶段，预计其稳定期营业收入增长率为 4%。2010—2026 年格力电器营业收入及其增长率预测情况如表 10 所示。

表 10 2016—2026 年格力电器营业收入及其增长率预测

项目	2016 年	2017 年	2018 年	2019 年	2020 年	2021 年	2022 年	2023 年	2024 年	2025 年	2026 年
营业收入/亿元	1 128.96	1 473.29	1 716.38	1 956.67	2 191.47	2 399.66	2 579.64	2 747.32	2 898.42	3 028.85	3 150.00
增长率/%	15.50	30.50	16.50	14.00	12.00	9.50	7.50	6.50	5.50	4.50	4.00

4.2.1.2 营业成本预测

假设 2016—2018 年格力电器本部营业成本占收入的比例分别为 64%、66% 和 68%，2019—2025 年会保持在 70%，2026 年之后占比为 72%。再考虑珠海银隆部分的情况，假设 2016—2025 年，虽然珠海银隆可以得到格力电器的相关技术支持和经营指导，且会受益于自身规模的扩张，但在此期间市场竞争会加剧、政策支持力度退坡可能性大，外加人工、原材料成本价格上涨的风险，其营业成本占比仍将以先快后慢的速度逐步上升至72%。综上所述，对格力电器营业成本占比进行计算，其中珠海银隆体量较小，对整体影响有限，故将计算结果进行取整调整，得出2016—2026年格力电器营业成本及其占比情况如表11所示。

表11　2016—2026年格力电器营业成本及其占比预测

项目	2016年	2017年	2018年	2019年	2020年	2021年	2022年	2023年	2024年	2025年	2026年
营业成本/亿元	722.53	972.37	1 167.14	1 369.67	1 534.03	1 679.77	1 805.75	1 923.12	2 028.89	2 120.19	2 268.00
占比/%	64.00	66.00	68.00	70.00	70.00	70.00	70.00	70.00	70.00	70.00	72.00

4.2.1.3　税金及附加预测

综合考虑，在后续预测期中将格力电器税金及附加的占比平均值向下略作修正，采用0.75%作为税金及附加的占比预测值。

4.2.1.4　销售费用预测

延续上文假设，公司完成收购后销售费用会有所提升，2016—2018年销售费用占比分别为20%、18%、16%，之后会进入稳定阶段，2019—2025年销售费用占比保持在15%，之后稳定期的销售费用占比会因市场环境变化小幅增长至16%。

4.2.1.5　管理费用预测

格力电器一直以强大的管理能力著称，其管理费用控费能力优异，假设2016—2018年其管理费用占比分别为6%、5.5%和5%，后续均保持在4.5%左右。

4.2.1.6　所得税预测

假设其所得税税率将一直保持在15%。

综上所述，格力电器营业收入增长率及各项关键指标①占比的预测如表12所示。

表12　2016—2026年格力电器营业收入增长率及各项关键指标占比预测　单位:%

项目	2016年	2017年	2018年	2019年	2020年	2021年	2022年	2023年	2024年	2025年	2026年
营业收入增长率	15.50	30.50	16.50	14.00	12.00	9.50	7.50	6.50	5.50	4.50	4.00
营业成本/营业收入	64.00	66.00	68.00	70.00	70.00	70.00	70.00	70.00	70.00	70.00	72.00
税金及附加/营业收入	0.75	0.75	0.75	0.75	0.75	0.75	0.75	0.75	0.75	0.75	0.75
销售费用/营业收入	20.00	18.00	16.00	15.00	15.00	15.00	15.00	15.00	15.00	15.00	16.00
管理费用/营业收入	6.00	5.50	5.00	4.50	4.50	4.50	4.50	4.50	4.50	4.50	4.50
所得税/营业利润	15.00	15.00	15.00	15.00	15.00	15.00	15.00	15.00	15.00	15.00	15.00

---

① 格力电器各项关键指标包括营业收入、营业成本、税金及附加、销售费用、管理费用、所得税。

根据以上预测的占比和增长率，进一步计算得到格力电器各项关键指标的绝对数值，然后可以推算出其税后净利润的规模，预测结果如表13所示。

表13 2016—2026年格力电器各项关键指标绝对数值及税后净利润预测

单位：亿元

项目	2016年	2017年	2018年	2019年	2020年	2021年	2022年	2023年	2024年	2025年	2026年
营业收入	1 128.96	1 473.29	1 716.38	1 956.67	2 191.47	2 399.66	2 579.64	2 747.32	2 898.42	3 028.85	3 150.00
营业成本	722.53	972.37	1 167.14	1 369.67	1 534.03	1 679.77	1 805.75	1 923.12	2 028.89	2 120.19	2 268.00
税金及附加	8.47	11.05	12.87	14.68	16.44	18.00	19.35	20.60	21.74	22.72	23.63
销售费用	225.79	265.19	274.62	293.50	328.72	359.95	386.95	412.10	434.76	454.33	504.00
管理费用	67.74	81.03	85.82	88.05	98.62	107.98	116.08	123.63	130.43	136.30	141.75
营业利润	104.43	143.65	175.93	190.78	213.67	233.97	251.51	267.86	282.60	295.31	212.63
所得税	15.66	21.55	26.39	28.62	32.05	35.10	37.73	40.18	42.39	44.30	31.89
税后净利润	88.76	122.10	149.54	162.16	181.62	198.87	213.79	227.68	240.21	251.02	180.73

4.2.2 现金流量相关指标预测

4.2.2.1 折旧与摊销预测

2011—2015年格力电器折旧与摊销的历史数据如表14所示，其占营业收入的平均比重为1.02%，因此假设2016—2026年格力电器折旧与摊销占比为1.02%。

表14 2011—2015年格力电器折旧与摊销历史数据

项目	2011年	2012年	2013年	2014年	2015年	五年平均
营业收入/亿元	831.55	993.16	1 186.28	1 377.50	977.45	1 073.19
固定资产折旧/亿元	5.83	8.83	11.46	12.76	12.45	10.26
无形资产摊销/亿元	0.31	0.69	0.49	0.55	0.59	0.52
长期待摊费用摊销/亿元	0.19	0.27	0.35	0.26	0.14	0.24
折旧与摊销总计/亿元	6.33	9.78	12.30	13.57	13.18	11.03
折旧与摊销/营业收入/%	0.76	0.99	1.04	0.99	1.35	1.02

数据来源：Wind数据库。

4.2.2.2 资本性支出预测

2011—2015年格力电器资本性支出①数据如表15所示，其中，2014—2015年资本性支出占营业收入的平均比重为2.12%。2019—2026年营业收入增速下降，企业在高增长阶段的净资本性支出高于低增长期，因此假设2016—2018年格力电器资本性支出占比为2.12%，2019—2025年为1.8%，2026年及以后为1.5%。

表15 2011—2015年格力电器资本性支出数据

项目	2011年	2012年	2013年	2014年	2015年	平均
营业收入/亿元	831.55	993.16	1 186.28	1 377.50	977.45	1 073.19

---

① 资本性支出=购建固定资产、无形资产和其他长期资产支付的现金-处置固定资产、无形资产和其他长期资产收回的现金净额。

项目	2011 年	2012 年	2013 年	2014 年	2015 年	平均
购建固定资产等支付的现金/亿元	47.78	36.02	24.61	17.77	28.85	31.01
处置固定资产等收回的现金净额/亿元	0.06	0.00	0.01	0.02	0.01	0.02
资本性支出/亿元	47.72	36.02	24.60	17.75	28.83	30.98
资本性支出/营业收入/%	5.74	3.63	2.07	1.29	2.95	3.14

数据来源：Wind 数据库。

4.2.2.3 净营运资本预测

2011—2015 年格力电器净营运资本①的历史数据如表16所示，其占营业收入的平均比重为22.44%，因此假设2016—2026年格力电器净营运资本占比为22.44%。

表16 净营运资本历史数据

项目	2011 年	2012 年	2013 年	2014 年	2015 年	平均
营业收入/亿元	831.55	993.16	1 186.28	1 377.50	977.45	1 073.19
流动资产/亿元	717.56	850.88	1 037.33	1 201.43	1 209.49	1 003.34
应付账款/亿元	156.36	226.65	274.34	267.85	247.94	234.63
预收款项/亿元	197.53	166.30	119.86	64.28	76.20	124.83
应付职工薪酬/亿元	7.29	13.58	16.40	15.50	16.97	13.95
应交税费/亿元	−6.80	25.22	61.57	83.09	29.78	38.57
其他应付款/亿元	33.36	54.42	47.94	25.46	26.08	37.45
其他流动负债/亿元	95.89	157.44	309.16	485.85	550.08	319.68
净营运资本/亿元	233.91	207.27	208.04	259.40	262.45	234.21
净营运资本/营业收入/%	28.13	20.87	17.54	18.83	26.85	22.44

数据来源：Wind 数据库。

综上所述，格力电器现金流量相关指标②预测如表17所示。

表17 格力电器现金流量相关指标预测　　　　单位：亿元

项目	2016 年	2017 年	2018 年	2019 年	2020 年	2021 年	2022 年	2023 年	2024 年	2025 年	2026 年
税后净利润	88.76	122.10	149.54	162.16	181.62	198.87	213.79	227.68	240.21	251.02	180.73
折旧与摊销	11.52	15.03	17.51	19.96	22.35	24.48	26.31	28.02	29.56	30.89	32.13
资本性支出	23.93	31.23	36.39	35.22	39.45	43.19	46.43	49.45	52.17	54.52	47.25
净营运资本变化	−9.11	77.27	54.55	53.92	52.69	46.72	40.39	37.63	33.91	29.27	27.19

---

① 净营运资本＝流动资产−无息流动负债（流动资产不包含现金，无息流动负债＝应付账款+预收款项+应付职工薪酬+应交税费+其他应付款+其他流动负债）。

② 格力电器现金流量相关指标包括税后净利润、折旧与摊销、资本性支出、净营运资本变化。

4.2.3 预测期内 FCFF$_i$ 的预测与计算

根据税后净利润、折旧与摊销、资本性支出、净营运资本变化的预测，可以得到2016—2026 年格力电器自由现金流量。

4.2.4 加权平均资本成本预测

加权平均资本成本计算公式如下：

$$\text{WACC} = R_e \times \frac{E}{V} + R_d \times \frac{D}{V} \times (1 - T)$$

其中，WACC 表示加权平均资本成本，R_e 表示股权融资成本，R_d 表示债务融资成本，E 表示公司的股权价值，D 表示债权价值，V 表示企业价值，T 代表公司适用的所得税税率。

4.2.4.1 R_e 的预测

本案例采用 CAPM 模型来对格力电器的股权融资成本进行预测，公式如下：

$$R_e = R_F + \beta(R_m - R_f)$$

其中，R_F、R_f 分别表示不同取值的无风险收益率，$(R_m - R_f)$ 表示市场风险溢价。

本案例选取 2015 年 10 年期国债利率 3.37% 作为计算所使用的无风险收益率 R_F。

β 值反映了个股收益变动与整个市场收益率变动之间的关系，基于 2010—2015 年的数据，通过计算可以得出格力电器的 β 值为 0.963 3，假设格力电器将一直保持此β 值。

因为 A 股市场历史较短，还不够成熟，所以用香港的股票市场风险溢价来进行估计。本案例选取 2003—2015 年恒生指数的数据，取其年度算术平均收益率 10.46% 作为市场收益率，2003—2015 年一年期香港银行同行业拆借利率（HIBOR）的算术平均值 1.81% 作为无风险收益率 R_f，得到市场风险溢价为 8.65%。

4.2.4.2 R_d 的预测

格力电器的有息负债主要由银行及其他金融机构的借款组成，计算得到其 2010—2015 年的平均借款成本为 3.75%，处于较低水平，珠海银隆相对借款成本偏高，但考虑到格力电器完成收购后将给珠海银隆带来强力增信，本案例假设 2016—2018 年借款成本不变，为 3.75%，2019—2025 年为 4%，2026 年及以后为 4.5%。

4.2.4.3 资本结构及所得税税率预测

根据 2015 年年末公司的具体资料，计算出其股权市场价值为 1 344.52 亿元，债权价值为 92.56 亿元，进一步可以推算出其股权和债权占企业价值的比例。将珠海银隆杠杆率偏高的情况加入考虑后，假设 2016—2018 年股权占比为 92%，债权占比为 8%；往后随着公司的发展和市场的成熟，债务融资比例会有所提升，2019—2025 年股权占比为 90%，债权占比为 10%；再往后该比例会进一步调整，2026 年及以后股权占比为80%，债权占比为 20%。

所得税税率依旧如上文所述，假设保持在 15% 的水平。

综上所述，可以根据上述假设条件计算出三个阶段格力电器的加权平均资本成本，并以之作为折现率。

问题与思考

1. 格力电器是否应该采取多元化战略？请评述格力电器收购珠海银隆的决策是否合理。

2. 格力电器收购珠海银隆的价格是否合理？

3. 在股东大会中，作为中小股东应该投票支持还是反对格力电器定向增发并收购珠海银隆？请详述你对此次收购设计的看法，并用计算加以说明。

参考文献

[1] 李善民，朱滔. 多元化并购能给股东创造价值吗?：兼论影响多元化并购长期绩效的因素 [J]. 管理世界，2006 (3)：129-137.

[2] 刘慧玲，贺云龙. 大股东认购定向增发股份的折扣率与市场反应：来自中国证券市场的经验数据 [J]. 投资研究，2019，38 (2)：148-158.

[3] 权忠光，肖翔. 收益法在企业价值评估中的应用研究 [J]. 中国资产评估，2004 (5)：8-11.

[4] 陶瑞，刘东. 企业并购失败的原因分析 [J]. 技术经济与管理研究，2012 (1)：48-51.

[5] 王志强，张玮婷，林丽芳. 上市公司定向增发中的利益输送行为研究 [J]. 南开管理评论，2010，13 (3)：109-116，149.

[6] 魏哲，张海燕. 大股东参与定增新解：市值管理亦或股价操纵 [J]. 投资研究，2016，35 (8)：130-149.

[7] 武明昊，陈剑，王崇，等. 锂离子电池负极材料的研究进展 [J]. 电池，2011，41 (4)：222-225.

[8] 杨旭宁，孙会霞. 上市公司定向增发成功与否的因素研究：基于大股东参与视角的实证分析 [J]. 投资研究，2017，36 (8)：82-99.

[9] 俞静，徐斌. 发行对象、市场行情与定向增发折扣 [J]. 中国会计评论，2009，7 (4)：419-438.

[10] 俞跃，孙雪莲. 新能源汽车行业盈利能力分析 [J]. 全国流通经济，2019 (19)：128-129.

[11] 张鸣，郭思永. 大股东控制下的定向增发和财富转移：来自中国上市公司的经验证据 [J]. 会计研究，2009 (5)：78-86，97.

附表

项目	2014 年	2015 年	2016 年 6 月
流动资产：	—	—	—
货币资金	39 657.31	134 817.40	170 519.34
应收票据	—	48.23	—
应收账款	29 379.44	314 323.33	472 983.72
预付款项	15 587.34	6 416.18	4 543.41
其他应收款	91 884.56	70 510.46	19 718.29
存货	69 655.11	73 971.86	74 591.61
划分为持有待售的资产	—	357.15	—
一年内到期的非流动资产	86.67	—	—
其他流动资产	9 287.70	49 977.42	9 447.62
流动资产合计	255 538.12	650 422.03	751 803.99
非流动资产：	—	—	—
固定资产	78 903.37	169 923.68	218 232.01
在建工程	7 845.60	24 545.71	19 670.80
无形资产	67 206.54	91 795.55	89 934.24
商誉	26 478.05	27 234.13	27 832.07
长期待摊费用	991.39	870.38	923.55
递延所得税资产	7 067.97	10 834.26	10 475.13
其他非流动资产	7 506.97	11 780.61	7 159.84
非流动资产合计	195 999.89	336 984.30	374 227.64
资产总计	451 538.01	987 406.34	1 126 031.64
流动负债：	—	—	—
短期借款	100 486.53	98 310.43	176 863.65
衍生金融负债	3.73	0.42	0.42
应付票据	29 600.00	32 250.91	3 823.68
应付账款	47 462.10	164 263.88	228 517.17
预收款项	19 402.55	2 549.70	4 076.23
应付职工薪酬	999.94	2 523.65	4 005.55
应交税费	4 053.46	22 830.65	39 636.33
应付利息	—	148.20	—

项目	2014 年	2015 年	2016 年 6 月
其他应付款	72 026.27	16 133.37	2 999.08
一年内到期的非流动负债	—	41 320.00	64 922.89
流动负债合计	274 034.57	380 331.21	524 845.01
非流动负债:	—	—	—
长期借款	81 490.00	76 670.00	68 300.00
长期应付款	75 145.50	82 518.81	23 891.39
预计负债	1 294.44	19 690.20	27 095.26
递延收益	3 6 3 0 3..38	54 621.87	61 899.95
递延所得税负债	—	—	—
非流动负债合计	194 233.32	233 500.88	181 186.61
负债合计	468 267.89	613 832.09	706 031.62
所有者权益:	—	—	—
实收资本	31 333.33	84 480.00	85 632.00
资本公积	13 665.07	309 922.03	317 770.03
其他综合收益	-611.20	-986.00	-1 146.55
未分配利润	-64 452.93	-18 783.83	18 780.65
外币报表折算差额	—	—	—
归属于母公司的股东权益合计	-20 065.73	374 632.21	421 036.13
少数股东权益	3 335.84	-1 057.97	-1 036.11
所有者权益合计	-16 729.88	373 574.24	420 000.02
负债和所有者权益总计	451 538.01	987 406.34	1 126 031.64

附表 2　2014—2016 年 6 月珠海银隆利润表　　　　单位:万元

项目	2014 年	2015 年	2016 年 6 月
一、营业总收入	34 770.54	386 185.79	248 417.48
其中:营业收入	34 770.54	386 185.79	248 417.48
二、营业总成本	68 250.86	339 117.48	206 837.49
其中:营业成本	21 633.76	239 197.74	165 426.33
税金及附加	134.55	1 104.95	1 653.04
销售费用	2 528.20	22 777.77	13 117.42
管理费用	18 643.16	32 847.21	16 842.66
财务费用	23 157.23	31 042.08	14 625.82
资产减值损失	2 153.96	12 147.73	-4 827.76

项目	2014 年	2015 年	2016 年 6 月
加：公允价值变动净收益	211. 24	3. 40	—
投资收益	6. 00	—	—
三、营业利润	−3 3 263. 08	47 071. 71	41 579. 99
加：营业外收入	5 290. 22	3 595. 50	7 945. 60
其中：非流动资产处置利得	451. 02	—	—
减：营业外支出	180. 14	182. 86	171. 26
其中：非流动资产处置损失	85. 55	93. 74	1. 34
四、利润总额	−28 153. 00	50 484. 34	49 354. 32
减：所得税费用	−1 575. 38	8 882. 27	11 626. 64
五、净利润	−26 577. 61	41 602. 08	37 727. 68
归属于母公司所有者的净利润	−22 251. 49	45 669. 11	37 564. 47
少数股东损益	−4 326. 12	−4 067. 03	163. 20
六、其他综合收益的税后净额	2. 56	−704. 78	−301. 90
归属于母公司所有者的其他综合收益的税后净额	1. 36	−374. 80	−160. 55
归属于少数股东的其他综合收益的税后净额	1. 20	−329. 98	−141. 35
七、综合收益总额	−26 575. 06	40 897. 30	37 425. 78
归属于母公司所有者的综合收益总额	−22 250. 13	45 294. 31	3 7 403. 92
归属于少数股东的综合收益总额	−4 324. 92	−4 397. 01	21. 85

案例六 格力电器收购珠海银隆（A）

案例七

格力电器收购珠海银隆(B)[①]

2016年2月22日,格力电器宣布停牌,筹划重大资产收购;2016年3月6日,格力电器公告拟筹划发行股份收购与格力电器同处珠海的珠海银隆。2016年8月18日,格力电器宣布通过定向增发募集配套资金的方式,耗资130亿元收购珠海银隆100%股份。格力电器的这一跨界高价收购引起了各方极大争议。2016年8月25日,深交所向格力电器发出问询函,就格力电器与珠海银隆交易价格的公允性、电动汽车未来市场发展前景等提出29个问题。2016年10月28日,格力电器召开该年第一次临时股东大会,对定向增发收购珠海银隆以及配套募资议案进行表决。26项议案名目繁多,但最主要是两件事:定向增发130亿元收购珠海银隆与配套募资97亿元。董明珠在会上表示,预计钛酸锂大巴车将占据中国一半的市场,全球保守估计至少有10万辆大巴订单。承接此事的招商证券投行部和公司制定了三大主要议案:①《关于公司本次发行股份购买资产并募集配套资金暨关联交易符合法律、法规规定的议案》;②《关于公司向特定对象发行股份购买资产方案的议案》;③《关于公司募集配套资金的议案》。这三个议案均为涉及关联股东须回避表决的议案,由相关法律意见书可知,珠海格力集团有限公司、中信证券股份有限公司、阳光人寿保险股份有限公司、董明珠等公司关联股东对相关的议案表决进行了回避。最终投票结果是,议案②涉险通过,赞成比例66.96%(刚好超过2/3);而议案①和③被否决。

但董明珠并未就此放弃。2016年12月15日,在中国制造高峰论坛上,万达集团、中集集团、北京燕赵汇金国际投资公司、江苏京东邦能投资管理有限公司4家企业和董明珠个人与珠海银隆签署增资协议,共同增资30亿元,获得珠海银隆22.388%的股权。其中董明珠持股7.84%,与北京燕赵汇金并列第五大股东。后来又经过两次增资,董明珠持股比例增至17.46%,成为珠海银隆的第二大股东。而万达集团投资5亿元,获得了珠海银隆约3.73%的股权。中集集团增资2亿元,持股占比约1.5%。

之后的两年,珠海银隆迎来短暂的销量上升。2017年,珠海银隆新能源客车以

[①] 本案例由西南财经大学张翼和李小红编写,仅供案例讨论和学习时作为参考所用,并不用以说明企业某一管理决策的处理是否有效。

6 626 辆的年销量排名全国第四，2018 年则以 7 278 辆的年销量排名全国第三，仅次于宇通、比亚迪。同年，珠海银隆却被发现在管理上存在严重问题。2018 年年初，该公司被曝拖欠多家供应商货款，总计超 10 亿元；2018 年 5 月，珠海银隆的上市辅导被终止，河北武安工厂大面积减产；2018 年 7 月，南京产业园一度被法院查封。2018 年 11 月，珠海银隆更是自曝"家丑"，指控创始人魏银仓等人侵占公司利益超过 10 亿元，而董明珠则与魏银仓正式决裂，控告魏银仓及其合作伙伴孙国华等人涉嫌骗取国家财政资金、侵占公司利益等多个罪名，并起诉魏银仓、孙国华、银隆集团等关联交易损害逾 7 亿元。另一边，魏银仓也指责董明珠侵犯大股东权益，并向有关部门举报。最终，纠纷以珠海银隆发布公告称"公司大股东、原董事长魏银仓及公司原总经理孙国华等涉嫌骗取国家财政资金 1.1 亿元，涉嫌诈骗罪"告终。随后，在 2018 年 12 月的公开活动中，董明珠谈及珠海银隆危机时，直言珠海银隆"真的就是窟窿"。2019 年 4 月，珠海银隆官微发布声明，前董事长魏银仓出逃，包括孙国华在内的六人已被刑拘，涉及侵占公司利益总计超过 14 亿元。2019 年，珠海银隆的销量出现断崖式下跌，全年销量仅为 2 708 辆，同比下滑 62.76%。

2021 年 8 月，格力电器发布公告称，为积极响应国家"双碳"目标和相关产业政策，加速现有多元化业务发展，公司通过网络司法拍卖、公开竞拍方式，以 18.28 亿元竞得珠海银隆 30.47% 的股权。同时，董明珠将其个人持有的珠海银隆 17.46% 股权对应的表决权委托公司行使。同年 11 月，珠海银隆正式更名为"格力钛新能源股份有限公司"（以下简称"格力钛"），成为格力电器控股的子公司，在年报中并表。自并表以来，格力钛便持续处于亏损之中。其中，2021 年并表后，格力钛的营业收入和净亏损分别为 6.94 亿元、4.17 亿元。2022 年及 2023 年上半年，格力钛的营业收入分别为 25.87 亿元、14.40 亿元；而净亏损分别为 19.05 亿元、1.71 亿元。从并表至 2023 年年末，格力钛的累计净亏损达 24.93 亿元，而账面净资产从 24.69 亿元缩水至 0.66 亿元。

据公司相关公告，格力钛推出商用车、专用车两大系列新能源汽车产品，在北京、上海、广州、成都等全国 230 多个城市将生产的新能源汽车投入运营。而业内专业人士指出，钛酸锂能量密度低、续航里程短，不太可能用来制造轿车。不过，董明珠另有看法，她认为钛酸锂电池具有充电速度快、寿命长、低温性能优越的特点，更适合新能源汽车储能场景。然而，经历管理层大换血后的格力钛仍面临电池技术路线上的问题。格力钛主打钛酸锂技术路线，虽然钛酸锂拥有安全性强、相对耐用等优点，但与磷酸铁锂及三元锂相比，钛酸锂的成本过高且能量密度较低。因此，在激烈的竞争中，其市场份额逐渐被磷酸铁锂及三元锂蚕食。据中国客车统计信息网数据，2022 年，格力钛 6 米以上客车销量为 1 789 辆，同比下滑 11.65%，销量在行业内排名第 14 位，而排名前三名的宇通客车、中通客车和苏州金龙的销量分别为 24 892 辆、8 957 辆和 7 741 辆。而在 2023 年上半年，格力钛的客车销量仅 697 辆，再度下滑 23.91%。

除了管理层和技术层的问题，格力钛还存在着其他问题。首先是关联交易问题。2016 年至 2022 年，格力电器与珠海银隆及其子公司一直存在大额关联交易。2018 年，因涉嫌通过关联交易侵占公司财产、损害公司利益，珠海银隆将创始人魏银仓、孙国华告上了法庭，此次案件的涉案金额超 7.8 亿元。魏银仓也因此逃往美国。而格力电器2021年年报中披露，截至购买日2021年10月31日，珠海银隆归属于母公司所有者的可辨认净资产公允价值为12.15亿元，收购成本18.28亿元与格力钛可辨认净资产公允价值之差形成商誉6.13亿元。银隆在购买日的账面净资产公允价值为24.69亿元，2021年11月至12月的营业收入与净亏损分别为6.94亿元和3.21亿元。2022年，格力钛的营业收入与净亏损分别为25.87亿元与19.05亿元。公司的总资产从年初的272.82亿元降至250.24亿元，总负债从年初的251.35亿元降至247.86亿元。以此计算，净资产从年初的21.47亿元缩水到2.38亿元。此外，2022年上市公司对格力钛计提商誉减值准备1.5亿元。

其次，格力钛还面临11.5亿元对赌协议补偿。2015年12月，阳光人寿保险股份有限公司（以下简称"阳光保险"）增资珠海银隆10亿元，并约定了业绩对赌。后因珠海银隆业绩不达标，阳光保险要求珠海银隆与原股东承担补偿责任，诉求金额是原来的本金10亿元及利息1.5亿元，总计11.5亿元。与阳光保险类似存在业绩对赌增资协议的股东还有另外7家，投资本金是11.1亿元。格力电器2022年年报显示，经过两次开庭及多次书面意见交换，案件仍处于等待仲裁庭调查取证及裁决阶段，格力钛需要承担的诉讼金额尚无法估计。

最后，格力电器在汽车空调业务上依然没有得到认可。2019年，在央视网《面对面》节目中主持人提出："有人说，这段时间的事实证明董事会（拒绝收购银隆）的决定是正确的。"董明珠对此回应："为了格力更长远的发展，必须要进入汽车领域。常年来格力在汽车空调业务上没有得到认可，但是银隆提供了一个汽车空调的平台，通过这个平台，格力汽车空调的门打开了，这才是真正的收益。"然而，据媒体报道，除了2016年，格力电器在此后的财报中从未提到汽车空调。格力钛的发展重心也转向锂电池材料、电动汽车动力总成、智能储能等领域。

尽管面对的窟窿越来越多，2023年12月格力电器在公告中却披露拟花超10亿元增持格力钛。这则消息不仅宣告了格力电器在实施新能源战略的背景下与格力钛的绑定更深入，也预示着7年前用真金白银"力挺"董明珠的珠海银隆投资人或已相继退场。天眼查显示，此次向格力电器转让股权的12名交易方中，既包括珠海银隆的早期投资人普润资本，也包含由中集集团担任合伙人的创智联诚，大连万达集团的控股孙公司北京红航文化，以及北京京东世纪旗下公司北京汽广行等。不过，万达、京东、中集集团等股东虽然得以成功退出，但在格力钛估值大幅下滑的背景下，上述投资方均出现了投资亏损。而除上述股东外，目前，格力钛的股东还包括阳光人寿、珠海银隆前创始人孙国华旗下的珠海厚铭，以及北京公交公司旗下的北京巴士传媒、陕煤集团控股的现代能源创投等。若未来格力电器成功增持格力钛股权，这些股东或也将得以退出。

而在此次收购格力钛股权的公告中，格力电器一方面表示公司对格力钛未来发展充满信心，此次交易有助于公司加强对格力钛的管理与控制，发挥双方协同效应，降低内部管理成本。但另一方面也表示格力钛仍受到原大股东遗留的经营管理问题以及新能源行业内部竞争加剧等因素的影响，且为了开拓市场仍需保持较高的研发投入，未来公司的业绩表现及业务经营仍可能存在一定的风险。

不管格力电器对格力钛的发展前景表示多么有信心，市场和投资者对其持续亏损和高负债率仍持谨慎态度。增持公告发布的第二天（2023年12月20日），格力电器开盘即股价大跌。至20日收盘，单日股价跌幅为7.09%，较19日收盘时市值蒸发超130亿元。21日凌晨1点半，格力电器突然发布了2023年度业绩预告。业绩预告显示，2023年格力电器预计营业总收入2 050亿~2 100亿元，上年同期为1 901.51亿元；归母净利润270亿~293亿元，同比增长10.2%~19.6%。在这一时间关口下选择"剧透"业绩，多少有为了股价"力挽狂澜"的意味。2023年12月21日至22日，格力电器股价连续两天上涨，收盘涨幅分别为2.24%和1.75%，但格力电器市值距离完全收回20日"失地"还有将近60亿元。

格力钛已成为格力电器在新能源领域的重要布局，但面临的挑战和市场反应仍需谨慎观察。2024年4月29日，格力电器公布了2023年度报告，2023年格力电器营业收入为2 040亿元，归母净利润为290.2亿元，创下了历史新高。格力电器的竞争对手美的集团与海尔集团同期的营业收入亦均创下历史新高，且超过格力电器，同时其多元化发展也比格力电器更为成熟。

据海尔集团公开的2023年营业收入数据，2023年海尔集团全球营业收入为3 718亿元，高于格力电器，同时海尔集团的全球利润总额为267亿元，营收利润双增，均比2022年上涨了6%。而更具可比性的美的集团2023年营业收入为3 720亿元，较上年同期的3 439亿元增长8.17%，净利润337亿元，其营业收入和净利润同时创下历史新高。其中，2023年空调业务营业收入为1 611亿元，占公司总营业收入比重为43.31%。而同期格力电器空调的营业收入为1 512亿元，占公司总营业收入比重为74.12%，美的集团空调的营业收入超过了格力电器空调的营业收入。不过，2023年美的集团空调毛利率为25.57%，空调营业收入比上年同期增长6.95%，空调营业成本比上年同期增加3.17%，毛利率提高2.73%；而格力电器空调营业成本为952亿元，空调毛利率为37.04%，空调营业收入比上年同期增长12.13%，空调营业成本比上年同期增加4.49%，毛利率提高4.60%。格力电器空调的毛利率高于美的集团，并且毛利率提升幅度也高于美的集团。截至2024年5月8日，格力电器总市值2 376.45亿元，而美的集团的总市值则为4 934.40亿元。海尔集团虽然不是上市公司，但它拥有四家上市公司，分别是海尔智家、海尔电器、海尔生物和盈康生命，其中海尔智家市值为2 951.30亿元。

问题与思考

1. 为什么董明珠在格力电器收购珠海银隆被否决的情况下，仍然自己出资联合其他投资人收购珠海银隆的股权？

2. 2021年在珠海银隆业绩恶化，爆出严重内部问题的情况下，格力电器为什么要竞拍得到珠海银隆的股权？

3. 如何看待在格力钛业绩不断亏损，估值持续下滑的情况下，格力电器在2023年12月增持格力钛？

参考文献

［1］Choice 数据库. 格力电器：关于对深圳证券交易所《关于对珠海格力电器股份有限公司的重组问询函》的回复［DB/OL］.（2016-09-02）［2024-05-13］.https：//guba.eastmoney.com/news, gssz, 547438272. html？jumph5 = 1.

［2］广东非凡律师事务所. 关于珠海格力电器股份有限公司二零一六年第一次临时股东大会的法律意见书［EB/OL］.（2016-10-28）［2024-05-13］.https：//data.eastmoney.com/notices/detail/000651/AN201705180588899107, JUU2JUEwwJUJDJUU1JThBBJTlCJUU3JTkk0JUI1JUU5JTk5JUE4JUE4. html.

［3］Choice 数据库. 格力电器：关于公司与珠海银隆新能源有限公司签订《合作协议》暨关联交易公告［DB/OL］.（2017-02-21）［2024-05-13］.https：//q.stock.sohu.com/cn, gg, 000651, 2417646097. shtml.

［4］Choice 数据库. 格力电器：关于公司与珠海银隆新能源有限公司关联交易预计的公告［DB/OL］.（2017-02-21）［2024-05-13］.https：//vip.stock.finance.sina.com.cn/corp/view/vCB_AllBulletinDetail.php？id = 5315528.

［5］Choice 数据库. 格力电器：对外投资暨关联交易的公告［DB/OL］.（2021-08-31）［2024-05-13］.https：//vip.stock.finance.sina.com.cn/corp/view/vCB_AllBulletinDetail.php？gather = 1&id = 7515520.

［6］黄婷. 力挺董明珠"资本局"已散场，格力投入 10 亿接盘图什么［EB/OL］.（2023-12-23）［2024-05-13］.https：//baijiahao.baidu.com/s？id = 1786063219385674367&wfr = spider&for = pc.

［7］王健文. 格力电器再度增持格力钛，"信任董明珠"的万达浮亏近 3.5 亿［EB/OL］.（2023-12-23）［2024-05-13］.https：//baijiahao.baidu.com/s？id = 1785809985659958731&wfr = spider&for = pc.

［8］吴丹若. 格力董明珠花数十亿收购后，银隆净资产去年缩水 19 亿元［EB/OL］.（2023-05-06）［2024-05-13］.https：//baijiahao.baidu.com/s？id = 1765100938860318500&wfr = spider&for = pc.

［9］佚名. 格力电器计划全盘收购银隆，加码新能源产业链［EB/OL］.（2023-12-21）［2024-05-13］.https：//baijiahao.baidu.com/s？id = 1785885766572532643&wfr = spider&for = pc.

［10］祖爽. 格力电器以 18 亿元入主银隆新能源，董明珠的"造车梦"还远吗［EB/OL］.（2021-09-04）［2024-05-13］.https：//baijiahao.baidu.com/s？id = 1709947830660378512&wfr = spider&for = pc.

［11］叶碧华, 房子翔. 格力电器 18 亿拍得银隆 30% 股权！真抄底还是烫手山芋［EB/OL］.（2021-08-31）［2024-05-13］.https：//baijiahao.baidu.com/s？id = 1709620056368369847&wfr = spider&for = pc.

［12］黎灵希. 坚定深化新能源战略，格力电器拟 10.15 亿元增持格力钛［EB/OL］.

（2023-12-19）[2024-05-13].https://baijiahao.baidu.com/s? id=178579513757158659
1&wfr=spider&for=pc.

[13] 佚名. 瓜分两个亿年终奖, 格力为何又硬气[EB/OL].(2024-02-06)[2024-
05-13].https://baijiahao.baidu.com/s? id=1790116140592150840&wfr=spider&for=pc.

案例八

江特电机收购九龙汽车①

摘要： 新能源汽车能够有效缓解气候变暖和能源短缺压力，是汽车产业转型发展的主要方向。虽然目前新能源汽车方面的政策补贴已经下降，但是行业发展乃是大势所趋，资本市场的收购活动依旧如火如荼。2015年江特电机通过收购九龙汽车，进军新能源汽车行业并重点发展汽车业务，然而短短4年后江特电机便卖出九龙汽车，退出新能源汽车产业。首先，本案例通过分析此次收购存在的风险，讨论此次收购对价的合理性，分析收购后公司的绩效表现，发现收购后公司长期业绩不达预期，绩效指标下滑。长期来看，收购九龙汽车是一次失败的尝试。其次，本案例回顾了收购交易过程，讨论了收购失败的原因。

关键词： 新能源汽车；估值；收购绩效；商誉减值

1 引言

传统燃油汽车发展至今已经有100多年的历史，其方便人们出行的同时，所带来的能源不足、环境严重污染等问题逐渐凸显，亟待解决。2000年以后，环境污染和出行问题逐渐成为世界性问题，新能源汽车应势走向舞台中央。随着新能源、智能网联的发展，汽车"电动化、智能化、网联化、共享化"成为整个汽车产业发展的趋势和目标。目前世界上很多国家均加快了汽车电动化转型，各国政府相继出台一系列规划、政策以促进汽车产业转型。

从政策方面来看，中国新能源汽车产业的快速发展壮大受到了国家宏观政策的大力支持，行业发展前景良好。我国新能源汽车发展始于21世纪初，采用"政府+市场"的模式，发展至今已有20多年。2010年，国务院将新能源汽车确定为战略性新兴产

---

① 本案例由西南财经大学张翼、赵霞和甘馨怡编写，仅供案例谈论和学习时作为参考所用，并不用以说明企业某一管理决策的处理是否有效。

业①，并正式开始实行一系列补贴政策。随后行业进入快速发展阶段。中国目前已经是世界上最大的新能源汽车生产国。

从行业方面来看，国内新能源汽车行业发展如火如荼，金融、资本高度活跃，行业收购、重组大幅增加。近几年虽然政策补贴滑坡较大，但是行业投融资热度不减，众多企业纷纷涌入，开始"造车"。例如 2019 年恒大 9.3 亿美元收购 NEVS 51% 股权，其在新能源汽车产业的总投资已超 3 000 亿元；2020 年美的 7.4 亿元收购合康新能；2019 年上海车展，华为发布汽车战略，格力新车上线。

从时间方面来看，早在 2015 年，本案例企业——江特电机便通过收购九龙汽车整合产业链，其以 5 倍溢价购买九龙汽车 100% 股权，收购后江特电机业绩下滑，收购效果未能如愿达到预期，2019 年年末江特电机果断以相当于买入价 2 折的价格将九龙汽车卖出，剥离了汽车业务。江特电机从进入新能源汽车行业到主动退出仅用了短短 4 年时间，在当下众多企业纷纷入局新能源汽车行业的背景下，江特电机的收购故事具有参考作用与研究价值。

2 收购双方简介

2.1 江特电机

江特电机全称江西特种电机股份有限公司，是一家民营控股的老牌电机企业。1991 年 11 月经江西省股份制改革联审小组批准，以江西宜春电机厂作为改制主体并向职工发行内部职工股，募集设立股份有限公司，即江特电机，后经一系列股权转让和增资扩股，由国有控股企业转变为民营企业，总部位于有"亚洲锂都"之称的江西省宜春市。2007 年 10 月 12 日江特电机在深圳证券交易所上市，股票代码"002176"。截至 2015 年 9 月 30 日，公司股份总数为 1 150 947 397 股，持股超过 5% 的股东为江西江特电气集团有限公司（以下简称"江特电气集团"）和宜春市袁州区国有资产运营有限公司，持股比例分别为 20.79% 和 5.01%。

公司控股股东江特电气集团成立于 1995 年 4 月，主营产品为电气机械、器材等。自然人朱军、卢顺民通过共同持有江特实业公司 100% 股权，控股江特电气集团，从而直接和间接共计共同持有江特电机 20.91% 的股份，是江特电机的实际控制人，具体控制关系如图 1 所示。2002 年至 2015 年 9 月，实际控制人朱军任董事长兼总经理、江特电气集团董事，为江特电机法定代表人；2002 年至 2015 年 9 月，实际控制人卢顺民任江特电机董事、江特电气集团董事长兼总经理，2006 年起任江特电气集团董事长。自江特电机 2007 年首次公开发行上市以来，公司管理层稳定，控制权未发生过变化。

---

① 《国务院关于加快培育和发展战略性新兴产业的决定》（国发〔2010〕32 号）。

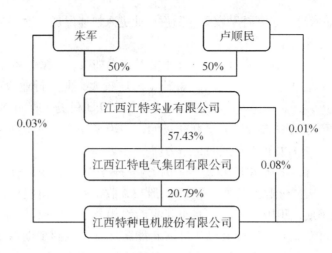

图1 收购交易前江特电机股权结构图

[数据来源:《交易预案(修订稿)》]

江特电机主营业务为特种电机的研发、生产与销售,主导产品为起重冶金电机、高压电机等中小型电机。自公司成立以来,产品经由最初只生产较少规格品种的起重冶金电机和普通电机,发展到以生产规格品种齐全的起重冶金电机和中型高压电机为主,同时辅以生产其他低压电机和机械产品。2010年,公司开始跨界经营锂电业务。随着宏观经济发展速度变缓,传统电机市场需求不足,公司积极开拓电动汽车行业等新兴市场。根据2015年公司半年报,公司业务以华南和华东地区为主,下属控股、参股公司21家。通过多年持续经营与发展,公司已形成电机产业、矿产业和锂电新能源产业三块主营产业,其中,电机产业销售收入一直是公司收入的主要来源。

从电机产业方面来看,江特电机的起重冶金电机、风电电机、电梯扶梯电机等多个产品的市场占有率位居细分行业首位,是国家电机制造行业的骨干企业,综合竞争力较强。收购交易前,电梯扶梯电机销售不断增长,毛利润持续提升,已跃升为公司新的一款主导产品;新能源汽车电机业务也在快速增长。2015年4月,江特电机收购的米格电机是行业内伺服电机龙头企业,每年保持高速增长,其主要客户群体来自纺织雕刻和自动化行业等,下游客户包括大豪科技、英威腾等大型企业。

从矿产业方面来看,江特电机在锂矿资源上优势明显,其所处地理位置优越,拥有的矿区面积资源价值大。江特电机所在地——江西省宜春市拥有亚洲储量最大的锂瓷石矿①,公司在宜春地区拥有5处采矿权、6处探矿权,矿区面积30多平方公里,占宜春境内已勘探锂矿面积近三分之二。截至公司交易日,收购锂电新能源产业还处在建设期,尚未形成相应的经济效应,但早在2009年公司就制定了发展战略,已经拥有良好的锂电技术优势。公司通过江特矿业持股银锂公司99.99%的股份。银锂公司实现了利用锂云母制备电池级碳酸锂的规模化生产,其成功研制的"低成本综合利用锂云母制备电池级碳酸锂及其系列副产品的低温等离子法新工艺"具有国内领先水平;"处理锂云母原料的新方法"已获得国家专利证书。

---

① 锂瓷石矿可加工提炼钽铌、锂、铷、铯、锂长石粉等重要基础材料产品,具有重要应用价值。

收购前，江特电机经营情况并不乐观，业绩出现了下滑。收购前两年一期内（2013年、2014年和2015年1—8月）实现营业收入分别为85 538.03万元、79 329.9万元和52 513.40万元，实现归母净利润分别为5 688.08万元、3 873.99万元和1 751.99万元。收购交易发生前一年（2014年）传统产业持续低迷，产品订单减少，公司经济效益同比下降。面对严峻的市场环境与经营困境，公司急需寻找新的利润增长点。

2.2 九龙汽车

2002年9月24日，陈芝强、罗平以货币方式分别出资150万元和50万元，合计200万元注册资本，设立宏运客车，法定代表人为陈芝强。从成立至收购交易前，公司前后共经过8次增减注册资本、4次股权转让。2007年3月，公司名称变更为"江苏九龙客车制造有限公司"；2008年4月变更为"江苏九龙汽车制造有限公司"（以下简称"九龙汽车"）。截至收购交易日，九龙汽车注册资本为3亿元，大股东俞洪泉、赵银女为公司的实际控制人，股权控制结构如图2所示。截至2015年8月31日，九龙汽车共有一家全资子公司，即扬州市江都区洪业汽车部件有限公司（以下简称"洪业汽车"），主要经营汽车配件生产、加工、销售等业务。2014年10月江特电机以1.02亿元收购了洪业汽车100%股权。

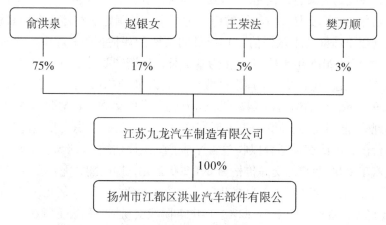

图2　收购交易前九龙汽车股权结构

［数据来源：《交易预案（修订稿）》］

九龙汽车是一家长期坚持以自主研发为主的自主品牌公司，业务经营范围涵盖汽车研发、生产、销售、服务、进出口贸易整个流程，公司地址位于江苏省扬州市，2011年被认定为国家高新技术企业，2012年被认定为江苏省创新型企业。公司经过十余年的快速发展，业务范围逐渐丰富，产品结构逐步完善，整体实力不断增强。公司已形成九龙海狮系列、新能源系列、九龙考斯特系列和艾菲系列等多种车型生产平台，核心产品为九龙商务车系列。截至2015年8月31日，公司经营的新能源汽车均属于纯电动汽车，形成了E4电动物流车、E6纯电动客车、E7纯电动考斯特、E66和E8纯电动公交车的全产业结构，涵盖物流、商务、公交三大新能源汽车领域。在收购交易前，九龙汽车已取得27项专利技术，其中实用新型专利21项；取得有效公告车型81个，其中新能源汽车公告车型23个。

截至 2015 年 8 月末，九龙汽车总资产 150 862.74 万元。两年一期内实现营业收入分别为 74 229.5 万元、87 541.7 万元和 93 701.11 万元，实现净利润分别为 1 926.6 万元、6 343.09 万元和 12 667.49 万元。2014 年，公司紧跟国家发展大势，开始进行新能源汽车生产与销售。收购交易前实现两年一期营业收入快速增长，净利润呈现成倍上升态势，行业具有较大发展潜力，公司发展势头良好。

3 收购概述

3.1 收购方案概述

江特电机是通过分步形式，逐步完成对九龙汽车全部股权收购。首先，2015 年 8 月，交易双方签订《股权转让协议》，江特电机以 9.5 亿元现金购买九龙汽车大股东俞洪泉所持有的 32.62% 部分的股权（出资额为 9 786 万元），并于 9 月完成该部分交易的变更手续。随后，2015 年 11 月，通过发行股份和支付现金方式购买剩余 49% 的股权，这部分股权交易表决的前提是公司现金购买九龙汽车 18.38% 部分的股权交易经股东大会审批通过。若进行顺利，在交易完成后，九龙汽车将成为江特电机全资子公司。

收购价格作为收购交易中所涉及的最关键要素，其确定过程体现在中联资产评估集团有限公司（以下简称"中联评估"）出具的《资产评估报告》（中职评报字〔2015〕第 1416 号）中。以 2015 年 8 月 31 日作为基准日，在资产基础法下得到标的公司股权价值为 71 201.57 万元。在收益法下净资产账面价值为 48 497.42 万元，股权价值的评估值为 291 231.29 万元，评估增值达 242 733.87 万元，增值率为 500.51%。考虑到评估对象账面没能体现管理经验、人力资源等无形资产价值，也没有考虑到新能源汽车行业本身能够带来的价值，因此交易适合以收益法评估。参照评估结果，经过商议，最终确定交易对象九龙汽车 100% 股权的交易价格为 291 200 万元，即收购九龙汽车 49% 股权部分作价 142 688 万元。截至基准日，江特电机的货币资金余额为 12.75 亿元，银行的短期借款资金为 8.15 亿元，资产负债率 37.82%。收购各阶段交易情况如表 1 所示。

表 1 收购各阶段交易情况

收购阶段	收购 32.62% 股权	收购 18.38% 股权	收购 49% 股权
股权构成占比/%	俞洪泉 32.62	俞洪泉 5.63 赵银女 8.67 王荣法 2.55 樊万顺 1.53	俞洪泉 36.75 赵银女 8.33 王荣法 2.45 樊万顺 1.47
交易支付方式	现金	现金	发行股份（71 655.36 万元） 支付现金（71 032.64 万元）
资金来源	货币资金 短期借款	货币资金 短期借款	本次交易的配套募集资金
标的公司 100% 估价/万元	291 200		
交易对价/万元	95 000	53 512	142 688.00

资料来源：《交易草案》。

公司金融案例

此次收购交易还涉及发行股份募集资金部分的方案设计。江特电机为了支付标的49%股权部分的现金对价以及相关费用，补充流动资金，向宝盈基金、财通基金、申万菱信基金等5名特定投资者非公开发行股份，发行数量不超过15 350万股，募集的配套资金不超过139 224.5万元。若募集不成功，江特电机将通过自筹资金方式来支付现金对价部分。股份发行价格的确定采用基准日前20个交易日公司股票均价的90%作为发行价格，即发行价格为9.07元/股。最终江特电机成功募集了所需要的资金数额。收购完成后，朱军、卢顺民仍为江特电机实际控制人，共同持有江特电机共计16.37%股份，俞洪泉、赵银女夫妇直接合计持有江特电机4.86%股份，成为江特电机第三大股东，对公司经营发展具有一定话语权。

方案还涉及锁定期、业绩承诺及补偿的内容。锁定期为一年，并且九龙汽车4名股东作为收购交易的对手方，方案对他们附有业绩承诺，即保证2015年、2016年和2017年九龙汽车非归母净利润分别达到2亿元、2.5亿元和3亿元，三年总和不少于7.5亿元，否则会按比例承担补偿义务；若净利润超过7.5亿元，江特电机也将对留任团队予以奖励。

3.2 收购过程

2015年8月11日江特电机停牌，从披露收购事项到最终成功收购九龙汽车100%股权，前后历时半年，整个过程进行得较为顺利。由于是分步完成收购的，收购过程中，江特电机多次发布收购相关公告与文件资料，其间江特电机持续停牌，直到2015年11月10日才复牌。具体收购进程如表2所示。

表2　收购交易中的重要时间节点以及事件梳理

公告时间	具体事项	公告编号
2015年8月11日	发布停牌公告，称正在筹划新能源汽车资产收购事项	临2015-091
2015年8月21日	发布《关于筹划重大资产重组的停牌公告》《关于收购资产的公告》，双方已签订《股权转让协议》	临2015-104 临2015-102
2015年9月8日	公告召开临时股东大会，审议通过《关于收购资产的议案》	临2015-109
2015年9月18日	完成了32.62%部分股权转让的工商变更登记手续	临2015-112
2015年10月24日	公告《重大资产购买暨关联交易预案》《发行股份及支付现金购买资产并募集配套资金暨关联交易预案》以及董事会、独董意见、有效性说明等有关交易的详细文件资料，拟收购标的剩余股权	—
2015年11月10日	发布《关于重大资产重组复牌的公告》，将于本日开市起复牌	临2015-129
2015年11月11日	公告《发行股份及支付现金购买资产并募集配套资金暨关联交易报告书（草案）》《重大资产购买暨关联交易报告书（草案）》，并发布九龙汽车《审计报告》《资产评估报告》以及兴业证券的独立财务顾问报告等重要文件资料	—
2015年12月17日	九龙汽车完成了江特电机购买其18.38%股权的工商变更备案手续	临2015-140
2016年2月20日	完成了49%股权的工商变更登记手续，九龙汽车成为江特电机全资子公司	临2016-007

数据来源：编者根据巨潮网公告整理所得。

4 收购动因分析

江特电机总共花费了 29.12 亿元资金来收购九龙汽车，金额是江特电机收购前一年营业收入（7.93 亿元）的 3 倍多，面对如此高昂的资金代价，收购方势必更加谨慎。作为民营企业，其资本运作受政府直接干预的可能性极小，因而本节从公司自身经营角度出发，讨论江特电机收购九龙汽车的动因。

4.1 收购的必要性

在中小型电机行业中，江特电机的资产规模偏小，营业收入偏少，但在特种电机领域，尤其是在其主营产品所在的起重冶金电机市场，公司具有较为明显的优势，市场份额一直保持在较高水平，2006 年公司市场占有率排名第一。从业务组成方面来看，公司电机业务营业收入占比逐年下降，但报告期即两年一期（2013 年、2014 年和 2015 年 1—8 月）内仍然维持在 60% 以上，处于主导地位，是公司营业利润的主要来源。主导产品起重冶金电机营业占比在报告期内下降明显，公司一直在投入研发精力，积极开拓新产品，寻找新的利润来源，2013 年电动扶梯电机成了公司新的主导产品（见图 3）。

2007 年公司上市后，业绩波动明显。根据图 4，公司营业收入增长率走势与行业中值一致。公司与行业营业收入变动趋势的一致，反映出公司营业收入下滑受到宏观经济、市场变化等外部环境因素影响。2009 年，公司和行业营业收入均大幅下降，从外部环境因素来看，主要是受到金融危机带来的负面影响，钢铁行业需求不足、产能过剩，中小型电机市场需求下降，并且 IPO 募投项目产能未得到充分发挥。为了谋求发展，公司利用所处地理优势，开始跨界。2010 年公司开始了锂电新能源业务，成立子公司发展锂电新能源。2011 年公司通过定向增发募集资金 3.74 亿元，主要用于高频调速高压电机和高效率高压电机技术改造项目；2014 年 7 月，公司成功募集资金 10 亿元，主要用于投资锂瓷石项目，但此后项目迟迟未完工，公司称受政策、行业需求等影响，项目产能受影响，项目不达预期。公司上市之后业绩一直不温不火，受宏观经济增速和传统产业经济效益下滑的影响，收购前公司主营产品销售受影响，营业收入出现负增长。

主营业务发展受外部经济大环境影响较大，传统汽车制造行业增长乏力，企业自然希望将业务拓展至国家鼓励发展的朝阳型产业，最常见方式便是借力资本市场将"盘子"做大。随着新能源汽车方面的利好政策接连发布，大洋电机、方正电机等一些传统电机企业纷纷通过资本运作，将业务拓展到新能源汽车电机、驱动系统、整车等业务。加之江特电机主营业务募投项目均未达预期，没法实现预期利润，以及早已布局拓展锂电新能源行业等因素，公司管理层迫切需要产业升级，改善公司盈利现状，创新发展新产品，创造新的利润增长点，在 2014 年营业收入大幅下降的情况下，江特电机通过纵向收购构建全产业链，开发经营下游整车业务，从而打通上下游是较好的选择，所以公司有开展收购的强烈动机。

图3 2007—2015 年江特电机主营业务收入占比

（数据来源：Choice 数据库）

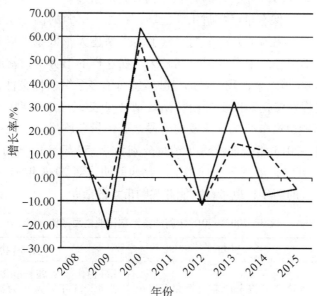

图4 2008—2015 年江特电机及行业中值营业收入增长率

（数据来源：Choice 数据库）

4.2 选择新能源汽车行业的原因

江特电机经过二十多年发展，在特种电机方面积累了较丰富的技术、研发、生产与销售经验。由于公司主营业务隶属于电机行业，受外部经济周期影响较大，业务不稳定性较强。公司一方面优化产品结构，开发符合国家发展大势的新产品，如新能源汽车电机的开发以及通过收购进入伺服电机业务，以丰富产品结构；另一方面，公司布局产业链，充分利用地理优势，拓展锂电新能源行业。当公司考虑收购操作时，更大可能沿着已有储备和产业链去寻找方向。另外，正如前文所述，传统制造业受经济环境影响增长空间有限，结合公司发展，政策支持的战略性新兴产业乃是较好的选择。从公司确定的发展战略、收购宜春客车厂以及研发销售新能源汽车电机可以看出，公司早就有进军新能源汽车行业的想法。

首先，新能源汽车是全球汽车产业发展的主要方向与趋势。燃油汽车的普及，在方便人们日常出行的同时，也带来了日益严重的全球性资源紧张和气候变暖问题。很多国家都已经意识到汽车尾气排放带来的环境污染问题，纷纷颁布政策，强制实施更加严格的排放标准，但这样的做法治标不治本。世界各主要汽车生产国纷纷出台应对政策，加快部署，将发展新能源汽车作为一种解决途径并上升到国家战略地位。随着行业研发技术的不断进步，新能源汽车的性能日益成熟完善，凭借其节能、环保、噪声低等优势，新能源汽车已成为整个汽车产业发展的趋势。

其次，新能源汽车属于国家战略性新兴产业，行业发展受到政策大力扶持，具有明显的朝阳属性。我国人均收入持续增加，一方面，汽车行业发展处于快速上升期，产销量均呈上升态势。2013 年、2014 年汽车销量分别超过 2 100 万辆和 2 300 万辆，到 2014 年年末，我国汽车保有量已超过 1.5 亿辆，石油等资源的供给和需求方面的矛盾逐渐凸显。另一方面，我国个人汽车拥有量平均水平还大幅低于世界平均水平，这说明汽车行业发展还不充分，未来发展空间较大。在这样的形势下，新能源汽车逐渐走向舞台中央。自 2000 年以来，我国各部门已经发布了多个纲领性文件，引导与支持新能源汽车行业的良性发展，并推出各项补贴政策（见表 3）。自 2009 年实施"十城千辆"工程开始，新能源汽车迎来快速发展阶段，产销量急剧增加。根据中国汽车工业协会的统计，2011—2015 年新能源汽车销量分别为 8 159 辆、1.28 万辆、1.76 万辆、7.48 万辆和 33.11 万辆，渗透率快速增加。收购前期，即 2014 年和 2015 年是新能源汽车产销量突飞猛进的两年，也带动新能源收购市场的活跃。

表 3　2009—2015 年新能源汽车行业主要政策

时间	政策	主要内容
2009 年 3 月	国务院：《汽车产业调整和振兴规划》	明确提出要实施新能源汽车战略，并规划到 2011 年形成 50 万辆纯电动充式混合动力和普通型混合动力等新能源汽车产能
2010 年 5 月	财政部、科技部、工业和信息化部、国家发展改革委：《关于开展私人购买新能源汽车补贴试点的通知》	确定在上海、长春、深圳、杭州、合肥 5 个城市启动私人购买新能源汽车补贴试点工作
2010 年 10 月	国务院：《关于加快培育和发展战略性新兴产业的决定》	将新能源汽车列入战略性新兴产业范围
2012 年 6 月	国务院：《节能与新能源汽车产业发展规划（2012—2020 年）》	2015 年纯电动汽车和插电式混合动力汽车累计产销量力争达到 50 万辆；2020 年累计产销量超过 500 万辆

时间	政策	主要内容
2013 年 9 月	财政部、科技部、工业和信息化部、国家发展改革委：《关于继续开展新能源汽车推广应用工作的通知》	继续依托城市尤其是特大城市推广应用新能源汽车。重点在京津冀、长三角、珠三角等区域； 对消费者购买新能源汽车给予补贴
2014 年 8 月	税务总局：《关于免征新能源汽车车辆购置税的公告》	自 2014 年 9 月 1 日至 2017 年 12 月 31 日，对符合条件的新能源汽车免征车辆购置税
2015 年 4 月	财政部、科技部、工业和信息化部、国家发展改革委：《关于 2016—2020 年新能源汽车推广应用财政支持政策的通知》	四部委在全国范围内开展新能源汽车推广应用工作，中央财政对购买新能源汽车给予补助，实行普惠制
2015 年 5 月	国务院：《关于印发"中国制造2025"的通知》	将节能与新能源汽车列为需要大力推动突破发展的重点领域

资料来源：编者整理所得。

最后，结合江特电机自身发展情况及其战略规划来看，江特电机选择新能源汽车行业能够产生收购协同效应。2009 年，公司决定要在做强自身主营产业的基础上发展锂电新能源。2013 年，公司对此战略目标进一步深入与优化，要求加快主营电机产品升级。在发展战略目标指引下，公司及时把握发展机遇，深化发展全产业链，2010 年，开始开拓发展锂电新能源产业；2014 年，收购宜春客车厂 95% 的股权，拥有了客车制造资质；2015 年 4 月，作价 6 亿元收购米格电机 100% 股权。多年来公司围绕电机、锂电新能源产业强势发展，致力于完善产业链。进军新能源汽车整车制造，能够发挥同一产业链上下游之间的协同效应作用，有利于实现战略协同。另外，电池、电机、电控是新能源汽车发展的关键之处，且新能源汽车电机技术要求较高，而江特电机在电机产业具有较强技术优势，拥有丰富的锂矿资源开采权，也能够为新能源汽车核心部件——电池提供充足原材料，从而在技术和产品方面实现协同效应。

4.3 标的公司的选择

本小节从财务报表和业务经营两个层面展开，讨论九龙汽车历史经营情况及其发展潜力。

4.3.1 九龙汽车财务分析

在资产方面，根据九龙汽车的财务报表信息，最近一期（2015 年 1—8 月）公司资产、负债规模均出现大幅增加。其中流动资产约占总资产的 3/5，这其中主要组成部分为货币资金、其他应收款以及存货，合计占流动资产的比例达 88.69%。其他应收款在资产总额中占比 20.54%，主要系新能源汽车销售所享受的中央财政补贴计入了其他应收款所致，账龄偏短，应收账款方面的质量较高。存货部分包括库存商品和原材料等，非流动性资产主要为设备、厂房等固定资产和土地使用权等无形资产。从整体来看，九龙汽车资产和其业务密切相关，主要是因为 2014 年公司开始生产销售新能源汽车并且 2015 年汽车业务增速较快，整体上资产质量较好，但中央及地方财政补贴占比较高，易受其影响。

在营业收入方面，九龙汽车利润主要来源于营业收入。两年一期（2013 年、2014 年和 2015 年 1—8 月）对应的营业收入分别为 74 229.5 万元、87 541.7 万元和 93 701.11 万元，净利润分别为 1 926.6 万元、6 343.09 万元和 12 667.49 万元，近两年的净利润增长率达 200%，呈成倍增长态势。随着新能源汽车利好政策发布以及行业快速发展，公司在收购前一年开始逐步将业务经营重心放在新能源客车上。根据前文公司介绍，公司销售的产品主要是九龙海狮系列，且报告期内其收入占总营业收入比例分别为 93.01%、78.15%、39.5%。营业收入占比下降是因为 2014 年开始，新能源汽车逐渐成为公司新的主营产品，其中，2015 年 1—8 月，其销售收入占主营业务收入的比例为 54.82%。

在营运能力方面，如表 4 所示，九龙汽车应收账款周转率较行业均值偏高，公司账期短，收账速度快，但是其存货周转率相对较低，说明存货管理效率较低。从 2014 年开始，九龙汽车新能源汽车业务营业收入占比逐渐上升，其商品库存的周转速度增快，应收账款周转率由于账期较长的国家补贴款增多而出现下降。

表 4　2013—2015 年 8 月九龙汽车可比公司营运能力指标对比

公司名称	应收账款周转率/次/年			存货周转率/次/年			总资产周转率/次/年		
	2013 年	2014 年	2015 年 1—8 月	2013 年	2014 年	2015 年 1—8 月	2013 年	2014 年	2015 年 1—8 月
金龙汽车	3.60	2.92	1.88	9.66	10.68	6.25	1.35	1.24	0.84
中通客车	3.77	3.95	2.66	7.11	6.70	5.31	1.08	0.97	0.72
宇通客车	4.93	3.59	2.23	13.38	15.22	10.94	1.45	1.29	0.77
亚星客车	1.76	1.46	0.79	6.75	7.33	4.26	0.80	0.74	0.45
可比均值	3.52	2.98	1.89	9.23	9.98	6.69	1.17	1.06	0.70
九龙汽车	20.73	10.56	5.86	3.24	3.69	4.39	0.69	0.74	1.05

数据来源：Choice 数据库。

在盈利能力方面，汽车行业是资金、技术密集型制造行业，似乎很难存活，虽然九龙汽车产销规模较小，但其非但没有亏损，盈利能力还较为强劲，公司销售毛利率、销售净利率明显优于行业可比公司（见表 5）。总体上公司的新能源汽车业务处于发展初期，受政策环境、市场需求等因素影响较大，目前虽然行业处于高速发展阶段，但是经营具有不稳定性。

表 5　2013—2015 年 8 月九龙汽车与可比汽车与盈利能力指标对比　　单位:%

公司名称	销售毛利率			销售净利率		
	2013 年	2014 年	2015 年 1—8 月	2013 年	2014 年	2015 年 1—8 月
金龙汽车	12.48	13.91	15.57	2.16	2.27	2.83
中通客车	16.40	15.15	17.75	3.19	7.99	4.79
宇通客车	19.46	24.28	23.88	8.25	10.31	10.08

表5(续)

公司名称	销售毛利率			销售净利率		
	2013 年	2014 年	2015 年 1—8 月	2013 年	2014 年	2015 年 1—8 月
亚星客车	4.37	1.48	0.14	−1.36	−13.22	−19.44
可比均值	16.11	17.78	19.07	4.53	6.86	5.90
九龙汽车	24.00	24.06	29.51	4.87	7.25	13.52

数据来源：Choice 数据库。

注：可比均值计算剔除亚星客车。

在债务方面，2013 年、2014 年和 2015 年 1—8 月，公司的资产负债率分别为 56.66%、62.2%、67.85%，均低于行业水平（见表6）。截至基准日，九龙汽车负债总额 10.24 亿元，从期限结构来看，公司以流动负债为主，占比达 94%；从负债来源来看，以应付票据（占负债总额比例 31.64%）和应付账款（占负债总额比例 39.81%）为主，主要是银行承兑汇票和应付材料款。负债期限结构短，来源较为健康。在偿债能力方面，三大比率均低于行业平均，短期偿债压力较大，偿债能力较弱。从利息保障倍数来看，报告期内分别为 8.56、18.79、39.2，利息支付能力逐年增强。

表6 2013—2015 年 8 月九龙汽车与可比公司盈利能力指标对比

公司名称	资产负债率/%			流动比率			速动比率		
	2013 年	2014 年	2015 年 1—8 月	2013 年	2014 年	2015 年 1—8 月	2013 年	2014 年	2015 年 1—8 月
金龙汽车	75.23	75.98	76.11	1.19	1.13	1.27	1.03	1.01	1.08
中通客车	75.48	74.65	70.83	1.07	0.98	1.19	0.87	0.81	1.02
宇通客车	45.94	54.41	55.90	1.68	1.39	1.36	1.48	1.30	1.25
亚星客车	85.40	94.41	98.08	0.96	1.09	1.09	0.82	0.98	0.94
可比均值	70.51	74.86	75.23	1.23	1.15	1.23	1.05	1.03	1.07
九龙汽车	56.66	62.20	67.85	1.02	0.81	0.93	0.68	0.55	0.60

数据来源：Choice 数据库。

综上所述，从财务账面信息来看，公司目前的主营业务围绕新能源汽车发展，资产质量尚可，但政府补贴占资产比例较高。债务虽逐渐增加，但财务杠杆在行业内还较低。债务主要由短期债务构成，短期偿债压力大、能力较弱，长期偿债能力相对较好；产销规模较小，但盈利能力优于行业公司；营运能力方面，回账速度较快，存货和资产管理效率较低，但逐年增强。公司依赖政策补贴，易受到政策及市场影响，经营稳定性欠佳，财务方面存在风险。

4.3.2 九龙汽车经营分析

九龙汽车隶属于汽车制造业，汽车按照整车类型可以细分为乘用车、客车、载货汽车等，根据主营业务来看，九龙汽车主要产品为 6～8 米商务车，涵盖 10～18 座车型，应当被定义为制造并销售客车的企业。公司逐渐完善产业结构，新能源汽车产业布局开始较早，已得先机，并在 2014 年就开始销售。近年来，在新源汽车发展形势大好的背景下，公司已经连续推出多款纯电动新能源客车车型，包括 E6、E7、E8 等，以 E6 车型经营为主。

在生产上，九龙汽车整车生产采取"以销定产、订单拉动"的生产组织模式。在销售上，九龙汽车以经销模式为主，直销模式为辅，自成立以来便专注商务车领域，国内客户已覆盖政府部门、旅游、租赁等相关行业，国外市场已遍布 30 多个国家及地区，九龙汽车销售团队与渠道较为完善，具备一定管理优势。另外，在地理位置上，九龙汽车位于江苏省扬州市，这里产业与公司众多，九龙汽车可充分利用当地配套措施，形成产业聚集优势。

在收购交易前，九龙汽车在技术方面具有一定的优势。截至 2015 年 8 月末，公司已通过 ISO 9001：2008 质量管理体系认证，拥有 27 项专利技术，有效公告车型 81 个，其中新能源汽车公告车型 23 个。公司新能源客车在整车控制系统和单位载质量能耗等方面处于国内领先水平。根据《发行股份及支付现金购买资产并募集配套资金暨关联交易报告书（草案）》（以下简称《草案》）可知，2015 年 1—8 月，新能源汽车成为公司主营产品，其自主研发的纯电动轻型客车实现销售 1 308 辆，占同期纯电动客车市场 10.29% 的份额。公司抓住发展有利时机，且在细分市场具备一定优势，因此具有良好的经营成长潜力。

5　收购风险分析

5.1　政策风险

正如前文所述，收购交易发生之前，新能源汽车的发展具有明显的政策因素，2014 年、2015 年借助国家补贴政策实现了产销量的大幅增加。我国新能源汽车快速发展依托于国家战略，受益于国家补贴扶持"走量"路线，实现行业的快速发展。但是，可以预期到依靠国家补贴的发展不是长久之计，补贴势必会在行业发展较为成熟的时期，逐步退出。随着补贴下跌，国外企业涌入市场，竞争加剧很大可能将导致行业发展由量向质发生转变，迎来"技术+成本"时代。

另外，九龙汽车营业收入中财政补贴金额占比较大。行业政策不稳定，会随着市场发展状况而相应发生变化，包括九龙汽车在内的新能源汽车企业很大程度会受到较大影响，具体影响程度不仅取决于市场发展情况，还取决于公司是否能够建立核心的技术与产品体系。

5.2　商誉减值风险

商誉是指在未来时间能够为企业带来超额利润的潜在经济价值。根据《企业会计准则第 20 号——企业合并》的规定，在非同一控制下的企业合并中，购买方对合并成本大于合并中取得的被购买方可辨认净资产公允价值份额的差额，应当确认为商誉。根据《企业会计准则第 8 号——资产减值》，因企业合并所形成的商誉和使用寿命不确定的无形资产，无论是否存在减值迹象，每年都应当进行减值测试。

过高的商誉意味着买方高估了收购交易在未来可能带来的协同效应，这加大了企业经营成本，影响企业发展。商誉减值会直接影响上市公司经营业绩情况，从而影响公司的稳定持续经营能力。过高的收购交易价格无法支撑商誉要求的高经营业绩，高溢价就会变成风险。由于业绩补偿承诺的存在，标的公司在承诺期业绩完成率通常较高，一旦缺少业绩指标压力，经营业绩下降，计提商誉减值，将在很大程度上影响公司利润。

本次江特电机收购以 5 倍溢价成交，交易完成之后，将会形成较大金额的商誉，如果未来公司经营业绩不达预期，将会进行商誉减值测试，面临计提较大金额商誉减值的风险。

5.3　定价风险

定价风险是收购交易之中普遍存在的一种风险，收购作为企业之间常见的运作方式，其关键要素是价格，即定价问题尤为重要。如果对标的公司定价过高，收购方很可能会陷入"赢家的诅咒"，还会带来较大金额商誉减值风险，影响经营业绩；如果定价过低，标的公司难以接受，收购难以成功。

此次收购交易中的评估机构为中联评估。根据前文交易方案介绍可知，采用的两种方法评估的结果差异较大，收益法估值结果较资产基础法结果高出 220 029.72 万元，收购支付对价以收益法估值为准，评估增值率高达 500.51%。就估值计算过程来看，《资产评估报告》中对收益法的过程描述有限，其中根据营业收入的预估值计算出营业收入的预期增长率，如表 7 所示。

表 7　2013—2020 年标的公司营业收入预测

项目	2013 年	2014 年	2015 年 1—8 月	2015 年 9—12 月	2015 年
营业收入/万元	74 229.50	87 541.70	93 701.11	46 484.98	140 186.09
营业收入预期增长率/%	—	17.93	60.14	60.14	60.14
项目	2016 年	2017 年	2018 年	2019 年	2020 年
营业收入/万元	176 487.47	228 885.28	286 577.87	333 491.53	384 597.39
营业收入预期增长率/%	25.90	29.69	25.21	16.37	15.32

数据来源：编者根据《草案》计算所得。

收购前的 2014 年和 2015 年，九龙汽车营业收入增长率分别为 17.93% 和 60.14%，2015 年公司营业收入大幅增长得益于新能源车营业收入增长，这期间政府大力对新能源客车进行政策性补贴，九龙汽车抓住了发展机遇。新能源客车补贴收入成为其重要的利润增长点，与九龙汽车正常经营业务直接相关。

行业补贴政策方面，2015 年 4 月 22 日，四部委正式确定补贴退坡，即 2017—2018 年补助标准在 2016 年基础上下降 20%，2019—2020 年补助标准在 2016 年基础上下降 40%，对于前期依靠政策发展的新能源汽车行业，这势必影响相关公司今后的发展。

九龙汽车生产的新能源轻型客车均采用纯电动力源驱动，新能源客车对技术与资金要求较高，其他公司进入门槛高，因而公司之间主要是行业内部的竞争。收购交易前一年，在客车市场方面，行业龙头公司宇通客车市场占有率超30%，其后为比亚迪和南京金龙；销量前五名公司市场占有率共计60%以上，市场集中度较高。后续随着补贴门槛提高、补贴金额退坡、政策红利逐渐消失，车企间竞争加剧，自身品牌以及技术将决定其在市场中的竞争力。虽然九龙汽车是一个地方性老牌车企，具有乘用车、客车造车资质，但是早期主要是为其他车企代工，自身品牌车型少，利润结构单薄，一定程度也说明其缺乏核心技术。在日益激烈的市场竞争中，难免缺乏与大牌车企竞争的实力与优势。综上所述，《资产评估报告》中对九龙汽车营业收入的估计可能过于乐观，这也是定价风险的来源。

·208·

6　估值分析

6.1　收益法估值

本案例选择自由现金流量模型对九龙汽车的股权价值进行评估。虽然目前新能源汽车处于快速发展时期，但随着国家补贴逐步退出，市场竞争加剧，九龙汽车不会一直处于增长阶段。鉴于行业发展以及企业自身情况，参照《草案》评估模型，将其划分为预测期和永续期两个阶段。该模型的计算公式如下：

企业的价值 = 预测期现金流量现值 + 永续期现金流量现值

即：

$$V = \sum_{i=1}^{n} \frac{\text{FCFF}_i}{(1+\text{WACC})^i} + \frac{\text{FCFF}_{n+1}}{\text{WACC} \times (1+\text{WACC})^n}$$

其中，V 表示公司目前价值；WACC 表示公司加权平均资本成本；FCFF_i 表示预测期内第 i 年所产生的自由现金流量；FCFF_{n+1} 表示永续期内第一年产生的自由现金流量。

6.1.1　自由现金流量预测

公司自由现金流量=息税前收益×（1-税率）+折旧与摊销-资本性支出
-净营运资本增加额

6.1.1.1　营业收入与成本预测

从九龙汽车的财务报表来看，报告期内公司的营业收入主要来自新能源客车和九龙海狮系列的传统车的销售，其产品在国内具有比较完善的销售网络。2014 年，九龙汽车开始新能源汽车销售，营业收入占比仅 11.67%。九龙汽车抓住国家对新能源汽车市场的政策支持，加快了新能源汽车业务的发展，并积极推广新能源客车，取得了显著成效。2015 年 1—8 月九龙汽车新能源汽车营业收入占比已达 54.82%，新能源汽车业务已成为其重要的利润贡献点。同期，行业可比公司营业收入也实现了快速增长，这主要得益于国家政策扶持。但根据前文对九龙汽车分析可知，公司业务严重依赖新能源汽车补贴政策，而补贴政策面临退坡，并从 2017 年开始较大幅度的下降，可以预期未来将会逐步实现全面退出。整体来看，报告期九龙汽车营业收入呈快速上升趋势，其中，2014 年营业收入增长率为 17.93%，2015 年公司新能源汽车业务成效显著，营业收入增长较快，增长率达到 60.14%，整个新能源汽车行业也经历了 2014 年、2015

年两年的业绩暴涨。

随着新能源行业的政策补贴逐步退出，行业公司竞争加剧，未来企业自身资金、技术实力将会更加重要，虽然九龙汽车规模还较小，但是考虑到新能源业务在九龙汽车收入中占比情况，尤其是考虑到九龙汽车新能源业务尚处于起步阶段，而且预计完成的收购将能够与上市公司形成协同效应，从而拓展其未来的发展潜力和成长空间。根据宏观环境与自身发展情况，本案例将九龙汽车营业收入预测划分为如下两个阶段：

第一个阶段即预测期，该部分根据市场情况而变动增长。首先，假设2015年9—12月营业收入增长率与2015年1—8月持平，为60%。随后2016年，九龙汽车能够继续依托政策补贴达到自身的较为快速的发展，因为2014年公司才开始新能源汽车业务，所以2015年营业收入增长率较高，预测2016年在2015年基础上增长25%；2017年补贴政策开始退坡，公司势必会经历一段调整时期，2017—2019年增长减缓，预测营业收入增长率分别为15%、10%、6%，2020—2022年，进入补贴政策全面退出阶段，行业竞争也较为充分，预测经过前面阶段的挑战，公司自身技术实力增强，应对能力提高，并且依托与上市公司产生的协同效应，销售量及营业收入略有回升，预测营业收入增长率为8%。

第二个阶段即永续期，国家补贴政策全面退出，行业竞争已较为充分，2022年以后增长潜力已经完全释放，利润空间有限，预测公司营业收入保持4%增长率。九龙汽车营业收入增长情况预测如表8所示。

表8　2015年9月—2022年九龙汽车营业收入及其增长率预测

项目	2015年9—12月	2016年	2017年	2018年	2019年	2020年	2021年	2022年
营业收入/万元	46 484.98	175 232.61	201 517.50	221 669.25	234 969.41	253 766.96	274 068.32	295 993.79
增长率/%	60	25	15	10	6	8	8	8

数据来源：编者根据《草案》及资料计算所得。

营业成本预测：根据《资产评估报告》公布的两年一期数据，即2013年、2014年、2015年1—8月的营业总成本占营业总收入的比值分别为0.76、0.76、0.7，报告期内营业成本占比十分稳定，其平均值为0.74。考虑到后期补贴政策逐步退坡后营业成本可能略有上升，因此取0.75作为未来营业成本占比的预测值。

6.1.1.2　税金及附加预测

从历史数据来看，报告期内九龙汽车的税金及附加占营业总收入的比值分别为0.03、0.03、0.02，可以看出，税金及附加占比不大并且比例稳定、变动只有1%，因此，采用近两个时期中间值0.025作为未来各年税金及附加的占比预测值。

6.1.1.3　费用预测

销售费用预测：销售费用主要包括职工薪酬、运输费用以及业务费用等，其数值大小与销售业绩紧密相关，报告期内销售费用占营业收入的比例逐年下降，分别为0.07、0.06、0.04，这说明公司的新能源汽车销售规模和收入大幅增加。考虑到后期新能源汽车政策环境的变化，本案例取两年一期数据平均值，即0.057作为未来销售费用预测依据。

管理费用预测：管理费用主要为职工薪酬、研发费、折旧与摊销等，其数值大小与销售业务密切相关。报告期内九龙汽车管理费用分别为 5 062.74 万元、7 398.14 万元、6 255.33 万元，占营业收入比例分别为 0.07、0.08、0.07，报告期内管理费用占比十分稳定，因此取其平均值，即 0.073 作为未来管理费用预测依据。

6.1.1.4 所得税预测

九龙汽车取得了高新技术企业资格证书，从历史税率来看，享受企业所得税 15% 的国家优惠税率政策。由于九龙汽车经营新能源汽车较早，在新能源商务车方面具备一定技术实力，且公司经营业务预期不会发生大幅改变，未来依旧能够满足高新技术企业的认定条件，享受优惠税率；因此，本案例按照此税率进行所得税预测。

基于以上预测，可以得到 2015 年 9 月—2022 年九龙汽车税后经营净利润预测情况，详细数值如表 9 所示。

表 9　2015 年 9 月—2022 年九龙汽车预测税后经营净利润情况　单位：万元

项目	2015 年 9—12 月	2016 年	2017 年	2018 年	2019 年	2020 年	2021 年	2022 年
营业收入	46 484.98	175 232.61	201 517.5	221 669.25	234 969.41	253 766.96	274 068.32	295 993.79
营业成本	34 863.74	131 424.46	151 138.13	166 251.94	176 227.06	190 325.22	205 551.24	2 219.953 4
税金及附加	1 162.12	4 380.82	5 037.94	5 541.73	5 874.24	6 344.17	6 851.71	7 399.84
销售费用	2 649.64	9 988.26	11 486.5	12 635.15	13 393.26	14 464.72	15 621.89	16 871.65
管理费用	3 393.4	12 791.98	14 710.78	16 181.86	17 152.77	18 524.99	20 006.99	21 607.55
息税前收益	4 416.07	16 647.1	19 144.16	21 058.58	22 322.09	24 107.86	26 036.49	28 119.41
所得税	662.41	2 497.06	2 871.62	3 158.79	3 348.31	3 616.18	3 905.47	4 217.91
税后经营净利润	3 753.66	14 150.03	16 272.54	17 899.79	18 973.78	20 491.68	22 131.02	23 901.5

数据来源：编者根据《草案》计算所得。

6.1.1.5 折旧与摊销预测

根据九龙汽车年报，公司固定资产主要有房屋建筑物、机器设备、办公设备等，资产折旧包括固定资产、油气资产等，无形资产主要是土地使用权。由于 2014 年公司才开始发展新能源汽车业务，随着公司业务进一步发展，营业收入增长，折旧与摊销占营业收入比例将有所下降。预测 2016—2019 年该比值为 0.04，2020 年及以后该比值为 0.03。报告期内九龙汽车折旧与摊销情况如表 10 所示。

表 10　2013—2015 年 8 月九龙汽车折旧与摊销

项目	2013 年	2014 年	2015 年 1—8 月
营业收入/万元	74 229.50	87 541.70	93 701.11
资产折旧/万元	4 859.56	6 756.18	4 248.7
无形资产摊销/万元	149.48	185.1	140.81
折旧/营业收入	0.065	0.077	0.045
摊销/营业收入	0.002	0.002	0.002
折旧与摊销/营业收入	0.067	0.079	0.047

数据来源：《审计报告》。

6.1.1.6　资本性支出预测

资本性支出指的是企业用于长期资产的支出，九龙汽车资本性支出基本上全是生产性固定资产支出。2015 年 1—8 月资本性支出占营业收入的比例为 3.2%，预期未来保持稳定，因此将该比值作为未来资本性支出预测的基础。

6.1.1.7　净营运资本预测

净营运资本等于流动资产减去流动负债。2014 年公司开始销售新能源汽车，2015 年 1—8 月该项收入占比超过 50%，预测其未来将持续保持主营业务地位，2015 年公司净营运资本增加额占营业收入的比例为 1.47%（见表 11），因此，预测未来净营运资本增加额占营业收入保持同一比例。

表 11　2013—2015 年九龙汽车净营运资本及其相关数据

项目	2013 年	2014 年	2015 年 1—8 月	2015 年
流动资产/万元	63 801.53	54 030.9	89 644.94	134 467.41
流动负债/万元	62 479.46	66 421.23	96 533.6	144 800.4
净营运资本/万元	1 322.07	−12 390.33	−6 888.66	−10 332.99
净营运资本增加额/万元	—	−13 712.4	—	2 057.34
营业收入/万元	—	—	—	140 186.09
净营运资本增加额/营业收入/%	—	—	—	1.47

数据来源：交易独立财务报告。

根据上述相关指标预测值，可以得到九龙汽车各期对应的现金流量预测值，如表 12 所示。

表 12　2015 年 9 月—2022 年九龙汽车自由现金流量预测　　单位：万元

项目	2015 年 9—12 月	2016 年	2017 年	2018 年	2019 年	2020 年	2021 年	2022 年
税后经营净利润	3 753.66	14 150.03	16 272.54	17 899.79	18 973.78	20 491.68	22 131.02	23 901.5
折旧与摊销	1 859.4	7 009.3	8 060.7	8 866.77	9 398.78	7 613.01	8 222.05	8 879.81
净营运资本增加额	683.33	2 575.92	2 962.31	3 258.54	3 454.05	3 730.37	4 028.8	4 351.11
资本性支出	1 487.52	5 607.44	6 448.56	7 093.42	7 519.02	8 120.54	8 770.19	9 471.8
自由现金流量	3 442.21	12 975.98	14 922.37	16 414.61	17 399.19	16 253.77	17 554.08	18 958.4

数据来源：编者计算所得。

6.1.2　折现率预测

本案例使用加权平均资本成本（WACC）确定折现率，计算公式如下：

$$\text{WACC} = R_e \times \frac{E}{E+D} + R_d \times \frac{D}{E+D}(1-T)$$

其中，R_e 和 R_d 分别表示权益资本成本和债务融资成本，E 表示股权价值，D 表示债权价值，T 表示公司适用的所得税税率。

6.1.2.1　债务资本成本

截至报告期期末，九龙汽车未发行债券，根据收购交易披露信息，公司债务基本是短期债务，其负债合计 102 365.32 万元，其中流动负债 96 533.6 万元，占比高达 94.3%。加权平均资本成本用于资本预算，其中涉及的债务为长期债券，根据 2015 年银行中长期贷款基准利率（6%），考虑到九龙汽车是民营企业，企业规模相对较小，但是所经营产业符合发展方向，属于国家支持性产业。因此，假设公司能够获得 8% 的长期贷款利率，根据前文可知九龙汽车的所得税税率为 15%，计算九龙汽车税后债务成本为 8%×（1-15%）= 6.8%。

6.1.2.2　权益资本成本

本案例采用资本资产定价模型（CAPM）来计算九龙汽车的权益资本成本，计算公式为

$$R_e = R_F + \beta \times (R_m - R_f)$$

其中 R_F、R_f 分别表示不同取值的无风险收益率，$R_m - R_f$ 为市场风险溢价。

（1）无风险收益率 R_F

采用国债收益率来衡量无风险收益率 R_F，通过查询中国债券信息网，得到报告期内对应的 10 年期国债收益率，取其平均值作为无风险收益率的近似值，得到 R_F 为 3.83%。

（2）市场风险溢价 $R_m - R_f$

市场风险溢价是整个市场相对于无风险收益要求的补偿。本案例选择上证指数 2000 年至 2014 年的数据，将各年收益率的平均值作为市场收益率，得到市场期望的收益率近似值，即 $R_m = 17.01\%$；同时，采用 2000 年至 2014 年上证指数无风险收益率的平均值 2.99% 作为 R_f 的取值，于是，市场风险溢价 $R_m - R_f = 14.02\%$。

（3）风险系数 β

在资本资产定价模型中，风险系数 β 反映股票或者投资组合收益率变动与整个市场收益率变动关系，衡量的是其面临的系统性风险。由于九龙汽车未上市，不存在股票交易，传统方法无法求得 β 值，本案例通过计算同行业可比公司的 β 值来进行估计。根据 Wind 中客车行业分类以及各上市公司主营业务，选择宇通客车（600066.SH）、中通客车（000957.SZ）、金龙汽车（600686.SZ）以及亚星客车（600213.SH）作为行业可比公司，由于亚星客车资产负债率高达 96%，与行业其他公司差异较大，此处将其剔除。2015 年 6 月，各公司资本结构及所得税税率如表 13 所示。

表 13　2015 年 6 月可比公司资本结构及所得税率　　　　　　单位:%

证券代码	公司名称	资产负债率	负债/权益	所得税税率
600066.SH	宇通客车	54.67	120.61	15
000957.SZ	中通客车	78.34	361.59	15
600686.SZ	金龙汽车	74.63	294.14	25

数据来源：Choice 数据库。

根据 β 系数含义，对九龙汽车收益率与市场收益率进行回归分析，得到的线性回归系数即为公司的 β 系数。可以得到可比公司各自在考虑财务杠杆下的 β 系数，即

$\beta_{\text{权益}}$ 系数。计算公式如下：

$$\beta_{\text{资产}} = \cfrac{\beta_{\text{权益}}}{1 + (1 - \text{所得税税率}) \times \cfrac{\text{负债}}{\text{权益}}}$$

由各公司 $\beta_{\text{权益}}$ 系数计算得到相应的 $\beta_{\text{资产}}$ 系数，并求得 $\beta_{\text{资产}}$ 均值，结果如表 14 所示。

表 14　可比公司 β 系数

公司名称	$\beta_{\text{权益}}$	$\beta_{\text{资产}}$
宇通客车	0.69	0.34
中通客车	0.84	0.21
金龙汽车	0.81	0.25
均值	—	0.27

数据来源：Choice 数据库。

九龙汽车公示的两年一期的资产负债率分别为 56.66%、62.2% 和 67.85%，平均资产负债率约为 62%，负债/权益 = 1.63。计算公式如下：

$$\beta_{\text{权益}} = \beta_{\text{资产}} \times \left[1 + (1 - \text{所得税税率}) \times \cfrac{\text{负债}}{\text{权益}}\right]$$
$$= 0.27 \times [1 + (1 - 15\%) \times 1.63] = 0.64$$

可得加载财务杠杆后的九龙汽车 β 系数为 0.64。

（4）权益资本成本

考虑到评估对象和上述可比公司在融资能力、资本流动性强弱和内部治理水平等方面存在差异，存在公司特有风险，根据 CAPM 模型，得到权益资本成本，即 R_e = 3.83% + 0.64× （14.02%）= 12.8%。

6.1.2.3　加权平均资本成本

截至评估基准日，九龙汽车平均资产负债率为 62%，可求得加权平均资本成本，即 WACC = 12.8% ×38% + 6.8% × 62% = 9.08%

6.1.3　估值结果

根据上文各个参数的预测值，得到第一阶段各个时期对应的自由现金流量以及企业折现率，通过现值计算，得到第一阶段预测期的企业价值。

第二阶段为永续期，对应阶段的企业价值计算公式为

$$V_2 = \cfrac{\text{FCFF}_{n+1}}{(\text{WACC} - g) \times (1 + \text{WACC})^n}$$

先将其折现到 2015 年年末，即 n 为 7，根据上述论述，WACC 为 9.08%，增长率 g 为 4%，FCFF_{n+1} 为 2023 年自由现金流量，然后求得永续期阶段企业在 2015 年年末的现值为 211 230 万元，最后，将 2015 年年末公司现值折算到评估基准日，即 2015 年 8 月 31 日，结果为 286 878.08 万元（见表 15）。由此可得企业价值 V 为286 878.08 万元。

企业价值 $V = D + E$，其中 D 为债务价值，E 为股权价值。截至基准日，九龙汽车负债合计 102 365.32 万元，因此，股权价值为 $E = V - D = 286\ 878.08 - 102\ 365.32 = 184\ 512.76$（万元）。

根据前文可知，中联评给出的《资产评估报告》中采用收益法估值结果为291 231.29万元，比本案例的估值高出106 718.53万元，存在明显的高估。

表15　2015年9月—2023年及以后九龙汽车现金流折现值　　单位：万元

项目	2015年9—12月	2016年	2017年	2018年	2019年	2020年	2021年	2022年	2023年及以后
自由现金流量	3 442.21	12 975.98	14 922.37	16 414.61	17 399.48	16 253.77	17 554.08	18 958.4	—
现值（折算到2015年年末）	3 442.21	11 895.83	12 541.45	12 647.22	12 290.11	10 525.16	10 420.95	10 317.77	211 229.93
折算到基准日	286 878.08	—	—	—	—	—	—	—	—

6.1.4　场景分析

选取增长率因素对九龙汽车企业价值现值做场景分析，分别假设悲观、乐观、正常三种情形，在预测增长率时，场景增长率分别为2%、4%、6%。根据上述条件，我们得到场景分析测试结果如表16所示。

表16　九龙汽车企业价值现值场景分析结果

增长率/%	2	4	6
企业价值现值/万元	226 081.06	286 878.08	426 632.26

根据场景分析结果可知，在悲观的情况下九龙汽车企业价值V为226 081.06万元，股东权益价值$E=V-D=226\ 081.06-102\ 365.32=123\ 715.74$（万元）；在乐观的情况下九龙汽车企业价值$V$为426 632.26万元，股东权益价值$E=V-D=426\ 632.26-102\ 365.32=324\ 266.94$（万元）。根据现金流折现（DCF）法的估计，则收购标的公司的定价基本在合理范围内，但处于合理估值范围的上沿。

6.2　可比公司法

可比公司法根据可比公司价值比率预估标的公司价值比率，通常采用市盈率、市净率、市销率。前文已得出，九龙汽车的可比公司为宇通客车、中通客车、金龙汽车。由于2015年数据不够全面，该部分估值选取2014年各公司数据进行估计，但无法准确反映公司经营状况在2015年实现的突破性增长，仅作参考。可比公司价值乘数以及九龙汽车价值乘数计算结果如表17所示。

表17　可比公司价值乘数和九龙汽车价值乘数

价值乘数类型	可比公司价值乘数			九龙汽车价值乘数
	宇通客车	中通客车	金龙汽车	
市盈率	12.44	11.12	10.84	11.46
市净率	3.04	2.99	1.19	2.41
市销率	1.28	0.89	0.25	0.81

数据来源：CSMAR数据库。

可比公司法估值得出 2014 年九龙汽车权益价值的估值区间为 72 691.81 万 ~ 105 558.00 万元（见表 18）。由此可见，标的公司的价值被明显的高估。

表 18 　九龙汽车可比公司法估值结果

价值乘数类型	价值乘数	九龙汽车指标数值	权益价值估值/万元
市盈率	11.46	6 343.09	72 691.81
市净率	2.41	43 800.00	105 558.00
市销率	0.81	87 531.42	70 900.45

7　收购绩效分析

7.1　短期绩效分析

2015 年 8 月 11 日，江特电机因筹划新能源汽车资产收购事项而停牌，之后多次发布停牌进展公告，直至 2015 年 11 月 10 日开市起复牌。查看江特电机所公告的重大事项，停牌期间陆续发布该收购事件相关公告，分三步完成对九龙汽车 100% 股权收购，且此期间并无其他重大资产交易事项。因此，此次收购交易的短期市场反应没有受到其他干扰因素影响。本案例将采用事件研究法来考察江特电机收购公告发出前后的短期市场反应情况。

首先假设事件期内江特电机股票价格只受到该收购事件的影响，由于江特电机在深交所上市，因此选择深证综合指数的收益率作为预期正常收益率。其次确定事件日，一般以收购首次公告日作为事件日，即应当以 2015 年 8 月 21 日作为事件日。但是，考虑到公司股票从 2015 年 8 月 11 日开始停牌，直到 2015 年 11 月 10 日才复牌，将事件日时间向前递延，即确定 2015 年 8 月 10 日为事件日，并选择窗口期为 [-10, 20]。通过 Choice 金融终端下载江特电机和深圳综指日收盘价，并计算对应的日收益率。然后，计算得到超额收益率和累计超额收益率，如图 5 所示。

可以看出市场对此次收购明显看好。采用单样本 t 检验来检验事件期内 CAR 的显著性水平，结果显著性明显小于 0.01，可以得到超额收益率与 0 有显著差异，此次收购给股东带来了正向的短期效应。

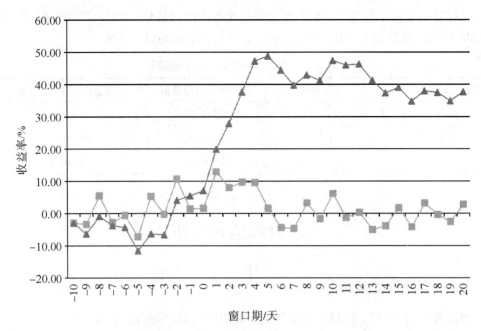

图 5　收购方案公告后江特电机股价短期反应

7.2　长期绩效分析

2015 年 8 月 21 日，江特电机首次发布《关于收购资产的公告》，停牌时间较长，并且在停牌期间（2015 年 4 月 14 日至 2015 年 10 月 10 日）作价 6 亿元，成功收购米格电机 100%股权。另外，如表 19 所示，公司收购九龙汽车后陆续还进行了其他交易事项，公司绩效会叠加多个事项影响，但主要交易还是 2014 年收购宜春客车厂、2015 年收购米格电机以及收购九龙汽车，即符合公司在主营基础上拓展产业链的战略安排，因而后续主要结合这三项交易事项讨论江特电机绩效表现情况。

表 19　江特电机交易事项情况

公告时间	交易事项	交易金额/万元
2014 年 9 月 22 日	收购宜春客车厂 50%股权	3 305
2014 年 11 月 26 日	入股上海交鸿数控科技	3 000
2014 年 12 月 11 日	收购宜春客车厂 45%股权	3 087
2015 年 4 月 13 日	收购米格电机 100%股权	60 000
2015 年 8 月 20 日	收购九龙汽车 100%股权	291 200
2016 年 3 月 2 日	收购四轮电动车设计株式会社 50%股权	3 400
2016 年 6 月 24 日	收购江特电动车 19.44%股权	1 768
2016 年 8 月 31 日	增资 Oak 株式会社	590
2016 年 10 月 20 日	增资宜春客车厂，持股比例变为 98.33%	10 000
2017 年 11 月 14 日	收购宜春客车厂剩余股权	250

数据来源：编者整理所得。

本案例参考平衡计分卡绩效分析框架来研究江特电机收购九龙汽车的绩效情况。平衡计分卡绩效分析框架是一种涵盖财务、客户、内部流程、创新与学习等多角度多指标的评价框架。该评价框架是一种动态绩效评价工具，综合多个指标，考虑到收购目的与效果，全面深入评价收购的综合绩效。本案例中客户维度相关指标无法获得，因此将考察市场维度。

7.2.1 基于财务维度的绩效分析

根据常用的财务指标，本案例将从以下四个维度对收购后江特电机的财务情况进行讨论与分析，具体的指标选择如表 20 所示。

表 20 财务维度指标体系

指标类别	指标名称
盈利能力类指标	总资产报酬率（ROA）；净资产收益率；销售净利率
偿债能力类指标	流动比率；速动比率；资产负债率
营运能力类指标	存货周转率；应收账款周转率
成长能力类指标	营业收入增长率；净利润增长率

考虑到收购发生时间以及数据的可比性，该部分选取江特电机 2012—2019 年的半年报和年报数据。另外，江特电机所属行业为电气机械和器材制造业，在横向对比公司同行研究时，考虑到行业板块公司差异较大，难以寻找到契合的可比公司，因此选择行业中值作为可比数据，行业均值作为分析参考数据（见表 21）。

表 21 2012—2019 年中江特电机及行业财务维度指标数据

类别	指标	对象	2012 年	2013 年	2014 中	2014 年（收购宜春客车厂95%股权）	2015 中（收购米格电机100%股权）	2015 年（收购九龙汽车100%股权）	2016 中	2016 年	2017 年	2018 年	2019 中
盈利能力类	总资产报酬率（ROA）/%	江特电机	5.33	6.09	3.12	3.41	1.81	0.95	2.03	4.06	4.44	-17.87	1.48
		行业中值	7.96	7.47	2.23	5.61	2.32	5.20	4.25	8.70	8.52	5.45	5.51
		行业均值	5.71	5.18	2.28	4.61	1.54	3.08	1.06	3.22	4.24	-3.46	2.82
	净资产收益率/%	江特电机	5.83	6.63	3.44	2.92	1.79	1.92	3.35	5.88	6.76	-56.87	2.04
		行业中值	22.14	13.51	4.67	12.12	4.01	9.94	5.30	15.28	12.91	9.34	4.83
		行业均值	10.29	11.56	4.48	9.70	3.22	6.86	1.98	6.81	8.78	-7.21	5.97
	销售净利率/%	江特电机	8.17	7.5	7.94	5.52	8.81	3.83	8.36	6.77	7.88	-60.30	5.33
		行业中值	7.38	8.09	7.47	7.44	6.05	7.78	9.09	9.59	8.82	7.80	7.71
		行业均值	7.05	6.55	6.04	6.33	5.33	5.20	5.18	5.80	7.39	-5.79	8.9
偿债能力类	流动比率	江特电机	1.92	1.39	1.3	6.13	4.16	0.84	1.05	1.14	1.08	1.01	0.97
		行业中值	1.63	1.59	1.61	1.94	1.96	1.71	1.64	1.91	2.43	2.45	2.44
		行业均值	1.76	1.60	1.53	1.73	1.59	1.30	1.33	1.48	1.59	1.48	1.48
	速动比率	江特电机	1.5	1.01	0.91	4.87	3.35	0.7	0.83	0.94	0.88	0.86	0.78
		行业中值	1.11	1.11	1.18	1.46	1.35	1.26	1.22	1.48	1.69	1.83	1.91
		行业均值	1.30	1.21	1.15	1.29	1.18	0.99	1.02	1.16	1.26	1.15	1.15
	资产负债率/%	江特电机	33.44	39.41	41.89	12.53	15.93	56.04	45.8	50.75	54.33	62.92	59.24
		行业中值	47.64	35.72	35.72	32.60	42.36	45.20	45.57	36.82	33.79	41.67	45.08
		行业均值	40.15	47.40	48.55	43.86	48.95	50.93	45.72	46.81	46.06	51.47	50.57

表21(续)

类别	指标	对象	2012年	2013年	2014中	2014年(收购宜春客车厂95%股权)	2015中(收购米格电机100%股权)	2015年(收购九龙汽车100%股权)	2016中	2016年	2017年	2018年	2019中
营运能力类	存货周转率/次	江特电机	2.56	3.27	1.36	2.48	1.15	1.75	1.48	3.81	3.29	3.04	1.22
		行业中值	4.67	4.50	1.85	4.19	1.57	4.37	1.98	4.48	4.36	4.16	2.19
		行业均值	3.50	4.18	2.04	3.91	1.67	3.60	1.59	3.61	3.90	3.62	1.83
	应收账款周转率/次	江特电机	2.53	2.52	1.03	1.98	0.88	1.42	1.49	3.29	2.70	2.06	0.70
		行业中值	6.24	4.89	1.99	4.48	2.05	4.34	2.24	4.51	4.55	4.47	1.93
		行业均值	4.94	4.54	1.96	4.10	1.8	3.83	1.67	3.69	3.86	3.76	1.79
成长能力类	营业收入增长率/%	江特电机	-11.71	32.3	5.47	-7.26	-4.74	12.55	227.47	234.29	11.85	-11.65	-18.55
		行业中值	-11.71	14.70	21.80	11.65	-4.74	4.34	1.29	11.07	25.50	12.44	14.81
		行业均值	201.74	19.79	36.69	7.88	-2.45	1.84	23.67	25.81	24.53	15.65	13.38
	净利润增长率/%	江特电机	-14.30	21.36	4.57	-31.74	5.69	-21.84	210.55	490.70	39.16	-776.20	-76.20
		行业中值	2.14	14.90	34.10	-0.55	1.93	5.07	26.37	44.22	11.72	1.43	16.11
		行业均值	38.21	13.22	22.17	-35.53	8.32	-0.57	-25.34	50.12	22.49	18.05	18.44

数据来源：Choice 数据库，江特电机年报、半年报。

注："2012 年"指根据 2012 年的年报数据整理所得，"2014 中"指根据 2014 年半年报数据整理所得，其余以此类推。

在盈利能力方面，江特电机变动趋势与行业一致，整体盈利能力弱于同行业。在传统产业持续低迷的影响下，收购前两年电机行业盈利能力均呈下降趋势，江特电机积极开拓新能源汽车业务，2015 年在行业盈利指标依旧下降时，江特电机盈利能力开始逐年增长，可以看出收购行为于短期（1~2 年）盈利能力有益。之后在 2018 年盈利能力类的三个指标均突然大额为负，原因是标的公司业绩不达预期而进行了减值测试，对九龙汽车和米格电机合计计提高达 14 亿元商誉减值，致使当年净利润为负；2019 年盈利能力恢复为正，但较之前数值较低。

在偿债能力方面，2014 年流动比率、速动比率均出现大幅增加，资产负债率显著低于行业中值，主要原因为报告期内公司通过非公开发行股票募集资金并且归还了银行贷款。2015 年资产负债率由 15.93% 突增至 56.04%，同时，由于 2015 年收购米格电机和九龙汽车，现金支付压力大，存在大量收购贷款，财务风险加大，表现为流动比率和速动比率陡峭下降，下滑幅度分别为 80%、79%。短期借款余额比年初增长 9 006.89%，且收购后几年，偿债能力均保持较低水平，资本结构不稳定，存在较大风险。

在营运能力方面，江特电机营运能力和行业趋势大体相同，但是 2015 年收购当年，明显低于行业中值水平。收购后，新能源汽车业务成为公司重要的收入来源，汽车行业经营情况会受到季节性因素影响，存货周转率以及应收账款周转率在 2016 年上半年的情况明显弱于下半年。2016 年在新能源汽车形势大好的背景下，该项业务营运能力使得总体营运能力较强，但 2017 年在新能源汽车补贴大幅下降的趋势下，公司营运能力也是一路下滑，且幅度明显大于行业水平，收购行为一定程度损害了公司资产管理水平。

在成长能力方面，行业公司均保持低水平的平稳变化趋势，江特电机在收购前净利润增长率总体低于行业水平，营业收入增长率从 2013 年开始逐渐缓慢下滑，低于行业平均，电机行业整体成长性下降。收购后，在 2016 年，江特电机年报中并入九龙汽车，致使营业收入增长率高达 234.29%，净利润增长率高达 490.70%，收购带给了公司良好的短期成长潜力，但是 2017 年两个指标值均直线下降，九龙汽车业绩不达预期，成长性欠佳。2018 年计提大额商誉减值，致使净利润为负，同年净利润增长率低至-776.20%，2019 年公司营业收入进一步降低，成长性已明显不足。

综上所述，通过分析江特电机收购前后财务指标的变化，我们可以看出收购行为是公司在传统电机业务经营效益不佳时，果断抓住新能源汽车行业发展机会，做出的一次战略性迈步。短期（1~2 年）来看，公司盈利能力、营运能力以及成长性迅速得到了提升，即具有一定的经营协同与管理协同效应，但由于收购资金需求较大，公司偿债能力下降，在财务方面的协同效应未能体现。长期（2018 年及之后）来看，受新能源汽车行业政策变化和公司经营未达预期值等影响，业绩不达预期，致使收购产生的大额商誉减值拖垮公司业务经营。从财务维度综合来看，江特电机通过收购九龙汽车，进军新能源汽车行业，是一次较为失败的尝试。

7.2.2 基于内部流程维度的绩效分析

内部流程维度的指标主要用来描述战略实现的过程，关注的是收购后是否能够优化内部流程、提高运营效率。本案例选择从成本投入和成果产出两个维度展开分析，具体指标包括销售费用占比、管理费用占比以及员工人均产出（见表 22）。

表 22　2012—2019 年江特电机内部流程维度指标数据

类别	指标	2012 年	2013 年	2014 中	2014 年	2015 中	2015 年	2016 中	2016 年	2017 年	2018 年	2019 中
成本投入	营业收入/百万元	646.54	855.38	423.75	793.3	403.65	892.85	1 321.83	2 984.71	3 338.4	2 949.39	1 359.38
	销售费用/百万元	40.07	45.23	17.55	45.01	19.3	48.89	56.56	156.05	175.18	176.34	59.77
	管理费用/百万元	59.83	78.17	36.75	82.45	39.16	154.57	131.04	250.95	287.92	187.69	74.33
	销售费用占比/%	6.2	5.29	4.14	5.67	4.78	5.48	4.28	5.23	5.25	5.98	4.4
	销售费用占比行业中值/%	3.49	3.56	4.12	3.58	4.11	4.2	4.19	4.27	3.79	3.95	3.48
	销售费用占比行业均值/%	4.24	4.25	4.25	4.55	4.63	4.81	4.67	4.79	4.53	4.46	4.14
	管理费用占比/%	9.25	9.14	8.67	10.39	9.7	17.31	9.91	8.41	8.62	6.36	5.47
	管理费用占比行业中值/%	7.55	7.99	8.34	7.49	8.73	9.04	9.39	9.23	8.79	5.41	5.45
	管理费用占比行业均值/%	8.16	8.33	8.08	8.59	9.27	9.89	9.79	9.16	9.53	5.56	5.45
成果产出	营业收入/亿元	6.47	8.55	4.24	7.93	4.04	8.93	13.22	29.85	33.38	29.49	13.59
	员工人数/人	1 535	1 566	—	1 630	—	4 020	—	3 533	3 563	4 456	—
	员工人均产出/万元/人	42.12	54.62	—	48.67	—	22.21	—	84.48	93.7	66.19	—

数据来源：Choice 数据库，江特电机年报、半年报。

总体上，2015 年之前，江特电机销售以及管理费用所占比例明显高于行业均值，这说明在成本控制方面其效率低于行业水平。其中，如图 6 所示，主要收购活动当年（2015 年）江特电机管理费用较上年同期增长 87.46%，系计提超额业绩承诺奖励增加所致。收购完成后，销售费用占比及管理费用占比与之前相比均出现下降趋势，但是公司销售费用占比依旧高于行业中值 1~2 个百分点。2016 年管理费用占比较 2015 年下降 8.9 个百分点，此后与行业水平基本保持一致，说明收购完成后在管理方面的协同效应较为突出。人均产出方面，2016 年较 2015 年大幅增加。综上所述，收购业务能够在内部流程中，尤其是管理能力以及人员效率方面发挥一定的协同效应。

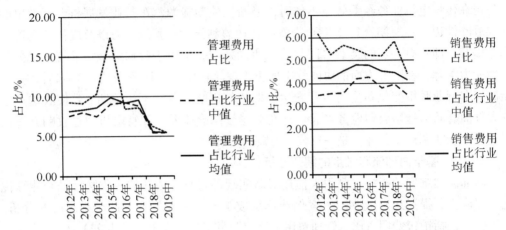

图6　2012—2019 年中江特电机及行业管理费用和销售费用占比情况

（数据来源：Choice 数据库，江特电机年报、半年报）

7.2.3　基于市场维度的绩效分析

市场维度的绩效分析着眼于消费端，这里主要考察市场的覆盖面以及产品结构情况，将营业收入按照行业、产品、地区分类（见表23），讨论收购带来的结构变动以及影响情况。

表 23　2012 年—2019 中江特电机市场维度指标数据　　　　　单位：%

	类别	2012 年	2013 年	2014 中	2014 年	2015 中	2015 年	2016 中	2016 年	2017 年	2018 年	2019 中
分行业	工业	89.87	92.15	93.14	93.40	93.17	92.71	93.32	96.42	31.03	41.70	53.55
	服务业	0	0	0	0	0	0.07	0.17	0.15	0.00	0.00	0.00
	汽车生产制造业	0	0	0	0	0	0	0	0	54.92	37.66	19.72
	采选业	5.70	4.13	3.99	3.78	4.24	5.09	5.08	1.49	9.99	16.68	22.98
分产品	机电产品	88.83	87.62	88.58	87.85	87.47	84.78	32.51	29.18	31.03	41.70	53.55
	锂矿产品	6.63	8.42	8.40	8.99	9.70	12.63	7.36	7.06	9.99	16.68	22.98
	汽车产品	0.11	0.25	0.15	0.34	0.24	0.39	58.68	61.66	54.92	37.66	19.72
分地区	东北地区	4.28	1.91	1.44	1.80	2.72	2.11	1.96	1.80	1.36	1.55	2.03
	华北地区	10.98	16.89	18.46	20.05	13.92	13.28	29.56	26.03	11.68	15.33	6.54
	西南地区	9.01	9.05	12.05	12.65	17.86	14.30	6.71	4.07	5.27	6.48	10.67
	华南地区	21.17	27.97	30.12	29.22	27.33	28.15	15.63	21.70	29.31	26.78	28.52
	华东地区	50.06	40.29	35.02	33.39	35.93	39.85	39.51	40.03	44.40	41.20	42.29
	出口	0.07	0.17	0.04	0.08	—	0.18	4.60	3.80	4.79	2.69	6.33

数据来源：Choice 数据库，江特电机年报、半年报。

注：表格中数值为该项指标营业收入/营业总收入，单位为%。

从主营业务来看，江特电机 90% 以上业务为工业，主要产品为电机与机械产品，2016

年公司完成对九龙汽车的收购,进军新能源汽车行业并且依托九龙汽车大力发展汽车产业,2016年汽车产品营业收入占比超过50%,其中新能源汽车营业收入占比高达43.2%,成为公司主要的盈利来源。从地区层面来看,公司位于江西,充分利用公司在当地的客户基础,其业务范围以华东为主。收购后1~2年,公司在华南地区营业收入占比较收购前有所下降,而华北地区营业收入占比有所增加,但2017年以后,公司业务范围与收购前相当,公司出口业务一直维持在低水平位置(见图7)。整体来看,地区经营变化不大,经营范围未能实现扩张。

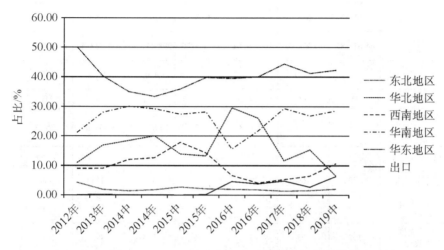

图7 2012—2019年中江特电机分地区营业收入占比情况

(数据来源:Choice数据库,江特电机年报、半年报)

2014年,在宏观经济增速下滑、传统产业经济效益下降的背景下,公司主营的电机产业及矿产销售订单减少,经营业绩不佳。前文已经提到,2009年公司就决定发展锂电新能源行业,随着公司业务的发展,2013年公司进一步深化战略目标,将电机业务重点向智能电机方面发展,加快锂电新能源产业发展。公司期望以收购的方式,快速深入锂电新能源产业链下游的整车业务,打造锂矿开采及加工—锂云母综合利用—正极材料—新能源汽车的锂电新能源全产业链。

江特电机通过收购宜春客车厂、米格电机、九龙汽车,构建了包括乘用车、商务车、公交大巴等多种新能源汽车产品结构,收购后1~2年内新能源汽车业务营业收入增长,机电产业转型初见成效。但是,长期内新能源汽车业务业绩不达预期,营业收入能力不足。2019年3月的补贴政策进一步提高了新能源汽车的技术要求,参考续航里程,增加了动力电池能量密度以及能耗比参数。2019年下半年,江特电机考虑到九龙汽车业务已经持续一年一期亏损,且短期内主营业务难以好转,这将在很大程度上影响到公司当前能否持续发展,于是同年12月江特电机果断决定剥离汽车产业,聚焦电机和锂盐等主业,至此,全产业链战略失败。长期来看,江特电机此次收购未能实现战略协同效应作用。

7.2.4 基于创新与学习维度的绩效分析

江特电机属于国家高新技术企业,并且无论是电机制造行业还是电动汽车行业,行业壁垒都较高,对资金、技术均有较高的要求。技术研发与创新不仅是企业生存发展的重要基础，也是企业维持核心竞争力的关键。在创新与学习维度的绩效方面，本案例选择企业研发投入、专利、员工结构等相关指标来分析江特电机收购前后的变化情况（见表24）。

表24 2012—2019年中江特电机创新与学习维度指标数据

类别	项目	2012年	2013年	2014年	2015年	2016年	2017年	2018年	2019中
研发投入	研发投入金额/万元	1 847.87	2 134.31	2 115.94	3 143.89	14 777.99	16 101.76	22 540.23	6 085.48
	研发投入金额增长率/%	−12.52	15.50	−0.86	0.90	370.05	8.96	39.99	−22.33
	营业收入/万元	64 653.87	85 538.03	79 329.91	89 284.70	298 471.17	336 533.40	301 679.65	135 938.21
	研发投入/营业收入/%	2.86	2.50	2.67	3.52	4.95	4.78	7.47	4.48
专利	专利数量/个	35	40	54	92	101	186	247	204
	专利技术期末账面价值/万元	—	—	2 796.83	11 127.45	10 871.52	9 933.03	6 728.33	6 356.78
员工结构	员工人数/人	1 535	1 566	1 630	4 020	3 533	3 563	4 456	—
	本科及以上学历人数/人	159	169	254	468	421	443	460	—
	研发人员数量/人	—	—	223	225	346	357	369	—
	技术人员人数/人	199	203	251	331	373	382	369	—
	本科及以上学历人数占比/%	10.36	10.79	15.58	11.64	11.92	12.43	10.32	—
	研发人员人数占比/%			13.68	5.60	9.79	10.02	8.28	—

数据来源：Choice数据库，江特电机年报、半年报。

注：2012、2013年专利技术账面价值用专有技术账面价值代替。

收购后，江特电机研发投入在营业收入中占比快速增加，专利数量持续增加，可见公司重视专业技术研发且研发能力逐渐增强。2015年江特电机合并米格电机和九龙汽车，员工人数激增，连续收购为公司带来了丰富的人力资源，本科及以上的高学历员工以及研发、技术人员均有所增加。收购行为客观上实现了公司的转型发展目标，技术以及人员给公司发展提供了可能，有利于公司增强竞争力。

7.3 小结

收购完善了收购方产品体系，打通下游整车产业链，扩大了市场份额，降低了经营成本。短期（1~2年）来看，公司收入与利润增加，盈利能力和成长能力得到了提升；公司人力技术资源增强，研发能力提高，实现了一定的经营协同效应；公司营运能力增强，实现了一定的管理协同效应；但是收购活动对资金需求大，现金支付居多，公司的流动性下降，偿债能力下降，财务协同效应不明显。长期来看，业绩不达预期，各项绩效指标恶化，协同能力被消除，公司陷入财务困境，净利润为负。

7.4 退出新能源汽车行业后的表现分析

7.4.1 短期市场反应

2019 年 12 月 5 日，江特电机发布公告称作价 5.13 亿元卖出九龙汽车 100% 股权。评估机构以 7 月 31 日为基准日，标的公司估值 11.5 亿元，最终以 5.13 亿元的低价成交。公告称之所以低价，是因为收购方扬州基建公司（收购方实控人为扬州市江都区人民政府）是出于纾困目的收购，该购买价格的估计是基于九龙汽车不能持续经营并根据其现有资产情况而确定的。12 月 31 日江特电机发布完成工商变更公告，公司此后将聚焦电机、锂盐及其上游产业。江特电机从入局新能源汽车行业，到主动退出，仅用了 4 年时间。

本案例采用事件研究法考察市场对江特电机最终卖出九龙汽车这一行为持何种态度。假设事件期内江特电机股票价格只受到该卖出行为的影响，选择深证综合指数的收益率作为预期正常收益率。以事件的首次公告日作为事件日，即以 2019 年 12 月 6 日作为事件日，并选择窗口期为 [-10, 10]。通过 Choice 金融终端下载江特电机和深证综合指数日收盘价，计算得到日收益率。在此基础上，得到超额收益率和累计超额收益率，整体来看，市场对此次出售更多持中性态度。

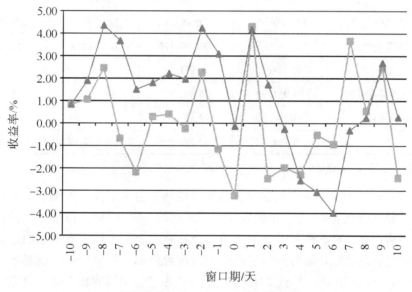

图 8　九龙汽车超额收益率与累计超额收益率走势

（数据来源：Choice 数据库）

7.4.2 公司状况分析

7.4.2.1 商誉减值计提情况

这部分结合江特电机实际生产经营状况以及商誉减值测试事项，阐述 2016 年、2017 年江特电机为何没有对九龙汽车计提商誉减值准备，而在三年业绩承诺期刚结束，即在 2018 年对九龙汽车计提全部商誉减值准备，从而直接导致当年净利润为负。

江特电机收购九龙汽车的商誉来源于 2015 年其在非同一控制下分步收购九龙汽车

51%股权。交易定价是参考收益法评估结果确定，九龙汽车可辨认净资产公允价值是参考资产基础法评估的结果，并考虑评估基准日至购买日之间的变动确定。商誉是以两次单项交易产生的商誉之和确认，第一次购买九龙汽车 32.62% 的股权长期股权投资成本 950 000 000 元，享有被购买方可辨认净资产公允价值份额 222 667 155.33 元，差额 727 332 844.67 元确认为第一次交易商誉；第二次购买九龙汽车 18.38% 的股权长期股权投资成本 535 120 000 元，享有被购买方可辨认净资产公允价值份额 164 466 498.74 元，差额 370 653 501.26 元确认为第二次交易商誉，两次商誉合计 1 097 986 345.93 元。

2016 年 2 月，九龙汽车变更为江特电机全资子公司，2015 年至 2017 年，九龙汽车业绩承诺完成率分别为 178.54%、76.50%、77.24%。2015—2018 年九龙汽车的业绩预测与实际经营情况的对比如表 25 所示。2015 年，九龙汽车业绩承诺超额完成，按照相关协议安排，对留任核心团队奖励标准应为 1 765.05 万元，由于 2016 年、2017 年公司为九龙汽车生产经营周转资金借款提供担保，占用了上市公司担保资源，九龙汽车管理层最终放弃超额业绩奖励以补偿公司提供的担保服务。2016—2018 年，公司未完成业绩承诺，实现净利润数额均小于收购时资产评估所使用的业绩预测净利润。

表 25　2015—2018 年九龙汽车业绩预测与实际经营情况对比　　　单位：万元

项目	2015 年	2016 年	2017 年	2018 年
资产评估预测营业收入	140 186.09	176 487.47	228 885.28	286 577.87
实际实现营业收入	282 992.21	180 807.76	167 314.93	95 774.55
差值	142 806.12	4 320.29	−61 570.35	−190 803.32
资产评估预测净利润	19 951.94	24 992.02	29 625.73	35 366.62
实际实现净利润	35 707.58	19 125.52	23 171.09	−10 910.03
差值	15 755.64	−5 866.50	−6 454.64	−46 650.83

数据来源：《关于深圳证券交易所对公司 2018 年年报问询函的回复》。

2016 年，政府对个别企业在新能源汽车上的骗补行为展开专项调查，其间中止原有行业的补贴支持政策①，并于年底公布了调整后的补贴政策②，以加强电池性能为核心提高了申请标准，对非私人用户购车的资金补贴增加了运行 3 万千米的运营里程要求。短期内行业及补贴政策的不确定性影响新能源汽车销售定价，从而影响整车厂生产积极性与客户购买需求，导致 2016 年新能源汽车销量增速同比下降，九龙汽车经营业绩未达到预期，收购时形成的商誉出现了减值迹象。中联评估对江特电机商誉进行减值测试③，将包含商誉的资产组或资产组组合与对应的可收回金额比较，若存在前者高于后者的结果，则计算相应商誉减值金额。采用收益法估值计算，得到截至评估基准日 2016 年 12 月 31 日，九龙汽车资产组组合未来现金流量的现值为 348 487.78 万元。商誉减值测试过程如表 26 所示。

---

①　《关于 2016—2020 年新能源汽车推广应用财政支持政策的通知》（财建〔2015〕134 号）。
②　《关于调整新能源汽车推广应用财政补贴政策的通知》（财建〔2016〕958 号）。
③　《江西特种电机股份有限公司商誉减值测试所涉及的江苏九龙汽车制造有限公司资产组组合预计未来现金流量的现值咨询报告》（中联评咨字〔2017〕第 252 号）。

表 26 2016 年江特电机商誉减值测试过程　　　　　　　单位：万元

项目	数值
资产组或资产组合账面价值①	106 488.99
商誉账面价值②	109 798.63
未确认的归属少数股东的商誉价值③	98 470.04
包含整体商誉的资产组组合的账面价值④=①+②+③	314 757.66
资产组或资产组合的预计未来现金流量的现值⑤	348 487.78
整体商誉减值准备（大于 0 时）⑥=④-⑤	—
归属于母公司股东的商誉减值准备⑦	—
以前年度已计提的商誉减值准备⑧	—
本年度商誉减值损失⑨=⑦-⑧	—

数据来源：《关于深圳证券交易所对公司 2018 年年报问询函的回复》。

调整后的补贴政策自 2017 年 1 月 1 日起实施，新能源汽车厂商根据新规提高电池性能的引导方向进行了新车型的研发和补贴目录的重新申报。九龙汽车上半年积极调整新能源汽车的产品结构，针对市场需求以及政策补贴方向，开发了主力车型 EW5 电动物流车，生产经营状况好转，2017 年九龙汽车经营业绩较 2016 年有了较大幅度的回升。但受上半年国家补贴政策调整的影响，老车型补贴退坡，新车型又在申报中，2017 年九龙汽车整体营业收入和净利润均未完成业绩预测目标。中联评估采用收益法评估，得到截至评估基准日 2017 年 12 月 31 日，九龙汽车纳入商誉减值测试范围含商誉在内的资产组的估值为 341 048.24 万元，测试过程如表 27 所示。综上所述，江特电机每年年末按照会计准则要求聘请专业机构对九龙汽车商誉进行减值测试，2016、2017 年公司根据专业机构出具的减值测试报告，确定 2016 年年末、2017 年年末九龙汽车商誉均未发生减值，不计提减值准备。且 2016 年、2017 年九龙汽车业绩承诺均未完成，但三年累积数完成，这其中不存在调节利润使业绩精准达标的情形。

表 27 2017 年江特电机商誉减值测试过程　　　　　　　单位：万元

项目	数值
资产组或资产组合账面价值①	127 529.10
商誉账面价值②	109 798.63
未确认的归属少数股东的商誉价值③	98 470.04
包含整体商誉的资产组组合的账面价值④=①+②+③	335 797.77
资产组或资产组合的预计未来现金流量的现值⑤	341 048.24
整体商誉减值准备（大于 0 时）⑥=④-⑤	—
归属于母公司股东的商誉减值准备⑦	—
以前年度已计提的商誉减值准备⑧	—
本年度商誉减值损失⑨=⑦-⑧	—

数据来源：《关于深圳证券交易所对公司 2018 年年报问询函的回复》。

2015—2017 年国内汽车行业市场保持了增长势头，但是 2018 年由于购置税减少，限购以及国六排放标准等因素，整车市场遭遇寒冬，首次出现了负增长。然而，新能源汽车表现亮眼，产销量同比增长明显，行业出现结构性分化，新能源乘用车几乎贡献了新能源汽车市场的全部增长量，而受宏观经济波动影响较大的新能源商用车的产销增速出现停滞。由于自 2016 年起非个人用户购买新能源汽车需要满足运营里程达到 2 万千米（2017 年规定运营里程需达到 2 年 3 万千米，2018 年 2 月起调整为达到 2 年 2 万千米）的要求后方可获得补贴，而 2016 年、2017 年九龙汽车销售的新能源汽车多数在 2018 年尚未达到国家补贴款申请条件。政策方面，应收国家补贴资金延后，2018 年九龙汽车已申请并获得批准的补贴资金约 2.53 亿元，实际仅收到 6 353 万元①。并且在 2018 年 2 月发布的补贴政策②中，纯电动客车和纯电动专用车的补贴进一步退坡，技术门槛进一步提高，公司主打车型 EW5 电动物流车、E8C 电动公交车的国家补贴分别由 2017 年的 9.29 万元/台和 19.91 万元/台下降到 2018 年的 5.6 万元/台和 14.1 万元/台，下降比例分别为 39.72%、29.18%。于是，公司停止 EF5 等不符合补贴政策车型的生产，积极研发 EM3 微型纯电动汽车，在售价和成本两头挤压下，造成毛利率下降。外部融资环境趋紧，应收账款增加等加大了公司的资金压力，九龙汽车流动性出现紧张，公司通过减少生产销售来缓解资金压力。由于 2018 年整个汽车行业不景气，首次出现负增长，公司的传统汽车业务销量下降 5.36%，九龙汽车在资金及市场双重压力下，汽车产销量同比下滑，利润出现亏损，收购商誉出现了减值迹象，公司聘请专业机构对公司商誉进行了减值测试，评估值为 75 624.02 万元，九龙汽车商誉需计提全部减值准备，即 10.98 亿元。

7.4.2.2 江特电机被"ST"

2019 年，汽车市场继续保持负增长趋势。九龙汽车的新能源汽车产销量及利润大幅下降，一是受补贴政策③的变化，补贴大幅退坡且国补资金到位时间延长影响，九龙汽车承受资金压力剧增，流动性不足，被迫减少新能源汽车产量，直至 2019 年下半年停止生产；二是行业的集中度和竞争程度增加，外资品牌的市场竞争力显著提升，九龙汽车行业地位较低，竞争力较弱，营业收入下降，公司出现大额亏损，前 7 个月已累计亏损 10 047.34 万元。江特电机出于市场判断以及弥补自身流动性不足，果断出售九龙汽车。

对于上市公司江特电机，受新能源汽车产销量下滑，碳酸锂价格下跌，处置九龙汽车股权损失以及计提存货、应收账款、股权投资、米格电机商誉等多项资产的减值准备的影响，导致江特电机 2019 年年末即使出售了九龙汽车，归母净利润仍旧出现亏损，为-202 444.63 万元。从具体业务来看，公司传统电机产值创历史新高，下游客户需求旺盛，品牌优势明显。在伺服电机方面，受宏观经济和国际贸易环境持续影响，公司主要产品面对的纺织行业继续下滑，数控机床行业持续低迷，伺服电机需求继续下降，毛利率降低，米格电机收入和利润同比下滑，商誉出现减值迹象，公司对米格

---

① 《关于深圳证券交易所对公司 2018 年年报问询函的回复》。
② 《关于调整完善新能源汽车推广应用财政补贴政策的通知》（财建〔2018〕18 号）。
③ 《关于进一步完善新能源汽车推广应用财政补贴政策的通知》（财建〔2019〕138 号）。

电机商誉计提 1.1 亿元减值准备。在新能源汽车方面，九龙汽车持续亏损且短时间内难以好转，公司果断卖出九龙汽车导致发生处置损失 5 亿元，并且新能源汽车生产项目 H01 项目终止产生 10 034.47 万元损失。在锂电新能源方面，碳酸锂价格持续下滑，盈利能力大幅下降。

因 2018 年、2019 年连续两年净利润亏损，2020 年 4 月 30 日，江特电机开市起被深交所实行"退市风险警示"，股票简称变更为"ST 江特"。

7.4.2.3　公司现状

2021 年 3 月 18 日，江特电机发布了 2020 年年度报告，据此，分析公司现状及未来发展前景。公司主要业务为锂云母采选及碳酸锂加工、特种电机研发生产和销售。2020 年公司实现营业收入 184 398.48 万元，同比下降 28.93%，利润总额为 197.23 万元。在这关键的第三年，公司扭亏为盈，主要原因是传统电机业务营业收入与去年持平，军工电机以及风电电机增长明显。为了不被退市，公司还通过处置部分非主业股权、闲置土地等资产获得收益，盘活资金 7.71 亿元。自 2021 年 4 月 14 日起，公司股票撤销退市风险警示，股票简称恢复为"江特电机"。

2020 年公司碳酸锂市场价格维持低位，同比下降 74.44%，盈利能力不足。公司重新制定了"大力发展智能电机产业，持续打造锂产业核心竞争力"的新发展战略。在锂盐产业方面，公司有丰富的锂矿资源优势，可通过持续加大对锂云母提锂技术的投入，提升品质，降低成本，从而提高产品竞争力，2019 年 12 月开始，公司主要产品碳酸锂价格已进入上行周期。电机产业作为公司原有主导产业，在 20 多年的发展中，公司在国内中小型电机行业中具有技术与品牌优势，竞争力明显，在巩固和扩大建机电机、起重冶金电机、风电配套电机、伺服电机细分市场龙头地位的基础上，拓展了军工电机、新能源电机市场。

8　结论与启示

8.1　结论

根据前文分析可知，2015 年，江特电机收购九龙汽车是公司为了进军新能源汽车整车行业，延伸产业链而做出的战略性举措。2019 年年末，江特电机果断卖出九龙汽车，专注原本的电机业务等主营业务以避免退市。整体来看，该收购行为并不是收购方低买高卖的资本运作之举，短短 4 年便将标的公司卖出，可以说是典型的收购失败案例。失败原因往往是多重性的，基于收购交易双方自身内部因素，主要有以下方面：

8.1.1　标的选择与估值存在风险

在标的行业选择上，前文已分析新能源汽车行业的朝阳属性；但是，机遇往往与风险并存，尤其是在严重依赖国家政策补贴而得到爆发式增长的背景下，更应该意识到政策存在的不确定性以及新能源汽车发展中遇到的核心技术突破、资金实力、安全性等一系列问题，行业蕴含的风险较大。

就标的公司九龙汽车而言，在技术方面，虽然公司在技术层面拥有一些专利，在豪华商务车领域具有一定优势，但是需要意识到标的公司产销规模小，在资金、技术密集的汽车行业，缺乏核心竞争力。自 2018 年起车市迎来寒冬，虽然长远来看电动汽车是汽车行业发展趋势，但产销高增长时代已经过去，未来行业竞争力需要依靠技术创新，而公司研发技术跟不上补贴标准。2017 年 5—6 月，公司与珠海广通 26.55 亿元订单的实际销售额仅 478 万元，与国民运力 13.46 亿元订单的实际销售额仅 956 万元，因交易车型未进入推荐目录等原因后续合同未履行，可以看出公司经营层面存在问题。在业绩方面，国家补贴占比大，严重依赖国家补贴，一旦补贴退坡、技术要求与竞争加剧，公司经营情况势必急转直下。在产品方面，九龙汽车主要产品为商用车九龙海狮系列，在收购前，一直为公司贡献了大部分利润，在客车行业中，产品线较为单一，易受到市场及政策影响。整体来看，公司经营不够稳定。

就标的公司估值而言，通过前文分析可知，评估结果中对未来新能源汽车行业、公司发展做出了过于乐观的估计，营业收入预估值过高，隐含着大额商誉泡沫，一旦经营不达预期，将会计提大额商誉减值准备，导致影响公司的经营业绩。

8.1.2　收购后整合不到位

新能源汽车业务覆盖面广，涉及技术难度高、资金大，不是简单跨界收购就能成功转型的。通过收购取得一个公司的控制权只是第一步，收购后企业之间在文化、管理、人力、财务等方面的整合关乎着收购协同效应的实现，这直接关系到收购的结局，在一定程度上，可体现在公司业绩层面。

从前文绩效分析结果来看，收购后 1~2 年内江特电机盈利能力、成长能力、营运能力得到提高，管理费用占比显著下降，实现了一定的经营和管理协同效应；但公司偿债能力下降，财务协同效应未能实现。而长期来看，公司财务指标逐渐恶化，协同效应未能发挥作用。从业绩承诺方面来看，2015—2017 年，九龙汽车需要实现非归母净利润分别不少于 2 亿元、2.5 亿元、3 亿元，实际上的每年完成率分别为 178.54%、76.50%、77.24%，只有收购当年业绩承诺超额完成，其余两年均未达到承诺净利润要求，但累计完成率为 104.01%，三年业绩承诺勉强完成后 2018 年销量大减，实际完成净利润为-1.09 亿元。在被江特电机出售的前 7 个月，九龙汽车净利润亏损已超 1 亿元。收购之后未能有效实现整合，业绩接连不达预期，当初 5 倍的高溢价收购变成报表上的高额商誉减值，致使 2018 年江特电机净利润为负。

8.1.3　公司内部存在决策与执行问题

根据江特电机 2019 年半年报，公司在智能机电、锂产业及新能源汽车三方面业务利润均出现不同程度的下滑，财务状况不容乐观，综合考虑下公司才果断剥离九龙汽车业务。回顾公司自 2010 年开始锂电新能源业务以来的收购融资以及业绩情况，发现多次产能、业绩不达预期。如 2014 年募资 4.95 亿元投资"年采选 120 万吨锂瓷石高效综合利用项目"，2017 年调整为 60 万吨，部分资金用于碳酸锂扩产项目，2019 年锂瓷石项目才完工，2019 年碳酸锂项目仍未完工；2018 年又募资 5 亿元投资九龙汽车智改项目，8.4 亿元投资碳酸锂项目，以上项目均未实现预期效益，而且前面的碳酸锂项目久未完工，导致错过了 2015 年至 2018 年的大涨周期。针对以上项目，公司年度报告相关解释基本是需求、政策、市场等外部环境因素影响，诚然公司经营势必受到外部环境影响，但情况多次发生，也说明公司不能准确把握市场动态，不能准确评估技术、资金等问题。公司还存在大肆扩张现象，频频追热点跨界、收购，说明公司内部存在决策和执行层面的问题，并且也充分反映在了业绩层面。

8.2 启示

对于收购方而言，收购决策要充分做好市场、公司等多方面的可行性调研，充分考虑收购所带来的风险，尤其是中长期风险。要结合自身发展情况，摒弃短期利益，更加注重长远利益，切勿盲目追赶热门行业。要从公司自身发展情况与实际经营出发，在收购交易活动完成之后，加强双方公司在文化、管理、人力、财务等多个维度上的整合作用。

具体来讲，首先，收购方应注重收购对象的选择，警惕管理者过度自信，避免因高估未来业绩经营能力而埋下风险。结合上市公司自身以及标的公司业务范围、经营业绩、管理结构、技术实力等多个方面，进行综合评估，谨慎选择标的公司。本案例收购方在收购前自身营运能力就在下滑，尽管收购往往能够带来协同效应，但蕴含巨大风险。另外，收购交易后出现的大额商誉减值风险主要源于"高估值、高溢价、高业绩承诺"三个方面，公司管理者需要选择合适的估值方法，理性估值，力求得到客观结果，警惕高溢价收购，让商誉回归本质，避免因计提大额减值准备，而影响公司业绩，甚至影响公司持续经营的能力。

其次，应加强收购之后双方公司的整合作用。本案例虽然收购行为成功，但是由于收购完成后整合不到位，最终经营不达预期，"被迫"卖出标的公司。可以看出，收购行为的一般动机是为了获得双方公司之间的协同效应作用，关键并不在于交易行为，而在于收购交易完成之后，双方在文化、管理、人力、财务、销售渠道等各方面的整合作用。例如，人力资源整合方面，本案例收购后保留了标的公司高管团队，人员方面没有出现大幅变化，但由于缺乏相应的激励措施，可能影响员工之间的交流合作以及对公司的认同感。

最后，收购交易活动中，标的公司签订业绩承诺及业绩补偿协议往往具有信号与激励作用，很大程度上将会提高标的公司估值与溢价水平，应该采用更加丰富的业绩补偿承诺判断指标，着重关注标的公司现金流状况，而且业绩承诺完成情况最终以三年累计为准，也给了标的公司充分的摇摆空间。另外，收购方应该选择多样化的支付方式，本案例收购方江特电机自收购之日起，负债率就居高不下，收购中较多使用现金支付，虽然快捷高效且不影响公司控制权，但是大量现金流出会带来较大的财务风险，使公司陷入财务困境。

问题与思考

1. 江特电机和九龙汽车各自的交易动机是什么？
2. 你认为此次收购具有哪些协同效应？哪些风险？
3. 标的公司的估值是否合理？
4. 江特电机管理层的决策有何合理和不合理之处？有什么启示？

参考文献

[1] 李金田，李红琨. 企业并购财务风险分析与防范 [J]. 经济研究导刊，2012 (3)：114-116.

[2] 李善民，朱滔. 多元化并购能给股东创造价值吗?：兼论影响多元化并购长期绩效的因素 [J]. 管理世界，2006 (3)：129-137.

[3] 宋淑琴，代淑江. 管理者过度自信、并购类型与并购绩效 [J]. 宏观经济研究，2015 (5)：139-149.

爱尔眼科的 "上市公司+PE" 型并购 [①]

摘要："上市公司+PE"型并购基金近年来逐渐成为我国资本市场主流并购模式之一。本案例以具有"上市公司+PE"模式成功经验的眼科专科医院龙头——爱尔眼科为例，研究爱尔眼科与 PE 合作设立并购基金实现成功的原因，分析"爱尔眼科+PE"型并购基金从募、投、管、退等形成完整闭环的流程和特点，上市公司和 PE 设立并购基金的动因，以及检验该模式并购基金的价值创造效应。从长期绩效来看，爱尔眼科在设立"上市公司+PE"型并购基金之后无论是在经营指标、传统会计指标还是经济增加值方面均得到改善。

关键词：上市公司+PE；并购基金；价值创造；估值

1 案例背景

1.1 私募投资基金和并购基金

近年来，不少上市公司密集发布与私募股权投资机构（PE）合作设立并购基金的公告，仅 2012—2017 年，就有 830 多家上市公司发布公告与 PE 合作设立并购基金，投资方向集中于医疗、能源、TMT 等国家战略性新兴产业。

证监会颁布的《私募投资基金监督管理暂行办法》规定，私募投资基金是以非公开方式向投资者募集资金设立的投资基金，其投资标的包括股票、债券、期权、基金以及投资合同约定的其他标的，通常将投资于未上市公司股权的私募基金界定为私募股权投资基金（private equity fund），并购基金（buyout fund）则是私募股权投资基金中一个重要的分支（见图 1），是指投资方向定位于并购目标企业股权的一类

[①] 本案例由西南财经大学张翼、龚稳然和郭雯编写。仅供案例谈论和学习时作为参考所用，并不用以说明企业某一管理决策的处理是否有效。

基金①。"上市公司+PE"型并购基金由上市公司与私募股权投资机构（PE）共同设立，是我国产业资本和金融资本在特定环境下结合而形成的具有中国特色的投资工具②。

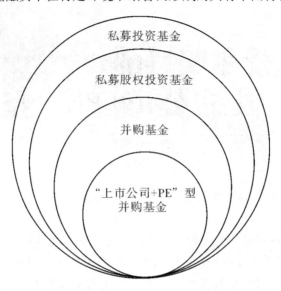

图 1　并购基金与私募基金关系

20 世纪中期，并购基金最早出现在美国。1976 年，KKR 的成立成为并购基金发展历程的里程碑事件之一，之后发生了以 KKR 收购 RJR Nabisco 公司为代表的重磅级并购案例。并购基金伴随全球化并购浪潮，以及 PE 的发展在欧洲、亚洲等地推广开来。

我国并购基金市场兴起较晚，2000 年后，从外资并购基金主导收购国企股权开始，并购基金市场开始在国内活跃。2003 年，我国第一支并购基金"弘毅投资"的成立真正标志着我国并购基金的崛起。从境内并购市场来看，并购基金参与度逐渐增强。截至 2018 年年末，中国证券基金业协会已备案并购基金 4 710 只，基金规模 1.51 万亿元③；据清科年报统计，2018 年中国并购市场交易总额 1.27 万亿元（交易案例 2 584 起），并购基金的投资案例数相当于国内并购市场交易案例数的 94.89%，同比增长 19.1%，投资金额相当于国内并购交易总额的 23.09%，同比增长 5.42%。从新备案情况来看，统计在中国证券基金业协会备案的产品类型为并购基金的私募基金，发现 2018—2020 年，当年新备案并购基金数量分别为 1 665 只、729 只和 561 只，新备案并购基金规模分别为 3 282 亿元、1 589.02 亿元和 1 344.22 亿元，因并购基金的募资难度略有增加，这三年并购基金在数量和规模的增量上均呈现下降趋势，但总体数量和规模仍持续上升。

"上市公司+PE"型并购基金首创于 2011 年，大康牧业（上市公司）与天堂硅谷（PE）合作设立第一家产业并购基金"天堂大康"。在初期，由于该模式的设计缺陷，

①　中证山东中国上市公司并购基金研究课题组. 中国上市公司并购基金研究[EB/OL]. (2016-10-28)[2022-02-26]. https://mp.weixin.qq.com/s/o2JqJrFCyuPaePI8ABI_oA.

②　庞家任，周桦，王玮. 上市公司成立并购基金的影响因素及财富效应研究 [J]. 金融研究，2018（2）：153-171.

③　截至统计时点的产品净资产。

暴露出一系列的问题，比如内幕交易、对赌协议等，但市场对其总体评价为积极影响大于负面效应。2012年下半年至2013年全年企业IPO暂停，PE机构的主要退出渠道受阻，通过并购退出成为PE的最主要退出方式；2014年，证监会颁布管理办法，首次在政策上明确鼓励并购基金等投资机构参与并购重组；2017年，因证监会颁布的若干规定，上市公司再融资和减持受到限制，上市公司及其关联方与PE合作成立并购基金的模式逐步发展起来。

1.2 "上市公司+PE"型并购基金的概念、特点和业务流程

"上市公司+PE"型并购基金组织形式一般为有限合伙企业，其中上市公司通常为有限合伙人（LP），PE充当普通合伙人（GP），该模式并购基金主要围绕上市公司的发展战略（包括产业上下游整合与外延式扩张等）开展投资，上市公司更多的时候是把并购基金当作投资平台去做一些尝试性、探索性的投资，当把创业企业培育成功以后退出时，上市公司本身可以优先收购所投资企业，由于双方出资较少，资金缺口由PE对外募集，这一操作模式曾被市场认为是能完美解决"募投管退"完整闭环的创新方式。

传统并购基金与"上市公司+PE"型并购基金两者在选择投资标的、融资模式和管理模式以及设立目的等方面存在很大差别（见表1）。

表1 传统并购基金与"上市公司+PE"型并购基金对比

项目	传统并购基金	"上市公司+PE"型并购基金
投资标的	多为处于生命期后期企业，属于稳定成熟行业	多为初创企业，集中于医疗、TMT等新兴热点行业
融资模式	多使用债务融资进行投资	尽量减少债务融资的使用
管理模式	LP主要是财务投资者的角色	上市公司作为LP，在并购基金的管理中占有更加重要的地位
设立目的	PE为杠杆收购设立	为支持上市公司并购重组而设立

1.3 "上市公司+PE"的优势和争议性问题

与自主并购相比，上市公司选择设立并购基金进行并购具有显著优势。①高杠杆融资：上市公司支付少量资金，其余资金由外部筹集，在预先锁定优质标的的同时，又缓解了上市公司的财务压力。②先发优势：上市公司锁定标的后，提前规划，在可预见的时间内选择合适的并入时机，降低并购风险和并购成本的同时，实现有效的市值管理，保证并购的额外收益。③信息优势：上市公司可以利用并购基金提前了解标的公司的相关情况，并在收购后直接控制和管理标的公司，降低信息不对称风险。④盈利优势：上市公司收购标的时，上市公司、PE等投资者可以获得更高的并购重组收益。另外上市公司利用并购基金并购同行业上下游企业，可以增强其市场势力，增加其未来的收益。

但"上市公司+PE"型并购基金也存在一定风险，其不仅面临环境、政策和行业带来的外部风险，还面临从募集、投资、管理到退出各阶段的内部风险。除此之外，

国内学者认为该模式在募集、投资、管理及退出阶段中存在市场操纵、内幕交易、对赌协议、委托代理（参与方利益诉求不一致）、退出风险的问题。

（1）市场操纵与内幕交易：基于与上市公司的紧密合作关系，PE 在项目接触的过程中比普通消费者掌握更多信息，甚至知道上市公司未来的并购标的和方向，相关人员可能为自身利益进行市场操纵与内幕交易，进而损害上市公司利益。

（2）对赌协议风险：标的公司为达到对赌业绩，往往会采取掩饰业绩下降、非理性扩张甚至违法操作等有损公司长期发展的短期行为，进而影响上市公司的利益。

（3）委托代理问题：在并购基金的运作中，上市公司与 PE 之间的委托代理问题主要存在于项目方向的选择、并购基金运作和投后管理等方面。当上市公司和 PE 双方在信息获取上存在严重的不透明和信息不对称时，尤其是在投资后的共同运营中，双方利益诉求不一致，PE 为眼下的短期利益，而上市公司放眼长期利益。此时，双方为了自身利益可能存在刻意隐瞒动机，并采取损害对方利益的操作。

（4）退出风险：并购基金成功的关键在于适时退出，但在退出阶段存在不可避免的风险。并购基金在行业环境稳定时退出，其退出风险较为可控，但此时上市公司投入资金较高，如果上市公司想要降低成本，而标的公司估值不稳，则会相应损害并购基金退出时获得的利益以及增加退出风险，这就对标的公司的准确估值提出了要求。

2　案例主体介绍

2.1　爱尔眼科

2.1.1　历史沿革

爱尔眼科医院集团股份有限公司（以下简称"爱尔眼科"）成立于 2003 年 1 月 24 日，由自然人陈邦、李力共同以实物资产出资。2009 年 10 月 30 日爱尔眼科在创业板上市（股票代码：300015），截至 2020 年 12 月 31 日，公司注册资本与实收资本共计 41.21 亿元，纳入合并报表子公司 264 家。爱尔眼科及其子公司的主营业务主要为眼科医疗技术研究、医学验光配镜、眼科医院的投资和经营管理服务。

2.1.2　股权结构及股东背景

截至 2020 年 12 月 31 日，爱尔眼科控股股东为爱尔医疗投资集团有限公司（以下简称"爱尔医疗"），直接持股 35.48%。爱尔医疗基本信息如表 2 所示。

表 2　爱尔医疗基本信息

企业名称	爱尔医疗
企业类型	有限责任公司（自然人投资或控股）
法定代表人	陈邦
成立日期	2007 年 9 月 13 日
注册资本	4 338.5 万元人民币
主营业务	投资控股

表2(续)

企业名称	爱尔医疗
股东情况	陈邦持股 79.99%,李力持股 20.01%

数据来源:爱尔眼科年报。

爱尔眼科实际控制人为陈邦(共持股 44.38%);总经理李力直接持股 3.48%,同时拥有爱尔医疗 20.01% 的股权,公司核心管理层持股比例较高,整体来看,爱尔眼科公司股权结构稳定。另外,战略投资机构高瓴资本和淡马锡(Temasek)分别持股 1.54% 和 1%(见图 2)。

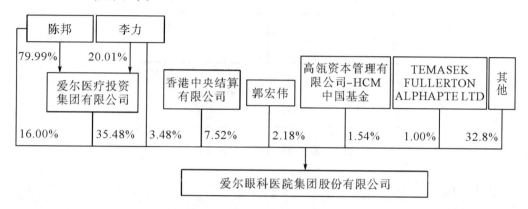

图 2　2020 年爱尔眼科股权结构图

(数据来源:爱尔眼科年报)

2.1.3　行业竞争格局

当前公立综合和专科眼科医院是我国眼科市场的主要贡献者。爱尔眼科的主要竞争对手为当地公立眼科医疗机构。与竞争对手相比,爱尔眼科在市场影响力、诊疗水平以及收费定价方面均极具竞争力。

在规模和业务量方面,截至 2020 年年末,爱尔眼科在国内(不含港澳台)共有 537 家眼科机构,而公立医院受限于体制和就诊容量,其规模及业务量难以放量,无法容纳我国众多眼科疾病患者,使得民营眼科医院成为优选。

在收费标准方面,爱尔眼科在非医保项目上采用自主定价方式,由于在屈光手术等项目上引进国外高端进口设备,配套的医疗服务成本和经营成本较高,爱尔眼科的定价一般高于公立医院定价;在医保定价类眼科医疗服务项目上,爱尔眼科的收费标准与各地同级别公立医院收费标准持平。

在经营模式方面,爱尔眼科采用分级连锁经营模式(见图 3)。公司通常将设在地级市的医院作为三级医院,三级医院主要解决眼视光和常见眼科疾病问题,对于眼科疑难病患者可输送到上级医院治疗。爱尔眼科通过分级连锁模式提升各连锁医院的医疗服务质量增值,实现病源区域的互联互通,从而提升公司整体竞争力。

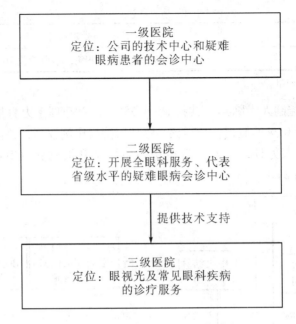

图 3　爱尔眼科分级连锁经营模式

2.2　PE

截至 2021 年 12 月末，爱尔眼科与 8 家 PE（作为普通合伙人）（见表 3）共同设立 11 家并购基金专门用于收购眼科医院股权或投资新建眼科医院，为爱尔眼科培育优质并购标的。

表 3　爱尔眼科合作的私募股权投资机构汇总

PE 名称	简称	合作设立的并购基金数量及名称
深圳前海东方创业金融控股有限公司	东方金控	1（前海东方）
达孜县中钰健康创业投资基金	中钰创投	1（中钰基金）
深圳市前海安星资产管理有限公司	前海安星	4（安星基金、亮视长银、亮视长星、亮视晨星）
上海锦傲投资管理有限公司	锦傲投资	1（亮视交银）
北京远旭股权投资基金管理有限公司	远旭投资	2（远翔天祐、远澈旭峰）
上海投中资产管理有限公司	投中资产	1（亮视中星）
宁波繁菁投资管理有限公司	繁菁投资	1（亮视远筑）
苏州投中筑壹企业管理有限公司	投中筑壹	

数据来源：爱尔眼科公告。

本案例以深圳市前海安星资产管理有限公司（以下简称"前海安星"）为例，分析爱尔眼科所合作的 PE 的情况。爱尔眼科与前海安星合作设立了 4 家并购基金，分析其合作模式及业务流程具有代表性。爱尔眼科与前海安星合作设立的部分并购基金存续期已满，可为分析提供历经完整流程的案例。

前海安星成立于2013年8月21日，注册资本1亿元，其股权结构如图4所示。

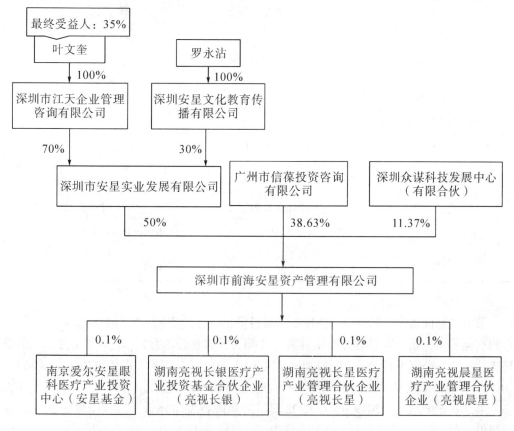

图4 前海安星股权结构

（数据来源：Wind数据库）

前海安星是一家以股权投资和财务顾问为核心业务的专业投资管理公司，资产管理业务包括企业私募股权投资、地产基金投资以及夹层及信用投资等，同时提供并购重组业务的咨询服务。前海安星拥有雄厚的投资和资产管理基础，在健康医疗领域对投资标的选择、立项、投后管理以及后续上市公司并入整合标的等流程均拥有丰富经验。前海安星凭借专业投资团队和融资渠道，在挖掘和提升企业价值方面的实践运营能力比较成熟。2016年5月23日，前海安星（作为GP）与爱尔眼科全资子公司（作为LP）合作投资设立安星基金；之后在2017—2019年又与爱尔眼科或其关联公司合作设立三个并购基金，用于眼科医疗新购的新建投资或者相关产业上下游企业的股权投资等。

2.3 标的企业

自2014年成立并购基金以来，爱尔眼科通过两次定向增发实现并购基金模式闭环（见表4）。

表 4　两次定向增发情况

项目	第一次定向增发	第二次定向增发
首次公告日	2016 年 12 月 08 日	2019 年 10 月 22 日
并购基金培育标的	东莞爱尔、朝阳眼科等九家医院	天津中视信
眼科医院注册资本合计/亿元	1.68	5.84
收购眼科机构股权比例	55% ~ 90%	40% ~ 80%
出售方	前海东方、中钰基金	磐信投资、磐茂投资
所涉及并购基金	前海东方、中钰基金	中钰基金、亮视交银和安星基金
交易作价	现金支付对价 5.80 亿元	发行股份支付对价 12.72 亿元
非公开发行完成日	2018 年 01 月 05 日	2020 年 06 月 16 日
认购方	爱尔眼科实际控制人陈邦、高瓴资本、信诚基金	磐信投资（50%）、磐茂投资（50%）

数据来源：爱尔眼科公告。

第一次定向增发，2016 年 12 月爱尔眼科发布公告，非公开发行股份募集资金用于并购东莞爱尔、朝阳眼科等九家眼科医院（均为并购基金培育）。2018 年 1 月，爱尔眼科成功完成非公开发行，认购方包括爱尔眼科实际控制人陈邦、高瓴资本、信诚基金，2018 年年末爱尔眼科对九家医院资金投入进度 100%。

第二次定向增发，2019 年 10 月 22 日，爱尔眼科发布公告，以发行股份方式（发行股份支付对价 12.72 亿元）购买天津中视信企业管理有限公司（以下简称"天津中视信"）100% 股权，其中 26 家并购基金旗下医院均注入天津中视信，于 2020 年下半年纳入公司并表范围。天津中视信基本信息如表 5 所示。

表 5　天津中视信基本信息

企业名称	天津中视信企业管理有限公司
企业类型	有限责任公司
法定代表人	田宇
注册资本	123 400 万元人民币
成立日期	2019 年 9 月 17 日
经营范围	企业管理服务；企业管理咨询
股权结构	磐信投资持有 50%，磐茂投资持有 50%

数据来源：爱尔眼科公告。

为避免基金合伙期限的限制、避免循环持股以及满足中信产业基金战略入股爱尔眼科，爱尔眼科收购 26 家由并购基金培育的眼科医院时，交易设立天津中视信，由中信产业基金间接控股。2019 年 10 月 22 日天津中视信向中钰基金、安星基金与亮视交银收购其孵化的 26 家眼科医院股权，天津中视信支付收购对价为 12.72 亿元。

3 "爱尔眼科+PE" 型并购基金分析

自 2014 年设立并购基金以来, 截至 2021 年 12 月末, 爱尔眼科设立的 11 家专门用于收购眼科医院资产的并购基金分别为前海东方、安星基金、亮视长银、亮视中星等, 这些并购基金为爱尔眼科储备优质的并购标的, 主要投资和管理眼科医疗机构以及对眼科产业上下游企业进行股权投资。爱尔眼科与 PE 合作设立的以眼科医疗机构为主要投资和管理方向的并购基金汇总如表 6 所示。

表 6 "爱尔眼科+PE" 型并购基金汇总

并购基金名称	成立日期	募集规模/亿元	爱尔眼科出资比例/%	GP	GP 出资比例/%	存续期限/年
前海东方	2014.03.17	2.00	10.00	东方金控	3.33	3+1
中钰基金	2014.12.21	10.00	9.80	中钰创投	0.20	5+2
安星基金	2016.05.23	10.00	19.00	前海安星	0.10	5
亮视交银	2016.11.30	20.00	19.50	锦傲投资	0.05	5
亮视长银	2017.12.26	10.00	19.00	前海安星	0.10	5
亮视长星	2018.10.27	10.00	19.00	前海安星	0.10	5
远翔天祐	2019.7.11	8.00	19.88	远旭投资	0.01	5
亮视晨星	2019.08.22	10.00	19.00	前海安星	0.10	5
远澈旭峰	2020.08.28	6.20	19.30	远旭投资	0.02	5
亮视中星	2021.01.15	10.00	19.00	投中资产	0.10	5
亮视远筑	2021.11.26	5.00	19.98	繁菁投资、投中筑壹	0.22	5

数据来源: 爱尔眼科公告。

从表 6 可以看出, 爱尔眼科的出资比例在 10%~20%, 出资额较少且按照约定可分期支付, 不会占用公司过多营运资金, 大部分资金来源于外部募资。并购基金的存续期限一般为 5 年, 特别情况下可延续, 延续期限 1~2 年。并购基金的制度设计加上爱尔眼科对并购基金投资确认为按成本计量的其他非流动金融资产, 保证了爱尔眼科的当期损益不会受到并购基金旗下医院的盈亏影响。

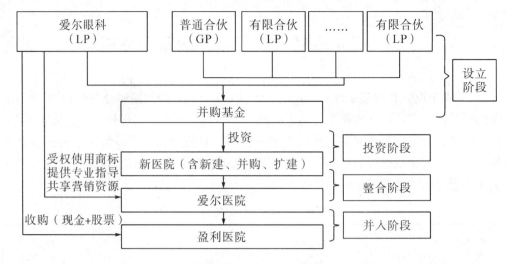

图5 "爱尔眼科+PE"型并购基金业务流程

爱尔眼科设立并购基金，是选择将标的放在体系外进行孵化、培育，避免新建医院经营出现周期性波动，对上市公司产生较大影响。对于收购时机，爱尔眼科选择在体外医院正处于营业收入高速增长、达到盈亏平衡的关键点时进行收购，在体外医院扭亏为盈时收购，降低并购风险和收购成本；符合标准的眼科机构将通过现金和股票方式收入公司旗下，并将其业绩纳入公司财务报表。由于在一开始，这些并购基金培育的眼科医院均按照爱尔眼科的企业文化、管理要求和医疗标准等进行投资、管理，因此在爱尔眼科并入优质标的时，能够有效地避免其他并购方式存在的因文化、管理等无法协同带来的风险。

对于并购标的商誉减值情况，从2016年公司定向增发注入的九家医院来看，2018年年末仅有清远爱尔一家商誉减值，减值金额为1 068万元。一般被并购标的的商誉减值发生在并购标的业绩达不到预期时，爱尔眼科对于按照其标准体系培育的眼科医院的经营情况和盈利能力有所要求，一定程度上保证了并购标的为优质资产，优质标的商誉减值风险较小。因此，从商誉减值角度来看，"爱尔眼科+PE"型并购基金模式比较成功。

"爱尔眼科+PE"型并购基金两次从募、投、管、退形成完整闭环，不仅完善了爱尔眼科的全国网络布局，还帮助其成功实现了产业整合。从爱尔眼科年报看，仅2018上半年处置对前海东方的投资，2 000万元投资额收回现金红利1 467万元，回报率达到73.35%；而从表7两次定向增发收购情况来看，并购基金整体收益率在200%以上，爱尔眼科和PE实现双赢。

表7 两次定向增发收购对价情况

项目	第一次定向增发	第二次定向增发
并购标的	九家眼科医院	天津中视信
并购基金出资额/亿元	1.19	3.54
并购价（收购对价）/亿元	5.80	12.72
并购基金收益率/%	387.39	245.48

3.1 并购动机分析

3.1.1 上市公司设立并购基金的需求和动机

（1）产业转型升级的需求。我国医疗服务行业在市场规模、技术研发能力等方面与国外同行存在明显差距，上市公司成立并购基金，利用并购基金提前锁定国内优质产业资源，并自主选择合适时机并入优质标的有益于产业集中和增强市场势力。除此之外，眼科医院可复制性高，眼科医院扩张主要门槛为资金门槛，上市公司借助并购基金能够获得资金优势进行快速扩张。

（2）专业操作经验的需求。上市公司并购重组过程中经历的产能扩张、品牌建设等阶段对市场化并购与专业团队的需求高，上市公司与 PE 合作设立并购基金，能够借助 PE 的专业性，加强对并购标的调研，利用 PE 在资本管理和管理优化方面的专业经验，提高并购效率，降低并购风险。与此同时，引入具有专业募集资金、寻找和培育投资标的经验的并购基金，可以帮助上市公司在动用少量自有资金的情况下迅速实现业务整合和战略转型。

（3）获得融资优势。PE 拥有丰富的投资经验和先进的投资策略，能够保持并购基金的良好运作，增强投资者信心，PE 自身的社会网络关系和资源，可以帮助上市公司根据并购项目的进展进行融资，解决并购融资难的问题[①]。除此之外，在当前上市公司融资困难以及传统并购基金融资环境不容乐观的背景下，上市公司与 PE 合作设立并购基金，即使是平层并购基金，上市公司也能使用较少的自有资金撬动杠杆，获得融资优势。

（4）降低并购风险。①战略决策风险：上市公司在并购前通过并购基金对标的公司有更深的了解，提前锁定优质并购标的，并在可预见的时间段内自主选择注入上市公司的时机，减小并购实施前存在的战略决策风险。②信息不对称风险：PE 作为专业金融中介参与并购，不仅承担了一部分在并购前因并购标的选择错误带来的风险，也降低了在并购实施过程中标的公司与并购公司信息不对称导致的风险[②]。③退出风险：上市公司和 PE 有效合作、目标趋同能够帮助上市公司降低并购成本和风险，利用并购基金对并购标的按照上市公司要求的标准体系进行培养，能够有效降低整合过程中在文化、管理等方面无法实现协同效应的问题，通过对优质资产进行并入、整合，降低退出风险。

3.1.2 PE 设立并购基金的动因分析

（1）项目方向确定，筹集资金相对较易。上市公司并购方向一般较为确定，设立的并购基金往往作为上市公司相关产业布局以及产业并购整合的投资平台，对于在某些领域具备丰富投资经验和成功案例经历的 PE 而言，在实际募集资金中的操作难度会大大降低。

（2）借助上市公司减缓管理团队建设负担。以爱尔眼科为例，爱尔眼科参与设立

---

① 中证山东中国上市公司并购基金研究课题组. 中国上市公司并购基金研究［EB/OL］.（2016-10-28）［2022-02-26］.https://mp.weixin.qq.com/s/o2JqJrFCyuPaePI8ABI_oA.

② 张弛. 上市公司与私募股权投资机构共同设立并购基金：运作模式、动机及风险［J］. 会计师，2014（13）：5-7.

的并购基金不会全资持有眼科医院股权，医院少数股权属于员工。比如 2020 年收购的 26 家医院的少数股东包括的员工持股平台，要求核心骨干跟投，这样的股权模式有利于降低并购基金面临的风险，减轻 PE 管理团队建设的负担。

（3）减少退出风险。"上市公司+PE"型并购基金模式的一个关键点在于并购基金的存续期与标的培育期的匹配度，对于某些领域来说，如果培育的资产需要较长时间才能实现盈利，拉长投资期限，对并购基金的募资和管理都有较大挑战；而对于投资管理眼科医院来说，投资企业 3 年之内达到盈亏平衡点，并购基金的运作时间不长，能够有效降低 PE 的退出风险。且选择与上市公司设立并购基金，通过上市公司优先并购投资标的实现 PE 的退出，对于 PE 而言，明确了退出渠道，降低了退出风险。

3.2 基于业务流程的风险分析

"上市公司+PE"型并购基金在不同阶段存在市场操纵、参与方利益诉求不一致、资金风险、退出风险等问题，爱尔眼科与 PE 合作设立并购基金的过程中，在募集、投资、管理、退出阶段对不同风险采取不同规避措施。

3.2.1 资金风险

自上市以来，爱尔眼科募集资金已超过 10 亿元，营业收入增速过快，爱尔眼科自身的营运能力无法匹配其扩张速度，如果爱尔眼科不能解决募集资金无法在短期内获得收益的问题，便会引发资金链危机。而此时爱尔眼科选择和 PE 合作设立并购基金，在投资、运营以及整合等阶段，实现公司市场拓展和产业整合的战略目标。爱尔眼科通过并购基金及时了解标的公司财务情况，提前预估标的公司的盈利能力，在适当时机并入优质标的，成功实现以小博大，规避了因并购成本增加以及并购失败带来的资金风险[①]。

3.2.2 参与方利益诉求不一致

在"爱尔眼科+PE"模式中，参与方均会权衡资金运营目的，且存在上市公司关注长期利益，PE 更倾向于短期利益的诉求不一致问题。为削弱委托决策风险，首先，在基金募集之初爱尔眼科对并购基金的投资流向等规则进行了书面约定。其次，"爱尔眼科+PE"并购基金选择具有相关资质和经验的金融机构作为托管人，对基金投资行为进行监管。最后，设立专家投资决策委员会，对 PE 机构的决策进行约束，同时上市公司与 PE 双方达成一致，确定并购基金的投资重点以及双方职责。

3.2.3 退出风险

并购的收益和营业收入共同组成了爱尔眼科的净利润，爱尔眼科需要通过营业收入、净利润的增长来维持投资者的支持，但是标的医院通常要在孵化期结束之后（大概 3 年）才能实现正的收益。因此，爱尔眼科通过提前整合、授权使用商标、提供专业指导以及共享营销资源等操作提高标的医院经营水平，在其实现盈亏平衡时并入集团，以实现降低财务风险、退出风险以及增加盈利的目标。

---

① 于斯卓. "上市公司+PE"型并购基金风险分析：以爱尔眼科为例 [J]. 时代金融，2020（5）：59-60.

4 并购标的估值分析

准确估计并购标的的价值非常重要，如果标的价值被市场低估，那么并购完成后，主并公司可能获得巨额收益；反之，对并购标的估值过高则可能会给主并公司带来较大的风险。

"上市公司+PE"模式并购基金的运作特点使得上市公司与 PE 在并购标的的估值上存在利益相悖，PE 基于自身利益最大化有高估值并购标的的倾向，而上市公司为降低并购的不确定性，倾向于保持谨慎态度以较低成本并入标的。除此之外，对于并购基金而言，在合适的时机退出是最重要的环节，如果因为上市公司和 PE 在标的估值方面的利益不一致，导致对标的公司估值不准确、不合理，会使并购基金在退出时获得的利益和其价值创造效应受到影响，从而增加其退出风险。

本案例对并购标的——天津中视信进行估值分析，通过对标的公司内在价值的评估，研究并购标的估值的合理性。

本案例采用绝对估值法中的现金流折现法以及可比公司法中的可比公司法对天津中视信进行估值。

4.1 现金流折现法

现金流折现（DCF）法的计算公式为

$$V = \sum_{i=1}^{n} \frac{\text{FCFF}_i}{(1 + \text{WACC})^i} + \frac{\text{FCFF}_{n+1}}{(\text{WACC} - g) \times (1 + \text{WACC})^n}$$

其中，V 表示企业价值；WACC 表示加权平均资本成本；g 表示永续期增长率；FCFF_i 表示预测期内第 i 年所产生的自由现金流量；FCFF_{n+1} 表示永续期第一年产生的自由现金流量。

4.1.1 自由现金流量预测

公司自由现金流量 = 经营性现金流量 − 资本性支出 − 净营运资本增加额

= 息税前收益 × (1 − 税率) + 折旧与摊销 − 资本性支出 −

净营运资本增加额

据 Frost 和 Sullivan 的统计，2014—2018 年，我国眼科医疗市场复合年均增长率（CAGR）达到 16.1%，其中民营眼科医疗市场的 CAGR 为 24.1%。而 2018—2023 年，我国眼科医疗市场的 CAGR 预计保持在 14.9%，民营眼科医疗市场的 CAGR 预计能够达到 19.9%。26 家医院中的绝大多数成立于 2015 年和 2016 年，截至 2019 年年末并购前已运营 3~4 年。根据爱尔眼科旗下其他眼科医院的实际经营情况，本案例选取经营时间在 8 年以上的全部地级市眼科医院共 16 家，可得到其运营 3 年左右之后的营业收入的 5 年 CAGR 为 23.90%。

《华泰联合证券有限责任公司关于爱尔眼科医院集团股份有限公司发行股份及支付现金购买资产并募集配套资金之独立财务顾问报告》（以下简称《财务顾问报告》）以 2017 至 2019 年第三季度天津中视信的经营状况为基础，并综合考虑公司所处地区、行业及企业发展规划等相关因素，对天津中视信下属 26 家子公司 2019 年第四季度至

2024 年及之后永续年限的业务收入与成本进行估算。本案例采用《财务顾问报告》对天津中视信旗下子公司营业收入的假设和预测值，加总计算后得到天津中视信营业收入及其复合年均增长率预测，以不高于我国眼科医疗市场的复合年均增长率及民营眼科医疗市场的复合年均增长率为合理。对于永续期，由于医疗行业竞争力强，2025 年之后公司增长潜力基本完全释放，预测公司的营业收入保持稳定，增长率为零。具体预测数据如表 8 所示。

表 8　2019 年第四季度至永续年限天津中视信营业收入预测

项目	2019 年第四季度	2020 年	2021 年	2022 年	2023 年	2024 年	永续年限
营业收入/万元	20 615.12	108 967.90	126 161.30	142 723.90	156 906.72	168 342.69	168 342.69
年增长率/%	—	19.13	15.78	13.13	9.94	7.29	—

数据来源：编者根据《财务顾问报告》预测得到。

根据《财务顾问报告》，本案列得到天津中视信自由现金流量预测表（见表 9）。《财务顾问报告》对公司 2019 年第四季度净利润预测值为 562.68 万元，本案例结合公司 2019 年前三季度营业收入及净利润的实际值与第四季度的预测值，综合计算得出 2019 年净利润占营业收入比例为 9.35%。本案例预测 2020 年及以后公司净利润率保持稳定，由此得到公司各年净利润的预测值。另外，折旧与摊销、净营运资本增加额、资本性支出、偿还债务支出以及借入债务均与《财务顾问报告》预测保持一致。

表 9　2019 年第四季度至永续年限天津中视信自由现金流量预测

项目	2019 年第四季度	2020 年	2021 年	2022 年	2023 年	2024 年	永续年限
净利润/万元	562.68	10 184.77	11 791.76	13 339.80	14 665.40	15 734.28	15 734.28
净利润率/%	9.35	9.35	9.35	9.35	9.35	9.35	9.35
折旧与摊销/万元	1 763.72	7 374.1	7 660.42	7 689.89	7 646.64	6 746.83	7 450.54
净营运资本增加额/万元	2 353.07	2 627.29	1 296.03	1 212.63	1 184.73	1 107.76	—
资本性支出/万元	68.84	1 668.86	3 958.47	5 461.57	2 204.21	7 241.71	9 247.22
偿还债务支出/万元	—	2 170	340				
借入债务/万元	2 170	340	—				
自由现金流量/万元	2 074.49	11 432.72	13 857.68	14 355.49	18 923.10	14 131.64	13 937.60

数据来源：编者根据《财务顾问报告》预测得到。

4.1.2　WACC 的估计

本案例通过将沪深两市中同行业上市公司的主营业务与标的眼科机构进行比较，最终选取了四家上市公司作为可比公司，分别是爱尔眼科（300015.SZ）、通策医疗（600763.SH）、迪安诊断（300244.SZ）和创新医疗（002173.SZ）。

根据四家可比公司的股票收益率数据，可得出可比公司的权益 β 值，由公式：

$$\beta_{资产} = \frac{\beta_{权益}}{1 + (1 - 所得税税率) \times \dfrac{负债}{权益}}$$

计算四家上市公司的 $\beta_{资产}$，结果如表 10 所示。

表 10 可比公司 β 值预测

序号	证券代码	证券简称	$\beta_{权益}$	资产负债率/%	$\beta_{资产}$
1	300015.SZ	爱尔眼科	0.95	35.88	0.67
2	600763.SH	通策医疗	0.87	30.06	0.66
3	300244.SZ	迪安诊断	0.92	55.02	0.48
4	002173.SZ	创新医疗	1.02	19.19	0.87
均值					0.67

数据来源：Wind 数据库。

注：资产负债率取上市公司近五年均值。

可比公司 $\beta_{资产}$ 的均值为 0.67，由于天津中视信两年一期（2017—2019 年前三季度）资产负债率分别为 39.19%、38.74% 和 36.84%，较为稳定，故取资产负债率均值 38.26% 估计天津中视信的 $\beta_{权益}$：

$$\beta_{权益} = \beta_{资产}\left[1 + (1 - 所得税税率) \times \frac{负债}{权益}\right] = 0.67 \times \left[1 + (1-25\%) \times 0.62\right] = 0.98$$

本案例选择沪深 300 指数的收益率相较于所对应年份的 10 年期国债的收益率差值作为风险溢价，取 2007 年末至 2018 年末为样本，经计算风险溢价均值为 12.81%。由此可得

$$R_e = R_f + \beta_{权益} \times R_m = 3.22\% + 0.98 \times 12.81\% = 15.77\%$$

截至 2019 年第三季度末，天津中视信的资产负债率为 36.84%，考虑医疗服务行业成熟上市公司的债务成本在 6% 左右，且银行中长期贷款利率在 7% 以下，因此将天津中视信债务成本定为 7%，代入公式，求加权平均资本成本：

$$\text{WACC} = (1-资产负债率) \times R_e + 资产负债率 \times (1 - 所得税税率)$$
$$\times R_d (1-36.84\%) \times 11.06\% + 36.84\% \times (1-25\%) \times 7\% = 11.89\%$$

4.1.3 权益价值计算

结合自由现金流量预测和加权平均资本成本预测情况，计算出天津中视信的权益价值，见表 11。

表 11 2019 年第四季度至永续年限天津中视信的估值结果　　　　单位：万元

项目	2019 年第四季度	2020 年	2021 年	2022 年	2023 年	2024 年	永续年限
自由现金流量	2 074.49	11 432.72	13 857.68	14 355.49	18 923.1	14 131.64	13 937.60
折现到 2019 年第三季度末	2 017.04	9 934.83	10 762.43	9 964.29	11 738.96	7 834.99	72 718.20

将 2019 年公司现值折算到 2019 年 9 月 30 日，可得到企业价值 $V = 124\,970.72$（万元），截至基准日，天津中视信负债价值为 29 532.26 万元，因此，股东权益价值 $E = V - D = 95\,438.46$（万元）。

4.1.4 场景分析

为降低 DCF 法中假设条件带来的不确定性以及结果的主观性，本案例加入场景分析以计算估值范围。选择净利润率和加权资本成本两个因素对天津中视信的权益价值进行不同场景的分析。假设悲观、正常、乐观三种情形，令净利润率变动幅度分别为下降 1 个百分点、不变、上升 1 个百分点，加权资本成本变动幅度分别为上升 1 个百分点、不变、下降 1 个百分点，得到共 9 种可能性下天津中视信的权益价值结果如表 12 所示。

表 12　天津中视信权益价值场景分析结果　　　　　单位：万元

加权资本成本变动幅度	净利润率变动幅度		
	下降 1 个百分点	不变	上升 1 个百分点
上升 1 个百分点	74 538.03	85 902.97	99 914.72
不变	82 957.13	95 438.46	110 572.48
下降 1 个百分点	92 868.54	106 669.75	123 129.60

表 12 显示了在不同场景下天津中视信的权益价值，在悲观和乐观的情况下，测试得到天津中视信的权益价值分别为 74 538.03 万元和 123 129.60 万元。并购价格基本在估值合理范围之内。

4.1.5 可比公司法

运用可比公司法进行公司估值的基础是公司的价值和其财务指标之间存在一定的关系，可比公司法估值的关键在于选定"可比公司"以及确定"估值比率/乘数"，平衡可比性和准确性以达到估值准确。

可比公司法普遍选用的价值乘数有市盈率（P/E）、市净率（P/B）、市销率（P/S）、企业价值倍数（EV/EBITDA）等。P/E 乘数是国内风险投资领域最常用的价值乘数，适合对持续稳定盈利的企业进行估值，因此本案例选取市盈率进行相对估值。考虑到并购公告发布时，天津中视信披露的模拟合并财务报表净利润数据更新至 2019 年第三季度，因此采用可比公司 2019 年 9 月 30 日的动态市盈率进行估值。

根据《财务顾问报告》，分析师通过对沪深两市上市公司与各标的医院的主营业务进行对比，选取爱尔眼科、通策医疗、迪安诊断及创新医疗四家上市公司作为天津中视信的可比公司。但是创新医疗 2019 年存在净利润为负值的情况，因此将其剔除。其余三家上市公司的动态市盈率见表 13。

表 13　可比公司动态市盈率

序号	可比公司		所涉类似业务	动态市盈率
	证券代码	证券简称		
1	300015.SZ	爱尔眼科	卫生医疗服务行业	63.14
2	600763.SH	通策医疗	卫生医疗服务行业	55.23
3	300244.SZ	迪安诊断	卫生医疗服务行业	21.58
可比公司动态市盈率均值				46.65

数据来源：CSMAR。

根据《财务顾问报告》，天津中视信2019年前三季度净利润为7 986.48万元，第四季度净利润预测值为562.68万元，加总得到公司2019年度净利润预测值为8 549.16万元。根据市盈率（P/E）计算的天津中视信的权益价值为398 818.31万元。标的公司的并购价值需要在估算的市场价值的基础上根据折价和溢价因素进行调整，一般认为，非上市公司因其股权转让的流动性受限，较上市公司而言其权益价值通常有20%~30%的折扣率。考虑到受需求增长影响，医疗服务行业上市公司在公开市场交易流动性增值普遍较高，因此对权益价值取30%的流动性折扣率，得到并购估值为279 172.82万元。可比公司法估值的结果远高于现金流折现法。

4.2 估值结果总结

对DCF法以及可比公司法下天津中视信公司估值的结果汇总如表14所示：

表14 估值结果汇总 单位：万元

估值方法	并购价值
DCF法	95 438.46
市盈率（P/E）法	279 172.82

从估值结果可以看出，整体看爱尔眼科根据天津中视信权益资产评估结果，支付了127 187.14万元的交易对价，并未出现高溢价并购情况；爱尔眼科因支付了合理的交易对价而避免因高溢价并购带来的风险。对并购标的准确估值是检验并购行为成功的关键，且对上市公司、PE和并购基金而言，合理的标的公司估值结果能够保证并购基金在退出时获得适当的利益，平衡上市公司与PE之间不同的利益诉求以及降低上市公司、PE和并购基金的退出风险。

5 并购价值创造分析

5.1 非财务指标分析

近年来，爱尔眼科通过内生增长和外延并购相结合，实现了眼科医疗服务核心业务的快速增长。

5.1.1 战略价值——医院数量增长

据爱尔眼科披露的社会责任报告的统计，2009—2013年爱尔眼科拥有的医院数量分别为21、31、36、44和49家；截至2014年年末，爱尔眼科医院已达70余家（品牌授权）；截至2015年年末，爱尔眼科医院已达百家（含并购基金）；截至2016年年末，国内（不含港澳台）已经有超过150家爱尔眼科医院；截至2017年年末，爱尔眼科及爱尔产业并购基金已拥有200余家专业眼科医院，遍布30个省（区、市）；2018—2020年爱尔眼科及爱尔产业并购基金在国内（不含港澳台）所拥有医疗机构数量分别为325、482和537家。

2013年以前，爱尔眼科每年新增加医院在5家左右（新建或直接并购），扩张速度缓慢。自 2014 年培育并购基金开始，爱尔眼科医院数量进一步增长，且增长幅度明显增大，2014—2017 年每年增加数量在 30~50 家；2018 年之后每年增长数量甚至已经超过百家。

自并购基金成立以来，爱尔眼科通过内生增长和外延并购逐步扩大业务范围。一方面，顺应医疗消费升级的现代化趋势，通过加大设备投入，释放公司内生增长潜力；另一方面，在纵向上完善分级诊疗体系，在横向上完善全国业务布局，以提升公司战略价值。

5.1.2 规模价值——业务规模增加

随着公司下属眼科医院的不断增加，爱尔眼科门诊量和手术量呈逐年上升趋势。2009—2020 年，爱尔眼科门诊量和手术量年均复合增长率 CAGR 分别为 22.67% 和 20.41%，在此期间爱尔眼科门诊量和手术量均上升了 7~8 倍。其中，公司在 2015 年和 2017 年业务规模增幅最为明显，2015 年爱尔眼科门诊量和手术量同比分别增长 32.19% 和 29.03%，2017 年，爱尔眼科门诊量和手术量同比增长率均在 37% 左右；2018—2020 年，爱尔眼科门诊量分别为 573.57 万人次、662.82 万人次和 754.87 万人次，手术量分别为 56.45 万例、60.84 万例和 69.47 万例（见图 6）。

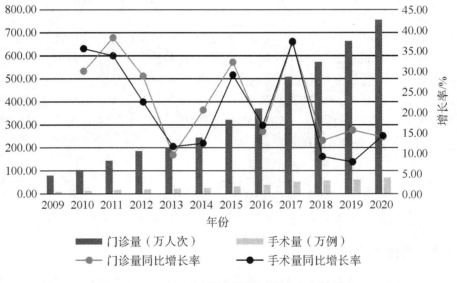

图 6　2009—2020 年爱尔眼科医疗服务业务量构成

（数据来源：爱尔眼科年报）

5.1.3 市场价值——行业竞争地位提升

眼科医疗服务行业地域特性强，由于医保限制，本地公立医院采购的眼科医疗服务设备往往不能满足最新眼科医疗技术的发展需求。同时，我国约 70% 的眼科患者分布在地级以下地区，截至 2020 年年末，全国共有眼科医院 1 061 家，其中公立眼科医院 56 家，民营眼科医院 1 005 家（见图 7）。公立眼科医院数量较少，难以满足患者就诊需求；而民营眼科医院具有覆盖面广、能够引进先进技术和设备的特点，近年来逐渐成为眼科患者的首选。

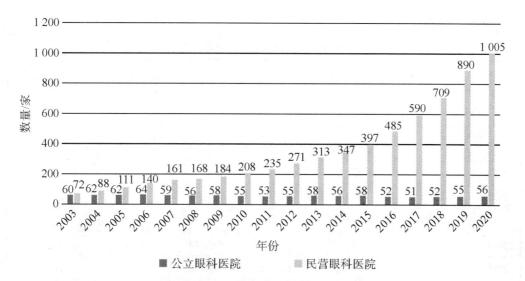

图 7 2003—2020 年我国民营及公立眼科医院数量变化情况

（数据来源：Wind 数据库）

爱尔眼科作为国内的大型连锁医疗机构，其主要竞争对手为各连锁医院所在区域有影响力的公立眼科医院或综合医院眼科，以及阳光眼科、华夏眼科、新视界眼科等民营连锁眼科医院。从爱尔眼科与其主要竞争对手在医院规模、区域布局范围、门诊量等方面来看，爱尔眼科均具有绝对优势（见表 15）。

表 15 爱尔眼科与其他眼科机构的比较

类别	医院名称	成立时间	规模	区域布局	年门诊量/万人次	年手术量/万例
大型公立眼科医疗机构	复旦大学附属眼耳鼻喉医院	1953	广州两院区	广州	113	7.8
	中山大学中山眼科中心	1952	上海总院及两分部	上海	248（2019 年）	14（2019 年）
	首都医科大学附属北京同仁医院	1886	分为崇文门院区和亦庄院区	北京	270	—
民营眼科连锁医院	爱尔眼科	2003	全球共有 645 家	全国及海外	754.87	69.47
	华夏眼科	1997	51 家	全国	158.23（2019 年）	25.98（2019 年）
	普瑞眼科	2005	22 家	全国	73.54（2019 年）	7.79（2019 年）
	新视界眼科	2004	13 家	上海、江西、郑州等	42.79（2018 年）	8.29（2018 年）
	何氏眼科	1995	17 家	东北地区	102.9	5（2019 年）
	爱瑞阳光眼科	2008	16 家	川渝陕	8（2015 年）	2（2015 年）

注：复旦大学附属眼耳鼻喉科医院门诊量及手术量为全院眼科、耳鼻喉科等所有科室的总诊疗量。

为了更直观地观察爱尔眼科在行业中的市场竞争力，本案例对其自成立以来的市场占有率指标进行测算。据我国卫生部统计，2009—2020 年综合医院眼科收入通常占医院总收入的 2.5%～5%。考虑到随着现代化的发展，电子产品的普及以及社会人口老龄化加剧，近视、老视、白内障等眼科疾病的患病率增加，因此在估算 2009—2015 年综合医院眼科收入时以其占综合医院总收入的 3.8% 作为计算基础，2015—2020 年取

4%。从而计算出爱尔眼科 2009—2020 年市场占有率如表 16 所示。

表 16　2009—2020 年爱尔眼科市场占有率估算

年份	A：综合医院医疗收入	B：综合医院眼科收入估算	C：眼科专科医院医疗收入	D：市场规模（D＝B＋C）	爱尔眼科营业收入	爱尔眼科市场占有率/%
2009	6 105.67	232.02	37.56	269.58	6.06	2.25
2010	7 270.44	276.28	46.16	322.44	8.65	2.68
2011	8 727.21	331.63	59.01	390.64	13.11	3.36
2012	10 508.45	399.32	67.89	467.21	16.40	3.51
2013	12 157.40	461.98	84.20	546.18	19.85	3.63
2014	13 976.52	531.11	102.37	633.48	24.02	3.79
2015	15 328.78	613.15	131.16	744.31	31.66	4.25
2016	17 158.00	686.32	158.21	844.53	40.00	4.74
2017	18 905.66	756.23	199.18	955.41	59.63	6.24
2018	20 741.27	829.65	250.61	1 080.26	80.09	7.41
2019	23 309.95	932.40	306.42	1 238.82	99.90	8.06
2020	21 936.62	877.46	332.18	1 209.64	119.12	9.85

数据来源：中国卫生和计划生育统计年鉴。

　　自 2014 年以来，爱尔眼科的市场占有率提升幅度加大，2009 年，爱尔眼科在国内眼科医疗服务行业的市场份额为 2.25%，在眼科专科医院中的市场份额为 16.13%；2016 年，爱尔眼科在国内眼科医疗服务行业的市场份额将近 5%，在眼科专科医院的市场份额为 25.28%。随着爱尔眼科在地级市和县级地区进行加速扩张，2018 年爱尔眼科占眼科专科医院的市场份额突破 30%，2020 年爱尔眼科在国内眼科医疗服务行业以及眼科专科医院中的市场占有率分别达到 9.85% 和 35.86%（见图 8）。由此可见，爱尔眼科作为国内规模最大的专业眼科连锁集团，在全国眼科医疗服务领域稳居市场龙头地位。

5.1.4　对两次大规模并购事件的研究

　　爱尔眼科两次定向增发分别使用现金支付和发行股份支付来并入并购基金培育的优质标的，因此将第一次并入东莞爱尔、朝阳眼科等九家医院以及第二次并入天津中视信作为并购事件，以便对比分析爱尔眼科的股票价格对两次并购事件的反应结果。

　　收购东莞爱尔、朝阳眼科等九家医院以及天津中视信的基准日分别以公告日和发布停牌公告为准，事件窗口期为基准日前后各五个交易日，即 [-5，+5]，估计窗口期为基准日前 140 个交易日和后 21 个交易日，即 [-140，-21]（见表 17），为避免设立并购基金以及其他收购兼并等事件影响预期收益率估计模型的准确性，剔除并购事件外其他事件的事件窗口收益率数据，保证并购事件的估计窗口期的数据不受其他因素干扰。

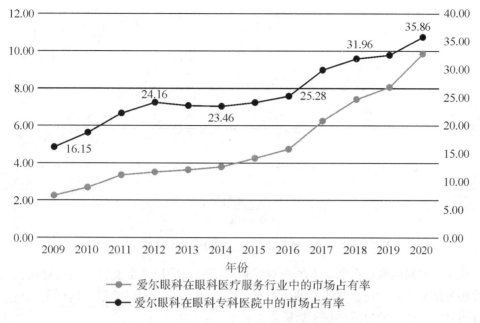

图 8 2009—2020 年爱尔眼科市场占有率变动情况

表 17 爱尔眼科两次并购事件的窗口期

事件名称	基准日	事件窗口期	估计窗口期
收购九家眼科医院	2016 年 12 月 8 日	2016 年 11 月 28 日— 2016 年 12 月 15 日	2016 年 5 月 10 日— 2016 年 11 月 4 日
收购天津中视信	2019 年 10 月 22 日	2019 年 10 月 15 日— 2019 年 11 月 5 日	2019 年 1 月 3 日— 2019 年 9 月 16 日

利用市场模型计算并购事件窗口期累计异常收益率。对于支付现金收购东莞爱尔、朝阳眼科等九家医院，对并购事件在事件窗口期 [−5，−5] 的累计异常收益率（CAR）进行单样本 t 检验（假设已知的总体平均数为零），结果显示 t 值不显著，表明该并购事件无法为上市公司带来显著的短期超额收益。

对于发行股份收购天津中视信，同样地，对该并购事件在事件窗口期 [−5，−5] 的累计异常收益率进行单样本 t 检验（假设总体累计超额收益率平均值为零），结果显示 t 值等于 5.144 8，在 5% 的置信水平下显著，即 CAR 显著异于零。在事件窗口期 [−5，5]，CAR 等于 10.42%，该并购事件能够在短期内带来显著的正的超额收益。发行股份收购天津中视信的并购事件在事件窗口期 [−5，−5] 的超额收益率（AR）及累计异常收益率（CAR）走势如图 9 所示。

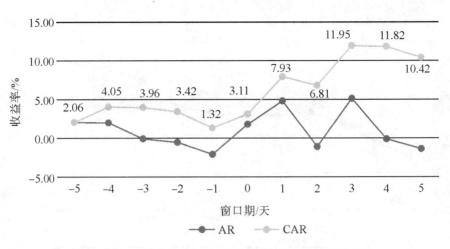

图 9　爱尔眼科并购天津中视信事件窗口期 AR 与 CAR 走势

从爱尔眼科的股价在资本市场中对并购标的分别使用现金支付和发行股份支付进行并购的结果来看，现金并购标的未能获得超额收益，而发行股票并购标的在爱尔眼科宣布并购公告后股价就出现了超额收益。

5.2　财务指标

从长期来看，上市公司按照预期完成对标的公司的收购，对其产生的价值创造效应体现在财务报表和财务指标上。通过分析 2011—2020 年爱尔眼科财务数据，我们用四大财务指标对其进行长期绩效评价。

5.2.1　盈利能力

在盈利能力指标方面，自 2014 年以来，爱尔眼科盈利能力指标逐年小幅提升，盈利能力有所增强。截至 2020 年年末，公司毛利率、净利率、净资产收益率分别为51.03%、15.76% 和 13.68%，净资产收益率较 2013 年上升近 8 个百分点（见表 18）。

表 18　2011—2020 年爱尔眼科盈利能力相关指标数据　　　　　　　单位:%

指标	2011 年	2012 年	2013 年	2014 年	2015 年	2016 年	2017 年	2018 年	2019 年	2020 年
毛利率	47.84	44.97	45.89	44.91	46.59	46.11	46.28	47.00	49.30	51.03
净利率	13.10	11.10	11.05	13.03	13.79	14.16	13.30	13.31	14.33	15.76
总资产收益率	10.28	9.97	10.83	13.40	15.04	14.75	11.54	11.26	13.30	13.68
净资产收益率	12.62	12.21	13.26	16.47	19.15	19.85	18.26	18.63	22.03	21.24

数据来源：爱尔眼科财务报告。

与医疗服务（申万二级）行业整体的盈利情况①相比，爱尔眼科的毛利率和销售净利率处于较高水平（见图 10）。

——————————

①　行业指标数据均来自 Wind 数据库医疗服务（申银万国行业类二级）行业各指标（整体法）数据，例：销售毛利率（整体法）=（∑成份股营业收入-∑成份股营业成本）/∑（成份股营业收入）。

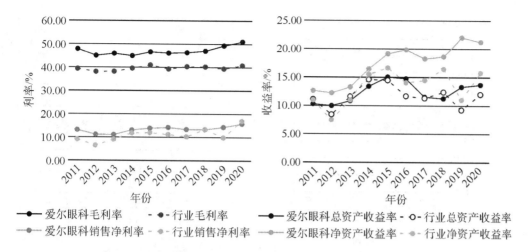

图 10　2011—2020 年爱尔眼科盈利能力相关指标与行业的比较

5.2.2　偿债能力

表 19 为 2011—2020 年爱尔眼科偿债能力相关指标数据。

表 19　2011—2020 年爱尔眼科偿债能力相关指标数据

指标	2011 年	2012 年	2013 年	2014 年	2015 年	2016 年	2017 年	2018 年	2019 年	2020 年
流动比率	3.60	2.46	2.69	2.59	2.54	1.68	1.74	1.58	1.40	1.69
速动比率	3.28	2.19	2.38	2.30	2.24	1.46	1.61	1.40	1.27	1.54
资产负债率/%	17.92	18.70	17.94	19.18	23.26	27.53	41.24	37.98	40.96	31.46
利息保障倍数	—	—	—	—	—	—	52.00	36.16	31.48	65.70

数据来源：爱尔眼科财务报告。

　　在偿债能力（财务杠杆水平）方面，2011—2014 年，爱尔眼科资产负债率总体保持平稳，维持在 18% 左右；2017—2019 年，公司资产负债率居高不下，在 40% 左右，主要是公司通过定向增发募集资金并购眼科机构以及继续设立产业并购基金导致长期借款增加；2020 年公司资产负债率下降至接近 2016 年的水平。

　　在短期偿债能力方面，近年来公司短期偿债指标呈现下降趋势，截至 2020 年年末，公司流动比率、速动比率分别为 1.69、1.54，从整体来看，公司短期偿债能力指标较强。

　　在长期偿债能力方面，公司利息保障倍数较高，表明息税前利润（EBIT）对利息支出的覆盖程度较高，公司长期偿债能力指标强。

　　另外，与行业水平相比，爱尔眼科的资产负债率变动与行业资产负债率变动趋势基本一致，且低于行业整体资产负债率，如图 11（a）所示；爱尔眼科流动比率与速动比率变动趋势与行业的比较如图 11（b）和图 11（c）所示。

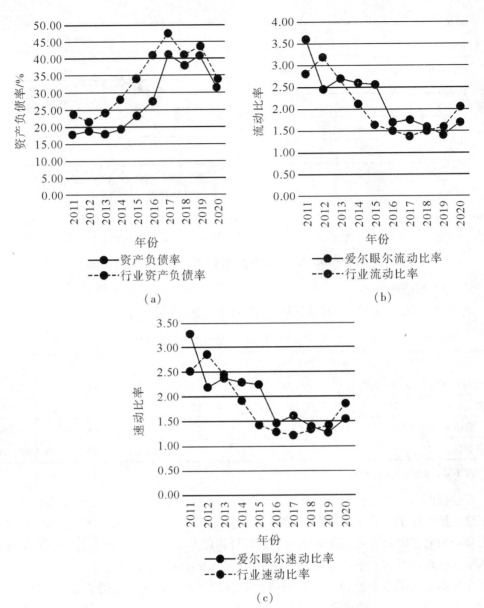

图 11　2011—2020 年爱尔眼科偿债能力指标与行业的比较

5.2.3　营运能力

总资产周转率、存货周转率等经营性指标是代表公司营动能力的财务指标，如表 20 所示，公司应收账款周转率自 2011 年以来一直呈下降趋势，主要是公司收购子公司数量增加及经营范围扩大导致应收账款增加所致。公司总资产周转率趋于平稳，但存货周转率和固定资产周转率总体上均呈上升趋势。

表 20　2011—2020 年爱尔科技营运能力相关指标数据　　　　单位：次

指标	2011 年	2012 年	2013 年	2014 年	2015 年	2016 年	2017 年	2018 年	2019 年	2020 年
总资产周转率	0.78	0.90	0.98	1.03	1.09	1.04	0.87	0.85	0.93	0.87

指标	2011 年	2012 年	2013 年	2014 年	2015 年	2016 年	2017 年	2018 年	2019 年	2020 年
存货周转率	20.93	18.94	18.77	18.64	20.05	20.99	24.81	25.31	27.25	27.42
应收账款周转率	31.52	24.25	20.47	19.39	17.96	16.12	14.95	11.47	9.69	9.18
固定资产周转率	4.81	3.03	3.46	4.20	5.19	5.65	6.27	6.17	6.19	6.17

数据来源：爱尔眼科财务报告。

2014 年成立并购基金后，爱尔眼科的固定资产周转率明显加快，主要是由于并购基金通过大规模投资、并购标的公司，更好地发挥了企业的规模效应，使得固定资产周转率提升。除此之外，公司存货为医疗用品、验光用品和药品等，属于低值易耗品。随着公司规模扩大，爱尔眼科旗下医院业务量的快速增长，尤其公司在两次定向增发大量并入眼科机构后，存货上涨，公司存货周转率随之提升。2020 年爱尔眼科又完成了对 33 家基层医院的收购，2019 年、2020 年公司体外医院注入速度较 2018 年明显加快，公司眼科医院的全国网络建设逐步完善，存货周转速度将进一步提升。

与同行业相比，近年来爱尔眼科营运能力的各项指标均明显高于行业整体水平，其中，爱尔眼科的固定资产周转率在 2017 年之后迅速超越行业整体水平（见图 12）。

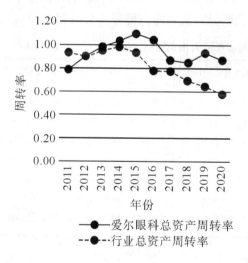

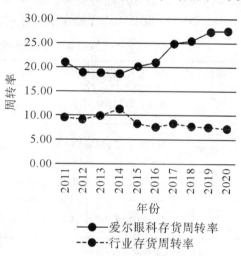

案例九　爱尔眼科的『上市公司+PE』型并购

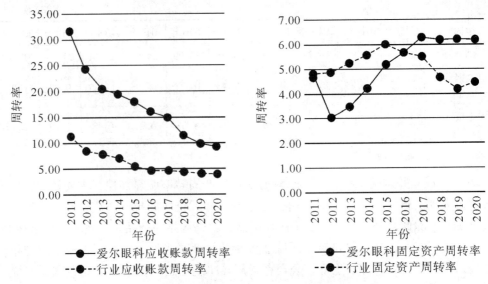

图 12　2011—2020 年爱尔眼科营运能力指标与行业的比较

5.2.4　成长能力

与同行业相比，爱尔眼科的成长能力指标总体呈现相对稳定的趋势。其中，爱尔眼科净利润增长率上升趋势明显，2014 年并购基金成立后，其净利润增长率上升至42.66%，2015—2020 年均保持在 30% 左右，表明公司盈利能力提升（见表 21）。

表 21　2011—2020 年爱尔眼科成长能力相关指标数据　　　　单位:%

指标	2011 年	2012 年	2013 年	2014 年	2015 年	2016 年	2017 年	2018 年	2019 年	2020 年
总资产增长率	6.40	12.08	9.79	20.37	27.69	35.97	110.32	3.37	23.56	30.65
营业收入增长率	51.54	25.14	21.02	21.01	31.79	26.37	49.06	34.31	24.74	19.24
净利润增长率	38.28	6.04	20.46	42.66	39.53	29.79	39.91	34.45	34.27	31.16
营业利润增长率	41.70	4.18	26.94	34.00	39.90	16.21	59.34	40.05	29.79	32.26

数据来源：爱尔眼科财务报告。

如图 13 所示，2014 年以后，爱尔眼科的净利润增长率曲线位于其营业收入增长率曲线上方，说明自设立并购基金以来，爱尔眼科在成本和费用支出方面得到了很好的控制，间接反映了上市公司设立并购基金发挥的规模效应降低了公司的经营成本，使公司能够快速发展。

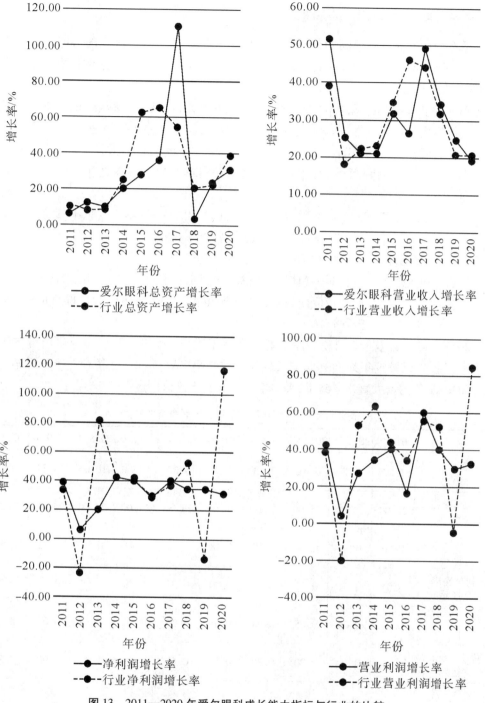

图 13 2011—2020 年爱尔眼科成长能力指标与行业的比较

5.3 经济增加值 EVA 法

虽然会计指标具有很高的信息价值，但财务指标存在会计操纵的可能性，经济增加值（EVA）总体上对上市公司的解释力强于会计指标[1]，因此本案例另采用经济增加值 EVA 法进行价值创造分析。

EVA 是企业税后经营净利润与投入资本成本的差额，EVA 法从股东价值的角度对标的企业运用的权益资本成本和债务资本成本进行综合考察，EVA 法弥补了原来会计报表中没有股权资本的缺陷，使企业管理者更关注企业运行的有效性及资本收益性[2]。

EVA 指企业税后利润与全部投入资本（债务资本和权益资本之和）成本之间的差额，即：

$$经济增加值（EVA）= 税后营业净利润(NOPAT) - 资本投入总额(TC)$$
$$\times 加权平均资本成本(WACC)$$

5.3.1 税后净营业利润（NOPAT）

$$税后净营业利润 = 净利润 + （研究开发费用 + 利息支出 + 营业外支出 - 营业外收入 + 资产减值损失）\times （1 - 所得税税率）+ 递延所得税负债 - 递延所得税资产$$

2011—2020 年爱尔眼科税后净营业利润逐年增长（见表 22），主要是由爱尔眼科增大研发投入以及近年来净利润增长较快所致，NOPAT 对 EVA 具有直接、明显的影响，NOPAT 值的增大直接导致 EVA 值增大，有利于价值创造[3]。

表 22　2011—2020 年爱尔眼科税后净营业利润

项目	2011 年	2012 年	2013 年	2014 年	2015 年	2016 年	2017 年	2018 年	2019 年	2020 年
净利润/亿元	1.72	1.82	2.19	3.13	4.37	5.67	7.93	10.66	14.31	18.77
所得税税率/%	25.00	25.00	25.00	25.00	25.00	25.00	25.00	25.00	25.00	25.00
研发投入/亿元	0.00	0.31	0.04	0.10	0.18	0.22	0.41	0.98	1.52	1.64
利息支出/亿元	0.04	0.04	0.03	0.00	0.00	0.04	0.28	0.55	0.69	0.75
营业外收入/亿元	0.03	0.04	0.05	0.08	0.05	0.29	0.04	0.06	0.08	0.15
营业外支出/亿元	0.06	0.10	0.20	0.30	0.55	0.43	0.89	1.83	1.90	3.26

① 王喜刚，丛海涛，欧阳令南. 什么解释公司价值：EVA 还是会计指标 [J]. 经济科学，2003（2）：98-106.

② 陈晓慧. EVA 业绩评价指标计算问题探讨 [J]. 财会研究，2010（6）：61-63.

③ 林兢，郑楠楠. "PE+上市公司"型并购基金与公司价值创造：以博雅生物为例 [J]. 财会月刊，2020（1）：42-49.

表22(续)

项目	2011 年	2012 年	2013 年	2014 年	2015 年	2016 年	2017 年	2018 年	2019 年	2020 年
资产减值损失/亿元	0.06	0.04	0.15	0.13	0.14	0.14	0.41	1.86	-3.14	-3.63
递延所得税资产/亿元	0.06	0.18	0.21	0.29	0.31	0.48	0.43	0.53	0.95	1.58
递延所得税负债/亿元	0.02	0.02	0.02	0.02	0.03	0.01	0.44	0.48	0.74	0.74
NOPAT	1.77	1.99	2.28	3.20	4.70	5.61	9.41	14.47	14.77	19.35

数据来源：爱尔眼科财务报告。

5.3.2 资本投入总额（TC）

资本投入总额（TC）= 普通股权益+少数股东权益+研发支出+短期借款+长期借款
-在建工程+资产减值损失+递延所得税负债-递延所得税资产-投资损益

TC 值反映企业的投资决策，2011—2020 年爱尔眼科的资本投入总额不断增大，2014 年和 2017 年增幅最大，主要是所有者权益及有息负债增长所致（见表23）。

表 23　2011—2020 年爱尔眼科资本投入总额（TC）　　单位：亿元

项目	2011 年	2012 年	2013 年	2014 年	2015 年	2016 年	2017 年	2018 年	2019 年	2020 年
归属于母公司所有者权益合计	13.68	14.99	16.66	19.88	23.95	30.53	52.16	56.93	65.94	98.54
少数股东权益	0.46	0.70	0.73	0.73	1.04	1.56	2.56	2.78	4.29	7.98
研发支出	0.00	0.31	0.04	0.10	0.18	0.22	0.41	0.98	1.52	1.64
有息负债	0.64	0.64	0.00	0.00	1.78	1.87	17.47	17.16	25.25	20.83
在建工程	0.13	0.10	0.48	0.10	0.83	0.44	1.26	2.03	3.61	6.62
资产减值损失	0.06	0.04	0.15	0.13	0.14	0.14	0.41	1.86	-3.14	-3.63
递延所得税资产	0.06	0.18	0.21	0.29	0.31	0.48	0.43	0.53	0.95	1.58
递延所得税负债	0.02	0.02	0.02	0.02	0.03	0.01	0.44	0.48	0.74	0.74
投资净收益	0.00	0.00	0.00	0.17	0.10	0.21	0.40	0.46	1.13	1.59
TC	14.66	16.42	16.91	20.31	25.89	33.21	71.38	77.15	88.91	116.32

数据来源：爱尔眼科财务报告。

5.3.3 加权平均资本成本（WACC）

R_d 即负债资金成本率可根据银行借款和公司债券年利率加权平均计算得到，但由于爱尔眼科未发债，且受限于年报公布数据的局限性，采用以下公式计算：

$$R_d = \frac{利息支出}{有息负债}$$

对于未披露利息支出以及无法通过现金流量表中"偿付利息所支付的现金"计算 R_d 的情况，综合考虑银行中长期贷款利率在 7% 以下，以及爱尔眼科母公司爱尔医疗（发债企业）综合融资成本在 5% 左右，将爱尔眼科的负债资金成本定为 5%。

R_e 由 CAPM 模型计算得到，其中 β 通过单指数模型计算，即：

$$R_i(t) = \alpha_i + \beta_i R_m(t) + e_i(t)$$

其中，R_i 为爱尔眼科考虑现金红利再投资的日个股回报率；R_m 为深证综合 A 股指数回报率；无风险利率以一年定期整存整取利率作为无风险利率 R_f，数据来源均为国泰安 CSMAR 数据库。得到 β 等于 0.977 2。利用 CAPM 模型计算权益资本成本，选择沪深 300 指数的收益率相较于所对应年份的 10 年期国债的收益率差值作为风险溢价，假定风险溢价均值不变，为 12.81%，最终得到 2011—2020 年爱尔眼科 WACC，如表 24 所示。

表 24　2011—2020 年爱尔眼科 WACC

项目	2011 年	2012 年	2013 年	2014 年	2015 年	2016 年	2017 年	2018 年	2019 年	2020 年
权益资本成本/%	16.38	15.98	16.35	16.68	15.83	15.31	16.03	16.06	15.62	15.50
债务资本成本/%	5.73	5.69	5.00	5.00	5.00	5.00	5.00	3.20	2.73	3.62
权益价值（E）/亿元	14.13	15.69	17.39	20.61	24.99	32.09	54.72	59.71	70.23	106.52
债务价值（D）/亿元	3.09	3.61	3.8	4.89	7.57	12.19	38.41	36.56	48.72	48.88
WACC/%	14.21	13.79	14.09	14.20	13.02	12.12	10.96	10.87	10.06	11.48

数据来源：爱尔眼科财务报告。

2011—2019 年，爱尔眼科的加权平均资本成本波动降低，说明公司通过调整公司资本结构以及降低债务资本成本使得 WACC 降低，从而为公司创造更多价值。

5.3.4　经济增加值（EVA）

通过对爱尔眼科近十年税后净营业利润、资本投入总额及加权资本成本的计算，最终得到 2011—2020 年爱尔眼科经济增加值以及经济增加值变动额，结果如表 25 所示。其中，经济增加值变动额（ΔEVA）是企业当年的 EVA 减去上一年的差额，代表企业价值创造的速度；经济增加值报酬率（REVA）是 EVA 与 TC 的比值，可以用来反映投入资本的使用效率，体现企业价值创造能力[1]。

表 25　2011—2020 年爱尔眼科 EVA

项目	2011 年	2012 年	2013 年	2014 年	2015 年	2016 年	2017 年	2018 年	2019 年	2020 年
NOPAT	1.77	1.99	2.28	3.2	4.7	5.61	9.41	14.47	14.77	19.35
TC	14.66	16.42	16.91	20.31	25.89	33.21	71.38	77.15	88.91	116.32

---

[1]　林崧，郑楠楠."PE+上市公司"型并购基金与公司价值创造：以博雅生物为例［J］. 财会月刊，2020（1）：42-49.

项目	2011 年	2012 年	2013 年	2014 年	2015 年	2016 年	2017 年	2018 年	2019 年	2020 年
WACC/%	14.21	13.79	14.09	14.20	13.02	12.12	10.96	10.87	10.06	11.48
EVA	-0.31	-0.27	-0.10	0.32	1.33	1.58	1.58	6.08	5.82	6.00
ΔEVA	—	0.04	0.17	0.42	1.01	0.25	0.00	4.50	-0.26	0.17
REVA/%	-2.14	-1.67	-0.61	1.56	5.13	4.77	2.22	7.88	6.55	5.16

数据来源：爱尔眼科财务报告。

爱尔眼科的 EVA 在 2014 年开始快速增长，2018 年其经济增加值达到 6.08 亿元，说明设立并购基金为公司创造了较大价值。

"爱尔眼科+PE"型并购基金的价值创造效应，主要体现在以下两个方面：

一方面，爱尔眼科价值创造速度大幅提升。与 PE 合作设立并购基金以及完成收购后，公司经济增加值（EVA）逐年增长，说明并购基金创造了价值，产生了剩余收益。除此之外，以并购基金设立年份 2014 年为分界线，爱尔眼科在 2014 年之前的 ΔEVA 较小，说明经济增加值增长缓慢，2014 年之后每年 ΔEVA 为 -0.26 亿~4.50 亿元，爱尔眼科价值创造速度有了大幅提升。

另一方面，爱尔眼科的价值创造能力提高。2017 年爱尔眼科并购九家眼科医院，并购投入成本高，导致并购年份的 REVA 降低，但并购后的第一年 REVA 升为 7.88%，2014 年之后公司的 REVA 远高于 2011—2013 年。可见，设立并购基金以及并购后爱尔眼科的价值创造能力逐步提高，不断实现公司的战略发展目标，增强了公司的行业核心竞争力，公司实现快速发展。

6 结论与启示

6.1 结论

6.1.1 上市公司设立并购基金的优势

由于与自主并购相比，上市公司设立并购基金具有杠杆融资优势、先发优势、信息优势等，在"爱尔眼科+PE"型并购基金的设立和投资阶段，爱尔眼科通过设立并购基金以较少资金撬动杠杆，既不占用公司大量营运资金，又可提前锁定大量优质标的。爱尔眼科在体系外孵化、培育标的，避免新建医院经营的周期性波动对上市公司产生冲击。

6.1.2 并购时机与并购估值的重要性

在并入标的公司阶段，对于并购时机，爱尔眼科选择在体外医院正处于营业收入高速增长、达到盈亏平衡的关键点时进行并购，在保证利润增量的同时降低并购成本与风险。对于并购对价及其支付方式，根据天津中视信的 DCF 法估值，公司估值结果和上市公司支付的并购对价的差额在 4% 左右，不存在明显高估或低估；结合绝对估值法和可比公司法的结果，爱尔眼科并入天津中视信不存在溢价并购。对并购标的的准确估值在保证并购成功避免上市公司因并购失败带来的财务风险的基础上，对上市公司、PE和并购基金而言，能够保证并购基金退出获得适当利益，平衡参与方的利益诉求以及降低上市公司、PE和并购基金的退出风险。

6.1.3 "上市公司+PE"型并购实现价值创造

"爱尔眼科+PE"模式的价值创造在改善绩效上有所体现。通过对爱尔眼科2011—2020年的经营指标、财务指标、EVA指标进行分析，我们发现这些反映公司盈利能力、成长能力和营运能力等的关键性指标在公司设立并购基金以来均有所提高，反映出在中长期，并购基金能够通过整合阶段以及并入阶段实现其价值创造效应。

基于上述结论，对"爱尔眼科+PE"型并购基金的价值创造途径总结如图14所示。

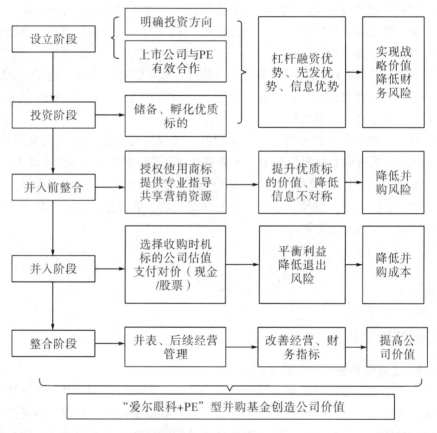

图14 "爱尔眼科+PE"型并购基金的价值创造途径

6.2 启示

结合上述对"爱尔眼科+PE"型并购基金及其价值创造效应的分析，本案例对爱尔眼科与PE合作成功设立并购基金以及实现价值创造的原因做出如下总结，以期为医疗行业上市公司以及其他民营企业提供一些启发。

6.2.1 上市公司与PE有效合作

上市公司和PE的有效合作是成功设立并购基金的前提。对上市公司而言，引入在募集资金、培育标的等方面具备专业经验和成功案例的私募股权投资机构，能够弥补上市公司资金短缺问题、帮助上市公司实现产业整合和规模扩张，以及帮助其在并购前、并购过程中和并购后的整合阶段降低上市公司可能面临的战略决策风险、信息不对称风险以及退出风险。

对 PE 而言，通过与上市公司有效合作，双方对并购基金的投资方向达成一致意见，能够降低募资难度，减轻管理压力；同时，与上市公司设立并购基金明确了 PE 的退出渠道，如本案例中以爱尔眼科收购符合要求的投资标的为渠道实现 PE 的退出，降低 PE 的退出风险。

因上市公司和 PE 相互之间的需求，促使合作的进行，双方的有效合作反过来满足各自需求，保证双方利益的一致性，也保证了并购基金在"募投管退"各个阶段健康有序运行，从而通过降低并购成本、并购风险以及实现协同效应来为上市公司创造价值。

6.2.2 选择合适的标的与并入时机

上市公司选择并购标的以及合适的并入时机至关重要。在选择并购标的方面，上市公司设立并购基金进行并购属于杠杆收购，公司以并购基金为金融工具达到放大公司投资能力的目的，从而提前锁定大量优质标的；但是"上市公司+PE"型并购基金模式的一个关键，在于并购基金的存续期与标的培育期的匹配度，如果培育的标的需要较长时间才能实现盈利，那么大规模的标的以及长期投资期限对并购基金的募资和管理都带来较大挑战。在本案例中，上市公司爱尔眼科提前锁定并购标的后，选择了在并购基金存续期内眼科医院达到盈亏平衡时并入，爱尔眼科并入的眼科医院通常在 3 年内能实现盈亏平衡（目前已缩短至 1~2 年甚至直接盈利），这样的并购时机有利于降低并购成本以及提高并购效率。因此，在保证并购基金的存续期与标的培育期达到匹配的前提下，上市公司应选择在体外医院正处于营业收入高速增长、达到盈亏平衡的关键点时进行并购，一方面可以降低上市公司的退出风险，另一方面有利于降低上市公司的并购成本，提高并购效率。

6.2.3 并购基金实现对上市公司的价值创造

对"爱尔眼科+PE"型并购基金参与三方的分析以及爱尔眼科两次定向增发大规模注入标的眼科医院的过程，显示了"上市公司+PE"型并购基金从设立与募资、投资与整合以及最后并入的运作模式的闭环。从直接结果上看，上市公司发布设立并购基金公告整体虽然未对公司短期价值带来正效应，但在标的并入阶段，投资者对并购基金后续并购活动较为认可，给予较高的价值评估，表现为在发布股份并购标的公司的公告期内上市公司股价超额正向波动；从长期绩效来看，上市公司在设立"上市公司+PE"型并购基金之后无论是在经营指标、传统会计指标还是经济增加值方面均得到明显改善，这说明在上市公司和 PE 双方的有效合作下，并购基金围绕上市公司战略进行投资，在并入标的、并购后整合等阶段通过降低并购成本，提升公司的市场价值、规模价值和战略价值，以及改善公司经营指标、财务指标等，促进公司内在价值的不断提升。

6.2.4 平衡风险与收益

爱尔眼科与 PE 合作设立并购基金的过程中，在募集、投资、管理、退出阶段采取不同风险规避的措施。在募集阶段，通过杠杆优势避免投资占用过多营运资金带来的财务风险；利用并购基金了解更多关于并购基金投资管理的眼科机构的经营情况等信息，降低因标的选择错误以及信息不对称带来的战略决策风险；通过不并表模式避免并购基金旗下眼科医院前期亏损对上市公司的影响，降低资金风险等。在投资和管理阶段，并购基金投资步调与爱尔眼科"分级连锁"战略保持一致，在标的并入上市公司之前，并购基金先对标的进行提前整合，上市公司提供管理及人力方面等的整合，从而实现上市公司和 PE 双方目标趋同、优势互补，也能有效降低委托代理问题带来的风险。在退出阶段，通过对标的公司的准确估值平衡上市公司与并购基金的投资方的收益，且通过上市公司在合适的时机并入标的，有效降低上市公司本身、PE 以及并购基金的其他投资者的退出风险，最终实现多方盈利。

问题与思考

1. 如何评价爱尔眼科运用"上市公司+PE"型并购基金的效果？

2. 爱尔眼科运用"上市公司+PE"型并购基金获得成功的原因有哪些？

3. "爱尔眼科+PE"型并购基金对医疗服务行业上市公司、民营上市公司及 PE 发展有哪些启示？

参考资料

[1] 上海新世纪资信评估投资服务有限公司. 爱尔医疗投资集团有限公司 2017 年度第一期中期票据跟踪评级报告[EB/OL].（2020-07-27）[2022-02-26].https://www.chinamoney.com.cndqs/cm－s－notice－query/fileDownLoad.do? mode = open&contentld = 1720050&priority = 0.

[2] 陈晓慧. EVA 业绩评价指标计算问题探讨 [J]. 财会研究，2010（6）：61-63.

[3] 华泰联合证券有限责任公司. 关于爱尔眼科医院集团股份有限公司发行股份及支付现金购买资产并募集配套资金之独立财务顾问报告[EB/OL].（2020-06-01）[2022-02-26].https://q.stock.sohu.com/cn,gg,300015,5830562501.shtml.

[4] 李瑞君. 并购基金的机会分析、风险管理与控制 [J]. 商场现代化，2017（10）：235-236.

[5] 林兢，郑楠楠. "PE+上市公司"型并购基金与公司价值创造：以博雅生物为例 [J]. 财会月刊，2020（1）：42-49.

[6] 刘晓慧. 上市公司与 PE 机构共同设立并购基金的风险及对策研究 [J]. 时代金融，2015（26）：76-77.

[7] 陆正华，谢敏婷. "上市公司+PE"型并购基金如何创造价值：基于爱尔眼科的案例 [J]. 财会月刊，2018（17）：101-108.

[8] 庞家任，周桦，王玮. 上市公司成立并购基金的影响因素及财富效应研究 [J]. 金融研究，2018（2）：153-171.

[9] 王喜刚，丛海涛，欧阳令南. 什么解释公司价值：EVA 还是会计指标 [J].

经济科学，2003（2）：98-106.

［10］庞家任，周桦，王玮. 上市公司成立并购基金的影响因素及财富效应研究［J］. 金融研究，2018（2）：153-171.

［11］薛健，窦超. 并购重组过程中的信息泄露与财富转移［J］. 金融研究，2015（6）：189-206.

［12］于斯卓. "上市公司+PE"型并购基金风险分析：以爱尔眼科为例［J］. 时代金融，2020（5）：59-60.

［13］张弛. 上市公司与私募股权投资机构共同设立并购基金：运作模式、动机及风险［J］. 会计师，2014（13）：5-7.

［14］中证山东中国上市公司并购基金研究课题组. 中国上市公司并购基金研究［EB/OL］.（2016 - 10 - 28）［2022 - 02 - 26］. https：//mp. weixin. qq. com/s/o2JqJrFCyuPaePI8ABI_oA.

第五部分
海外收购

案例十

西王食品收购 Kerr[①]

摘要： 本案例介绍民营企业西王食品收购 Kerr 的背景以及过程，分析西王食品（西王集团）收购 Kerr 以及 Kerr 出售的动机。案例讨论了西王食品以高杠杆收购 Kerr 的风险和后果，分析了其陷入困境的原因。案例也对收购目标企业进行了估值，以分析收购价格的合理性。

关键词： 海外收购；民营企业；食品保健；财务困境；高杠杆

1 公司简介

1.1 西王食品

1.1.1 历史沿革

西王食品成立于 2007 年，主营业务为食用植物油的研发、生产和销售。2011 年 2 月，西王食品"借壳"金德发展在深圳主板上市，成为国内 A 股主板上市的玉米油企业。

西王村原本是山东省滨州市邹平市一座仅有 160 户人家的贫困小村。1986 年，西王食品创始人王勇当选为村党支部书记。他决心带领群众共同致富，将自己经营的价值 20 万元的面粉厂捐出，建立了西王油棉厂，即西王食品的母公司西王集团的前身。1987 年西王油棉厂投产并获纯利 23 万元，1989 年产值达到 1 300 万元，纯利 100 万元。

1990 年，西王村再投资建起了年产 3 000 吨的淀粉厂，1992 年，这家村办企业已经积累了 2 000 多万元资产，使以贫穷出名的西王村一跃成为富裕村。但随后，企业发展出现了问题。1993—1994 年，王勇投入几千万元资金购买专利，但并未见到经济效

---

① 本案例由西南财经大学张翼、林靖、冯怡然和肖紫怡编写。仅供案例谈论和学习时作为参考所用，并不用以说明企业某一管理决策的处理是否有效。

益，企业濒临破产。此时，有外商拟出资 500 万元收购企业，且已有 70 多户村民签名要求出售企业并分割 500 万元。以王勇为代表的经营者拒绝签字，并费尽口舌劝阻了村民卖厂的冲动。同时，王勇也在思考如何尽快让村民获利。

1994 年，西王集团出资 52 万元，购买了无锡化工学院"发酵法制取甘油"专利技术，随后又投资 2 400 万元，新上了年产 1 000 吨的甘油厂，将这项先进技术应用于工业化工生产。刚投产时，一吨甘油能卖到一万多元，但仅过一年，甘油价格骤然跌至每吨不足万元，大大低于生产成本，西王集团再陷困境。以王勇为首的西王集团领导班子再次选择了转型。1997 年 3 月，西王集团利用甘油厂发酵设备转产谷氨酸的方案通过专家论证。当年 10 月 1 日，年产 5 000 吨的谷氨酸生产线投产，产品畅销，到 1999 年，实现产值 6 000 万元，利税 900 万元。自此之后，西王集团开始在玉米淀粉糖、玉米油等玉米深加工领域深挖，做成了全国同类行业老大，并建成年产 180 万吨的亚洲第一大结晶葡萄糖生产基地。

西王集团的品牌之路正式开端于玉米油。依托玉米深加工优势，西王集团于 20 世纪 90 年代开始发展玉米油产业，并从 2008 年开始，实施以小包装玉米油为主体的品牌建设，实现由中间产品向终端消费品的转变。

企业玉米深加工延伸出了两条产品链：一是主产品链，涵盖了玉米淀粉、食用葡萄糖、药用葡萄糖、结晶果糖、玉米油等技术含量较高的终端产品；二是副产品链，包括蛋白粉、黄粉、胚芽粕、饲料等初级终端产品。

与此同时，西王集团还在 2003 年开辟了特种钢材业务线，打造了从原料到炼铁、炼钢，再到轧钢的全产业链。西王特钢是山东省唯一被授予"国家国民经济动员中心"的钢铁企业，2019 年获评"全国钢铁工业先进集体"荣誉称号。

1.1.2　股权结构

西王食品 2014 年年报显示，西王食品的控股股东为西王集团，西王集团直接控股 41.96%，并通过山东永华投资有限公司间接持股 10.12%，合并控股 52.08%，西王食品的实际控制人为王勇，其持有西王集团 65.25% 的股权（见图 1）。时任法人代表王棣与王勇是父子关系，因此，西王食品是一个典型的家族企业。

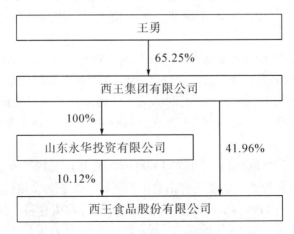

图 1　收购前西王食品股份有限公司股权结构

1.1.3 经营情况

1.1.3.1 主营业务

西王食品主营各种植物油的加工和销售，玉米胚芽油是其主打产品，玉米油收入占营业收入的比重超过 75%（见图 2），其次还包括橄榄油、葵花籽油等各种油类。

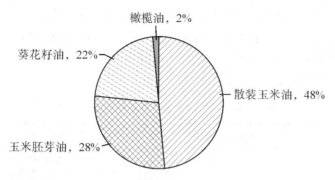

图 2　西王食品分产品营业收入构成

1.1.3.2 核心优势

（1）品牌优势

西王牌玉米胚芽油是针对高血压、高血脂、高血糖等疾病而研发的健康油种，与其他普通油种相比，含有多种健康因子，该产品具有降低三高、提高人体免疫力的功效。西王牌玉米胚芽油被认为是普通油类向健康油类跨越的标志，占有较高的市场份额，市场认可度排名第一，是国内首例荣获保健品的油类。

（2）原料优势

西王食品拥有西王集团下属西王糖业年加工 300 万吨玉米的巨大原料来源优势，实现了玉米油的充足原料保障及毛油自主生产能力。同时，为确保玉米胚芽油安全、健康、更富有营养，公司从上游玉米原料开始，严格控制供应源头，保证所用玉米原料均为非转基因玉米。西王糖业严格控制玉米原料的入厂取样自检，通过定期 SGS 送检、定期审核、验证等手段保证原料玉米的非转基因成分和玉米质量，由此确保所供玉米胚芽原料的质量和新鲜度。

（3）工艺和技术优势

西王食品是国内唯一一家从玉米胚芽分离到压榨、精炼整个过程实行全程质量监控管理的企业，玉米胚芽油小包装全部实行了密闭式灌装，从根本上确保了产品的品质。

1.1.3.3 公司战略

随着人们消费观念的改变，食品油市场总需求降低，竞争越来越激烈，西王食品的主营业务领域俨然已成为红海。2015 年公司实现营业收入 22.44 亿元，但其营业成本高达 16.15 亿元，期间费用为 4.57 亿元，归母净利润仅有 1.46 亿元。利润率较低，其急需寻找优质的、有潜力的新兴产业作为新的利润增长点。

西王食品所在食用油领域竞争激烈，企业转型升级迫在眉睫，因此西王集团于 2016 年年初组建了一批专业的资本运作人才，为西王食品寻找合适的收购标的。当时西王食品的玉米油和调和油俨然已经成为其主打产品，并占领了一定的市场份额，销售站点也已遍布全国。基于对西王食品战略上的考量，公司想要以玉米油为跳板，与当时热门的健康概念深度绑定，成功实现油和健康的有机结合，使西王食品可以在国际健康油企业中脱颖而出。与此同时，西王食品也意识到了新零售的重要性，随着移动网络的普及，公司也将会根据自身的战略定位积极探索线上线下的有机结合，加速投入网络营销行业。公司与有关私募机构的战略合作，将会极大地推动公司投融资收购的能力，从而实现西王食品财富的迅速增加。在其不断寻找国内外优质收购标的时，Kerr 公司在业内的表现引起了西王食品极大的兴趣。

收购前西王食品主要财务数据如表 1 所示。

表 1　2012—2015 年西王食品部分财务数据

项目	2012 年	2013 年	2014 年	2015 年
资产总额/百万元	1 430.84	1 436.35	1 859.61	1 742.48
流动资产/百万元	741.93	692.67	1 142.08	924.78
其中：货币资金/百万元	268.85	317.32	681.40	443.38
非流动资产/百万元	688.91	743.68	717.52	817.70
负债总额/百万元	406.45	278.09	640.34	382.59
短期借款/百万元	200.00	100.00	350.00	100.00
营业收入/百万元	2 480.46	2 427.33	1 870.32	2 243.78
营业利润/百万元	155.67	195.32	143.89	163.59
利润总额/百万元	156.62	196.04	132.78	166.27
净利润/百万元	143.06	180.94	117.49	146.28
基本每股收益/元	0.76	0.96	0.62	0.39

1.2　Kerr

1.2.1　历史沿革

1998 年，Kerr 正式成立，全称为 Kerr Investment Holding Corp，后逐渐发展为拥有 HYDROXYCUT 等 4 个品牌的体重管理产品和 MUSCLETECH 等 7 个品牌的运动营养产品的全球知名企业。Kerr 公司目前拥有近 350 名员工，并且拥有超过 60 项专利。其销售团队在加拿大、美国及澳大利亚拥有超过 70 名员工。

Kerr 的主要销售区域以美国、加拿大等北美市场为主，并覆盖世界其他市场，其产品已入驻亚马逊、GNC、沃尔玛、沃尔格林、山姆会员店等零售体系。从分销渠道来看，FDMC（食品店、药店、大众店以及其会员店）为 Kerr 最主要的销售渠道，2015 年销售占比 50%以上。此外，健康食品商店渠道占比 20%，国际渠道占比 20%，网络电商占比 10%。

公司核心产品包括运动营养补充剂 MUSCLETECH、SIXSTAR 和体重管理产品 HYDROXYCUT、purely inspired 4 个品牌，上述 4 个品牌收入占比达 95%以上。其中，运动营养产品发展要好于体重管理产品，近几年收入占比和毛利率都持续提升。

1.2.2 股权结构

Kerr公司股权结构如图3所示。

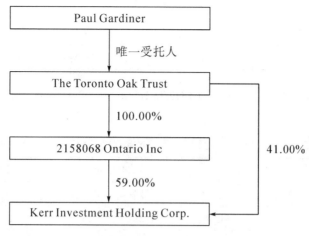

图3 Kerr公司股权结构

1.2.3 经营情况

1.2.3.1 主营业务

Kerr主要从事各种营养保健品的研发与销售，主要包括以下四种明星品牌：MUS-CLETECH、SIXSTAR、HYDROXYCUT及purely inspired，这四个产品是公司收益的主要来源。其中MUSCLETECH、SIXSTAR两个品牌知名度最高，MUSCLETECH作为运动营养补给品在美国占有较高的市场份额，产品远销全球80多个国家和地区。

1.2.3.2 核心优势

北美保健食品行业市场较为成熟，但业内竞争者较多，市场集中度低，市场份额较为分散。前五大运动营养产品品牌和体重管理产品品牌分别占据了这两个市场43%和34%的份额。2015年，Kerr在加拿大地区以约11%的保健品市场占有率位于领导地位。

根据AC尼尔森的研究数据，在FDMC及沃尔玛等渠道销售排名中，MUSCLETECH、SIXSTAR在美国运动营养产品市场位于第一位。HYDROXYCUT及purely inspired产品在美国体重管理产品市场分列第一、第二位。

其中，HYDROXYCUT为过去十年北美最畅销的体重管理产品之一，累计销售量逾1亿瓶，FDMC渠道的市场份额达24%，在体重管理产品中品牌认可度较高。

2014年、2015年、2016年1—5月，Kerr分别实现营业收入24.21亿元、25.7亿元、12.85亿元；净利润2.17亿元、3.19亿元、1.66亿元（见表2）。

表2 2014—2016年5月Kerr部分财务数据

项目	2014年	2015年	2016年1—5月
营业收入/万元	242 076.62	256 772.75	128 528.92
营业成本/万元	145 657.33	148 909.45	70 561.77
毛利/万元	96 419.29	107 863.30	57 967.15

表2(续)

项目	2014 年	2015 年	2016 年 1—5 月
综合毛利率/%	39.83	42.01	45.10
利润总额/万元	29 343.51	43 633.28	24 143.70
净利润/万元	21 662.86	31 898.17	16 601.79

MUSCLETECH、SIXSTAR 和 HYDROXYCUT 这三大产品线支柱贡献了 Kerr 约 90% 的收入（见表3）。

表3　2014—2016 年 5 月 Kerr 旗下产品品牌毛利率及其收入占比　　　单位:%

品牌类型	2014 年		2015 年		2016 年 1—5 月	
	毛利率	收入占比	毛利率	收入占比	毛利率	收入占比
MUSCLETECH	34.52	44.46	41.53	50.34	44.90	54.25
SIXSTAR	35.40	23.19	44.19	22.45	45.99	19.93
HYDROXYCUT	72.89	20.28	71.82	18.22	72.03	16.64
purely inspired	36.29	6.32	32.84	5.11	41.54	5.80

Kerr 自身的业务可分为五块，包括产品研发、可行性分析、制定采购计划、产品质量控制和市场推广以及物流运输。

产品研发是 Kerr 核心竞争力的来源。Kerr 与英国、美国、加拿大十余所一流大学及第三方研究机构都建立了合作关系，共同开发研制新产品，以保持持续的创新能力。一项新产品的研发需要经过五大步骤：理念由来、理念筛选、验证、开发、推出。

市场推广方面，Kerr 采用成熟的产品推广流程，通过杂志文章、电视、数字新媒体以及运动、体育赞助进行 360 度推广，保持线上线下极高的曝光度，不断吸引来自不同消费群体的新客户。广告中侧重于培养品牌形象和推广产品概念。

此外，为了保障食品安全与产品质量，Kerr 积极实施一系列的产品质量保证管理办法。Kerr 会依据物料的性质差异，对原材料进行严格检验，从源头开始为产品质量提供保障。生产上严格依照 CGMP（动态药品生产管理规范）标准选择上游生产商，以保证产品的纯度及品质，并通过留任最佳生产商来持续保证产品质量。在仓储、运输等环节均建立了严谨的货物管理和跟踪系统，以保证产品保存和运输环节的卫生及安全。

1.3　春华景禧

春华景禧（天津）投资中心（有限合伙）（以下简称"春华景禧"）于 2015 年 12 月 4 日成立于天津。虽然春华景禧在西王食品进行交易时才成立了一年，但其属于春华资本旗下的有限合伙公司，拥有强大的背景。春华资本于 2010 年在香港成立，创始人为胡祖六，运营的资金包含 20 亿美元基金和 30 亿元人民币基金。春华资本的核心团队均来自高盛集团，具备强大的背景实力及专业水平，曾多次参与业内顶尖的项目。

春华资本曾参与菜鸟网络的首轮对外融资，也投资了蚂蚁金服、大数金融等国内知名公司。除了具备独到的投资眼光，春华资本在收购方面也具备丰富的经验，曾联手上海医药以 15.65 亿元人民币收购新西兰营养保健品高端品牌 Vitaco。经过此次保健品公司收购，春华资本在协助西王食品收购加拿大保健品公司 Kerr 时便更加游刃有余。

1.4 信善投资

宁波梅山保税港区信善投资合伙企业于 2016 年 10 月 18 日成立，注册资本 26.81 亿元，注销于 2020 年 8 月 13 日。主要从事实业投资和投资管理服务，由中国信达资产管理股份有限公司 100%持股。

2 收购过程

2016 年 4 月，西王集团了解到 Kerr 将出售的消息，当即开始组织外围市场调查，并准备以西王集团名义去收购。然而，此时 KKR 集团、鼎晖投资、中粮、弘毅投资等国内外 20 多家知名企业已开始第一轮询价竞标。西王集团作为一家山东企业，从未有过跨国收购经验。为了在这次竞标中引起 Kerr 的实际控制人 Paul Gardiner 先生的注意，西王集团故意在报价阶段报出一个较高的收购价格，此举成功地引起了 Paul Gardiner 先生的关注。Kerr 的合并报表中股东权益账目价值仅为 4.83 亿元人民币，而当时西王集团的初始报价为 48.75 亿元人民币，这个报价远高于 Paul Gardiner 的预期。

由于大部分竞标者都是财务投资的 PE 机构，西王集团是为数不多的实业企业，且双方产品在大健康范畴内没有直接交集，整合后能形成互补，这使得西王集团在众多竞标者中获得了 Kerr 股东更多的青睐。随后，Kerr 准许西王集团进驻调研，但由于审批、筹资等问题，经过双方协商，2016 年 5 月，将收购主体由西王集团变更为西王食品，并于 5 月 27 日做出停牌决定。

2016 年 5 月，西王食品的重组团队正式进入 Kerr 开始尽职调查。西王食品经过详细的项目尽调后决定启动此次收购，西王食品的收购可分为以下两部分：

第一部分为 Kerr 80%股权的收购。首先，西王食品引入了春华资本并一起于境内设立专门用于收购的子公司——西王青岛，其中西王食品持股 75%，春华资本持股 25%。之后，在西王青岛下面设立加拿大 SPV1 和加拿大 SPV2 专项用于收购 Kerr。西王食品完成第一次交易需要支付 39 亿元人民币现金。本次交易成功后，西王食品与春华资本将一共持有 Kerr 80%的份额，其中春华资本间接占比 20%。

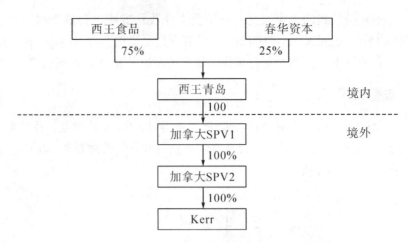

图 4　收购后西王食品股权结构

第二部分为 Kerr 剩余的 20% 股权的收购，采用盈利能力支付计划，据西王食品公告称在今后的三年分次收购。具体做法如下：首先，交割日周年届满至之后的三个月内（具体为 90 天），西王食品将被受让 Kerr 剩余的 5% 股权，需要向 Kerr 支付第一次交割日满 12 个月期间内税息折旧及摊销前利润（EBITDA）×10×5% 的金额。其次，交割日两周年届满至之后的三个月内，西王食品将继续收购 Kerr 剩余的 5% 股权，应向 Kerr 支付第二次交割日满 12 个月期间内 EBITDA×10×5% 的金额。最后，交割日三周年届满至之后的三个月内，西王食品收购最终的 10% 股权，支付 Kerr 第三次交割日满 12 个月期间内 EBITDA×10×10% 的金额。这样既缓解了西王食品的资金压力，同时也是一个企业后续交接整合的过渡期，可以防止 Kerr 不至于因一次性易主而对其经营造成不利影响，具体收购历程及后续支付对价安排如表 4、表 5 所示。

表 4　西王食品收购 Kerr 历程

2016 年 4 月	获得 Kerr 信息，并开始准备外围调查
2016 年 6 月	双方谈判，收购金额达到 48.75 亿元且采用现金收购方式，公布并披露交易方案
2016 年 7 月 22 日	与春华景禧共同出资海外子公司以便收购顺利进行，并共同出资设立西王青岛
2016 年 9 月 19 日	通过西王青岛设立加拿大 SPV1 与加拿大 SPV2，西王食品占有 Kerr 80% 股份的 3/4，春华资本占有 Kerr 80% 股份的 1/4
2016 年 9 月 22 日	西王食品与 Kerr 签署《股权购买协议》
2016 年 10 月 31 日	收购双方第一次交割，收购对价为 51 922.87 万美元，由加拿大 SPV2 支付 50 343.72 万美元
2017 年 2 月 8 日	完成首期 80% 的收购，加拿大 SPV2 支付了剩余收购款项，共计 1 579.15 万美元
2019 年 3 月 23 日	完成 Kerr 后期第一期 5% 股权交割，交割对价为 3 981.94 万美元

表 5　后续支付对价安排

序号	时间	支付主体	转让方	支付对价	股份
1	2017 年 10 月 31 日 后 90 天内	西王食品	New Hold Co.	Kerr 交割日满第一个 12 月 内 EBITDA×10×0.05	剩余股份的 25%
2	2018 年 10 月 31 日 后 90 天内	西王食品	New Hold Co.	Kerr 交割日满第二个 12 月 内 EBITDA×10×0.05	剩余股份的 25%
3	2019 年 10 月 31 日 后 90 天内	西王食品	New Hold Co.	Kerr 交割日满第三个 12 月 内 EBITDA×10×0.10	剩余股份的 50%

在整个杠杆收购中，西王食品通过引入私募、股东借款、信用贷款、自有资金四个途径筹集资金。本次交易中标的公司首期 80% 股权收购价格相当于 5.84 亿美元，折合人民币约 39 亿元。在支付首期对价时，西王食品对西王青岛出资 16.93 亿元，参与收购的春华资本出资 5.64 亿元。其中，西王食品出资的 16.93 亿元包括自有资金、向西王集团财务公司的借款和对外贷款 10.05 亿元，该对外贷款来源于西王食品、西王青岛、西王集团、信善投资与信达资本签署的《关于西王集团有限公司海外收购特殊机遇投资项目的合作总协议》，约定由信善投资委托南洋银行向公司发放 10.05 亿元的贷款用于收购标的公司股权。

西王食品将西王集团财务公司提供的财务授信额度 6 亿元全额使用，其自有资金出资仅 0.88 亿元，完成了首期 39 亿元的支付款的安排，撬动了总体 48.75 亿元的交易，杠杆倍数达到 55.40 倍。

后期收购第一期：2019 年 3 月 23 日，西王食品发布公告，根据约定，西王食品与 Kerr 进行了剩余股份第一期 5% 股份的交割，本期交割的对价为 3 981.94 万美元，根据当天 6.7 元/美元的汇率，即 2.67 亿元人民币。款项已由加拿大子公司全额支付，对应股份也已登记在了该子公司名下。至此，西王食品共通过该子公司间接持有 Kerr 85% 的股份。从收购双方当时签订的协议约定来看，Kerr 并未完成第一期的目标业绩。双方签订协议时约定：2017 年、2018 年、2019 年的目标 EBITDA 分别为 7.4 亿元、8.6 亿元、10.5 亿元。但从此次交割的对价来看，第一期 5% 股份的交割对价仅为 2.67 亿元，未达到目标对价 7.4 亿元，由此可以推算出交割日满第一个 12 个月期间内的 EBITDA 仅为 5.336 亿元，未完成目标。

2.1　盈利能力支付计划（Earn-out 支付方式）

2.1.1　Earn-out 支付方式的定义

Earn-out 支付方式是收购交易中将支付金额与标的公司的未来业绩相挂钩的一种或有支付方式。所谓"或有"，是指未来支付的收购对价取决于标的公司的实际业绩，所以在签订协议时，对价是未知的、不确定支付的。Earn-out 支付方式包括如下几个基本要素：

2.1.1.1　首付款与后付款

首付款指的是在收购过程中应当交割的第一笔款项。后付款也可以被称作延期或有支付、分期支付，这部分的交割金额并不确定，要根据约定考核标准来确定。

2.1.1.2 触发条款

触发条款是指被收购企业想要获得价值补偿应达到的一系列条件。触发条款规定了标的公司要获取延期支付额应该达到的业绩条件以及不同经营业绩下应支付给被收购企业的或有支付金额。

2.1.1.3 考核期限

考核期限也叫作行权期间，其类似于金融期权的行权期。标的公司只有在规定的时期内完成预期考核业绩才能获得价值补偿。

2.1.2 西王食品选择 Earn-out 支付方式的原因

2.1.2.1 现金流短缺

一般在跨境收购中，被收购方往往更倾向于现金支付方式，因为用现金作为交易方式只需要在收购完成后接受交易所的询问即可，但如果采用其他交易方式还应在交易前通过证监会的审批才能继续交易，所以被收购方更愿意接受现金支付。那么收购方为了满足被收购方的条件以及尽快完成收购，往往也会采用现金支付方式。在本次交易中，收购 Kerr 80% 的股份需要支付人民币 39.32 亿元，但西王食品的总资产也仅为 22.18 亿元，这与本次交易的标的对价相比仍然有着相当大的差距，所以西王食品不得不向信善投资贷款 26.80 亿元，并与春华景禧一同成立西王青岛去进行收购，所以收购方在此次收购中承担着非常大的资金压力。

2.1.2.2 保障收购后的人力资源

未来人员整合方面，通常在收购后，被收购方的核心管理层会有较大的人事调动，很多核心管理人员会选择在这个时候套现离开公司，但人力资源是公司最宝贵的财富，是企业未来发展的关键，尤其是核心人员的流失会给收购方带来致命的打击。除了核心人员，普通员工也可能在收购后因不知企业未来发展方向而产生焦虑，担心工作的稳定性，进而产生大规模人员流失的现象。人员的流失不仅会影响工作的稳定性，还会增加公司重新招聘和培训的成本。尤其是对于跨行业的收购方来说，如果发生核心人员大规模流失的现象，一定会对整合工作造成阻碍、削弱收购的效果，甚至导致收购失败，最终得到的只是一个空壳企业。

综上所述，采用 Earn-out 支付方式能规避部分收购风险，使收购对价与业绩紧密挂钩。

2.1.3 Earn-out 支付方式的积极作用

在本次安排中，作为后期的付款条件，收购双方约定：Kerr 在 2017 年、2018 年、2019 年的目标 EBITDA 分别为 7.4 亿元、8.6 亿元、10.5 亿元。若 Kerr 完成目标 EBITDA，那么根据约定，西王食品就应在 2017 年、2018 年、2019 年分别支付 3.7 亿元、4.3 亿元、5.25 亿元。后续付款条件可以缓解因信息不对称、未来不确定性等因素造成的不良影响。

在这场境外收购案中，西王食品和 Kerr 公司处于两个不同的行业，信息严重不对称，就使得不确定因素更多，交易更加复杂。首先，西王食品难以对标的公司进行合理而准确的估值。其次，Kerr 能否在未来的发展经营中保持良好的经济收益，收购方无法确定。综合上述两点，在收购过程中，很容易对标的公司的估值偏高。但是通过制定业绩条件，就能够很好地降低未来不确定性和信息不对称等带来的影响。如果 Kerr 能够完成或超额完成所约定的业绩要求，这就表明西王食品采用如此高的价款去收购 Kerr 是合理的。但是如果 Kerr 不能按约定完成业绩目标，这表明西王食品对于 Kerr 的估值偏高。此时可以通过缩减后期的实际付款额，使收购方获得一定的估值补偿。这种业绩条件的引入降低了外界因素对于收购的影响，推动了收购过程的成功进行。最后，通过业绩考核条件的设置还可以对员工和核心管理人员起到一定的激励作用，这个作用也可与延期支付作用相互配合，共同发挥作用。当然，如果每一年对标的公司的完成进行检查和监督，也可以促使被收购方完成业绩目标。如果 Kerr 未能达到所约定的业绩，这种延期支付的方式可以最大化降低后期支付金额，极大地缓解了收购方的经济压力。

3　收购动因分析

3.1　内部动因

3.1.1　寻找新的营业收入增长点，降低业务集中风险

3.1.1.1　企业主营产品单一，业务集中度较高

西王食品主要从事食用油的生产和销售，企业的核心产品是小包装玉米油和散装玉米油。小包装玉米油营业收入占比最高，为 60%~70%，散装玉米油营业收入占比在 10%~20%（见表6）。玉米油业务占比 80% 左右，公司的收入过于依赖少数产品，存在较大的经营风险。

表6　2014—2016 年 6 月西王食品主营产品收入分析

项目	2014 年		2015 年		2016 年 1—6 月	
	金额/亿元	占比/%	金额/亿元	比例/%	金额/亿元	比例/%
小包装玉米油	11.28	61.40	15.42	69.74	8.27	71.48
散装玉米油	3.49	19.00	3.24	14.65	1.32	11.41
胚芽粕	3.02	16.44	1.88	8.50	0.89	7.69
橄榄油	0.21	1.14	0.10	0.45	0.06	0.52
葵花籽油	0.37	2.01	1.47	6.65	0.87	7.52
花生油	—	—	—	—	0.16	1.38
合计	18.37	100.00	22.11	100	11.57	100

3.1.1.2　以大豆油和菜籽油为主导的食用油消费市场格局难以打破

从食用油产品消费结构来看，西王食品所处的食用油行业处于成熟期，市场份额已经趋于饱和，整个行业已经出现产能过剩的问题，同时行业集中度也越来越高。根据中国粮油学会油脂分布会的公开数据，截至 2016 年年末，大豆油和菜籽油市场份额占据整个食用油市场份额 68%，其中大豆油消费量占比为 42.6%，菜籽油为 25.4%

（见图5），而玉米油仅拥有3%的市场份额。

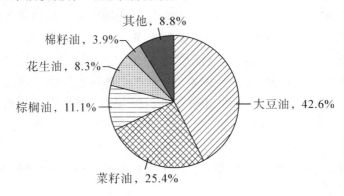

图5　2016年食用油市场结构

（数据来源：中国粮油学会油脂发布会）

3.1.1.3　企业品牌拓展难度大，新创业务收效甚微

食用油行业品牌已经呈现出寡头竞争局面，作为第一梯队的食用油品牌，如金龙鱼、福临门、鲁花销量合计约占小包装食用油的70%。食用油巨头会利用自身资金、规模、渠道等优势挤压小油种企业的生存空间，高筑行业进入壁垒。西王食品利润空间极小，为了寻求出路，公司还开发了橄榄油、葵花籽油等健康小油种。但是，从表中可以明显看出新产品并未能改变企业产品高度集中的局面。西王食品通过寻求新的途径进行产品结构的优化成为大势所趋。

3.1.2　收购Kerr助力西王食品实现战略转型

西王食品自成立之初就制定了"三步发展战略"，由"成为中国玉米油第一品牌"到"打造中国高端食用油第一品牌"最后到"塑造中国健康食品第一品牌"。

2011年4月，西王健字号玉米油成为首个获得保健食品证书的国内玉米油产品。西王食品还开发了橄榄油、葵花籽油等产品，其部分产品已进入药品等保健食品销售渠道，在与金龙鱼、福临门及长寿花的激烈竞争中，其玉米油产品仍然占据了全国玉米油20%的市场份额，可以说西王食品已达成第一步发展战略。尽管西王食品的主打特色——鲜胚玉米胚芽油在技术含量上得到认可，已达到高端食用油的衡量标准，但是，在广大消费者心目中的认可度并不高，即产品知名度尚未完全打开。Kerr专门从事运动营养与体重管理健康食品的研发与销售业务，收购Kerr可以帮助西王食品进入健康食品领域，实现食用油与保健品双主业发展的战略转型，有助于达成"塑造中国健康食品第一品牌"的目标，打造"世界级健康食品平台"。

3.1.3　外延增长拓展海外市场，实现多元协同效应

领先的行业地位助力其提高西王食品知名度。在营养补充品行业中，Kerr的竞争者都存在一定劣势。具体来说，在运动营养方面，拥有价格优势的BODY FORTRESS品牌知名度较低，其销售依赖低价取胜。在传统运动饮料领域市场占有率较高的MUSCLE MILK有较高的知名度，但产品配方不具有竞争力，消费者未将其视作真正的运动营养类品牌。在体重管理方面，Lipozene虽然品牌知名度较高，但是正处于产品周期的衰退阶段，市场份额逐步下滑；Alli虽然拥有唯一通过美国食品药物管理局批准的FDM在售的体重管理产品，但市场占有率不复从前，其减肥原理未受到市场广泛认可。

而 Kerr 的 MUSCLE TECH、SIXSTAR 两款产品在美国运动营养产品市场 FDMC 及沃尔玛等渠道中销售排名第一位；HYDROXYCUT 及 purely inspired 产品在美国体重管理产品市场 FDMC 及沃尔玛等渠道中销售排名分别为第一、第二位。Kerr 分别占美国运动营养产品市场、体重管理产品市场 1.6%、2.4%的份额。

Kerr 稳定的管理团队助力西王食品提升公司治理水平。Kerr 核心管理团队拥有超过 20 年的行业经验，并且团队成员任职时间长，十分稳定。公司创办人 Paul Gardiner 长期担任公司行政总裁，负责制定公司战略及发展计划并直接负责人力资源工作。公司首席运营官 Terry Begley 担任公司领导层已经超过 17 年，亲自领导 Kerr 全球销售团队。Norm Vanderee 自 2010 年月起担任公司首席财务官，在该行业拥有 20 多年的经验，负责公司财务、信息技术相关领域，在公司战略制定中发挥重要的作用。公司法务总监 Roch Vaillancourt 自 2006 年起任职于 Kerr 的法律部门，领导法律及监管等多个领域团队，负责处理标的公司法律事务。经过多年的发展与积累，Kerr 形成了行业及业务经验丰富的专业团队。西王食品可以利用 Kerr 管理团队的优势，提升自身的公司治理水平。

3.2 外部条件

3.2.1 全球化发展和国家政策利好

随着我国"走出去"战略的不断深化及我国经济的深化转型，中国（不含港澳台）企业海外收购的规模呈爆发式增长态势。据 China Venture 的统计数据，2005 年至 2014 年中国跨境收购数量是上一个十年的 25 倍，跨境收购金额是 1995 年至 2004 年的 135 倍。2015 年，中国（不含港澳台）企业的全球收购交易额约 610 亿美元，较 2014 年增长 16%，为历史最高水平。Capital IQ 报告显示，2016 年第一季度中国（不含港澳台）海外收购交易量已逾 200 宗，交易额已达 1 155 亿美元，约占 2016 年第一季度全球跨境收购的 50%。随着全球经济增速的放缓，各国企业的融资成本进一步降低。资本市场的估值也利好企业跨境收购。产业整合的加速及中国经济的深化转型亦促使企业通过收购等行为寻求新的利润增长点以保障其自身的长远发展，因此收购成为重要选择。

2014 年《政府工作报告》指出，要在走出去中提升竞争力，推动对外投资管理方式的改革，实行以备案制为主，大幅下放审批权限。2015 年 8 月，证监会、财政部、国资委、银监会四部委联合发布《关于鼓励上市公司兼并重组、现金分红及回购股份的通知》指出，为大力推动上市公司并购重组，各相关主管部门将进一步扩大行政审批的取消范围、简化审批程序，积极推动银行以并购贷款、综合授信等方式支持收购重组，并通过多种方式为跨国收购提供金融支持。随着中国综合国力的提升和中国企业的发展，新形势促使中国企业寻求更多的发展空间，中国企业"走出去"发展，可以帮助企业利用国内国外两个市场，在全球范围内整合优质资产，逐步推动产业升级。因此，全球收购浪潮及我国政策支持为西王食品收购 Kerr 提供了契机。

与此同时，国际保健行业掀起收购浪潮。虽然 2016 年全球经济增速放缓，但是膳食补剂品牌成为炙手可热的收购标的。2015 年 1 月，金达威完成了对 Doctor's Best Holdings 的收购；2015 年 9 月，合生元收购澳洲保健品公司 Swisse 83%股份，2016 年 7

月，全资控股 Swisse；2016 年 2 月 1 日，Balchem Corporation 宣布以 1.115 亿美元收购 Albion International，Inc；2016 年 6 月末，草根知本集团宣布全资收购成立于 1989 年的澳大利亚保健品品牌 ANC；2016 年 8 月，上海医药集团股份有限公司公告称旗下全资子公司 SIIC Medical Science and Technology Group Ltd. 拟以现金出资约 9.38 亿元人民币收购澳大利亚 Vitaco Holdings Limited 公司 60% 的股权，等等。截至 2016 年 7 月末，已有 87 起医疗保健收购案例，交易额约 263 亿元人民币[①]。收购已然成为保健行业的最大热点。

3.2.2 Kerr 公司股东选择西王食品的原因

3.2.2.1 Kerr 创始人意图变现

Paul Gardiner 为 Kerr 创办人，自 1995 年起一直担任公司行政总裁，当 Paul Gardiner 意图卸任时，没有合适的家庭成员或职业经理人接手企业，故而选择出售 Kerr。同时 Paul Gardiner 也考虑将 Kerr 出售后的变现资金分给五个子女[②]。

3.2.2.2 西王食品是二十余家竞购方中为数不多的实业企业

众多竞标者中大多是私募投资公司，如 Kelso & Company、鼎晖投资、弘毅投资等擅长资本运作的投行或 PE 等，而西王集团是其中为数不多的实业企业。其中，Kelso & Company 成立于 1971 年，总部位于纽约，是美国一家专注于北美中间市场私募股权和投资管理的公司。其投资领域包括通信媒体、消费品、零售、医疗保健、物流等。例如，2016 年 6 月，Kelso & Company 宣布收购紧固件和包装产品及用品分销商——Southern Carlson。鼎晖投资成立于 2002 年，是中国最早专注于中国市场的另类资产管理公司，足迹已从中国扩展到东南亚地区。鼎晖投资成就了多起收购经典案例，例如，参与双汇收购 Smithfield，助力双汇成为全球最大的肉类加工企业；联手九阳收购美国行业领先的小家电企业 Shark Ninja，使九阳成为全球小家电领域的头部企业；联手高瓴资本完成百丽的私有化收购，等等。弘毅投资成立于 2003 年，是中国领先的投资管理机构，为联想控股成员企业。弘毅投资拥有 PE、不动产、公募基金、对冲基金及风险创投业务，管理资金总规模达 1 000 亿元人民币。弘毅投资已在医疗健康、消费与餐饮、文化娱乐、环保与新能源等领域投资百余家中外企业，包括石药集团、中联重科、苏宁云商、城投控股、锦江股份、新奥股份、STX（美国）、天境生物、完美日记、叮咚买菜、美术宝等，培育了一批行业领军企业。

西王集团不仅是为数不多的实体企业，更有生产、推广高端食品的成功经验（收购之初的收购主体为西王集团，后由于筹资原因变更为已上市的子公司西王食品）。并且双方产品在大健康范畴内没有交集，收购整合后能形成互补，使得西王集团在众多竞标者中获得了 Kerr 股东的青睐。西王食品和 Kerr 两家企业都是白手起家的以食品为主业的企业，在创业方面有相似的经历和体会。

3.2.2.3 加拿大保健品市场逐步饱和，Kerr 亟待拓展新兴市场

随着国内人均可支配收入的提升以及消费市场升级，消费群体更加关注健康生活，

---

① 第一财经. 医药行研并购整合大势所趋 海外并购比例上浮 [EB/OL].（2016-5-27）[2023-5-30].https://www.yicai.com/news/5019763.html.

② 澎湃新闻. 西王食品两周暴涨逾 70% 背后：从中粮弘毅手中抢走 Kerr [EB/OL].（2016-10-24）[2023-5-30].https://www.thepaper.cn/newsDetail_forward_1548216.

由此衍生了巨大的健康市场需求，助力健康食品行业整体规模提升。此外，我国保健品人均消费水平还相对较低，2015年，美国、日本的保健品人均消费分别为140美元、105美元，是中国保健品人均消费23.8美元的5倍左右。由此可见，境内保健品市场提升空间较大。

境内消费市场升级的背景下中国保健品市场一片蓝海，自然成为 Kerr 股东开拓海外市场的首选，加之西王食品在食用油领域拥有成功的品牌运营经验，多重因素推动 Kerr 股东选择了西王食品作为收购方。

4 估值分析

4.1 现金流折现法估值

4.1.1 DCF 模型的适用性

本次估值采用现金流的未来收益折现法，即现金流折现（DCF）法进行估值，其中现金流采用企业自由现金流量。标的公司 Kerr 主要从事运动营养与体重管理方面的营养补充品（主要包括运动营养品以及减肥食品）的研究、开发及市场营销。从进入营养补充品行业以来，行业地位不断提升，品牌影响力也持续扩大。截至2016年年末，Kerr 已拥有 MUSCLETECH、SIX STAR 等系列产品，市场表现良好，销量逐年上升。因此，Kerr 目前处于相对平稳上升的发展阶段，未来收入及成本费用可预测，收益可以量化，故适宜采用 DCF 法进行估值。

4.1.1.1 DCF 法的一般性假设

（1）国家现行的有关法律法规及政策、国家宏观经济形势无重大变化，本次交易各方所处地区的政治、经济和社会环境无重大变化，无其他不可预测和不可抗力因素造成的重大不利影响；

（2）持续经营，并在经营方式上与现时保持一致；

（3）国家现行的税赋基准及税率、税收优惠政策、银行信贷利率以及其他政策性收费等不发生重大变化；

（4）无其他人力不可抗拒及不可预见因素造成的重大不利影响。

4.1.1.2 DCF 法的针对性假设

（1）Kerr 各年的技术队伍及其高级管理人员保持相对稳定，不会发生重大的核心专业人员流失问题；

（2）Kerr 各经营主体现有和未来经营者是负责尽职的，且公司管理层能稳步推进公司的发展计划，保持良好的经营态势；

（3）Kerr 未来经营者遵守国家相关法律和法规，不会出现影响公司发展和收益实现的重大违规事项；

（4）Kerr 提供的历史财务资料所采用的会计政策和进行收益预测时所采用的会计政策与会计核算方法在重要方面基本一致。

DCF 法以加权资本成本作为折现率，将未来各年的预计自由现金流量折现加总得到经营性资产价值，再加上溢余资产和非经营性资产的价值，得到企业整体资产价值，减去付息债务价值后，得到股东全部权益价值。具体计算公式如下：

$$P = P' + A' - D' - D$$

$$P' = \sum_{i=0.58}^{n} \frac{CF_i}{(1+r)^i} + \frac{CF_n}{r} \times \frac{1}{(1+r)^n}$$

其中，P 表示被估值企业股东全部权益估值；P' 表示企业经营性资产价值；A' 表示非经营性资产及溢余资产；D 表示非经营性负债；D' 表示被估值企业有息负债；CF_i 表示未来第 i 个收益期的预期收益额（企业自由现金流量）；i 表示收益期，$i = 0.58$，1.58，$\cdots$，n；r 表示折现率。

估值时根据被估值企业的具体经营情况及特点，假设收益年限为无限期。本次评估基准日为 2016 年 5 月 31 日并将预测期分二个阶段，第一阶段为 2016 年 6 月 1 日至 2020 年 12 月 31 日；第二阶段为 2021 年 1 月 1 日直至永续，假设 2021 年及以后预期收益保持不变。

4.1.2 Kerr 历史经营情况

第一部分是标的公司 Kerr 资产负债表相关数据。报告期（2014—2016 年 5 月）内，标的公司资产总额呈现波动上升的态势。标的公司资产结构基本保持稳定，其中流动资产占比较高。2014 年、2015 年和 2016 年 1—5 月，标的公司流动资产占总资产的比例分别为 77.07%、87.13% 和 88.99%。此外，2014 年、2015 年和 2016 年 1—5 月，标的公司负债总额分别为 104 456.11 万元、66 896.43 万元和 65 991.01 万元，呈现下降趋势。并且标的公司负债以流动负债为主。

表 7 2014—2016 年 5 月 Kerr 资产负债表相关财务数据　　　　单位：万元

项目	2014 年	2015 年	2016 年 1—5 月
流动资产	78 931.20	85 338.38	101 685.77
非流动性资产	23 482.97	12 607.71	12 580.51
资产总计	102 414.17	97 946.09	114 266.28
流动负债	104 456.11	46 424.74	51 559.85
非流动负债	—	20 471.69	14 431.16
负债合计	104 456.11	66 896.43	65 991.01
所有者权益	−2 041.94	31 049.66	48 275.27
负债及所有者权益合计	102 414.17	97 946.09	114 266.28

第二部分是标的公司 Kerr 的利润表相关财务数据。

4.1.2.1 营业收入和成本

Kerr 主要产品类别包括 MUSCLETECH、SIXSTAR、HYDROXYCUT、purely inspired 等。主营业务收入、营业成本及毛利率按照产品类别构成如表 8 所示。

表 8　2014—2016 年 5 月 Kerr 经营情况

项目	2014 年		2015 年		2016 年 1—5 月	
	金额/百万美元①	比例/%	金额/百万美元	比例/%	金额/百万美元	比例/%
营业收入:	394.08	100.00	412.27	100.00	197.16	100.00
MUSCLETECH 营业收入	175.19	44.46	207.52	50.34	106.96	54.25
SIXSTAR 营业收入	91.38	23.19	92.55	22.45	39.29	19.93
HYDROXYCUT 营业收入	79.91	20.28	75.10	18.22	32.81	16.64
purely inspired 营业收入	24.92	6.32	21.08	5.11	11.43	5.80
all other 营业收入	22.68	5.76	16.02	3.89	6.67	3.38
营业成本①=②+③+④	237.12	100.00	239.08	100.00	108.24	100.00
生产成本②:	223.25	94.15	216.72	90.65	99.94	92.33
MUSCLETECH 生产成本	114.72	51.39	121.34	55.99	58.94	58.98
SIXSTAR 生产成本	59.03	26.44	51.65	23.83	21.22	21.23
HYDROXYCUT 生产成本	21.66	9.70	21.16	9.76	9.18	9.19
purely inspired 生产成本	15.88	7.11	14.15	6.53	6.68	6.68
all other 生产成本	11.96	5.36	8.42	3.89	3.92	3.92
仓储成本③	6.66	2.81	7.91	3.31	3.32	3.07
其他成本④	7.21	3.04	14.45	6.04	4.98	4.60
毛利率:	—	39.83	—	42.01	—	45.10
MUSCLETECH 毛利率	—	34.52	—	41.53	—	44.90
SIXSTAR 毛利率	—	35.40	—	44.19	—	45.99
HYDROXYCUT 毛利率	—	72.89	—	71.82	—	72.02
purely inspired 毛利率	—	36.28	—	32.87	—	41.56
all other 毛利率		47.27		47.44		41.23

4.1.2.2　税金及附加

报告期内 Kerr 及其子公司的税金及附加及其占营业收入的比率如表 9 所示。

表 9　2014—2016 年 5 月 Kerr 税金及附加及其占营业收入的比率

项目	2014 年	2015 年	2016 年 1—5 月
税金及附加/百万美元	0.07	0.11	0.08
占营业收入比率/%	0.02	0.03	0.04

---

① 本案例为海外收购案例,为与案例原始数据来源保持一致性,且出于准确性考虑,本案例中统一保留"百万美元"这一货币单位。

4.1.2.3 期间费用

（1）销售费用

销售费用主要为销售人员工资及相关费用、佣金和运费、广告和促销、折旧与摊销、差旅费以及其他费用等。报告期内发生情况如表10所示。

表10 2014—2016年5月Kerr销售费用明细

项目	2014年		2015年		2016年1—5月	
	金额/百万美元	比例/%	金额/百万美元	比例/%	金额/百万美元	比例/%
工资及相关费用	11.45	15.34	11.54	16.41	5.02	14.09
佣金和运费	4.34	5.81	3.83	5.45	1.66	4.66
广告和促销	45.67	61.19	41.88	59.55	22.2	62.31
折旧与摊销	0.59	0.79	0.33	0.47	0.12	0.34
专业服务费	0.91	1.22	1.07	1.52	0.36	1.01
客户的运费	8.48	11.36	8.31	11.82	4.78	13.42
差旅费	1.82	2.44	2.04	2.90	0.85	2.39
办公费	0.49	0.66	0.53	0.75	0.25	0.70
其他	0.88	1.19	0.80	1.14	0.40	1.08
合计	74.64	100.00	70.33	100.00	35.63	100.00
占营业收入比率/%	18.94		17.06		18.07	

（2）管理费用

管理费用主要为管理人员工资及相关费用、差旅费、诉讼费、租赁费、办公费、研究和开发费用以及其他费用等。其报告年度发生情况如表11所示。

表11 2014—2016年5月Kerr管理费用明细

项目	2014年		2015年		2016年1—5月	
	金额/百万美元	比例/%	金额/百万美元	比例/%	金额/百万美元	比例/%
折旧与摊销	0.89	3.31	0.99	3.97	0.38	3.10
工资及相关费用	11.46	42.67	10.87	43.57	4.80	39.64
专业服务费	0.48	1.79	0.58	2.32	0.44	3.63
保险费	0.96	3.57	0.84	3.37	0.32	2.64
差旅费	0.68	2.53	0.48	1.92	0.30	2.48
诉讼费	5.40	20.10	5.85	23.45	3.54	29.23
租赁费	3.05	11.36	1.45	5.81	0.52	4.29
质量保证（外部成本）	1.26	4.69	1.43	5.73	0.49	4.05
办公费	0.09	0.34	0.10	0.40	0.02	0.17
研究和开发费用	0.73	2.72	0.83	3.37	0.46	3.88

项目	2014 年		2015 年		2016 年 1—5 月	
	金额/ 百万美元	比例/%	金额/ 百万美元	比例/%	金额/ 百万美元	比例/%
其他	1.87	6.92	1.52	6.09	0.83	6.85
合计	26.86	100.00	24.95	100.00	12.11	100.00
占营业收入比率/%	6.82		6.05		6.14	

（3）财务费用

财务费用主要为借款利息、利息收入、汇兑净损益、销售现金折扣及其他费用。其报告年度发生情况如表 12 所示。

表 12　2014—2016 年 5 月 Kerr 财务费用明细

项目	2014 年	2015 年	2016 年 1—5 月
借款利息/百万美元	1.01	0.94	0.68
利息收入/百万美元	0.03	0.05	0.06
汇兑净损益/百万美元	-2.15	-1.46	-0.16
销售现金折扣/百万美元	2.28	2.29	1.16
其他/百万美元	1.06	0.77	0.08
合计/百万美元	2.17	2.48	1.70
占营业收入比率/%	0.55	0.60	0.86

（4）所得税

在对未来年度所得税进行预测时，鉴于纳税调整事项的不确定性，未考虑纳税调整事项的影响。报告期内 Kerr 所得税税率如表 13 所示。

表 13　2014—2016 年 5 月 Kerr 所得税税率　　　　单位：百万元

项目	2014 年	2015 年	2016 年 1—5 月
营业收入	242 076.62	256 772.75	128 528.92
利润总额	29 343.51	43 633.28	24 143.70
净利润	21 662.86	31 898.17	16 601.79
所得税税率/%	26.17	26.89	31.24
汇率	6.119	6.494	6.579

4.1.3　Kerr 自由现金流量预测

4.1.3.1　营业收入及成本预测

根据历史年度各类产品销售及成本变动趋势分析及保健品行业近年来的发展趋势，对 Kerr 未来各年的营业收入及其营业成本的预测结果如表 14 所示。

表14　2016年6月—2021年 Kerr 营业收入及成本预测　单位：百万美元

项目	2016年6—12月	2017年	2018年	2019年	2020年	2021年
营业收入：	248.29	480.82	512.17	543.88	576.61	610.20
MUSCLETECH 营业收入	134.79	274.82	302.95	331.93	362.36	392.92
SIXSTAR 营业收入	53.86	93.90	94.49	94.54	95.01	95.47
HYDROXYCUT 营业收入	43.00	76.19	76.84	77.68	77.74	78.47
purely inspired 营业收入	9.03	21.17	22.24	23.14	24.08	25.05
all other 营业收入	7.62	14.73	15.64	16.60	17.43	18.31
营业成本①＝②＋③＋④	137.08	265.16	284.34	303.90	326.98	350.37
生产成本②：	126.32	244.38	262.06	280.09	301.33	322.92
MUSCLETECH 生产成本	73.99	150.38	165.78	183.72	203.12	223.08
SIXSTAR 生产成本	29.57	50.03	50.30	49.20	49.32	49.08
HYDROXYCUT 生产成本	12.61	21.98	22.62	22.53	23.01	23.35
purely inspired 生产成本	6.06	14.08	14.79	15.54	16.33	17.16
all other 生产成本	4.09	7.91	8.57	9.10	9.55	10.24
仓储成本③	4.43	8.55	9.17	9.80	10.56	11.30
其他成本④	6.33	12.22	13.10	14.00	15.09	16.15

根据《重大资产购买 Kerr 修订版》公布的未来各期营业收入，计算得出未来 Kerr 营业收入增速如表15所示。另外，2022年及以后营业收入保持永续零增长。

表15　2016年6月—2021年 Kerr 营业收入增速预测　　单位：%

项目	2016年6—12月	2017年	2018年	2019年	2020年	2021年
营业收入增速	8.05	7.94	6.52	6.19	6.02	5.83
MUSCLETECH 营业收入增速	16.49	13.68	10.24	9.57	9.17	8.43
SIXSTAR 营业收入增速	0.65	0.81	0.63	0.05	0.50	0.48
HYDROXYCUT 营业收入增速	0.95	0.50	0.85	1.09	0.08	0.94
purely inspired 营业收入增速	-2.94	3.47	5.05	4.05	4.06	4.03
all other 营业收入增速	-10.80	3.08	6.18	6.14	5.00	5.05
营业成本/营业收入	55.21	55.15	55.52	55.88	56.71	57.42

4.1.3.2　税金及附加预测

以预测年度的营业收入为基础结合报告年度税金及附加占营业收入的平均比率来预测未来年度的税金及附加。预测结果如表16所示。

表16　2016年6月—2021年Kerr税金及附加预测　　　单位：百万美元

项目	2016年6—12月	2017年	2018年	2019年	2020年	2021年
税金及附加	0.07	0.13	0.14	0.15	0.16	0.17

4.1.3.3　期间费用预测

（1）销售费用

根据各项费用在报告年度中的支付水平，以企业发展规模和收入增长情况为基础，参考企业历史年度的费用发生额确定合理的增长比率预测未来年度中的相应费用。预测结果如表17所示。

表17　2016年6月—2021年Kerr销售费用预测　　　单位：百万美元

项目	2016年6—12月	2017年	2018年	2019年	2020年	2021年
工资及相关费用	7.02	12.34	12.52	12.71	12.90	13.10
佣金和运费	2.36	4.57	4.87	5.17	5.48	5.80
广告和促销	26.49	51.30	52.09	53.95	56.05	59.01
折旧与摊销	0.33	—	—	—	—	—
专业服务	0.50	0.95	0.95	0.95	0.95	0.95
客户的运费	5.46	10.58	11.27	11.97	12.69	13.42
差旅费	1.21	2.00	2.03	2.06	2.09	2.09
办公费	0.36	0.55	0.56	0.57	0.58	0.58
其他	0.41	1.22	1.24	1.25	1.25	1.25
合计	44.14	83.51	85.52	88.63	91.98	96.20

（2）管理费用

根据各项费用在报告年度中的支付水平，以企业发展规模和收入增长情况为基础，参考企业历史年度的费用发生额确定合理的增长比率预测未来年度中的相应费用。预测结果如表18所示。

表18　2016年6月—2021年Kerr管理费用预测　　　单位：百万美元

项目	2016年6—12月	2017年	2018年	2019年	2020年	2021年
折旧与摊销	1.14	1.93	2.18	2.45	2.74	3.05
工资及相关费用	6.72	11.92	12.34	12.9	13.35	13.82
专业服务费	0.62	1.08	1.11	1.14	1.17	1.20
保险费	0.45	0.79	0.81	0.83	0.85	0.87
差旅费	0.42	0.74	0.76	0.78	0.80	0.82
诉讼费	2.45	6.20	6.42	6.71	7.05	7.40
租赁费	0.73	1.29	1.32	1.35	1.39	1.42

项目	2016 年 6—12 月	2017 年	2018 年	2019 年	2020 年	2021 年
质量保证	0.69	1.22	1.27	1.33	1.40	1.46
办公费	0.02	0.04	0.04	0.04	0.04	0.04
研究和开发费用	1.12	2.64	3.33	4.35	5.48	7.02
其他	0.59	1.95	1.99	2.58	2.74	2.82
合计	14.95	29.81	31.58	34.46	36.99	39.91

（3）财务费用

根据未来预测年度企业的货币资金规模，在假设评估基准日的存款利率不发生改变的基础上，确定企业未来年度的利息收入；手续费与营业收入紧密相关，故估值时以预测年度的营业收入为基础，参考历史年度的手续费支付水平预测未来年度的手续费。未来年度财务费用预测如表19所示。

表19　2016 年 6 月—2021 年 Kerr 财务费用预测　　　单位：百万美元

项目	2016 年 6—12 月	2017 年	2018 年	2019 年	2020 年	2021 年
借款利息	0.95	1.64	1.64	1.64	1.64	1.64
利息收入	0.05	0.10	0.10	0.11	0.12	0.12
销售现金折扣	1.42	2.74	3.37	2.99	3.17	3.05
其他	0.21	0.89	1.15	0.99	0.60	0.49
合计	2.63	5.37	6.26	5.73	5.53	5.30

4.1.3.4　资产减值损失预测

当企业计提或冲回坏账准备时会产生资产减值损失。坏账准备金额是根据历史年度中坏账准备占应收款项的比例，以未来各年度预测的应收款项为基础所确定的，而计提或冲回的坏账准备数是以当年坏账准备的金额减去上年度的坏账准备金额确定的。具体预测结果如表20所示。

表20　2016 年 6 月—2021 年 Kerr 资产减值损失预测　　　单位：百万美元

项目	2016 年 6—12 月	2017 年	2018 年	2019 年	2020 年	2021 年
资产减值损失	3.20	6.20	6.61	7.02	7.44	7.87

4.1.3.5　所得税及税后净利润预测

根据上述一系列的预测，可以得出被估值企业未来各年度的利润总额，在此基础上，对未来各年的所得税和净利润予以预测。在对未来年度所得税进行预测时，鉴于纳税调整事项的不确定性，未考虑纳税调整事项的影响。综合上述过程最终汇总得到被估值企业未来各年的净利润预测，具体如表21所示。

表 21　2016 年 6 月—2022 年 Kerr 净利润预测　　单位：百万美元

项目	2016 年 6—12 月	2017 年	2018 年	2019 年	2020 年	2021 年	2022 年
营业收入	248.29	480.82	512.17	543.88	576.61	610.20	610.20
营业成本	137.08	265.16	284.34	303.90	326.98	350.37	350.37
税金及附加	0.07	0.13	0.14	0.15	0.16	0.17	0.17
销售费用	44.14	83.51	85.52	88.63	91.98	96.20	96.20
管理费用	14.95	29.81	31.58	34.46	36.99	39.91	39.91
财务费用	2.63	5.37	6.26	5.73	5.53	5.30	5.30
资产减值损失	3.20	6.20	6.61	7.02	7.44	7.87	—
营业利润	46.22	90.64	97.72	103.99	107.53	110.38	118.25
利润总额	46.22	90.64	97.72	103.99	107.53	110.38	118.25
所得税费用	12.99	25.47	27.46	29.22	30.22	31.02	33.23
净利润	33.23	65.17	70.26	74.77	77.31	79.36	85.02

4.1.3.6　资本性支出预测

为保证不断增长的业务需求，在未来年度内企业将会进行固定资产的购置更新投入，预测中根据企业的资产更新计划，考虑各类固定资产的折旧年限，对各年度的资产增加和处置进行预测以确定相应的资本性支出，具体预测结果如表 22 所示。

表 22　2016 年 6 月—2022 年 Kerr 资本性支出预测　　单位：百万美元

项目	2016 年 6—12 月	2017 年	2018 年	2019 年	2020 年	2021 年	2022 年
资本性支出	3.77	2.50	2.50	2.50	2.50	2.50	3.05

4.1.3.7　净营运资本增加额预测

为保证业务的持续发展，在未来期间，企业需追加净营运资本。净营运资本＝流动资产−流动负债，因此影响净营运资本的因素主要包括经营现金、存货、经营性应收项目和经营性应付项目的增减，最低现金保有量为 3 个月的付现成本，其中经营性应收项目包括应收账款、预付账款等；经营性应付项目包括应付账款、预收账款、应付职工薪酬、应交税费等。

在考虑经营性应收项目未来规模时，应收账款与企业的收入紧密相关，且存在一定的比例关系，故根据预测的营业收入，参考历史年度应收款项占营业收入的比例，确定未来年度的应收款项数额。对于预付账款，其与营业成本紧密相关，且存在一定的比例关系，故根据预测的营业成本，参考历史年度其占营业成本的比例，确定未来年度的预付账款数额。

在考虑经营性应付项目未来规模时，其中的预收账款与营业收入紧密相关，且存在一定的比例关系，故根据预测的营业收入，参考历史年度预收款项占营业收入的比例，确定未来年度的预收账款数额。对于应付账款，其与营业成本紧密相关，且存在一定的比例关系，故估值人员根据预测的营业成本，参考历史年度其占营业成本的比例，确定未来年度的应付账款数额。对于应付职工薪酬，根据预测的人工费用总额，参考历史年度应付职工薪酬占人工费用总额的比例，确定未来年度的应付职工薪酬。对于应交税费，根据预测的各项税费，参考历史年度应交税费占各项税费的比例，确定未来年度的应交税费。

Kerr 净营运资本增加额预测结果如表 23 所示。

表 23 2015—2021 年 Kerr 净营运资本增加额预测 单位：百万美元

项目	2015 年	2016 年 1—5 月	2016 年 6—12 月	2016 年	2017 年	2018 年	2019 年	2020 年	2021 年
营业成本	239.08	108.24	137.08	245.32	265.16	284.34	303.90	326.98	350.37
期间费用	97.76	49.44	61.72	111.16	118.69	123.36	128.82	134.50	141.41
成本合计	336.84	157.68	198.8	356.48	383.85	407.7	432.72	461.48	491.78
折旧与摊销	1.32	0.50	1.47	1.97	1.93	2.18	2.45	2.74	3.05
付现成本	335.52	157.18	197.33	354.51	381.92	405.52	430.27	458.74	488.73
最低现金保有量	83.88	39.30	49.33	88.63	95.48	101.38	107.57	114.69	122.18
存货	58.51	55.69	29.38	85.07	65.26	69.98	74.79	80.47	86.23
应收款项	60.26	55.70	29.23	84.93	64.94	69.18	73.46	77.88	82.42
应付款项	39.79	59.01	31.13	90.14	49.62	53.21	56.87	61.19	65.57
净营运资本	162.89	91.70	76.81	168.49	176.06	187.33	198.95	211.85	225.26
净营运资本增加额	-6.04	—	—	5.63	7.57	11.27	11.62	12.90	13.42

注：成本合计=营业成本+期间费用−折旧与摊销（非付现成本）+付现成本；最低现金保有量=0.25×付现成本；净营运资本=最低现金保有量+存货+应收款项−应付款项。

4.1.3.8 折旧与摊销预测

在对折旧与摊销进行预测时，遵循了企业一贯执行的会计政策计提，即采用直线法计提。在永续年以评估基准日各类实物资产的估值原值作为未来年度资产更新的现值，并进行了年金化处理，在永续年间每年投入相同的资金进行资产更新，同时以该更新数值作为当年的资产折旧。具体预测结果如表 24 所示。

表 24 2016 年 6 月—2021 年 Kerr 折旧与摊销预测 单位：百万美元

项目	2016 年 6—12 月	2017 年	2018 年	2019 年	2020 年	2021 年
折旧	1.14	1.93	2.18	2.45	2.74	3.05
摊销	0.33	—	—	—	—	—
总计	1.47	1.93	2.18	2.45	2.74	3.05

综上所述，可得出 Kerr 自由现金流量的预测结果如表 25 所示。

表 25　2016 年 6 月—2022 年 Kerr 自由现金流量预测　　单位：百万美元

项目	2016 年 6—12 月	2017 年	2018 年	2019 年	2020 年	2021 年	2022 年
净利润	33.23	65.17	70.26	74.77	77.31	79.36	85.02
折旧摊销	1.47	1.93	2.18	2.45	2.74	3.05	3.05
利息×（1－所得税税率）	1.89	3.86	4.50	4.12	3.98	3.81	3.81
资本性支出	3.77	2.50	2.50	2.50	2.50	2.50	3.05
净营运资本增加额	5.63	7.57	11.27	11.62	12.9	13.42	13.42
自由现金流量	27.20	60.89	63.17	67.22	68.63	70.31	75.41

4.1.4　折现率的确定及计算过程

折现率是将未来有期限的预期收益折算成现值的比率，是一种特定条件下的收益率，用以说明资产取得该项收益的收益率水平。本次估值选取的收益额为企业自由现金流量，相对应的折现率应为加权平均投资回报率，在实际确定折现率时，采用了通常所用的加权平均投资成本（WACC）模型确定折现率数值。

4.1.4.1　加权平均投资成本模型

WACC 具体计算公式如下：

$$WACC = R_e \times \frac{E}{E+D} + R_d \times \frac{D}{E+D}$$

其中，R_e 表示股权资本成本；R_d 表示税后债务成本；E 表示股权资本的市场价值；D 表示有息债务的市场价值。

R_e 采用资本资产定价模型（CAPM）计算确定，即：

$$R_e = R_f + \beta \times (R_m - R_f) + R_c$$

其中，R_f 表示无风险收益率；$R_m - R_f$ 表示市场风险溢价；β 表示被估值企业的风险系数；R_c 表示个别调整系数。

4.1.4.2　计算过程

（1）无风险收益率

无风险收益率 R_f 参照美国当前已发行的长期国债收益率的平均值来确定，即 R_f = 2.647 9%（采用彭博数据终端提供的无风险收益率数据）。

（2）市场风险溢价

本次估值以成熟股票市场的股票风险溢价，即取 1928—2015 年美国股票与长期国债的平均收益差 6.18% 作为市场风险溢价。

（3）β 系数

本次估值以国际证券市场与保健品行业相关的 Herbalife、GNC Holdings、Vitamin Shoppe 3 家企业（可比公司）已调整的剔除财务杠杆后的 β 系数（β_u）的平均值作为被估值企业的 β_u，进而根据企业自身资本结构计算出被估值企业的 β。具体预测结果如表 26 所示。

表 26　Kerr β_u 预测

股票名称	β	D	E	$T/\%$	β_u
Herbalife	1.021	1 402.80	5 372	31.14	0.865 2
GNC Holdings	1.105	1 540.94	1 781	36.10	0.711 9
Vitamin Shoppe	0.989	122.74	734	40.01	0.899 1
β_u 平均值	0.825 4				

以可比公司平均的 β_u 系数作为 Kerr 的无财务杠杆 β 系数，计算 Kerr 有财务杠杆的 β 系数，$\beta = \beta_u \times \left[1 + (1 - T)\dfrac{D}{E} \right] = 1.133\ 1$。

根据 Kerr 及下属各公司所缴纳企业所得税税率的不同，加权计算确定计算公式中的参数 T，T 值为 28.10%。

（4）个别调整系数 R_c 的确定

Kerr 与上市公司的资产结构、资产规模、品牌优势及产品的市场占有率等方面存在一定差异，加之 Kerr 的产权并不能上市流通，且保健品行业受国际国内发展相关因素的影响竞争激烈、经营风险较大，因此确定个别调整系数 R_c 为 3.00%。

综上所述，估值机构中通诚初步确定用于本次估值的权益期望回报率，即 2016 年 6 月及以后的股权资本成本均为 12.65%，即 $R_e = R_f + \beta(R_m - R_f) + R_c = 2.647\ 9\% + 1.133\ 1 \times 6.18\% + 3\% = 12.65\%$。

4.1.4.3　运用 WACC 模型计算加权平均资本成本

我们通过对企业的资产负债进行分析，发现在评估基准日，被估值企业存在的付息债务有长短期借款（见表 27）。

表 27　Kerr 评估基准日部分财务数据

项目	人民币/元	美元/百万
短期借款	105 995 000.32	16.111
非流动负债（长期借款）	144 311 647.97	21.935
有息负债合计	250 306 648.29	38.046
权益	482 752 668.52	73.378

根据各类付息债务在评估基准日的账面余额及实际结算或约定的利率加权计算来确定 R_d 的取值为 2.886 5%，则企业加权平均资本成本计算结果如下：

$$\text{WACC} = R_e \times \frac{E}{D+E} + R_d \times (1 - T) \times \frac{D}{D+E} = 9.04\%$$

根据以上数据，可以得到 Kerr 自由现金流量折现预测结果如表 28 所示。

表 28 2016 年 6 月—2022 年 Kerr 自由现金流量折现预测

项目	2016 年 6—12 月	2017 年	2018 年	2019 年	2020 年	2021 年	2022 年
净利润/百万美元	33.23	65.17	70.26	74.77	77.31	79.36	85.02
自由现金流量/百万美元	27.20	60.89	63.17	67.22	68.63	70.31	75.41
折现率/%	9.04	9.04	9.04	9.04	9.04	9.04	9.04
折现期	0.58	1.58	2.58	3.58	4.58	5.58	0.58
自由现金流量折现/百万美元	25.86	53.11	50.53	49.31	46.17	43.38	514.71
自由现金流量折现合计/百万美元	783.07						

4.1.5 DCF 法估值结果

4.1.5.1 资产分类

经营性资产主要指企业因盈利目的而持有，且实际也具有盈利能力的资产；而对企业盈利能力的形成没有做出贡献，甚至削弱了企业的盈利能力的资产属于非经营性资产。非经营性负债是指并非企业生产经营活动中自发形成的，除经营活动产生的流动负债之外的债务，如应付利息、借款利息等。溢余资产可以理解为企业持续运营中并不必需的资产，如溢余现金、有价证券、与预测收益现金流不直接相关的其他资产。

本次估值根据各科目款项的性质，对会计报表进行了分类，结果详见表 29。

表 29 Kerr 非经营性资产、非经营性负债及溢余资产 单位：百万美元

类别	名称	明细	账面值	估值
非经营性资产	其他应收款	员工借支款及其他	0.017	0.017
	可供出售金融资产	可供出售债务工具	3.655	3.655
	小计		3.672	3.672
非经营性负债	应付利息	借款利息	0.003	0.003
	预计负债	未决诉讼	3.250	3.250
	小计		3.253	3.253
溢余资产	货币资金		3.856	3.856

注：溢余资产——货币资金 3.856 百万美元为评估基准日货币资金账面价值减最低现金保有量（3 个月的付现成本）的差额，即溢余资产＝货币资金账面价值－最低现金保有量。

除上述事项外，截至评估基准日企业账面不存在其他的非经营性资产、非经营性负债及溢余资产。

4.1.5.2 有息债务

截至评估基准日企业账面有息债务为短期借款和长期借款，共计 38.046 百万美元。

综上所述，股东全部权益价值估值＝企业整体收益折现值＋非经营性资产－非经营性

负债+溢余资产-有息债务 = 783.070+3.672-3.253+3.856-38.046 = 749.299（百万美元）

据 2016 年 5 月 31 日中国外汇交易中心公布的人民币汇率中间价 6.579 美元/人民币将其折算为人民币 492 963.812 万元。

4.1.6 估值的潜在问题与改进

第一，原估值方法没有考虑被收购方 Kerr 诉讼问题可能带来营业收入的下滑。Kerr 存在遭受潜在诉讼赔偿、行政处罚、大面积产品召回的经营风险。据华泰联合证券有限责任公司出具的《关于公司重大资产购买之独立财务顾问报告》可知，被收购方 Kerr 历史上存在因产品配方、包装容量、营养成分含量等问题遭受调查、诉讼甚至产品召回的情形，每年发生的法律诉讼及相关费用在管理费用中占比相对较高。此外，Kerr 被收购前就面对一些未决诉讼，包括但不限于：被指控使用含有超过 40% 真空区域的不透明的容器包装产品，该包装使得消费者对其购买的产品的数量产生错误认知；过失侵权；人身损害赔偿诉讼；加拿大 IOVATe 因产品责任问题被起诉。此外，据《2016 年度非公开发行股票募集资金使用可行性分析报告（修订稿）》可知，仅 2016 年 1—5 月，Kerr 的诉讼费用就占其营业收入的 1.80%。诉讼较多不仅会带来较高的诉讼费用，抬高营业成本（管理费用），更会影响企业及旗下品牌形象和声誉，继而影响营业收入。

第二，保健品（膳食补剂）行业掀起收购狂潮。2016 年虽然全球经济增速放缓，但是当时膳食补剂成为炙手可热的收购标的。截至 2016 年 7 月末，已有 87 起医疗保健收购案例，交易额约 263 亿元。收购已然成为保健品行业的最大热点，因此在这样的大背景下，很有可能导致 Kerr 被高估。

第三，本案例中被收购方 Kerr 为非上市公司，相较于上市公司而言，未上市公司股权变现能力更差。但中通诚出具的收益法估值报告中并未考虑 Kerr 流动性折扣问题。而这涉及原估计股权价值的大约 20%。

第四，中通诚给出的 2020 年及以后的资本性支出等于甚至低于折旧与摊销（见表30）。这显然不符合实际，若资本性支出小于折旧，则意味着企业没有扩大再生产，投资不足，营业收入也很难实现增长，这与原估值报告中给出的 2020 年及以后 6% 左右的增速不符。

表 30　2016 年 6 月—2021 年 Kerr 资本性支出及折旧与摊销预测

单位：百万美元

项目	2016 年 6—12 月	2017 年	2018 年	2019 年	2020 年	2021 年
资本性支出	3.77	2.50	2.50	2.50	2.50	2.50
折旧与摊销	1.47	1.93	2.18	2.45	2.74	3.05
二者之比	2.56	1.30	1.15	1.02	0.91	0.82

数据来源：《重大资产购买 Kerr（修订版）》。

因此，我们认为应该调整预测期的营业收入增速、资本性支出，并在最后得出 Kerr 的股权价值后，进行流动性折扣的调整，以下为具体改进方法：

据前文表 15 可知，中通诚所估计的 2016 年及以后 Kerr 营业成本占营业收入的比重基本维持在 55% 左右。本案例仅主观预测总营业收入增速，并采用销售百分比法估计营业成本等各项成本费用。假设 2016 年营业收入在 2015 年较低基数基础上增长

6.5%；2017—2018 年，保健品行业发展趋势较好，西王食品内部资源不断整合，Kerr
进入中国市场后市场占有率不断提高，因此假设 2017—2018 年营业收入增速分别为
7.5%和7%；2018 年之后，营业收入增速下滑至 6%；到 2021 年市场饱和后营业收入
增速下滑至 5%，并假设未来营业成本占营业收入的比重维持在 57%的水平上。可以得
到营业收入及营业成本的预测结果如表 31 所示。

表 31　2016—2021 年 Kerr 营业收入及营业成本预测

项目	2016 年	2017 年	2018 年	2019 年	2020 年	2021 年
营业收入增速/%	6.50	7.50	7.00	6.00	6.00	5.00
营业收入/百万美元	439.06	471.99	505.03	535.33	567.45	595.82
营业成本/百万美元	250.26	269.03	287.86	305.14	323.45	339.62

在 2016 年营业收入和营业成本基础上计算出 2016 年 6—12 月的数据，可得营业收
入和营业成本分别为 241.89 百万美元、142.02 百万美元。不再调整估值报告中税金及
附加、销售费用、管理费用、财务费用占营业收入的比重。进而得到净利润的预测结
果如表 32 所示。

表 32　2016 年 6 月—2022 年 Kerr 净利润预测　　单位：百万美元

项目	2016 年 6—12 月	2017 年	2018 年	2019 年	2020 年	2021 年	2022 年
营业收入	241.89	471.99	505.03	535.33	567.45	595.82	595.82
营业成本	142.02	269.03	287.86	305.14	323.44	339.62	339.62
税金及附加	0.07	0.13	0.14	0.15	0.16	0.17	0.17
销售费用	43.00	81.98	84.33	87.24	90.52	93.93	93.93
管理费用	14.56	29.26	31.14	33.92	36.40	38.97	38.97
财务费用	2.46	5.08	5.97	5.42	5.21	4.93	4.93
资产减值损失	3.20	6.20	6.61	7.02	7.44	7.87	6.00
营业利润	36.57	80.31	88.98	96.45	104.28	110.33	112.20
所得税	10.28	22.57	25.00	27.10	29.30	31.00	31.53
净利润	26.29	57.75	63.98	69.34	74.98	79.33	80.67

适当调整中通诚估值的 2019 年及以后年度资本性支出金额，使其比折旧与摊销高
10 万美元左右（见表 33）。

表 33　2016 年 6 月—2021 年 Kerr 资本性支出调整　　单位：百万美元

项目	2016 年 6—12 月	2017 年	2018 年	2019 年	2020 年	2021 年
调整前资本性支出	3.77	2.50	2.50	2.50	2.50	2.50
折旧与摊销	1.47	1.93	2.18	2.45	2.74	3.05
调整后资本性支出	3.77	2.5	2.5	2.6	2.9	3.2

在上述预测基础上，预测出 Kerr 的自由现金流量如表 34 所示。

表 34　2016 年 6 月—2022 年 Kerr 自由现金流量预测

单位：百万美元

项目	2016 年 6—12 月	2017 年	2018 年	2019 年	2020 年	2021 年	2022 年
净利润	26.29	57.75	63.98	69.34	74.98	79.33	80.67
折旧摊销	1.47	1.93	2.18	2.45	2.74	3.05	3.05
利息×（1-所得税税率）	0.69	1.18	1.18	1.18	1.18	1.18	1.18
资本性支出	3.77	2.50	2.50	2.60	2.90	3.20	3.20
净营运资本增加额	0.22	12.70	11.26	11.61	12.90	14.25	14.25
自由现金流量	24.33	45.66	53.58	58.76	63.20	66.92	71.26

本案例沿用中通诚给出的 β 值 1.081 3，以及《重大资产购买 Kerr（修订版）》中的数据，故 WACC＝9.04%。由此得到自由现金流量折现预测结果如表 35 所示。

表 35　2016 年 6 月—2022 年 Kerr 自由现金流量折现预测

项目	2016 年 6—12 月	2017 年	2018 年	2019 年	2020 年	2021 年	2022 年
自由现金流量 /百万美元	24.33	45.66	53.58	58.76	63.2	66.92	71.26
折现率/%	9.04	9.04	9.04	9.04	9.04	9.04	9.04
折现期	0.58	1.58	2.58	3.58	4.58	5.58	0.58
自由现金流量折现 /百万美元	23.14	39.82	42.86	43.10	42.52	41.29	486.35
折现值合计 /百万美元	719.08						

标的公司 Kerr 未上市，因此考虑流动性折扣对于预测出的权益价值进行粗略调整。其余数据仍沿用估值报告所给数据，据此计算如下：

考虑流动性折扣股东全部权益价值估值＝（企业整体收益折现值+非经营性资产-非经营性负债+溢余资产-有息债务）×（1-流动性折扣）＝（719.08+3.672-3.253+3.856-38.046）×（1-20%）＝548.249（百万美元）

据 2016 年 5 月 31 日中国外汇交易中心公布的人民币汇率中间价 6.579 美元/人民币将其折算为人民币 360 693.017 万元。

4.1.7　场景分析

4.1.7.1　悲观估计

假设 2016 年营业收入在 2015 年基础上仅增长 5.5%；2017—2018 年，Kerr 开拓中国市场不及预期，市场占有率未显著提升，营业收入增速分别为 6.5% 和 6%；2018 年之后，营业收入增速下滑至 5.5%；2021 年营业收入增速下滑至 4.5%。假设未来营业成本占营业收入的比重维持在 62% 的水平上，不再调整其他费用占营业收入的比重，

Kerr 净利润的预测结果如表 36 所示。

表 36　2016 年 6 月—2022 年 Kerr 净利润预测　单位：百万美元

项目	2016 年 6—12 月	2017 年	2018 年	2019 年	2020 年	2021 年	2022 年
营业收入	237.76	463.21	491.00	518.00	546.49	571.08	571.08
营业成本	161.42	287.19	304.42	321.16	338.83	354.07	354.07
税金及附加	0.07	0.13	0.13	0.14	0.15	0.16	0.16
销售费用	42.27	80.45	81.98	84.41	87.18	90.03	90.03
管理费用	14.32	28.72	30.27	32.82	35.06	37.35	37.35
财务费用	2.42	4.98	5.80	5.25	5.01	4.73	4.73
资产减值损失	3.20	6.20	6.61	7.02	7.44	7.87	6.00
营业利润	14.07	55.54	61.78	67.20	72.83	76.87	78.74
所得税	3.95	15.61	17.36	18.88	20.46	21.60	22.13
净利润	10.12	39.94	44.42	48.31	52.36	55.27	56.62

在上述 Kerr 净利润预测基础上，沿用上文对折旧与摊销等项目的估计，得出 Kerr 的自由现金流量预测如表 37 所示。

表 37　2016 年 6 月—2022 年 Kerr 自由现金流量预测　单位：百万美元

项目	2016 年 6—12 月	2017 年	2018 年	2019 年	2020 年	2021 年	2022 年
净利润	10.12	39.94	44.42	48.31	52.36	55.27	56.62
折旧与摊销	1.47	1.93	2.18	2.45	2.74	3.05	3.05
利息×（1-所得税税率）	0.69	1.18	1.18	1.18	1.18	1.18	1.18
资本性支出	3.77	2.50	2.50	2.60	2.90	3.20	3.20
净营运资本增加额	0.22	12.70	11.26	11.61	12.90	14.25	14.25
自由现金流量	8.29	27.85	34.02	37.73	40.48	42.05	43.40

仍沿用前文的折现率，即 $\beta = 1.0813$，$R_e = 12.65\%$，WACC = 9.04%。可以得出 Kerr 的自由现金流量折现预测如表 38 所示。

表 38　2016 年 6 月—2022 年 Kerr 自由现金流量折现预测

项目	2016 年 6—12 月	2017 年	2018 年	2019 年	2020 年	2021 年	2022 年
自由现金流量/百万美元	8.29	27.85	34.02	37.73	40.48	42.05	43.40
折现率/%	9.04	9.04	9.04	9.04	9.04	9.04	9.04
折现期	0.58	1.58	2.58	3.58	4.58	5.58	0.58

项目	2016 年 6—12 月	2017 年	2018 年	2019 年	2020 年	2021 年	2022 年
自由现金流量折现	7.88	24.29	27.21	27.68	27.24	25.94	296.17
折现值合计/百万美元	436.41						

考虑流动性折扣股东全部权益价值估值 =（企业整体收益折现值+非经营性资产-非经营性负债+溢余资产-有息债务）×（1-流动性折扣）=（436.41+3.672-3.253+3.856-38.046）×（1-20%）= 322.111（百万美元）

据 2016 年 5 月 31 日中国外汇交易中心公布的人民币汇率中间价 6.579 美元/人民币将其折算为人民币 211 916.827 万元。

4.1.7.2 乐观估计

假设 2016 年营业收入在 2015 年基础上增长 7%；2017—2018 年，在西王食品成功品牌运营经验的助力下，Kerr 的全球市场占有率不断提高，营业收入增速分别为 8% 和 7.5%；2018 年后，营业收入增速下滑至 6.5%；2021 年营业收入增速下滑至 5.5%。并假设未来营业成本占营业收入的比重维持在 52% 的水平上，不再调整其他项目，Kerr 权益预测估值结果如表 39 所示。

表 39　2016 年 6 月—2022 年 Kerr 整体收益折现值预测

项目	2016 年 6—12 月	2017 年	2018 年	2019 年	2020 年	2021 年	2022 年
营业收入/百万美元	243.95	476.41	512.14	545.43	580.88	612.83	612.83
营业成本/百万美元	121.14	247.73	266.31	283.62	302.06	318.67	318.67
营业利润/百万美元	59.00	104.94	115.93	125.67	135.97	144.35	146.22
净利润/百万美元	42.42	75.45	83.36	90.36	97.76	103.79	105.13
自由现金流量/百万美元	40.59	63.36	72.96	79.78	85.88	90.57	91.91
折现率/%	9.04	9.04	9.04	9.04	9.04	9.04	9.04
自由现金流量折现/百万美元	38.60	55.27	58.36	58.52	57.78	55.88	627.29
折现值合计/百万美元	951.69						

考虑流动性折扣股东全部权益价值估值 =（951.70+3.672-3.253+3.856-38.046）×（1-20%）= 734.35（百万美元）

据 2016 年 5 月 31 日中国外汇交易中心公布的人民币汇率中间价 6.579 美元/人民币将其折算为人民币 483 118.997 万元。

4.1.7.3 小结

根据上文估计，可以得出 Kerr 股权价值在［211 916.827，483 118.997］范围内。收购价格基本上仍在合理范围内，但在估值范围的上限，或者说是很乐观的情况下的价值。收购价格对被收购方 Kerr 来说是很满意的价格，但对收购方西王食品来说并不划算，有较大的风险。

表 40　Kerr 股权价值场景分析结果

项目	悲观估计	正常估计	乐观估计
折现率/%	9.04	9.04	9.04
折现值合计/百万美元	436.41	548.25	951.69
股权市场价值/万元人民币	211 916.827	360 692.780	483 118.997

4.2　可比公司法估值

4.2.1　确定可比公司

被评估公司 Kerr 为盈利企业，并且评估基准日前两年连续盈利；企业营业收入主要涉及运动营养与体重管理方面的营养补充品（主要包括运动营养品以及减肥食品）的研究、开发及市场营销等业务，因此本次评估中，依据业务收入类别，在美国上市公司中进行筛选，确定了以下 3 家可比公司。可比公司主营业务情况如表 40 所示。

表 41　可比公司主营业务情况

序号	公司名称	主营业务
1	Herbalife	一家全球性的营养保健品公司，通过独立分销商网络、以直销渠道等方式销售体重管理、健康膳食、运动健身、能量和针对性营养补品以及个人护理产品
2	Vitamin Shoppe	通过旗下零售商店、互联网等方式销售维生素、矿物质、草药、营养补充剂、运动营养品及保健产品
3	GNC Holdings	一家全球性的健康和保健产品专业零售商，产品包括维生素、矿物质和草药补充剂产品、运动营养产品及食疗产品

4.2.2　收集并分析可比公司相关财务报告数据

选定可比公司后，在收集可比公司财务数据时需要对其相关财务数据进行调整，使可比公司与被评估公司 Kerr 的财务数据建立在一个相对可比的基础上。调整事项主要包括会计政策调整、非主业经营性资产（负债）、溢余资产（负债）以及非主业经营损益的调整。为避免可比公司法估值过于复杂，本次估值不再对可比公司的数据进行调整。可比公司 2015 年财务报表数据如表 42 所示。

表 42　2015 年可比公司财务报表数据

项目	Herbalife（HLF US）	Vitamin Shoppe（VSI US）	GNC Holdings（GNCIQ US）
总资产/百万美元	2 477.90	748.69	2 552.02
总负债/百万美元	2 531.40	273.39	2 083.46
净资产/百万美元	−53.50	475.30	468.56
主营业务收入/百万美元	4 469.00	1 266.55	2 639.21

表42(续)

项目	Herbalife （HLF US）	Vitamin Shoppe （VSI US）	GNC Holdings （GNCIQ US）
主营业务成本/百万美元	856.00	847.63	1 654.57
毛利/百万美元	3 613.00	418.92	984.64
本期所得税/百万美元	185.50	36.08	122.42
平均税率 T/%	38.14	41.05	35.78
折旧与摊销/百万美元	98.00	38.50	57.24
税息折旧及摊销前利润（EBITDA）	681.60	127.49	450.34
息税前利润（EBIT）	583.60	88.99	393.11
水利部 后现金流（NOIAT）	459.03	90.95	309.70

4.2.3 选择并计算可比公司价值比率

收入基础价值比率主要反映企业经营规模与全投资或股权市场价值之间的关系，可比公司与 Kerr 的毛利水平差异较大，因此收入基础价值比率不适合本次评估。资产类价值比率是反映资产类指标与全投资或股权市场价值之间的关系，可比公司与 Kerr 均属于食品企业，但资产类型不一致，资产使用效率差异大，因此资产类价值比率不适用于本次评估。盈利类价值比率是反映盈利类指标与全投资或股权市场价值之间的关系，可比公司与 Kerr 均发展稳定，盈利能力良好，并且制药业务均为各公司的主要盈利板块，因此盈利类价值比率适合于本次评估。本次评估选择税息折旧及摊销前利润（EBITDA）价值比率、息税前利润（EBIT）价值比率、税后现金流（NOIAT）价值比率，并选择评估基准日前 12 个月的区间型价值比率，即以评估基准日前 30 个交易日的收盘价的平均值为基础计算价值比率的分子，以评估基准日前 12 个月的相关财务数据为基础计算价值比率的分母，估算价值比率。

价值比率计算过程如下：

（1）计算各可比公司评估基准日收盘价的均值作为各可比公司股票价值，然后乘以股本总数，计算出各可比公司的股权市场价值，即股权市场价值=总股数×股价（见表 43）；

（2）将各可比公司的股权市场价值和债权市场价值相加，计算求出各可比公司全投资市场价值，即全投资市场价值=股权市场价值+债权市场价值（见表 43）；

表 43　可比公司企业价值

项目	Herbalife （HLF US）	Vitamin Shoppe （VSI US）	GNC Holdings （GNCIQ US）
收盘价均价/美元	59.85	29.02	27.62
基本股总股数/百万股	92.70	25.87	76.28
总股数价值/百万美元	5 548.10	750.75	2 106.85
-现金与现金等同	889.80	15.10	56.46
+优先股	0.00	0.00	0.00
+少数股东权益	0.00	0.00	0.00

表43(续)

项目	Herbalife（HLF US）	Vitamin Shoppe（VSI US）	GNC Holdings（GNCIQ US）
+总债务/百万美元	1 622.00	123.41	1 449.18
企业价值/百万美元	6 280.30	859.06	3 499.57

（3）计算各可比公司相应价值指标，即结合各价值指标对应的股权市场价值或全投资价值计算得出相应的价值比率。各可比公司价值比率计算结果如表44所示。

表44　可比公司价值比率

公司名称	盈利基础价值比率（评估基准日最近的1个会计年度）		
	EBIT	NOIAT	EBITDA
Herbalife	10.76	13.68	9.21
Vitamin Shoppe	9.65	9.45	6.74
GNC Holdings	8.90	11.30	11.30

4.2.4　确定 Kerr 价值比率

将各可比公司的权重均设为1/3，计算各可比公司价值比率加权平均值作为 Kerr 的价值比率（见表45）。

表45　Kerr 价值比率

公司名称	EBIT	NOIAT	EBITDA
Kerr	9.77	11.48	9.08

4.2.5　Kerr 股权价值初步估值

先计算各价值比率下对应的估值，根据中通诚给出的数据，结合表45中的 Kerr 价值比率，得出价值比率对应估值=（价值比率×对应参数-付息负债），再以各对应估值的平均值作为 Kerr 的股权价值初步估值。

表46　Kerr 股权价值初步估值

项目	盈利基础价值比率（评估基准日前12个月）		
	EBIT	NOIAT	EBITDA
比率乘数取值	9.77	11.48	9.08
对应参数	69.96	52.47	71.28
付息负债/百万美元	38.05	38.05	38.05
价值比率对应估值/百万美元	645.65	564.07	609.48
股权价值初步估值/百万美元	606.40		

4.2.6 非经营性资产和负债、溢余资产

截至评估基准日，Kerr 合并报表中存在的非经营性资产和负债及溢余资产如前文中表 29 所示。

4.2.7 Keer 估值结果

由以上数据可计算出股权价值最终估值=股权价值初步估值×（1-缺少流动性折扣率）×（1+控制权溢价率）+（非经营性资产-负债+溢余资产净额）

表 47　Kerr 最终股权价值

项目	金额/百万美元
初步评估结论	606.40
缺少流动性折扣率	16.80%
控股权溢价率	25.00%
非经营性资产-负债+溢余资产净额	4.275
股权价值最终估值	634.93

据 2016 年 5 月 31 日中国外汇交易中心公布的人民币汇率中间价 6.579 美元/人民币，将其折算为人民币 417 720.45 万元。从可比公司法估值来看，Kerr 收购价格也偏高一些。

5　收购后续发展

5.1　Kerr 公司后续发展

收购前的 2013—2016 年，Kerr 营业收入和净利润均保持了良好的增速，营业收入平均增长率在 13.8%，净利润平均增长率在 25.8%。2017 年，Kerr 营业收入增长率和净利率增长率分别为 8.38% 和 11.6%，在收购后的第一年，营业收入和净利润分别下滑 2.73% 和 25%。

2016—2019 年，Kerr 分别实现营业收入 30.55 亿元、29.72 亿元、28.56 亿元（为加拿大 SPV2 合并数据，下同）和 25.36 亿元（西王青岛数据，下同），连续下降；分别实现净利润 3.69 亿元、3.61 亿元、3.31 亿元和-11.15 亿元，连续下降。2019 年甚至亏掉了 2016—2018 年三年盈利之和，导致上市公司当年巨亏 7.52 亿元。

5.2　西王食品发展后续

5.2.1　业绩表现不达预期

对 Kerr 的收购完成后，西王食品进入运动营养与体重管理健康食品市场。收购的目的之一是使运动营养与体重管理健康食品业务成为西王食品新的利润增长点。根据 2018 年半年报的数据，西王食品半年度的营业收入总计 27.5 亿元，其中保健品收入 14.5 亿元，占比 53%。上市公司共实现毛利润 10 亿元，净利润 2.3 亿元，其中 Kerr 的保健品业务实现净利润 1.3 亿元，占比 56%，为西王食品提供了一半以上的利润。虽

然保健品的收入高于植物油，但表现并不稳健。与 2017 年同期相比，植物油的收入和毛利率分别上升 7.69% 和 4.73%，而保健品则分别下降 13.15% 与 1.07%。

从 Kerr 股权交割对价来看，Kerr 的业绩增速不及预期，且西王食品的股价表现也不算好。自 2016 年复牌后，股价曾一度上涨近乎翻倍，但随后开始不断下跌，收购 Kerr 并未给西王食品带来较大的估值提升。

从近年公司的业绩表现来看，西王食品在营业收入平稳的情况下，净利润波动较大，而且亏损幅度远高于盈利。2019 年至 2022 年，公司分别实现营业收入 57.27 亿元、57.8 亿元、63.55 亿元和 60.71 亿元，增幅并不显著，2022 年收入还有所降低。净利润则分别为 -7.52 亿元、3.13 亿元、1.84 亿元、-6.19 亿元，2019 年、2022 年出现大幅亏损。

西王食品称 2019 年亏损主要系对 Kerr 公司商誉减值导致。2019 年年报显示，上市公司因收购 Kerr 形成的商誉最高曾达到 24.34 亿元。同时，巨额的有息负债同样给西王食品带来沉重的债务负担。2016—2019 年，西王食品财务费用中的利息支出分别为 0.76 亿元、3.3 亿元、2.21 亿元和 2.36 亿元，不断蚕食公司盈利。借新已远不足以还旧，当期流动资产已无法覆盖流动负债。同时，根据西王集团 2019 年财务报告，其旗下资产总额 498.31 亿元，负债总额 306.85 亿元，资产负债率达 61.58%。300 亿元债务压顶使西王集团已经进入破产程序[①]。

分析 2022 年西王食品大幅亏损的原因，关于业绩的不振，除了疫情因素外，官方解释是主要系玉米胚芽、玉米毛油、乳清蛋白等原材料价格上涨所致；此外，报告期内，受全球大宗商品价格持续上涨影响，运动营养品原料价格也持续上涨，2022 年运动营养板块境外部分的业绩仍未达到预期。报告期末，短期借款和长期借款总和接近 20 亿元，利息费用 9 589 万元。扣除存款的利息收入，净财务费用也达到 6 314 万元。西王食品计提资产减值损失合计 8.09 亿元，其中，计提 Kerr 商誉减值准备 2.34 亿元；计提无形资产减值损失 5.56 亿元。

同时，拆分 2022 年西王食品营业收入组成，公司植物油产品营业收入达到 28.53 亿元，占比最大，达到 56.79%。从行业来看，2022 年食用油量减价增，零售均价达到过去五年中的最高水平。欧睿国际数据亦显示，2022 年我国食用油消费金额 1 174.1 亿元，同比增长 4.89%。

2023 年首季财报显示，西王食品实现营业收入 14.21 亿元，同比上涨 6.33%；归母净利润 -4 223.99 万元，同比回落 105.94%。营业收入虽有回暖迹象，但利润仍在持续亏损。深交所因货币资金、借款等问题向其发出问询函，又因未披露供应商选择程序被山东证监局责令整改。因此，2023 年西王食品处在困境之中。本来在收购 Kerr 之后看似有着光明未来的西王食品，近年来利润大幅波动，不难分析出或多或少与其母公司的困境脱不开干系。在这种情况下，西王食品的两大业务在重压之下已无发展可言。

5.2.2 西王食品不断向西王集团输送利益

西王集团深陷担保违约和自身债务违约风波，流动性枯竭。截至 2019 年 7 月末，

---

① 会计学堂. 又一家 500 强被破产！百亿债务和解后再度违约……[EB/OL].（2022-04-08）[2023-05-30]. https://baijiahao.baidu.com/s? id=1729534706345596685.

西王集团对外担保余额约为6.24亿元，显示已全部逾期。其中最突出的当属西王集团对齐星集团、邹平县供电公司提供的连带责任担保。2019年7月和9月，西王集团两次被列为被执行人，执行标的合计超过1.4亿元。2019年10月24日，西王集团发行的10亿元规模一年期短融券"18西王CP001"债券已经实质性违约。同一天，评级机构东方金诚下调西王集团主体信用等级至A+，评级展望为负面，同时下调"18西王CP001""18西王CP002"的信用等级为A-2，并移出评级观察名单，且触发了剩余100多亿元债券的交叉违约。

为了解决西王集团的资金问题，西王食品通过多种方式向西王集团旗下相关公司输送资金。2020年，西王食品向山东金融资产交易中心有限公司购买"资产收益权"共计人民币3.5亿元，年化收益率6.0%，其基础资产为山东省邹平当地某从事钢材、焦炭及铁矿石贸易的公司的应收账款。而这3.5亿元资金的大部分流入了西王食品的兄弟公司西王特钢，流入金额为2.37亿元。

2021年，西王食品对关联方西王淀粉预付款激增。2021年4月，西王食品以预付货款为名，向西王淀粉支付预付款2.07亿元，但是直到2021年9月末，这些预付款还没有用完，余额为1.54亿元；2021年10月，西王淀粉将1.44亿元预付款退回给西王食品，但是2021年11月，西王食品又向西王淀粉支付了2.45亿元，截至2021年12月28日，西王食品对西王淀粉的预付款余额仍高达1.86亿元。从其付款金额和采购金额来看，其预付款金额已经明显大幅超出正常的采购金额水平，资金输送的意图很明显。

6 结论与启示

6.1 结论

6.1.1 收购前准备不充分

其一，此次收购主体一开始是西王食品的母公司西王集团，在双方开始谈判后才将收购主体变更为西王食品，这一举措直接引起了Kerr对西王食品资金实力的怀疑，险些导致了谈判的终止；其二，当西王食品董事长王棣得知Kerr正在公开市场上寻找合适的买家时，才开始对Kerr外围进行调查，而后又在其首次报价时因为自身的迟到和竞争对手实力强大（在西王食品开始关注Kerr之前，已有20多家机构表达对Kerr的收购意向）而选择报高价，此举虽然成功引起Kerr关注，但也没有留下还价余地，给西王食品造成了沉重的资金压力。竞购往往使得收购定价过高，导致"赢家的诅咒"，西王食品也不例外。

6.1.2 公司财务决策反常

西王食品采用了杠杆收购的企业收购方式，收购金额过大，导致债务前景堪忧。西王食品在收购发生当年即借入大量短期和长期借款，此举使西王食品有息债务规模在2016年突破了35亿元，对比之下，2015年有息负债规模仅为1亿元，可知收购Kerr大幅提高了西王食品的财务风险。西王食品以50亿元的对价收购Kerr可谓是"蛇吞象"的杠杆行为，2016 年公司总资产仅为 22 亿元。为此，西王食品高额举债，2016 年西王食品与境外银团订立了借款协议，其子公司取得境外银团授予的 4 000 万美元的循环借款授信以及 2.665 亿美元的定期借款额度。

西王食品严峻的债务压力在此后并未得到缓解，尤其是短期借款在 2017 年及以后一直保持较高水平，这种"大存大贷"模式最终导致了 2019 年西王食品股价暴跌、债券违约、评级下调。

令人疑惑的是，2018 年至 2022 年，虽然西王食品货币资金可以覆盖短期借款，但公司并没有进行偿还，而是将高息借贷的资金以低息存款的方式存放于西王集团全资子公司西王集团财务有限公司（以下简称"西王财务"）。

2018—2022 年，西王食品存放在西王财务的现金分别为 11.28 亿元、15 亿元、14.99 亿元、14.92 亿元和 14.98 亿元。分别占同期西王食品货币资金期末余额的 36.68%、75.04%、71.07%、95.07% 和 97.78%。对应的报告期末，西王食品短长期借款数额分别为 26.99 亿元、21.46 亿元、19.17 亿元、17.29 亿元和 18.98 亿元。与此同时，2018—2021 年，西王食品利息支出费用分别为 2.21 亿元、2.36 亿元、1.27 亿元、0.81 亿元和 0.96 亿元；对应的报告期内的利息收入分别为 0.21 亿元、0.42 亿元、0.30 亿元、0.32 亿元和 0.33 亿元。

2022 年，西王食品短、长期借款较 2021 年增长 10.56%，报告期内财务费用增长 64.58%。值得注意的是，西王食品对西王财务存款贡献大，但从财务公司获得的贷款几乎为 0。

通过上述数据计算可知，2018—2022 年，西王食品平均利息收益率仅为 2.22%，五年利息费用合计是利息收入的 7 倍多，这表明西王食品当前资金使用成本较高。

不仅是大存大贷，西王食品还面临短期偿付压力。截至 2022 年年末，西王食品短、长期借款余额为 18.98 亿元，但其账面货币资金中，高达 12.18 亿元为受限额度。在 2022 年年报问询函中，深交所要求西王食品详细说明公司在持有大额货币资金的情况下大量借入有息债务、承担较高财务费用的原因及合理性。

综上所述，西王食品因为此收购案面临业务整合和国内同行业竞争的双重压力，对其产生了巨大的资金压力，并最终导致无力偿还债务。同时，西王食品的"存贷双高"现象也值得关注：存贷双高对企业而言意味着资金使用成本过高，隐含着很大的财务风险。

6.2 启示

6.2.1 做好收购准备工作，防止后续隐患

企业收购前的准备工作是收购能否成功的关键。首先，应该尽早筛选标的企业，切忌盲目跟风和冲动决策，最终陷入报价过高的泥潭。其次，应审慎进行收购前的尽职调查，为合理进行首轮报价提供依据，还应从公司自身经济实力出发，实事求是，进行合理估值后再发出收购报价，尽量减少后续的债务融资和股票发行规模，预防资金筹集方式可能带来的财务风险。

6.2.2 降低负债比重，警惕财务风险

举债经营是一把双刃剑，合理的负债结构能够缓解企业经营中的资金压力，负债

过高则会拖累企业正常经营，还有产生三角债的风险。西王食品可从增加资产和减少债务两方面切入解决债务问题：其一，应当加强与 Kerr 的整合力度，尽量创造新的利润增长点，缓解其面临的资金压力；同时还应继续加大其在食用油板块的研发力度，维持领先优势，在双主业齐头并进的势头下，盈利能力或能增强。其二，西王食品应建立多元化的投融资体系，可通过债转股、发行债券等方式进行投融资，将负债比重控制在合理范围内，与此同时，企业在经营过程中应随时关注财务风险问题，可以通过制定债务融资标准、建立财务风险预警机制等措施来防范财务风险。

6.2.3 拓宽杠杆收购的融资模式

近年来随着国家对企业投融资政策的逐渐放宽，市场上出现了多种多样的融资方式，但与国外的融资政策相比，我国企业收购融资仍旧会受到一些政策及资本的限制，例如债券发行标准高、银行贷款要求多等。

杠杆收购的典型特点是债务风险高，即由于自有资金的不足，收购方往往采取银行贷款等负债模式来支付收购对价，随大量的银行贷款而来的便是利息费用的增加和资产负债率的显著提高，杠杆收购完成后，收购企业不仅需要偿还收购过程中发生的银行贷款，还需要在后续双方的整合中投入比以往更大量的资金，往往面临着严重的财务风险，如果企业不能合理化这些风险，杠杆收购便很难取得成效。

西王食品在杠杆收购 Kerr 的过程中，仅在首期 80% 股权的收购中便取得了境外 26.8 亿元和境外 2.5 亿美元的银行贷款，直接导致了收购完成后第二年（2017 年）偿债能力的显著下降。且由西王食品年报可知，西王食品在收购完成之后到现在的长期借款和短期借款总额与收购之前相比增量很大，西王食品在收购后出现了举债经营的局面，杠杆收购带来的财务风险并没有随着企业发展而有所缓解。因此，对于和西王食品一样进行杠杆收购的企业而言，在收购之初应尽量拓宽融资渠道、降低财务风险，吸引保险公司、投资公司等其他团体的加入，在收购实施之初便加强对财务风险的管控。

问题与思考

1. 西王食品和 Kerr 各自的交易动机是什么？
2. 你认为此收购具有哪些协同效应？
3. 由于收购采用了大量负债融资，你认为杠杆收购具有哪些影响？
4. 中通诚对 Kerr 的预测和估值是否合理？
5. 如何评价西王集团及西王食品的决策？
6. 与本教材中天齐锂业海外收购案例相比较，两个企业管理层的决策有何合理和不合理之处？有什么启示？

参考文献

[1] 西王食品股份有限公司. 西王食品股份有限公司重大资产购买报告书（草案）（修订稿）[EB/OL].（2016-10-10）[2022-11-24].https://vip.stock.finance.sina.com.

cn/corp/view/vCB_AllBulletinDetail.php？id=2794178.

[2] 西王食品股份有限公司.西王食品股份有限公司2016年度非公开发行股票募集资金使用可行性分析报告（修订稿）[EB/OL].(2016-10-26)[2022-11-24].http://static.cninfo.com.cn/finalpage/2016-10-26/1202786591.PDF.

[3] 西王集团有限公司.西王集团有限公司2017年度第二期超短期融资券募集说明书[EB/OL].(2017-10-27)[2022-11-24].https://www.shclearing.com.cn/xxpl/fxpl/cp/201812/t20181205_457881.html.

[4] 张莹,西王食品并购Kerr的动因及绩效研究[D].南昌:南昌大学,2020.

案例十一 | 天齐锂业收购智利矿业化工（SQM）股权 ①

摘要： 本案例讨论了天齐锂业收购智利矿业化工（SQM）股权的原因、收购过程和以高杠杆跨境收购智利 SQM 股权的风险和后果，分析了收购后天齐锂业陷入困境的原因以及走出困境的过程。案例也对企业进行估值以分析收购价格的合理性。

关键词： 海外收购；锂矿；新能源汽车；高杠杆；风险

1　案例背景

1.1　锂行业介绍

锂行业隶属于有色金属行业中的稀有金属子行业。锂相比于其他金属具有显著的优势，比如质量最轻、得失电子能力强和转移比例高，是制作电池的优质原料，被称为天生的"能源金属"。锂对于新能源汽车的重要性就如同汽油对于燃油汽车的重要性。如今全球电动化浪潮为锂产业撑起前所未有的巨大空间，锂产业已成为各国争相发展的新兴朝阳产业。从锂产业链（见图 1）来看，锂行业的上游主要是锂资源的开发，目前锂可以通过盐湖提锂和矿石提锂（挖锂矿石）两种形式获得；中游主要负责初级锂化工产品和二次锂化工产品的生产，比如碳酸锂、氢氧化锂和氯化锂等；下游是锂产品的终端消费，经过加工的化工产品可制作、应用到电池、航天和玻璃等领域中。

---

①　本案例由西南财经大学张翼、唐廷凤、章陈怡、周宇昕和许偲澜编写。仅供案例讨论和学习时作为参考所用，并不用以说明企业某一管理决策的处理是否有效。

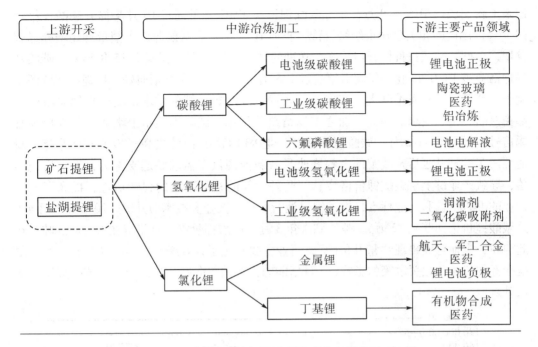

图1　锂产业链

锂主要存在两种形式，一是锂矿石，包括锂辉石和锂云母；二是盐湖提锂，包括碳酸盐、硫酸盐和氯化物。其中锂精矿约占30%，盐湖提锂约占70%。锂资源在全球分布不均匀，锂资源储量从高到低分别是智利、澳大利亚、阿根廷、中国、美国等（见图2）。中国锂资源储量排名第四，约占全球锂资源储量的6%。优质的锂矿石资源主要分布在澳大利亚，而优质的盐湖主要分布在南美三角地区，即智利、阿根廷和玻利维亚等。盐湖提锂的成本是锂矿石提锂的成本的50%。本次收购的标的公司智利矿业化工（SQM）位于智利，其拥有智利北部长利切（Caliche）矿床和阿塔卡马（Salar de Atacama）盐湖的开采权，提锂碳酸锂成本全球排名第二低。虽然我国锂资源储量在全球排名中名列前茅，但我国锂资源主要分布在青海、西藏和四川等地，开发难度大、提锂成本较高和技术不成熟等导致我国锂矿石大多数依赖进口。

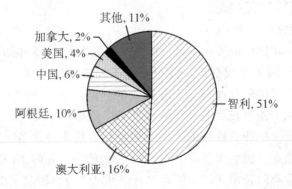

图2　全球锂资源储备量分布情况

锂行业上游资源开发周期较长，产能释放速度缓慢，而下游受宏观经济因素影响需求变动快速，是典型的周期性行业。2015年新能源汽车蓬勃发展，带动整个产业链迎来了新发展。2015 年 9 月，全球碳酸锂巨头 FMC 公司宣布 10 月起提升碳酸锂报价的 15%，国内的相关公司也纷纷提价，叠加 10、11 月份新能源汽车销量环比增幅远超预期，至此，碳酸锂价格开启了突飞猛进的"狂飙"之路。截至 2015 年年末，碳酸锂的价格突破 10 万元/吨，年度涨幅超过 1.5 倍。新能源汽车产销向好，但锂矿产资源受制于自然条件，开发难度大、产能增长较慢，因此碳酸锂的供求市场出现锂矿石资源寡头垄断、供不应求的局面，加之市场情绪的作用，碳酸锂价格上涨势头并未出现衰竭信号，到 2016 年 5 月，碳酸锂的价格一度达到 17 万元/吨之高。2016 年下半年，新能源汽车的补贴延后及政策的大幅修改导致新能源汽车需求缺乏支撑力，需求出现回落，导致产业链上游碳酸锂价格疲软。此外，新的补贴政策的强针对性，提高了电池行业的准入门槛和行业标准，推动锂电池行业进行产业和技术的升级。2016 年 6 月至 9 月碳酸锂价格回落到 12 万元/吨，到次年 3 月，碳酸锂价格一直稳定在 12 万元/吨，在此期间，电池行业出现"量升价跌"，行业主要聚焦于升效降本。2017 年 2 月，受到限购指标的发放和相关政策的影响，3 月新能源汽车销售向好，带动产业上游碳酸锂价格回升。

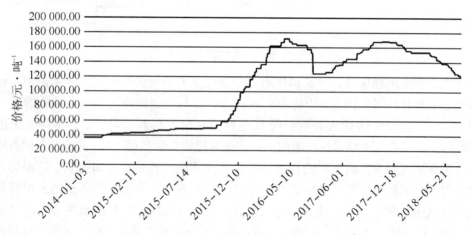

图 3　2014 年 1 月至 2018 年 5 月碳酸锂价格走势图

1.2　收购双方介绍

1.2.1　天齐锂业

天齐锂业（Tianqi Lithium Corporation）是一家成立于 1995 年的锂产品制造商和供应商，总部位于中国四川省成都市。公司专注于锂资源的勘探、开发、生产和销售，并在全球范围内进行了国际化布局。天齐锂业的起点，是一个国企员工下海经商的故事。天齐锂业创始人、董事长蒋卫平是恢复高考后的第一批考生，1977 年考入四川农业机械学院农机专业，毕业后被分配到成都机械厂，成为技术员。后来，蒋卫平离开了机械厂，在中国农业机械西南公司担任了 11 年的销售工程师。1997 年，蒋卫平辞职创立了成都天齐实业有限公司（以下简称"天齐实业"），做起了矿物进出口的生意，锂矿便是其中之一，这为蒋卫平之后与锂的缘分埋下了伏笔。

在蒋卫平经营矿物生意之后，一家县属国营锂厂——射洪锂业成为他的客户。射洪锂业成立于 1995 年，主要业务是以锂辉石提取工业级碳酸锂等锂盐产品。自 1998 年起，射洪锂业开始通过蒋卫平的天齐实业代理进口澳大利亚泰利森公司的锂辉石；一年后，射洪锂业将所有向泰利森公司采购锂辉石的业务授权给了天齐实业；2004年，射洪锂业累计亏损达6 232万元，资不抵债，蒋卫平控股的天齐实业整体收购了射洪锂业，承接了原射洪锂业包括工业级碳酸锂、电池级碳酸锂和无水氯化锂等锂系列产品相关的经营性资产和负债，在此基础上建立天齐锂业。接手射洪锂业后，蒋卫平开始投入资金，对工厂进行自动化改造，开发新产品，引入现代企业管理制度，同时积极拓展市场份额，2005年天齐锂业射洪基地实现连续稳定生产，2006年开始盈利。2007年，天齐锂业营业收入3.6亿元，净利润6 342万元，电池级碳酸锂销量2 466吨，市场份额达40%。2010年，天齐锂业登陆深交所中小板。

上市后，公司一直坚持全生产线发展战略，在上游布局国内外盐湖以获取足量的锂资源储备；在中游不断精进锂加工技术，通过企业改制改革、资本收购、生产建设等手段逐步发展壮大。2014年5月，天齐锂业跨国收购澳大利亚锂矿巨头泰利森母公司文菲尔德51%股权；2014年8月收购拥有国内丰富盐湖锂资源的西藏矿业的扎布耶锂业20%股权；同时，天齐锂业协同发展锂产品冶炼业务，2015年收购全球首座全自动电池级碳酸锂生产工厂张家港生产基地；2016年投资位于澳大利亚的奎纳纳工厂；2017年成立重庆铜梁工厂，新增金属锂产能。同时，公司通过增资入股厦钨新能、上海航天电源技术、中创新航等合作开展中下游项目，与北京卫蓝成立合资公司进行锂电负极材料研究，认购中创新航IPO新股，引入德方纳米作为公司的首批港股投资者，逐步构筑公司内部的锂电产业链闭环。天齐锂业凭借丰富且优质的锂矿资源以及先进的电池级碳酸锂生产技术在我国新能源汽车蓬勃发展的时代迅速成长，成为中国锂业的巨头。

1.2.2 SQM简介

智利矿业化工（SQM）是南美的一家久负盛名的化工企业，得益于其控制的阿塔卡马盐湖，拥有丰富的、高浓度的锂矿储备，还拥有完备的锂产业生产线。此外，SQM的业务范围还涵盖了特种植物肥料和钾肥、碘和工业化品的生产和销售。SQM凭借丰富的优质矿产资源、先进的开采技术、完善的开采设备以及丰富的管理经验，使其生产的碳酸锂综合成本较低，产品在国际市场具有较强的核心竞争力。

SQM也曾是国企，直到1985年时任总统皮诺切特进行私有化改革，任命胡利奥·庞塞·勒鲁负责监管出售，庞塞家族成为SQM公司的实际控制人。2014年，庞塞家族成为智利政府的重点关注对象，为此庞塞家族宣布出售通过Pampa持有的SQM 23.02%股权。当时，天齐锂业与庞塞家族谈判收购其股权，并在市场上以38美元/股的价格收购了美国航石资本持有的SQM 2.1%B类股权。但庞塞家族并非真心实意放弃SQM控制权，只是为了向智利政府表现出合作的姿态。在此之后，庞塞家族迅速宣布终止出售SQM股权的交易。2016年年末，为了规避反垄断审查，SQM第二大股东加拿大萨斯喀彻温钾肥公司（以下简称"萨钾"）需剥离其通过Pampa持有的SQM 32%的股份。萨钾是全球领先的钾肥生产商，萨钾的SQM股份由Nutrien持有，Nutrien是由萨钾和Agrium合并设立的。鉴于SQM在锂资源储备方面的天然优势，天齐锂业、特斯拉以及英澳矿业巨头力拓公司都有意收购萨钾持有的SQM的股份。SQM部分财务指标如表1所示。

表1 2014—2017年SQM部分财务指标

项目	2014年	2015年	2016年	2017年
现金及等价物/万美元	35 456.60	52 725.90	51 466.90	63 043.80
存货/万美元	91 960.30	100 384.60	99 307.20	90 207.40
流动资产/万美元	251 181.80	269 684.50	233 506.60	246 626.10
资产/万美元	466 365.50	464 376.20	421 864.40	429 623.60
负债/万美元	237 114.00	224 340.60	191 137.20	204 876.80
所有者权益/万美元	229 251.50	240 035.60	230 727.20	224 746.80
收入/万美元	201 421.40	172 833.20	193 932.20	215 732.30
净利润/万美元	24 427.80	22 452.00	28 192.40	42 841.70
销售净利率/%	12.13	12.99	14.54	19.86
净资产收益率/%	13.13	20.58	19.29	12.14
资产负债率/%	50.84	48.31	45.31	47.69
流动比率	4.32	3.30	4.02	3.30
速动比率	2.19	2.67	2.09	2.31
存货周转率	1.63	1.47	1.33	1.23

2 收购 SQM 动因

2.1 完成企业战略布局，提升市场竞争优势

我国锂矿资源分布不均，并且由于技术问题，获取成本较高。天齐锂业作为国内锂矿行业龙头企业，着力于布局国内外多处锂资源项目，深耕于锂行业上游，早在2008年就开始进行了一系列的收购活动，于2014年完成对上游企业泰利森母公司文菲尔德51%股权的收购，从而拥有了世界最大锂辉石矿——格林布什锂矿的开采权。

SQM涉及业务广泛，成熟度较高，在收购前企业整体处于稳定发展期，各项财务指标平稳且有上升趋势，是一项优良投资标的。若顺利完成对SQM的收购，天齐锂业可以直接利用SQM的盐湖提锂技术进行低成本碳酸锂生产，进一步完成垂直一体化的产业布局，增强抵御周期波动的能力，同时也能够扩充锂资源储备。此次收购不仅有利于天齐锂业形成对优质锂矿资源的垄断，巩固并提升天齐锂业在行业中的领军地位，提升核心竞争力，从而在行业中拥有更多话语权和议价权，还能够帮助企业打开国际市场的大门，提升国际地位。

2.2 SQM 盈利能力稳定

在收购前，SQM已成为全球最大的锂化合物供应商之一，已具备稳定的盈利能力。2017年年末公司在阿塔卡马盐湖锂盐的产能已达18万吨/年，其中碳酸锂的产能达

15万吨/年,氢氧化锂产能达3万吨/年,其近几年的扩产已经成为市场上主要的锂化合物增量供给。收购事件发生前,2015年至2017年SQM营业收入分别为17.28亿美元、19.39亿美元、21.57亿美元,净利润分别为2.18亿美元、2.73亿美元、4.28亿美元。因此,天齐锂业预计SQM具备稳定的盈利能力。

2.3 受益SQM现金分红政策,获得稳定财务回报

根据天齐锂业公告披露,SQM执行高度透明和持续规范的现金分红政策,2016—2020年均有较高比例的现金分红,其中,2016年和2017年达到100%的现金分红比,表2为2016—2018年4月SQM公告的股息分派情况。SQM因拥有阿塔卡马盐湖的优质资源和盐湖提锂等先进技术而保持着稳定的业绩和持续增长的利润,并且目前新能源行业发展势头强劲,全球锂化工产品供不应求,预计在未来SQM净利润将持续攀升,天齐锂业将通过这一收购获得高额的现金红利。根据天齐锂业的预测,SQM公司2019年和2020年的净利润将分别达到5.78亿美元、9.37美元。按70%的分红比例计算,其享有的现金红利金额分别为1.04亿美元和1.70亿美元。因此,完成此次收购有利于提升公司的投资收益和经营绩效,增加公司现金流入,改善财务状况,从而增强公司抵御各种风险的能力。

表2 2016年4月—2018年4月SQM公告股息分派情况

公告时间	分派股息事项	派发金额/百万美元[①]	每股股息/美元/股
2016年4月26日	2015年度尚未派发的期末股息	22.6	0.085 81
2016年5月22日	因修改2015年度股息政策而产生的特别股息	150.0	0.569 92
2016年11月23日	2016年度的临时股息	225.0	0.854 87
2017年4月28日	2016年度尚未派发的期末股息	53.3	0.202 48
2017年5月17日	2017年度的期间股息	103.2	0.392 22
2017年8月23日	2017年度的期间股息	101.2	0.384 32
2017年11月22日	2017年度的期间股息	112.9	0.428 79
2018年4月27日	2017年度尚未派发的期末股息	110.4	0.428 79
2018年4月27日	2017年度的特别股息	100.0	0.379 94

2.4 响应国家政策号召,助力新能源行业发展

首先,出于能源安全、环境保护等方面因素的考虑,国家各部委积极出台各项政策以支持新能源产业的发展,如2009年财政部、工业和信息化部、科技部和国家发展改革委启动了新能源汽车示范工程;2014年,财政部、税务总局、工业和信息化部发布《关于免征新能源汽车车辆购置税的公告》;同年,国务院办公厅印发《能源发展战

---

① 本案例为海外收购案例,为与案例原始数据来源保持一致性,且出于准确性考虑,本案例中统一保留"百万美元"这一货币单位。

略行动计划（2014—2020 年）》；等等。政策明确了未来几年我国动力电池产业的发展方向，充分显示了我国政府对锂电产业引导支持的力度。国家政策的支持坚定了天齐锂业收购 SQM 的决心。

其次，新能源产业的快速发展增加了对锂等新能源金属的需求，目前全球市场对锂电行业的发展前景持乐观态度，该行业存在巨大的市场潜力。作为未来的热门赛道，尽管天齐锂业产业链完整，但面对不断涌入的国内外的新竞争者和日益上升的锂资源需求带来的压力，天齐锂业势必需要通过收购 SQM 来获得充足的锂资源，巩固其在全球锂市场中的竞争地位，占领更多的市场份额，为我国新能源行业的发展添砖加瓦，助力其实现弯道超车。

3 标的估值

3.1 交易概况

2018 年 5 月 17 日，天齐锂业及其全资子公司天齐锂业智利与交易方 Nutrien 及其下属的三个全资子公司 Inversiones RAC Chile S. A.、Inversiones El Boldo Limitada 和 Inversiones PCS Chile Limitada 签署了一份协议。根据该协议，天齐锂业将以每股 65 美元的价格，通过现金方式购买交易方持有的 SQM 62 556 568 股 A 类股，约占 SQM 总股本的 23.77%，总交易金额为 4 066 176 920 美元（按交割日汇率折算为人民币 2 589 300.80 万元）。该交易的价格是基于市场价参考，并经过双方谈判和协商最终确定，不完全依赖于资产评估结果作为定价依据。此次交易完成后，加上天齐锂业香港原先持有的 SQM 5 516 772 股 B 类股，天齐锂业间接合计持有 SQM 62 556 568 股 A 类股（占 SQM 已发行的 A 类股股份的 43.80%）以及 5 516 772 股 B 类股（占 SQM 已发行的 B 类股股份的 4.58%）[①]，总共占据了 SQM 已发行股份总数的 25.86%，交易完成后天齐锂业将在 SQM 拥有提名 3 个董事会席位人选的权利。

3.2 估值

3.2.1 估值对象及范围

本次估值对象为 SQM 的股东全部权益价值，估值范围为 SQM 拥有的全部资产、负债及其整体获利能力。具体为 SQM 2017 年年报（20—F）公告的资产总额 429 623.60 万美元（流动资产 246 626.10 万美元，非流动资产 182 997.50 万美元）、负债总额 204 876.80万美元（流动负债 74 804.50 万美元，非流动负债 130 072.30 万美元）、股东权益账面值 224 746.80 万美元。估值的基准日为 2017 年 12 月 31 日。

---

① 根据智利律师出具的尽调报告，SQM 的股份分为 A 类股和 B 类股，每股 A 类股股份与每股 B 类股股份享有平等的分红权，除董事选举事项外，在股东大会上也享有平等的表决权。A 类股和 B 类股的主要区别：①A 类股有权选举 7 名董事，B 类股有权选举 1 名董事，如果董事会在选举董事长时出现平局，则由 A 类股选出的董事重新表决；②B 类股股份数量合计不得超过 SQM 已发行股份总数的 50%；③合计持有 5% 以上 B 类股股份的股东可提议召开普通或特别股东大会，B 类股选举的董事可不经董事长批准召集临时董事会会议（该项规定自 1993 年 6 月 3 日起五十年内有效）。

估值所需数据来源包括以下资料：①SQM 年报数据；②委托方提供的由 SQM 出具的部分文件资料，具体如下：ASX-Announcement_ Kidman-and-SQM-to-form-Mt-Holland-JV_ 20170712（Kidman 与 SQM 关于 Mt. Holland 锂矿项目的合作公告）；LAC-Cauchari-Olaroz（NI43-101 储量更新及项目可行性报告）；Mt Holland Reserve（Kidman Resources Limited 关于 Earl Grey 锂矿资源量估算大幅提升的报告）；SQM CorpPres_ 4Q17_ presentation investors visit March 2017（标的公司 2017 年度宣传材料）；③wind 资讯平台；④行业分析资料；⑤上市公司公开信息资料；⑥其他相关的资料。

3.2.2 估值方法

考虑到估值对象为矿产资源和化工行业企业，标的公司涉及业务板块较多，很难找到与标的公司完全可比的公司使用可比公司法进行估值。而采用相似公司使用可比公司法进行估值并修正，又受到细节因素难以准确地修正的制约。而收益法依据标的公司未来经营规划、行业未来发展前景，充分考虑了公司特点、风险和预期盈利能力。故本次估值以持续经营为前提，采用收益法对估值对象进行估值。截至 2017 年 12 月末，SQM 的子公司 SQM Salar 作为租赁方，在智利北部阿塔卡马盐湖拥有约 14 万公顷[①]土地上矿产资源独家和临时的开发权，其中 SQM Salar 有权开采阿塔卡马盐湖中 81 920 公顷的钾盐、硼酸、锂矿和其他矿产（剩余面积为保护区）。矿产的开采权由智利生产促进局（CORFO）拥有，于 1993 年签署租赁协议租赁给 SQM Salar 使用，该协议将于 2030 年 12 月 31 日到期。2018 年 1 月 17 日，SQM 和 CORFO 达成修订及重述的租赁协议及项目协议，新的协议未延长原协议有效期，且 SQM 对于阿塔卡马盐湖锂资源和钾资源的开采权是否续期不会影响 SQM 在 Caliche 硝石矿区的硝酸盐和碘生产业务。因此在收益法具体的估值操作过程中，以 2030 年年末阿塔卡马盐湖开采权不再续期为前提进行估值。

选用分段收益折现模型。即将以持续经营为前提的标的公司的未来收益分为预测期和永续年期两个阶段进行预测。首先，逐年预测预测期各年的收益额；其次，假设永续年期保持预测期最后一年的预期收益额水平，估算永续年期稳定的企业自由现金流量；最后，将标的公司未来的预期收益进行折现后求和，再加上单独估值的非经营性资产、溢余资产估值总额，即得到标的公司的整体企业价值。根据上述分析，本次将标的公司的未来收益预测分为以下两个阶段：第一阶段为预测期，即 2018 年 1 月 1 日至 2030 年 12 月 31 日，此阶段为标的公司的稳定增长时期；第二阶段为永续年期，即 2031 年 1 月 1 日至永续年限，在此阶段，首先调整标的公司经营现金流量，即以 2030 年为基础扣除阿塔卡马盐湖锂资源和钾资源开采所带来的净现金流量，该现金流量自 2031 年起保持稳定。

$$\text{企业整体价值} = \frac{\text{未来收益期内各期}}{\text{净现金流量现值之和}} + \frac{\text{单独估值的非经营性资产}}{\text{及负债、溢余资产估值总额}}$$

即：

$$p = \sum_{i=1}^{t} \frac{A_i}{(1+r)^i} + \frac{A_t}{r(1+r)^t} + B$$

---

① 1 公顷 = 10 000 平方米。

其中，P 表示企业整体价值；r 表示折现率；t 表示预测前段收益年限，共 13 年；A_i 表示预测前段第 i 年预期企业自由现金流量；A_t 表示未来第 t 年预期企业自由现金流量；i 表示收益计算期，$i = 0.5, 1.5, 2.5, \cdots, 12.5$；$B$ 表示单独估值的非经营性资产及负债、溢余资产估值总额。

$$企业自由现金流量 = 息前税后净利润 + 折旧与摊销 - 资本性支出 - 净营运资本增加额$$
$$股东全部权益价值 = 企业整体价值 - 付息债务价值$$

估值采用合并现金流的方式，按照各大业务板块计算收入、成本和费用。根据标的公司经营规划，未来标的公司主要业务的发展方向是锂及其衍生物，标的公司将在现有智利阿塔卡马盐湖采矿区的基础上，兴建阿根廷的 Cauchari-Olaroz 矿区和澳大利亚的 Mt Holland 矿区。同时，鉴于标的公司与 Corfo 达成的和解协议，将阿塔卡马盐湖2030 年之前的碳酸锂剩余动用储量调整为 220 万吨。估值预测期内，特种植物肥料、碘及其衍生物、钾及其衍生物、化工品均按照历史水平分析确定，适当考虑标的公司的扩产计划，锂及其衍生物根据标的公司经营规划考虑扩展和新建等因素。

3.3 估值过程

根据 SQM 年报公布数据，其 2016—2017 年经营业绩如表 3 所示。

表 3 2016—2017 年 SQM 经营业绩情况

2016 年							
项目	特种植物肥料	碘及其衍生物	锂及其衍生物	工业化学品	钾	其他业务	汇总
收入/千美元①	623 853	231 144	514 627	104 137	403 323	62 238	1 939 322
收入贡献率/%	32.17	11.92	26.54	5.37	20.80	3.21	100.00
销售成本（不含折旧与摊销）/千美元	478 074	191 298	175 616	67 378	359 477	56 442	1 328 285
折旧与摊销/千美元	89 864	35 958	33 010	12 666	67 571	10 612	249 681
收入-成本/千美元	145 779	39 846	339 011	36 759	43 846	5 796	611 037
毛利贡献率/%	23.86	6.52	55.48	6.02	7.18	0.95	100.00
2017 年							
项目	特种植物肥料	碘及其衍生物	锂及其衍生物	工业化学品	钾	其他业务	汇总
收入/千美元	697 251	252 123	644 573	135 578	379 326	48 472	2 157 323
收入贡献率/%	32.32	11.69	29.88	6.28	17.58	2.25	100.00
销售成本（不含折旧与摊销）/千美元	555 356	199 808	189 242	91 753	313 690	44 973	1 394 822

① 本案例为海外收购案例，为与案例原始数据来源保持一致性，且出于准确性考虑，本案例中统一保留"千美元"这一货币单位。

折旧与摊销/千美元	91 201	35 711	34 138	14 867	54 779	7 730	238 426
收入-成本/千美元	141 895	52 315	455 331	43 825	65 636	3 499	762 501
毛利贡献率/%	18.61	6.86	59.72	5.75	8.61	0.46	100.00

2017 年 SQM 包含折旧与摊销的利润较 2016 年增长了 24.79%，主要增量在锂及其衍生物。受国际锂价大幅上涨影响，标的公司 2016 年和 2017 年锂及其衍生物产品的销售均价出现大幅增长，因此，标的公司业务收入和包含折旧与摊销的利润也出现较大程度增长。

3.3.1 营业收入预测

3.3.1.1 产销量预测

根据 SQM 经营规划，将对锂及其衍生物、硝酸钾和碘进行一系列的扩产，SQM 分别在 2016 年、2017 年、2021 年和 2024 年对锂及其衍生物开展四次扩建工作；2018 年硝酸钾扩产至 150 万吨；2018 年对碘完成 1.4 万吨的扩产工作（见表4）。

表 4　预测期内 SQM 新建项目

序号	项目	开工时间	达产时间	建设期/年	建设投入/百万美元
1	氢氧化锂扩产至 1.35 万吨	2016	2018	3	30
2	硝酸钾扩产至 150 万吨	2017	2018	2	50
3	阿塔卡马碳酸锂产量扩大到 10 万吨	2017	2019	3	170
4	碘产量扩大到 1.4 万吨	2018	2018	1	30
5	阿塔卡马 10 万吨碳酸锂扩建工程项目	2021	2023	3	342
6	阿塔卡马 2.5 万吨碳酸锂扩建项目	2024	2026	3	92

另外，考虑到锂及其衍生物广泛应用于手机、相机和笔记本电脑的可充电电池等，也应用于工业及制药和化学工业领域，随着传统能源的枯竭风险以及各国逐步加大对环保的要求，未来锂电池作为可充电将迎来大的发展机遇。钾肥和特种植物肥料是 SQM 的传统优势业务，随着地球人口的逐年增加，对于食物的需求也将不断增大，植物肥料生产在可以预见未来仍然是传统的、不可替代的产业。因此对 SQM 的产销量预测如表5所示。

表 5　2018—2031 年及以后 SQM 产销量明细　　单位：千吨

项目	2018 年	2019 年	2020 年	2021 年	2022 年	2023 年	2024 年	2025 年	2026 年	2027 年	2028 年	2029 年	2030 年	2031 年及以后
锂	55	70	125	165	240	290	290	290	315	315	315	315	315	90
其中：阿塔卡马	55	70	100	100	150	200	200	200	225	225	225	225	225	—
Cauchari-Olaroz	—	—	25	25	50	50	50	50	50	50	50	50	50	50
Mt. Holland	—	—	—	40	40	40	40	40	40	40	40	40	40	40
钾	1 500	1 500	1 500	1 500	1 500	1 500	1 500	1 500	1 500	1 500	1 500	1 500	1 500	—
特种植物肥料	900	1 013	1 125	1 238	1 350	1 350	1 350	1 350	1 350	1 350	1 350	1 350	1 350	1 350

表5(续)

项目	2018 年	2019 年	2020 年	2021 年	2022 年	2023 年	2024 年	2025 年	2026 年	2027 年	2028 年	2029 年	2030 年	2031 年及以后
碘	14	14	14	14	14	14	14	14	14	14	14	14	14	14
化工产品	168	168	168	168	168	168	168	168	168	168	168	168	168	168

3.3.1.2 销售单价预测

2016 年和 2017 年锂产品销售均价快速增长，2017 年 SQM 锂产品平均售价为 12 970 美元/吨，折合人民币约为 8.7 万元/吨。同期国内碳酸锂市价维持在 15 万元/吨，说明 SQM 对外供货价格还有较大的提升空间，预计 2018 年整体价格水平仍将高于 2017 年，但增速会放缓，而后锂价格将进入一个较为长期的稳定上升通道。预计 2018 年增长率为 5%，随着 2021 年和 2024 年标的公司产能的扩大，其价格的增长率分别下降为 3% 和 2%。

预计标的公司钾产品未来销售价格将稳定在 2017 年的水平；特种植物肥料销售价格呈每年上升态势，预计到 2025 年恢复到历史均值 800 美元/吨的水平；碘及其衍生物存在较强的周期性，目前处于历史最低谷，预计未来会逐年回升，接近历史前十年均值 32 500 美元/吨；预计化工品未来销售价格将稳定在 2017 年的水平。2015—2017 年 SQM 主要产品销售均价如表 6 所示。

表 6 2015—2017 年 SQM 主要产品销售均价   单位：美元/吨

项目	2015 年	2016 年	2017 年
锂	5 769	10 362	12 970
钾	346	263	282
特种植物肥料	784	742	722
碘	28 000	23 000	20 000
化工产品	770	808	809

3.3.2 营业成本预测

3.3.2.1 经营成本

2015—2017 年 SQM 主要产品付现成本如表 7 所示。

表 7 2015—2017 年 SQM 主要产品付现成本   单位：美元/吨

项目	2015 年	2016 年	2017 年
锂	1 789	2 243	2 266
钾	184	188	191
特种植物肥料	429	466	472
碘	15 522	15 152	15 379
工业化学品	463	429	436

注：上述成本系直接支付的付现生产成本，未包含无须付现的折旧与摊销以及支付给 CORFO 的租赁费。

3.3.2.2 累进租赁费

根据 SQM 公告的其与 CORFO 就阿塔卡马盐湖达成的和解协议，将碳酸锂的租赁费率由原来的 6.8%调整为累进制，将氯化钾的租赁费率由 1.8%调整为累进制，具体如表 8 所示。

表 8　SQM 累进租赁费率

碳酸锂售价/美元	累进租赁费率/%	氯化钾售价/美元	累进租赁费率/%
0~4 000	6.8	0~300	3
4 001~5 000	8	300~400	7
5 001~6 000	10	400~500	10
6 001~7 000	17	500~600	15
7 001~10 000	25	>600	20
>10 000	40	——	——

3.3.2.3　其他生产及服务

考虑到 SQM 并没有公示其他生产及服务的收入、成本明细，且此类业务历史收入、成本情况出现较大程度的下滑（见表 9），故估值不考虑其他生产及服务对标的公司未来现金流的影响。

表 9　2016—2017 年 SQM 其他生产及服务收入和成本　　单位：千美元

项目	2016 年	2017 年
收入	62 238	48 472
成本（未包含折旧与摊销）	56 442	44 973
折旧与摊销	10 612	7 730
净收益	−4 816	−4 231

3.3.3　税金及附加预测

除所得税以外，采矿权使用费、员工福利税等其他税费均在成本中考虑。

3.3.4　运营管理费预测

SQM 历史运营管理费在 1 亿美元上下波动（见表 10），未来 SQM 运营管理费增幅也应该维持在较低的水平。因此，预计未来运营管理费在 2017 年的基础上不会有太大的增长，每年增幅约 1%。另外，自 2031 年起，不再考虑阿塔卡马盐湖开采工作，运营管理费用也相应做出调整。SQM 未来运营管理费用预测如表 11 所示。

表 10　2013—2017 年 SQM 运营管理费　　单位：百万美元

项目	2013 年	2014 年	2015 年	2016 年	2017 年
运营管理费用	105	97	87	88	101

表 11　2018—2031 年及以后 SQM 运营管理费　　单位：百万美元

项目	2018 年	2019 年	2020 年	2021 年	2022 年	2023 年	2024 年	2025 年	2026 年	2027 年	2028 年	2029 年	2030 年	2031 年及以后
运营管理费用	102.18	103.20	104.24	105.28	106.33	107.40	108.47	109.55	110.65	111.76	112.87	114.00	115.14	97.87

3.3.5 营业外支出

根据 SQM 公告资料，2018 年 1 月 17 日，标的公司与 CORFO 就阿塔卡马盐湖纠纷签订了和解协议。协议约定 SQM 向 Corfo 支付 1 750 万美元补偿款，本次估值将该笔支出在 2018 年确认为营业外支出。

根据标的公司与 Corfo 签订的和解协议，SQM Salar 承诺每年投入 1 080 万~1 890 万美元研发费用，每年为阿塔卡马盐湖附近的社区提供 1 000 万~1 500 万美元费用，同时将每年总销售额的 1.7% 用于区域发展。

研发费用已在 SQM 运营管理费用中考虑，在本次估值期间，即 2018—2030 年将每年为阿塔卡马盐湖附近的社区提供 1 500 万美元费用支出，并将每年阿塔卡马盐湖所开采锂资源和钾资源销售收入的 1.7% 确定为区域发展费用的现金流出，上述现金流出不会给标的公司带来其他现金流入或者资产的形成，均作为营业外支出。

3.3.6 所得税费用预测

标的公司适用所得税税率为 27%，预测期内按照上述税率计算相应的税费支出。

3.3.7 资本性支出税预测

3.3.7.1 新增固定资产

根据标的公司规划，预测期内新增固定资产（新建项目）如上文表 4 所示。

3.3.7.2 维护更新支出

对于基准日现有固定资产的维护更新，标的公司历史每年支出约为 1 亿美元，预计未来也将维持这一水平。对于预测期内新增固定资产的资本性支出按照建设后简单投入再生产的原则，单独预计。

3.3.8 净营运资本增加额预测

净营运资本增加额预测，根据被估值企业经营特点、年度付现成本及资金周转情况估算出合理的净营运资本，参考一般商业模式，取定标的公司销售回款周转期为 4 个月，故按照 3 次/年确定为周转系数计算相应的当期净营运资本，其与上期净营运资本的差额即为当期净营运资本增加额（当期净营运资本增加额＝当期净营运资本–上期净营运资本）。

3.3.9 自由现金流量预测

自由现金流量＝息前税后利润+折旧与摊销–资本性支出–营运资本增加额

3.3.10 折现率预测

为与本次预测的现金流量（企业现金流量）口径保持一致，估值折现率采用 WACC 进行计算，计算公式如下：

$$WACC = R_e \times E \div (D+E) + R_d \times D \div (D+E) \times (1-T)$$

其中，R_d 表示标的公司债务资本成本；$E \div (D+E)$ 表示所有者权益占付息债务与所有者权益总和的比例；$D \div (D+E)$ 表示付息债务占付息债务与所有者权益总和比例；T 表示所得税税率；R_e 表示标的公司普通权益资本成本。

式中 R_e 根据 CAPM 得到：

$$R_e = R_f + \beta (R_m - R_f) = R_f + \beta \times MRP$$

其中 R_f 表示无风险收益率；R_m 表示资本市场平均收益率；MRP 表示市场风险溢价 $(R_m - R_f)$。

3.3.10.1 无风险收益率

因为持有国债到期不能兑付的风险较小，故一般以国债持有期收益率作为无风险收益率。考虑到股权投资一般并非短期投资行为，采用智利中央银行 10 年期债券收益率 4.52% 作为本次估值的无风险收益率。

3.3.10.2 资本市场平均收益率及市场风险溢价

SQM 合并范围内各子公司经营地覆盖北美洲、南美洲、大洋洲、欧洲和亚洲；由于不同国家和地区的国家风险因素不完全一样，国家风险因素主要体现在股权市场风险溢价（MRP）中。根据 Aswath Damodaran 网页上发布的数据，智利市场风险溢价为 5.79%。

3.3.10.3 Beta 系数

SQM 分别在智利圣地亚哥证券交易所和美国纽约证券交易所上市，其在两个交易所的股票交易价格差异较小，波动率基本一致。同时，考虑到 SQM 注册地为智利，故选择智利圣地亚哥证券交易所公布的相关数据（2017 年 12 月 31 日 SQM 市值为 14 739.01 百万美元）计算 SQM 的 β 系数，经计算，2017 年 12 月 31 日 SQM 的 β 系数为 0.829 1。

3.3.10.4 权益资本成本 R_e

$$R_e = R_f + \beta \times \text{MRP} = 9.320\%$$

3.3.10.5 折现率

K_d 取定为智利贷款利率 5.59%。

折现率 $= \text{WACC} = R_e \times E \div (D+E) + R_d \times D \div (D+E) \times (1-T) = 8.93\%$

3.3.11 折现现金流预测

折现现金流预测如表 12 所示。

表 12 2018—2032 年及以后 SQM 折现现金流预测

项目	2018 年	2019 年	2020 年	2021 年	2022 年	2023 年	2024 年	2025 年	2026 年	2027 年	2028 年	2029 年	2030 年	2031 年	2032 年及以后
一、营业总收入/百万美元	2 323	2 683	3 482	3 996	5 246	6 223	6 376	6 533	7 140	7 249	7 361	7 474	7 590	2 689	2 689
二、营业总成本/百万美元	1 689	1 851	2 151	2 377	2 824	3 193	3 257	3 306	3 532	3 570	3 605	3 641	3 677	1 510	1 510
三、营业利润/百万美元	634	832	1 331	1 619	2 422	3 030	3 119	3 227	3 608	3 679	3 756	38 343	3 913	1 179	1 179
四、利润总额/百万美元	634	832	1 331	1 619	2 422	3 030	3 119	3 227	3 608	3 679	3 756	3 833	3 913	1 179	1 179
减：所得税费用/百万美元	157	214	346	424	637	796	820	849	949	968	988	1 009	1 030	318	318
五、净利润/百万美元	425	578	937	1 146	1 721	2 153	2 217	2 295	2 566	2 616	2 671	2 727	2 784	860	860
六、折旧与摊销/百万美元	239	242	255	244	239	233	239	228	218	212	201	190	180	133	133
资本性支出-维护更新/百万美元	517	463	163	303	241	178	179	179	163	147	164	164	164	133	133
净营运资本变动/百万美元	99	72	140	105	221	178	27	29	112	21	22	22	23	-944	—
七、企业自由现金流量/百万美元	48	285	889	982	1 498	2 029	2 250	2 315	2 508	2 660	2 686	2 731	2 777	2 366	860
八、折现率/%	8.93	8.93	8.93	8.93	8.93	8.93	8.93	8.93	8.93	8.93	8.93	8.93	8.93	8.93	8.93
折现年限/年	0.5	1.5	2.5	3.5	4.5	5.5	6.5	7.5	8.5	9.5	10.5	11.5	12.5	13.5	
折现系数	0.958 1	0.879 6	0.807 5	0.741 3	0.680 5	0.624 7	0.573 5	0.526 5	0.483 3	0.443 7	0.407 3	0.373 9	0.343 3	0.315 1	3.529

项目	2018 年	2019 年	2020 年	2021 年	2022 年	2023 年	2024 年	2025 年	2026 年	2027 年	2028 年	2029 年	2030 年	2031 年	2032 年及以后
九、折现现金流/百万美元	46	251	718	728	1 020	1 268	1 290	1 219	1 212	1 180	1 094	1 021	953	746	—
终值/百万美元	—	—	—	—	—	—	—	—	—	—	—	—	—	3 037	—

3.3.12 溢余资产、非经营性资产、非经营性负债及付息债务

溢余资产是指与企业预测收益无直接关系的，或超过企业经营所需的多余资产。非经营性资产是指不能直接为企业带来经济上的利益也非企业进行经营活动所必需的资产。根据 SQM 申报的资产负债表、科目余额表以及未来业务进行分析，确定溢余资产、非经营性资产以及非经营性负债。经分析，2017 年 12 月 31 日 SQM 持有的溢余资产为 680.94 百万美元，主要为现金等价物、应收债权和存货等。2017 年 12 月 31 日 SQM 持有的非经营性资产及负债如表 13 所示。

表 13　非经营性资产及负债　　　　单位：万美元

项目	2017 年 12 月 31 日	非经营性资产	非经营性负债	付息债务
流动资产：	—	—	—	—
现金及现金等价物	63 044	—	—	—
交易性金融资产	0	0	—	—
其他短期投资	36 698	36 698	—	—
应收款项合计	44 688	—	—	—
应收账款及票据	0	—	—	—
其他应收款	0	—	—	—
存货	90 207	—	—	—
其他流动资产	11 990	11 990	—	—
流动资产合计	246 627	—	—	—
非流动资产：	0	—	—	—
固定资产净值	143 719	—	—	—
权益性投资	0	0	—	—
持有至到期投资	0	0	—	—
可供出售投资	0	—	—	—
其他长期投资	18 930	18 930	—	—
商誉及无形资产	15 013	—	—	—
土地使用权	0	—	—	—
其他非流动资产	5 335	5 335	—	—
非流动资产合计	182 997	—	—	—
总资产	429 624	—	—	—
流动负债：	0	—	—	—

项目	2017年12月31日	非经营性资产	非经营性负债	付息债务
应付账款及票据	19 628	—	—	—
应交税金	0	—	—	—
交易性金融负债	0	—	—	—
短期借贷及长期借贷当期到期部分	22 033	—	—	22 033
其他流动负债	33 144	—	33 144	—
流动负债合计	74 805	—	—	—
非流动负债：	0	—	—	—
长期借贷	103 151	—	—	103 151
其他非流动负债	26 922	—	26 922	—
非流动负债合计	130 073	—	—	—
总负债	204 878	—	—	—

数据来源：纽约证券交易所SQM公告、Wind数据库。

3.3.13　股东全部权益价值估算

股东全部权益价值＝自由现金流量现值＋非经营性资产＋溢余资产价值－非经营性负债－付息债务价值＝16 005.05（百万美元）

3.3.14　场景分析

标的公司所生产锂及衍生物产品价格和折现率对整体估值影响较大，因此对其进行相应的场景分析。悲观情况下，碳酸锂价格下降50%，WACC上升1个百分点，可以得到股权价值为6 765.41百万美元。乐观情况下，碳酸锂价格上升50%，WACC下降1个百分点，可以得到股权价值为26 977.35百万美元。上述场景假设2018年价格做相应波动，2019年之后价格在2018年基础上相应调整，增长趋势不变。综合考虑折现率和价格波动的影响，在2030年SQM对于阿塔卡马盐湖开采权截止的前提下，收益法的估值区间为6 765.41百万美元至26 977.35百万美元。

经上述分析，2018年6月30日，SQM股东全部权益的市场价值估值为160.05亿美元。对应的SQM 23.77%的股权估值为38.04亿美元。天齐锂业本次购买SQM 23.77%的股权交易对价约为40.66亿美元。在国际收购市场，交易定价并不会仅参考具体的财务数据，还会受到许多非财务因素的影响，主要有国家因素、地方政府、行业竞争态势、企业管理人员、买卖双方的议价能力等。公司在购买SQM 23.77%股权的交易中，交易对方Nutrien集团采取邀请多方竞争性报价，然后通过协商谈判的方式确定交易价格；考虑到阿塔卡马盐湖的优质资源禀赋、SQM具备稳健可靠的盈利能力等多种因素，天齐锂业参考市场价，经过多轮报价，然后通过协商谈判的方式最终确定交易价格。因此，公司购买SQM 23.77%股权的交易价格系在综合考虑多重因素下根据市场化报价及交易双方谈判协商而确定，符合国际收购交易惯例，定价具有合理性，不存在损害上市公司股东利益的情况。

4 收购交易过程

4.1 天齐锂业收购 SQM 事件进程

天齐锂业收购 SQM 事件进程如表 14 所示。

表 14　天齐锂业收购 SQM 进程表

时间	事件
2016 年 11 月	天齐锂业完成购买 SCP 持有的 SQM 2.1%B 类股
2016 年 12 月	Oro Blanco 宣布终止出售 Pampa 全部股权流程
2017 年年末	Nutrien 集团受到反垄断审查，要求剥离 SQM 32%股权。
2018 年 5 月	天齐锂业签署购买 Nutrien 持有的 SQM 23.77%股权的协议
2018 年 6 月	天齐锂业股票复牌，公布融资来源
2018 年 12 月	天齐锂业收购 SQM 23.77%股权，完成收购，总持股比例 25.87%

早在 2016 年，天齐锂业就曾试图收购 SQM。2016 年 9 月欲以 2.09 亿美元的价格收购智利锂盐企业 Sailing Stone Capital Partners LLC（以下简称"SCP"）持有的 SQM 发行在外的 B 类股 5 516 772 股，占 SQM 发行 B 股股份的 4.58%，交易于 11 月完成后，天齐锂业持有 SQM 发行在外的总股份约 2.10%的股权。同年 9 月，天齐锂业向 Oro Blanco 提出报价，试图收购其全资子公司 Pampa 持有的 SQM 23.02%股权。但该计划最终因 Oro Blanco 于同年 12 月终止出售 Pampa 全部股权的公告而失败，收购 SQM 计划暂停。

2018 年，天齐锂业又与 Nutrien 谈判，旨在收购其持有的 SQM 的 23.77%股权。同年 5 月，双方达成共识，签署购买协议。Nutrien 持有 SQM 已发行股份总数的 32%，本次交易，天齐锂业购买其持有的 SQM 23.77%股权。这样，加上天齐锂业于 2016 年 11 月完成购买的 SQM 2.1%的 B 类股权，天齐锂业持有 SQM 的总股份达到 25.87%，成为 SQM 的第二大股东，可以行使其在 SQM 董事会和股东大会上的相应权利，包括通过提名的 3 名董事，参与 SQM 的公司治理与整体经营决策。天齐锂业在 SQM 拥有提名 3 个董事会席位人选的权利，可以 3 位董事正常履职，与 SQM 第一大股东拥有的董事会席位数量相同。

4.2 融资方式

天齐锂业购买 SQM 23.77%股权，总交易价款为 40.66 亿美元，每股 65 美元现金。融资服务费、交易顾问费和印花税等交易税费预计约 1.60 亿美元，此次交易总共需要支付的价款为 42.26 亿美元。为了实现收购，天齐锂业通过设立澳大利亚 SPV 全资子公司的方式来完成融资，设立 Tianqi Lithium Australia Investment 2Pty Ltd（简称 TLAI2）和 Tianqi Lithium Australia Investment 1Pty Ltd（简称 TLAI1）作为融资主体，TLAI2 由天齐锂业全资子公司天齐鑫隆科技（成都）有限公司 100% 持股，同时，TLAI2 持有 TLAI1 100%的股份。此次收购中，天齐锂业的资金来源包括三部分：企业自有资金、境外银团贷款和境内银团贷款。

4.2.1 自有资金

截至 2018 年 3 月 31 日，上市公司合并报表货币资金余额为 49.02 亿元和应收银行承兑汇票 12.61 亿元，公司在保证日常经营所需资金的前提下，以 7.26 亿美元的自有资金支付部分交易对价，杠杆倍数 5.6 倍。自有资金通过注入天齐锂业为获得贷款而设立的两个夹层公司，注入天齐锂业智利公司，从而完成收购。

4.2.2 境外银团贷款

2018 年 5 月 4 日，公司与中信银行（国际）有限公司（以下简称"中信国际"）签署了《融资承诺函》，中信银行（国际）有限公司承诺提供 10 亿美元资金，支付期限为 1+1 年。TLAI2 获得 10 亿美元贷款。

4.2.3 境内银团贷款

2018 年 5 月 4 日，公司与中信银行股份有限公司成都分行（以下简称"中信成都"）签署了《贷款承诺函》，该银行承诺以银团贷款方式提供 25 亿美元收购贷款，其中 A 类贷款 13 亿美元，支付期限 1+1 年，B 类贷款 12 亿美元，支付期限 3+1+1 年。TLAI1 获得境内收购银团贷款共计 25 亿美元。境内外收购银团贷款总额约占交易总价款 82.83%。

天齐锂业收购融资情况如表 15 所示。

表 15　天齐锂业收购融资情况

资金来源	金额/亿美元	具体内容	占比/%
自有资金	7.26	—	17.18
境外银团贷款	10	贷款 10 亿美元，支付期限 1+1 年	23.67
境内银团贷款	25	A 类贷款 13 亿美元，支付期限 1+1年；B 类贷款 12 亿美元，支付期限 3+1+1 年	59.16

天齐锂业收购 SQM 23.77%股权结构如图 4 所示。

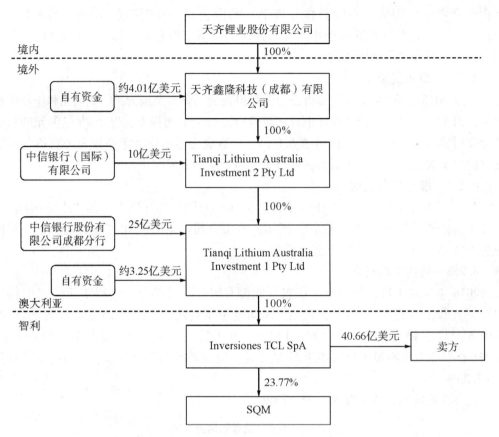

图4　天齐锂业收购 SQM 23.77% 股权的结构

5　风险分析

5.1　收购前风险

5.1.1　投资决策风险

重大投资决策的好坏关乎企业未来发展，尤其是收购 SQM 这样的投资决策，如果决策成功，天齐锂业将进一步强化企业核心竞争力，巩固市场地位。但收购 SQM 投资决策也存在几方面的隐性风险。

第一，阿塔卡马盐湖的开采可能受限。天齐锂业最看重的就是 SQM 拥有的得天独厚的盐湖资源以及优秀的科研团队。但在 2020 年 8 月 14 日，SQM 对阿塔卡马盐湖的开采因为环境问题受到了当地土著居民的抵制，导致其可能失去阿塔卡马盐湖的开采运营权。SQM 一旦丧失开采权，会使得天齐锂业的投资决策发生重大失误，从而直接影响到项目估值阶段的进度，甚至会致使收购交易的终止或失败。

第二，信息不对称问题。企业的收购活动需要充分了解标的公司的发展战略、行业地位、资源优势和经营情况等。天齐锂业和 SQM 是分属于两个国家的上市公司，跨国收购相较于普通收购涉及国家间不同的文化、政策、政治环境等差异，增加了天齐锂业获取 SQM 全面、真实信息的难度。此外，SQM 作为一家国际化程度较高的公司，多元化的业务致使其规模庞大且复杂，在全球各地均设有分支机构，收购方想要自主全面地获取其关键信息并不容易。天齐锂业所委托的开元资产评估公司在对 SQM 进行估值定价时，使用的许多数据并非通过自主调查获取的，而是由 SQM 直接提供的，被收购方所提供的关键数据往往是经过美化的，存在失真的可能性。

第三，政治不确定性。SQM 的锂矿产能实际掌握在智利政府手中，它的发展也会跟随着智利政府的政策而改变。SQM 曾是一家国有企业，后私有化，前实际控制人是胡里奥·庞塞·勒鲁。在收购前，SQM 是智利政府当局重点关注对象，智利政府对私有化 SQM 等一系列事件展开调查，给收购带来诸多不确定性。同时，锂作为智利对外出口的重要换汇资源，对智利而言具有重大战略意义。出于国家经济安全和资源市场垄断的考虑，智利政府可能会加强对 SQM 的审查，从而加大收购难度。

5.1.2 估值风险

对标的公司进行估值定价是收购过程中至关重要的一环，估值不准确可能会造成收购的失败。

本案例中，天齐锂业此次收购的估值风险主要来源于对 SQM 的估值定价过高，天齐锂业本次收购最终购买价格为 65 美元/股。截至公告日，SQM A 类股收盘价为 55.10 美元/股，B 类股收盘价为 54.96 美元/股，两者分别溢价 17.97% 与 18.27%。溢价收购导致收购方天齐锂业的收购成本增加，未来 SQM 的经营业绩如果达不到预期、公司股价走低，就会给天齐锂业带来较大的投资损失。

一方面，从收购前后 SQM 的营业状况来看，2016—2018 年，SQM 表现出良好的经营状况，营业收入和净利润呈持续增长态势。但从 2019—2020 年的财务指标可以看出，完成收购后，SQM 的营业收入和净利润均表现出下降趋势，营业收入由 2018 年的22.66 亿美元下降至 2020 年的 18.17 亿美元，净利润从 2018 年的 4.42 亿美元下降至2020 年的 1.68 亿美元（见表 16）。

表 16　2016—2020 年 SQM 综合财务指标　　　　单位：亿美元

指标	2016 年	2017 年	2018 年	2019 年	2020 年
资产总额	42.18	42.96	42.68	46.84	48.18
负债总额	19.11	20.49	21.30	25.50	26.56
所有者权益总额	23.07	22.47	21.38	21.34	21.62
营业收入	19.39	21.57	22.66	19.44	18.17
毛利	6.11	7.63	7.80	5.60	4.83
利润总额	4.15	5.95	6.21	3.91	2.39
净利润	2.82	4.28	4.42	2.81	1.68
经营活动产生的现金流净额	6.34	7.58	5.25	4.27	1.82
投资活动产生的现金流净额	1.62	-2.48	-1.87	-4.85	-1.67
筹资活动产生的现金流净额	-8.16	-4.12	-3.87	1.06	-0.94

数据来源：同花顺网站。

另一方面，从收购前后 SQM 的股价变动情况来看，2018 年完成收购后，标的公司 SQM 的股价明显下降（见表 17 和图 5）。

表 17　2016 年 12 月—2020 年 12 月 SQM 股价变动情况

	2016 年 12 月	2017 年 12 月	2018 年 12 月	2019 年 12 月	2020 年 12 月
SQM 股价/美元	24.00	55.88	36.24	25.59	48.60

数据来源：同花顺网站。

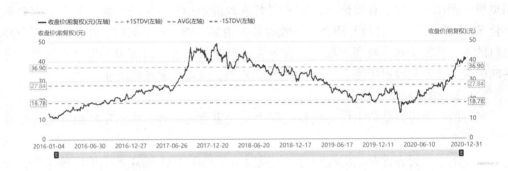

图 5　2016—2020 年 SQM 股价变动情况

综上所述，根据收购前后对 SQM 经营状况和股价变动情况的分析，天齐锂业为了顺利完成收购，可能支付了较高的对价。同时锂价格波动较大，对销售收入和盈利造成了根本性影响。

5.2　收购中风险

5.2.1　融资风险

融资风险是指天齐锂业在收购 SQM 时筹集资金所带来的风险：一是无法在合适的时间获取足够金额的资金风险；二是融资结构的合理性风险；三是融资成功后的偿债风险。融资方式不合理，融资环境的影响都可能会导致较大的财务压力，从而引发企业后续的财务风险。

天齐锂业完成此次收购共需支付的资金总额高达 40 多亿美元，为此天齐锂业利用自筹资金 7.26 亿美元，向国内外银团贷款 35 亿美元完成资金的筹备，杠杆率高达五六倍。此次交易涉及贷款金额占 82.83%，一旦在收购前贷款资金没有到位，就会产生资金筹措风险，可能导致交易失败。并且在如此庞大的资金需求下，天齐锂业选择全债务融资方式进行融资，收购完成后上市公司债务规模将大幅增长。资产负债率从收购前的 40.39% 上升到收购后的 73.26%，资产负债率的快速上升极大提高了融资方面带来的风险。

5.2.2　汇率风险

天齐锂业收购 SQM 对价为 40.66 亿美元，另需支付约 2 亿美元的手续费。其中，除了 35 亿美元的收购贷款直接从境内外筹集，其余约 7 亿美元需要自行转出境外进行交易，这导致最终换算成人民币的收购交易成本受到交割日人民币兑美元国际汇率的影响。汇率的波动性以及不可预测性在一定程度上会影响企业制定偿债计划的准确性，加大企业的经营风险与偿债困难度。

根据表 18 天齐锂业 2018 年年度报表相关财务数据，2018 年收购协议签订至交割完成期间，美元兑人民币呈波动上升的趋势，最终造成天齐锂业的汇兑损失为11 016.07 万元人民币，占公司当年营业收入的 1.76%，高额的汇兑损失直接对企业的运营产生了不利影响，容易引发企业财务风险。并且，在后续偿还债务上，此次由中信国际和中信成都提供的 35 亿美元都需要使用外币进行偿还，但其财务报表记账本位币是人民币。因此，在收购完成后，对该笔贷款的本金及利息的偿付也会存在汇率风险。

表 18　2018 年天齐锂业销售费用明细　　　　　　单位：元

项目	2018 年发生额
利息支出	415 132 123.35
借款利息费用	411 578 205.82
利息收入（−）	62 654 901.60
汇兑损益	110 160 728.03
其他	8 280 877.41
合计	470 918 827.19

数据来源：Wind 数据库、天齐锂业年报。

5.2.3　收购终止风险

本次拟购买的标的公司的资产具有一定的特殊性，同时又涉及跨国收购，因此存在较大的不确定因素可能影响收购的最终完成。早在 2016 年 9 月，天齐锂业就试图收购 Oro Blanco 全资子公司 Pampa 持有的 SQM 23.02% 股权。但该计划因 Oro Blanco 于同年 12 月终止出售 Pampa 全部股权的公告而失败。天齐锂业的本次收购进程就曾因被投诉涉嫌垄断、扭曲市场竞争等原因一度陷入停滞。2018 年 3 月，智利政府产业发展机构向智利国家经济检察官办公室（智利反垄断机构）提交了一份长达 45 页的投诉文件，文件中称，首先，"天齐锂业，任何与其有直接或间接关系的公司"购买智利矿业化工的股权将会"严重扭曲市场竞争"。其次，如若交易双方需要对本次拟定的交易方案做出一些重要的调整，也许会产生重新召开上市公司董事会或股东大会审议交易方案的风险。最后，如果本次交易达成了所有的交易条件，或者无法达成的交易条件被免除，交割将会在 SQM 所在的圣地亚哥证券交易所进行，因流程复杂、牵扯较多，故也存在交割无法顺利结束的风险。

5.3　收购后风险

5.3.1　偿债风险

为了完成收购交易，天齐锂业筹集了 35 亿美元（折合当时汇率约 212.44 亿元人民币）的资金。根据融资安排，我们可以看出，在本次收购资金的筹集方式上，天齐锂业仅使用了债务融资这一种方式。其中 23 亿美元，贷款期限为 1 年，到期后可展期1 年；12 亿美元，贷款期限为 3 年，到期后可展期 2 年。而当时天齐锂业资产总额为

178.40 亿元人民币，账面上的货币资金仅有 41.32 亿元人民币。可以看出，天齐锂业融资安排过于激进，存在规模过大和还款期限较短等问题。收购带来的高额本金和利息偿还压力，显著降低了天齐锂业的长期和短期偿债能力。如表 19 所示，从企业长期偿债能力指标来看，天齐锂业的资产负债比在 2016 年、2017 年分别为 48%、40%，处于行业均值附近。收购完成后，2018 年资产负债率迅速上升为 73.26%，同比上升 33 个百分点。从企业短期偿债能力指标来看，天齐锂业的流动比率、速动比率和现金比率在 2018 年前表现良好，短期偿债能力较强。收购后，各项短期偿债指标有明显的下降，流动比率、速动比率和现金比率分别由 2017 年的 3.11、2.92 和 2.69 降低为 2018 年的 0.88、0.75 和 0.58，降幅分别达到了 71.7%、74.32% 和 78.44%。此外，天齐锂业的盈利能力很大程度上与锂矿行业市场行情挂钩，在锂电池市场低迷的年份，天齐锂业的盈利能力会受到较大的影响，能否足以偿还债务的不确定性较高。收购带来的巨大还款压力如果叠加锂矿行业市场迅速进入下行周期，天齐锂业可能出现严重的财务风险。

表 19　2016—2020 年天齐锂业偿债能力指标

指标	2016 年	2017 年	2018 年	2019 年	2020 年
流动比率	1.32	3.11	0.88	0.29	0.11
速动比率	1.16	2.92	0.75	0.25	0.07
现金比率	0.92	2.69	0.58	0.20	0.05
负债权益比率	0.93	0.68	2.74	4.23	4.66
资产负债比率/%	48.29	40.39	73.26	80.88	82.32

数据来源：Wind 数据库。

注：现金比率=货币资金/流动负债；负债权益比率=负债总额/所有者权益总额；资产负债率=总负债/总资产。

5.3.2　整合风险

在收购过程中，企业的文化、法规管理制度、人才储备、统筹管理、资源整合、市场发展开拓等各个方面都将面临更大的挑战。在本案例的收购活动中，天齐锂业预期能通过收购实现锂产业链上游到中游的整合。但从收购后的情况来看，天齐锂业并没有成功参与 SQM 的管理，收购后的整合效果未能达到预期。

天齐锂业收购 SQM 后的跨国整合效果不佳主要源于以下方面：

首先，天齐锂业收购 SQM 属于跨国收购，不同的文化、政治、法律和经济环境给收购后的整合带来更高的难度。

其次，天齐锂业虽然获得了 SQM 25.87% 的股份，但对 SQM 的经营并没能实现绝对的控制。收购后，Pampa Group、Kowa Group 和天齐锂业形成一致行动人通过纽交所 A/B 股同股不同权等规则对公司有实际控制权。天齐锂业虽然对 SQM 形成共同控制，但其原有的管理团队仍负责日常运营。天齐锂业与 SQM 在经营、组织、资源、业务、财务和客户管理等方面需要进行深度融合，才能达到协同发展的目的。天齐锂业需要在熟悉公司文化背景、融入公司管理方面投入大量的时间精力。

最后，自成立以来，智利的多届政府都曾握有 SQM 的实际控制权，公司内部的利益集团繁多，纠葛很深。天齐锂业在收购后短期内很难融入 SQM 的公司治理中。

从表 20 可以看到，存货周转率、应收账款周转率和总资产周转率三项衡量企业营运能力的指标自天齐锂业 2018 年完成收购后显著下降。该数据说明此次收购行为整合效果并不理想，天齐锂业营运能力不如整合之前。

表 20　2016—2020 年天齐锂业营运能力相关指标

项目	2016 年	2017 年	2018 年	2019 年	2020 年
存货周转率	2.58	3.45	3.9	2.85	2.14
应收账款周转率	32.36	20.52	13.84	10.41	11.09
总资产周转率	0.42	0.38	0.2	0.11	0.07

数据来源：Wind 数据库。

6　后续发展与应对

6.1　后续发展

6.1.1　锂价下行，经营业绩急剧恶化

2018 年下半年开始，由于上游供应释放过快，锂化工产品平均售价出现明显回调。中国新能源汽车补贴退坡（中国是最大的市场），导致锂盐端需求下滑，价格大幅下跌。据亚洲金属网数据，自 2018 年 3 月起，99.5% 的碳酸锂价格（含税）从约 15.4 万元/吨下降至 2019 年年末的 4.8 万元/吨至 5.1 万元/吨区间（见图 6）。受此影响，2019 年，SQM 的营业收入、净利润分别下滑 14.22%、36.77%，SQM 股价也从 2018 年 5 月的 48 美元左右下降到 2019 年年末的 24 美元左右，市值跌去了 50%。因此，天齐锂业对 SQM 计提减值准备约 52.79 亿元。高杠杆收购导致的财务费用大幅增加，2019 年收购贷款利息合计约 16.5 亿元；曾被公司寄予厚望的澳大利亚氢氧化锂项目一再延缓，而且投资不断增加，由原计划的 20 亿元大幅增加到 37 亿元。以上因素叠加导致天齐锂业业绩急剧恶化，2019 年天齐锂业实现营业收入 48.4 亿元，同比下降 22.48%，净利润亏损 59.83 亿元，同比减少 371.96%（见图 7）。

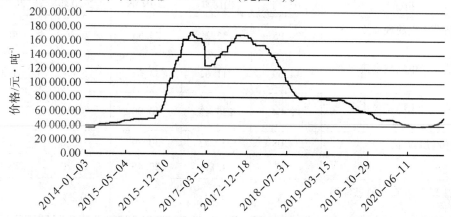

图 6　2014—2020 年碳酸锂价格走势

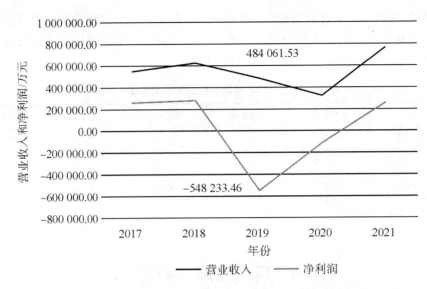

图 7　2017—2021 年天齐锂业营业收入和净利润走势图

6.1.2　偿债能力下降，财务风险大幅上升

收购后天齐锂业的偿债能力急剧下降，财务风险凸显。天齐锂业为了收购 SQM 而举债 35 亿美元，公司的资产负债率在收购后飙升至 73.26%（2018 年年报），较上年同期指标翻了近一倍。此外，如表 19 所示，公司流动比率从 2017 年的 3.11 骤降至 2018 年的 0.88，速动比率从 2017 年的 2.92 降至 2018 年的 0.75。以上指标在 2019 年和 2020 年继续恶化，2020 年资产负债比升至 82.32%，流动比率和速冻比率分别降至 0.11 和 0.07。由于大量借债，天齐锂业的财务利息支出从 2017 年仅 3 000 万元出头，猛增到 2018 年的 4.15 亿元，并在 2019 年飙升至 20.45 亿元。叠加行业进入周期下行阶段，公司负债增加的同时利润却急剧下降。收购后，如表 21 所示，2019 年公司经营产生的现金流跌至 23.55 亿元，勉强高于 20.45 亿元的利息支出。而 2020 年经营产生的现金流跌至 6.96 亿元，经营产生的现金流远低于当年 18.20 亿元的利息支出，经营现金流流入利息保障倍数仅为 0.38，财务风险大幅上升，危机一触即发。

表 21　2017—2021 年天齐锂业现金流相关指标

指标	2017 年	2018 年	2019 年	2020 年	2021 年
经营活动产生的现金流净额/亿元	30.95	36.2	23.55	6.96	20.94
投资活动产生的现金流净额/亿元	14.69	311.62	33.62	5.05	1.38
筹资活动产生的现金流净额/亿元	22.64	235.43	40.00	30.00	−11.32
现金净增加额/亿元	38.08	−39.73	30.39	−33.6	7.84
利息支出/亿元	1.27	4.15	20.45	18.20	14.68
经营性现金净流入利息保障倍数/倍	24.37	8.72	1.15	0.38	1.43

6.1.3 筹资困难，到期债务难以偿还

天齐锂业为顺利完成对 SQM 股权的收购制定了看似完美的收购资金闭环计划。先向中信国际和中信成都共借入 35 亿美元收购贷款以足额支付购买对价，而后向港交所提交上市申请，希望通过上市募集 100 亿~200 亿元资金，用于偿还收购 SQM 股权时借入的收购贷款。在赴港交所上市还清债务前，用 SQM 的分红偿还债务利息。但行业寒冬打断了天齐锂业的计划，港股上市终止，SQM 盈利大幅下跌，天齐锂业面临流动资金枯竭和贷款到期违约。2018—2020 年，天齐锂业共开展 4 次重大筹资计划：2018 年年末，计划发行可转换公司债融资 50 亿元；2019 年，计划发行美元债募资 5 亿美元；2019 年，计划配股募资 30 亿元；2020 年 2 月，天齐集团计划发行可交换债募资 18 亿元；最终却只完成了约 29 亿元的配股募资。天齐锂业不得不面临资金流动性风险、收购债务违约风险以及持续经营风险。

6.1.4 股价持续下跌，公司面临退市

受累于 SQM 股权收购，2019 年天齐锂业巨亏 59.83 亿元，超过此前三年公司的净利润总和。2020 年公司继续亏损 18.34 亿元，如果 2021 年继续亏损公司将会被实施退市风险警示。天齐锂业陷入债务危机的不良信号严重损害了公司信誉，导致投资者信心下降，纷纷撤资改变投资方向，加之受锂行业整体周期性调整影响，天齐锂业的股价出现大幅下跌。从 2018 年 3 月 16 日的每股最高价 52.15 元一路下跌至 2020 年 4 月 30 日的每股最低价 15.18 元。

6.2 天齐锂业的应对

6.2.1 积极开拓客户

2019 年 4 月，天齐锂业宣布与韩国的 SKI、Ecopro 签订长期供货协议，两份供货协议约定的单一年度氢氧化锂产品基础销售数量合计约占天齐锂业公司 TLK 位于澳大利亚奎纳纳地区的氢氧化锂建设项目达产后年产能的 20%~25%。同年 8 月，天齐锂业宣布与韩国上市公司 LG 化学签订长期供货协议，约定单一年度氢氧化锂产品基础销售数量不低于 TLK 位于澳大利亚奎纳纳地区的氢氧化锂建设项目达产后年产能的 15%。同年 9 月，天齐锂业与瑞典电池制造商 Northvolt 签订了长期供货协议，约定单一年度氢氧化锂产品基础销售数量约为 TLK 位于澳大利亚奎纳纳地区的氢氧化锂建设项目达产后年产能的 6%~10%。

6.2.2 通过配股筹集资金

2019 年 12 月 26 日，天齐锂业公告披露，配股计划实施完成，共募集资金约 29.32 亿元。并将募集到的资金 29.32 亿元扣除发行费用后的净额（约为 4.16 亿美元）用于提前偿还 C 类贷款本金约 4.16 亿美元，剩余 C 类贷款本金为 5.84 亿美元。

6.2.3 引入战略投资者

2020 年 12 月 8 日，天齐锂业通过了《关于公司全资子公司增资扩股暨引入战略投资者的议案》，根据拟签署的投资协议，公司全资子公司 TLEA（原天齐英国，Tianqi UK Limited）以增资扩股的方式引入战略投资者澳大利亚上市公司 IGO。IGO 的全资子公司以现金方式出资 14 亿美元认缴 TLEA 新增注册资本 3.04 亿美元，增资完成后，天齐锂业保留 TLEA 股权的 51%，IGO 持有 49%。另外，成都天齐的全资子公司 TLH 将

其持有 TLA 的 100%股权转让至 TLEA。

按照公司资金划转安排，银团收购贷款主体公司 TLAI1 和 TLAI2 于 2021 年 7 月 2 日偿还收购贷款本金 12 亿美元（包含 A 类贷款 8.57 亿美元和 C 类贷款 3.43 亿美元）及对应的全部利息。交易后收购贷款本金剩余 18.84 亿美元，其中，A 类贷款 4.43 亿美元、B 类贷款 12 亿美元、C 类贷款 2.41 亿美元。偿付欠款后的剩余资金，将作为 TLK 所属澳大利亚奎纳纳氢氧化锂工厂的运营和调试补充资金。

6.2.4 积极与银行协商展期

2019 年 12 月 3 日，天齐锂业及其子公司等相关方与银团各方就收购贷款涉及的担保安排、财务约束等条款签署了相应修订文件。2020 年 11 月 30 日，公司及其相关子公司与银团签署《展期函》，银团同意将境内银团贷款项下的 A 类贷款 13 亿美元和境外银团贷款余额 5.84 亿美元合计 18.84 亿美元自到期日起展期至以下日期之中的较早者：（1）2020 年 12 月 28 日；（2）银团代理行确认签署的《修改及重述的贷款协议》生效之日。天齐锂业收购 SQM 贷款安排如表 22 所示。

表 22　天齐锂业收购 SQM 贷款安排

高级贷款（包含 13 亿美元 A 类贷款及 12 亿美元 B 类贷款）			
贷款期限	A 类贷款：1+1 年（贷款期限 1 年，到期后可展期 1 年），自正式放款的当日 2018 年 11 月 29 日起算 B 类贷款：3+1+1 年（贷款期限 3 年，到期后可展期 1 年，展期期限到期后，可再次展期 1 年），自正式放款的当日 2018 年 11 月 29 日起算		
还款安排	A 类贷款：到期后一次性还本 B 类贷款：第 1 年和第 2 年无须还款，根据贷款是否展期，累计还本安排如下：		

贷款期限	第三年	第四年	第五年
3 年	100%	—	—
3+1 年	30%	100%	—
3+1+1 年	30%	60%	100%

夹层贷款（10 亿美元）	
贷款期限	1+1 年（贷款期限 1 年，到期后可展期 1 年），自正式放款的当日 2018 年 11 月 29 日起算
还款安排	到期一次性还本

6.2.5 赴港股上市还清贷款

随着 2021 年锂价上行，公司业绩回升，2021 年 9 月，天齐锂业宣布启动 H 股上市发行工作；2022 年 1 月 28 日，天齐锂业向香港联交所递交了本次发行上市的申请；2022 年 7 月 13 日，天齐锂业在香港上市，发行价为 82 港元，募资净额约 134.58 亿港元。天齐锂业通过自有资金及港股 IPO 募集资金等，积极偿还银行贷款，有效降低负债规模。截至 2022 年半年报披露日，天齐锂业已经偿还银团全部收购贷款及其他金融负债，资产负债率大幅降低。截至 2022 年 7 月末，天齐锂业资产负债率降低至约 28%，全面完成降杠杆目标。

7 启示

7.1 谨慎面对行业发展，选择合适收购时机

锂行业属于资源类行业，具有很强的周期性，锂矿资源的价格主要受供求关系影响。当下游需求强烈，锂矿供给紧张时，锂矿价格高企，锂矿开采企业业绩向好。当下游需求收缩，锂矿供给充裕时，锂矿价格走入谷底，锂矿开采企业业绩持续承压。受制于国内锂资源储量较低、技术不完善等原因，国内锂矿纷纷开启跨国收购以寻求企业快速发展。在行业谷底或者上升期完成收购，可以降低企业收购成本，有利于企业后续整合资源和持续发展。在行业顶点完成收购，收购目标企业估值偏高，在后续行业下行时企业很容易面临亏损。天齐锂业在完成收购 SQM 后，新能源汽车补贴退坡以及锂业过剩的产能造成锂矿价格暴跌，使得天齐锂业经营状况和财务状况迅速恶化，不得不将债务展期，依靠引入战略投资者走出行业低谷。因此，周期性行业的公司应当谨慎面对行业发展，不要高估行业发展趋势，从而在合适的时机进行收购，降低收购估值风险。

7.2 合理选择收购杠杆和融资方式，降低债务风险

天齐锂业陷入债务危机很大一部分原因在于过高的收购杠杆和过多的中短期银行贷款。天齐锂业利用 7.26 亿美元的自有资金撬动了 35 亿美元的银行贷款，资金杠杆为 4.82 倍。35 亿美元银行贷款中 23 亿美元贷款的还款期限仅为 2 年，其余 12 亿美元贷款的还款期限为 5 年。通常固定资产贷款期限最高为 10 年，长期企业债券期限为 10 年以上。天齐锂业收购所使用的银行贷款期限过短。因此，面对 "蛇吞象" 式的大额收购，企业应当选择大比例的股权融资或期限较长的债券融资，避免收购后业绩短期下滑带来的资金流动性枯竭和债务违约风险。此外，企业也可以选择股份支付的方式来支付收购对价，或采取多次支付及业绩承诺的方式，避免一次性大额的现金支出，从而降低企业的现金流压力。

问题与思考

1. 天齐锂业和 Nutrien 各自的交易动机是什么？

2. 你认为此收购具有哪些协同效应？

3. 由于收购采用了大量负债融资，你认为杠杆收购具有哪些影响？

4. 对 SQM 的预测和估值是否合理？是否包含协同效应？是否包含杠杆交易的影响？

5. 如何评价天齐锂业管理层的决策？

6. 与本教材中西王食品海外杠杆收购案例相比较，两个企业管理层的决策有何合理和不合理之处？有什么启示？

参考文献

［1］ Nutrien. Tianqi Lithium Agrees to Purchase Nutrien's SQM Share Investment［EB/OL］.（2018-5-16）［2022-11-24］.https：//www.nutrie.com/investors/news-releases/2018-tianqi-lithium-agrees-purchase-nutrien-sqm-share-investment.

［2］ 天齐锂业股份有限公司. 天齐锂业股份有限公司重大资产购买报告书（草案）（修订稿）［EB/OL］.（2018-06-20）［2022-11-24］.https：//static.cninfo.com.cn/finalpage/2018-06-20/1205067671.PDF.

［3］ 考拉矿业观察. 砧板上的肉，全球矿业巨头争相抢夺：一文读懂全球碳酸锂霸主 SQM 的发家史［EB/OL］.（2018-03-20）［2022-11-24］［https：//www.sohu.com/a/225975532_117959］（https：//www.sohu.com/a/225975532_117959）

［4］ 雪球网. 敢闯敢干的天齐锂业［EB/OL］.（2020-12-9）［2022-11-24］.https：//xueqiu.com/7412315305/165283555

［5］ 董晗. 天齐锂业并购研究（上篇）［EB/OL］.（2020-12-07）［2022-11-24.https：//zhuanlan.zhihu.com/p/333342540

［6］ 周晓雯. 昔日"锂王"天齐锂业：一个冒险家的 18 年［EB/OL］.（2022-04-20）［2022-11-24］.https：//www.163.com/dy/article/H5D4ABGC05198NMR.html